무료 동영상 보고!
학점까지 따고!

SMAT 1급(컨설턴트) 10학점, SMAT 2급(관리자) 6학점 인정

※ 위 학점은 학점은행제 학점입니다.

SMAT Module A 무료 동영상 강의 커리큘럼

구분	강좌명
1	OT
2	비즈니스 매너, 에티켓
3	비즈니스 응대(1)
4	비즈니스 응대(2)
5	이미지 메이킹(1)
6	이미지 메이킹(2)
7	고객심리의 이해(1)
8	고객심리의 이해(2)
9	고객심리의 이해(3)
10	고객 커뮤니케이션(1)
11	고객 커뮤니케이션(2)
12	고객 커뮤니케이션(3)
13	회의기획과 의전실무(1)
14	회의기획과 의전실무(2)
15	회의기획과 의전실무(3)
16	제1회 고공행진 모의고사
17	제2회 고공행진 모의고사
18	제3회 고공행진 모의고사

※ 강의의 구성 및 내용은 변경될 수 있습니다.

2024

유튜브 선생님에게 배우는

유선배

편저 한국서비스경영연구소

SMAT 모듈A

| 비즈니스 커뮤니케이션 |

과외노트

실제경향 모의고사

제1회 실제경향 모의고사 I 제2회 실제경향 모의고사 I 제3회 실제경향 모의고사 I 정답 및 해설

SD에듀
(주)시대고시기획

실제경향
모의고사

SMAT Module A 　비즈니스 커뮤니케이션

※ KPC(한국생산성본부) 자격 홈페이지에 게시된 샘플문제를 기반으로, 3회분 내 중복된 문제를 교체하여 수록하였습니다.

📠 **일반형 24문항**

01 다음의 상황별 전화응대에 대한 설명으로 옳은 것은?

① 지명인이 부재중일 때, 개인적인 부재 사유에 대해 정확하게 알린다.

② 회사의 위치를 묻는 경우 일단 대중교통을 이용할 수 있도록 안내해준다.

③ 찾는 사람이 부재중이라면 정중히 사과 후 나중에 다시 전화할 것을 부탁한다.

④ 불특정 고객이 전화 연결을 요청하는 경우, 지명인의 휴대전화번호를 알려줘서는 안 된다.

⑤ 전화가 잘 들리지 않는 경우 "뭐라고요?", "잘 안 들리는데요." 등의 표현으로 통화 상태가 좋지 않음을 명확하게 알린다.

02 다음 중 비즈니스 현장에서의 장소별 안내매너로 적절한 것은?

① 복도에서는 고객보다 2~3보 가량 비스듬히 뒤에서 안내한다.

② 엘리베이터에서 승무원이 없을 때는 상급자가 먼저 타도록 안내한다.

③ 계단과 에스컬레이터에서 남성이 여성을 안내할 때 남성이 위쪽에서 안내하고, 여성이 아래쪽에 위치한다.

④ 일반적으로 당겨서 여는 문일 경우에는 문을 당겨 열어서 안내자가 먼저 통과한 후 고객이 통과하도록 한다.

⑤ 계단과 에스컬레이터 등 경사가 있는 곳에서 올라갈 때는 앞에서 안내하고, 내려올 때는 뒤쪽에서 안내한다.

03 이미지에 있어서 밝은 표정이 주는 여러 효과에 대한 설명으로 적절하지 않은 것은?

① 근육을 많이 사용하게 되어 건강에 유익하다.

② 호감형성효과에 의하면 웃는 표정이 상대에게 호감을 형성시킬 수 있다.

③ 신바람효과란 웃는 모습으로 생활을 하면 기분 좋게 일을 할 수 있는 효과를 의미한다.

④ 감정이입효과란 밝고 환한 웃는 표정을 보면 주변사람도 기분이 좋아지는 효과를 말한다.

⑤ 마인드컨트롤효과란 내면에서 우러난 밝은 표정이 타인의 감정도 조절하여 긍정적으로 변화시킬 수 있다는 효과를 말한다.

04 다음 중 방향 안내 동작 중 삼점법의 순서로 적절한 것은?

① 상대 눈 → 지시 방향 → 지시하는 손 끝

② 상대 눈 → 지시 방향 → 상대 눈

③ 상대 눈 → 지시하는 손 끝 → 지시 방향

④ 지시 방향 → 지시하는 손 끝 → 상대 눈

⑤ 지시 방향 → 상대 눈 → 지시하는 손 끝

05 다음의 고객 성격유형 중 '외향형(Extraversion)' 에 해당하는 특성은?

① 말로 표현하는 것을 선호한다.
② 서서히 알려지는 것을 선호하는 경향이 있다.
③ 조용하고 신중한 경향이 있다.
④ 깊이 있는 대인관계를 유지하는 경향이 있다.
⑤ 자기 내부에 주의 집중하는 경향이 있다.

06 다음은 '소비자'와 '고객'에 대한 용어의 정의를 설명한 내용이다. 이 중 옳지 않은 것은?

① 고객은 흔히 '손님'이란 용어로 표현되기도 한다.
② 처음 기업과 거래를 시작하는 고객을 신규고객이라 한다.
③ 일반적으로 소비 활동을 하는 모든 주체를 소비자라 한다.
④ 소비자는 구매자, 사용자, 구매 결정자의 역할을 각각 다르게 하는 경우와 1인 2역, 3역 역할을 수행하는 경우가 있다.
⑤ 직접 제품이나 서비스를 반복적, 지속적으로 애용하고 있지만, 타인에게 추천할 정도의 충성도를 가지고 있지는 않은 고객을 옹호고객이라 한다.

07 고객의 구매 행동에 영향을 끼치는 요인을 설명한 것으로 가장 적절한 것은?

① 물리적 환경 – 타인의 관찰
② 사회적 환경 – 상표, 점포의 실내 디자인
③ 커뮤니케이션 상황 – 광고, 점포 내 디스플레이
④ 구매 상황 – 고객이 제품을 사용하는 과정상 발생 가능한 상황
⑤ 소비 상황 – 제품 구매 가능성, 가격 변화, 경쟁 상품의 판매 촉진 등 제품을 구매하게 되는 시점의 상황

08 다음 중 설득의 기술 중 역지사지를 설명한 것은?

① 시각에 호소하는 언어를 사용한다.
② 상황에 맞는 전문가의 말을 인용한다.
③ 객관적 자료보다는 다양한 채널로 접근하여 감성을 자극한다.
④ 상대방의 의도를 간파하는 짧은 한마디는 상대방의 마음을 한순간에 무너뜨릴 수 있다.
⑤ 타인을 비난하기 전에 먼저 자신을 낮추고 상대방의 마음을 헤아리는 모습을 보여준다.

09 커뮤니케이션 상황 내에서 잠재적 메시지 가치를 가지고 있는 인간이나 환경에 의해 야기된 언어를 제외한 자극을 '비언어를 통한 커뮤니케이션'이라고 한다. 다음 중 '공간적 행위'를 설명한 것으로 가장 적절한 것은?

① 친밀한 거리는 0~45cm이다.

② 개인적 거리는 80cm~1.2m다.

③ 사회적 거리는 45~80cm다.

④ 대중적 거리는 1.2m 이내다.

⑤ 육체적 공간 거리를 어떻게 유지하고 어떤 의미를 부여하는가에 대한 내용으로 상대에 대한 친밀감이나 신뢰도와는 관계가 있으나, 진정한 관심이나 흥미 및 태도를 반영하지는 않는다.

10 CIQ[세관(Customs), 출입국관리(Immigration), 검역(Quarantine)]지역에서 주로 이루어지는 행정사항이 아닌 것은?

① 휴대품 검사

② 참가 회의 관련 안내

③ 귀빈실 사용 VIP 영접

④ 여권 및 비자의 적절성 검사

⑤ 필요 시 회의 참가 입국자의 건강이상 유무 및 동·식물 검역

11 회의장의 배치 형태 중 장시간의 강의 청취와 노트필기에 적합한 세팅은?

① U자형 배치(U – Shape Setting)

② T자형 배치(T – Shape Setting)

③ 극장식 배치(Theater Style Setting)

④ 교실식 배치(Classroom Style Setting)

⑤ 이사회형 배치(Boardrooom Style Setting)

12 의전 시 계급에 따른 호칭 사용이 적절하지 않은 것은?

① 문서에는 상사의 존칭 생략

② 상사에게 자신을 지칭할 때는 '저'를 사용

③ 최상급자에게 상급자 호칭 시 존대법 사용

④ 상급자에게는 성과 직위 다음에 '님'이라는 존칭 사용

⑤ 상급자의 이름을 모를 경우 직위에만 '님'이라는 존칭 사용

13 다음 중 의전(儀典) 업무에 관한 설명으로 적절하지 않은 것은?

① VIP 고객에 있어서는 사전 예약과 사후 관리에 세밀한 응대가 필요하다.

② 의전은 의식을 갖추고 예(禮)를 갖추어야 하므로 높은 수준의 매너가 필요하다.

③ 때에 따라서는 VIP 고객을 위해 주차장에서부터 의전 서비스를 제공하고, 전문 직원이 밀착 서비스를 제공할 수도 있다.

④ 행사 중 서로 이해관계가 있는 VIP 고객 간의 자리 배석과 공간적 거리를 염두에 두고 사전 행사준비를 하는 편이 좋다.

⑤ 의전은 의식과 의례를 갖춘 행사를 의미하므로 절대로 규칙에서 벗어나지 않도록 하며, VIP 고객에게도 행사 규칙을 따르도록 강요해야 한다.

14 대안 평가 및 상품 선택에 관여하는 방법 중 고객이 기존안을 우월하게 평가하도록, 상대적으로 열등한 대안을 내놓아 기존안을 돋보이게 하는 방법은?

① 후광효과
② 빈발효과
③ 유인효과
④ 프레이밍효과
⑤ 유사성효과

15 매너의 개념에 대한 설명으로 옳지 않은 것은?

① 상대방을 존중하는 태도가 매너의 기본이다.
② 매너는 에티켓을 외적으로 표현하는 것이다.
③ 매너는 타인을 향한 배려의 언행을 형식화한 것이다.
④ 에티켓을 지키지 않는 사람에게도 매너를 기대할 수 있다.
⑤ 매너는 사람이 수행해야 하는 일을 위해 행동하는 구체적인 방식이다.

16 효과적인 경청 방법으로 가장 적절하지 않은 것은?

① 질문한다.
② 온몸으로 맞장구를 친다.
③ 말하는 사람과 동화되도록 노력한다.
④ 전달하는 메시지의 요점에 관심을 둔다.
⑤ 상대방의 이야기를 자신의 경험과 비교하며 듣는다.

17 명함을 받거나 건넬 때 올바른 명함매너는?

① 명함을 건넬 때 바로 선 자세에서 왼손으로 주는 것이 예의이다.
② 명함을 받을 때 상황에 따라 두 손으로 서서 받거나 앉아서 받는다.
③ 명함을 건넬 때 정중히 인사하고 자신의 소속과 이름을 정확히 말해야 한다.
④ 명함을 받은 후 바로 상대방 명함 상단에 날짜와 특이사항을 기록해 놓는다.
⑤ 명함을 받은 후 대화가 이어질 경우에도 바로 명함집에 잘 넣어 보관하여야 한다.

18 다음 중 남성의 조문 매너에 대한 설명으로 적절한 것은?

① 요즘에는 복장이 단정하면 격식에 구애받지 않는다.
② 조의금은 형편이 힘들더라도 최대한 많이 내도록 한다.
③ 유족에게 가능한 말을 자주 걸어 슬픔을 잊도록 도와준다.
④ 복장은 검정 양복을 기본으로 하며, 감색·회색 양복은 입지 않는다.
⑤ 영정 앞에 선 채로 묵념 후 한 번 절하여 총 두 번의 조의를 표한다.

19 다음 중 올바른 Voice 이미지 연출 방법에 대한 설명으로 적절하지 않은 것은?

① 장·단음을 분명하게 발음한다.
② 천천히 또박또박 발음하도록 한다.
③ 모음에 따라 입 모양을 다르게 해야 한다.
④ 숨을 들이 마신 후에 말하면 목소리가 더 풍성해진다.
⑤ 말을 할 때에는 항상 강하고 힘있게 말하여 자신감 있는 모습을 연출한다.

20 다음 중 서비스전문가의 용모 복장에 대한 설명으로 적절하지 않은 것은?

① 명찰은 정 위치에 부착하고 개인적인 액세서리는 가능한 한 피하도록 한다.
② 헤어연출은 가급적 이마를 드러내어 밝은 표정을 극대화하는 것이 좋다.
③ 네일(손톱)은 깨끗하고 정리된 상태를 유지하며 지나친 네일아트는 피하도록 한다.
④ 유니폼을 개인의 취향으로 변형하지 않도록 하며 유니폼은 조직을 나타내는 상징임을 기억하고 규정에 맞게 착용한다.
⑤ 메이크업의 목적은 신체의 장점을 부각하고 단점은 수정 및 보완하는 미적 행위이므로 항상 자신의 개성을 부각시켜 연출한다.

21 지각적 방어는 지각의 특징들 중 어느 특징에 영향을 미치는가?

① 주관성   ② 선택성
③ 일시성   ④ 총합성
⑤ 이질성

22 협상에서 효과적으로 반론하는 방법으로 적절하지 않은 것은?

① 긍정적으로 시작한다.
② 반대이유를 설명한다.
③ 반론내용을 명확히 한다.
④ 반론을 요약해서 말한다.
⑤ 상대방이 수락할 때까지 반복적으로 주장한다.

23 공식 운전자가 있는 의전차량 탑승자 중 VIP 인사의 좌석은?

① 뒤 중앙좌석
② 운전자 옆 좌석
③ 운전자 직 후방 뒷좌석
④ 운전자 대각선 방향 뒷좌석
⑤ 탑승 좌석 구분은 불필요함

24 자신이 인정받고자 하는 욕구가 많아지면서 고객들은 누구나 자신을 최고로 우대해 주기를 원한다. 이에 해당하는 고객 요구의 변화의 특징으로 적절한 것은?

① 의식의 고급화
② 의식의 복잡화
③ 의식의 개인화
④ 의식의 대등화
⑤ 의식의 존중화

🗞 O/X형 5문항

[25~29] 다음 문항을 읽고 옳고(O), 그름(X)을 선택하시오.

25 공수 자세를 취할 때 평상시에는 남자가 왼손이 위로, 여자는 오른손이 위로 가도록 두 손을 포개어 잡는다. 집안의 제사는 흉사이므로 반대로 손을 잡는다.

(① O ② X)

26 경청의 기법인 B.M.W는 Body(자세), Mood(분위기), Word(말의 내용)이다. B.M.W의 Body는 표정이나 눈빛, 자세나 움직임을 상대에게 기울이고, Mood는 대화 장소의 분위기를 고려하여 들으며, Word는 말의 내용적인 면에서 고객의 입장에 서서 고객을 존중하며 고객이 원하는 바가 무엇인지 집중하여 듣는 공감적 경청의 방법이다.

(① O ② X)

27 컨벤션 개최를 통해 긍정적인 경제적 효과 외에도 개최국의 국제 지위 향상 등 정치적 효과도 누릴 수 있다.

(① O ② X)

28 서비스종사자에게 유니폼은 근무 시 활동하는 복장인 동시에 회사와 개인의 이미지까지 표현하는 수단이 되므로 자신의 개성을 잘 살려 수선하고 개인별로 포인트를 주어 화려함을 더하도록 한다.

(① O ② X)

29 서비스종사자는 고객이 가진 우월심리를 잘 이해해야 한다. 고객은 늘 자신이 서비스직원보다 우월하다는 심리를 가지고 있으므로 직업의식을 가지고 고객의 자존심을 인정하며 자신을 낮추는 겸손한 자세가 필요하다.

(① O ② X)

[30~34] 다음 설명에 적절한 보기를 찾아 각각 선택하시오.

---

① 팁문화
② 상호주의 원칙(Reciprocity)
③ 체리피커
④ 공 수
⑤ 악 수

---

30 제공받은 서비스에 대한 감사의 표시로 담당자에게 전체 금액의 10% 정도를 전달하는 문화

( )

31 의전의 기본 정신 중 하나로 내가 배려한 만큼 상대방으로부터 배려를 기대하는 것으로, 국력에 관계 없이 동등한 대우를 기본으로 한다.

( )

32 명품 숍에서 고가의 가방을 구입한 후 당일 약속에 들고 외출했다가 다음날 마음에 들지 않는다며 환불을 요청하는 고객

( )

33 비즈니스를 하는 사람과 사람 사이의 친근함을 표현하는 것으로 관계형성의 중요한 단계이며, 서양에서는 이를 사양하는 것은 결례에 속한다.

( )

34 어른 앞에서나 의식 행사에 참석했을 때 또는 절을 할 때 취하는 공손한 자세

( )

📑 사례형 10문항

35 다음 사례에서 두 사람의 전화 응대 비즈니스 매너를 해석한 것으로 적절하지 않은 것은?

> 김철수씨는 출근 시간이 십여 분 정도 지난 시각에 아직 출근하지 않은 옆자리의 동료 전화를 대신 받게 되었다.
>
> 김철수 : (A) 여보세요?
>
> 송신자 : (B) 아, 네 수고하십니다. ○○건설이죠. 김영식씨 계십니까?
>
> 김철수 : (C) 아 네 ○○건설은 맞습니다만 김영식씨는 아직 출근 전입니다. 아마 곧 출근할 것 같습니다만…
>
> 송신자 : 네. 그렇군요.
>
> 김철수 : (D) 용건을 말씀해주시면 제가 메모를 남기거나 자리에 도착하는 대로 전화 드리라고 전하겠습니다. 괜찮으시겠습니까?
>
> 송신자 : (E) 네. 며칠 전에 메일을 보내주셔서 그 건으로 연락드렸습니다. 저는 ○○ 상사에 근무하는 ○○○대리입니다. 말씀을 전해주시면 감사하겠습니다.

① (A) – 비즈니스 전화를 받을 때 가장 무난한 인사법으로 응대하였다.

② (B) – 전화 통화하고자 하는 상대를 확인하고자 하였으나, 본인의 소속을 밝히지 않아서 적절한 응대가 아니다.

③ (C) – 동료가 지각하여 부재한 상황이라면, 아직 출근 전이라고 하기보다는 잠시 자리를 비웠다고 하는 편이 비즈니스 응대 시에는 더 적절하다.

④ (D) – 상대에게 정중히 메모나 연락처 등을 질문하며 적절히 응대하였다.

⑤ (E) – 전화를 건 용건과 소속을 밝히고 메모를 전해주는 것에 대한 감사를 전하여 예의를 갖추었다.

36 다음 사례에서 고객이 방문하였을 때 상황별로 갖추어야 할 안내 매너로 적절하지 않은 것은?

> 오늘은 중요 고객사 김길동 과장이 11시에 본사를 방문하는 날이다.
>
> ① **(정문에서의 안내)** : 10시 50분에 정문에서 대기하고 통과하는 차량을 확인한 후, 주차 안내를 도운 다음 문을 열어주고 정중하게 인사하며 자기소개를 했다.
>
> ② **(복도에서의 안내)** : 고객이 따라오는지 거리를 확인하면서 고객보다 2~3보 가량 비스듬히 앞서서 걸으며 접견실 입구로 안내했다.
>
> ③ **(계단에서의 안내)** : 계단을 오를 때, 안내자는 여성이고, 고객은 남성이므로 고객보다 한 두 계단 앞서 안내하며 올라가고, 계단을 내려올 때 고객보다 한두 계단 뒤에서 내려왔다.
>
> ④ **(문에서의 안내)** : 당겨서 여는 문에서는 먼저 당겨 열고 서서 고객이 먼저 통과하도록 안내하였고, 밀고 들어가는 문에서는 안내자가 먼저 통과한 후 문을 잡고 고객을 통과시켰다.
>
> ⑤ **(접견실에서의 안내)** : 접견실에 도착해서 "이곳입니다."라고 말하고, 전망이 좋은 상석으로 고객을 안내하였다.

① 정문에서의 안내
② 복도에서의 안내
③ 계단에서의 안내
④ 문에서의 안내
⑤ 접견실에서의 안내

37 다음은 회의 운영팀이 점심식사를 자유 시간으로 운영하기보다 계획된 프로그램으로 제공할 것을 회의를 통해 결정하는 사례이다. 점심식사를 계획된 프로그램으로 제공하는 이유에 대한 각 담당자별 의견 중 가장 적절하지 않은 것은?

〈 ① A과장 〉
점심시간을 자유 시간으로 제공하면 참가자들이 점심식사를 위해 시설을 떠나거나 오후 세션에 참석하지 않는다.

〈 ② B과장 〉
점심시간을 자유 시간으로 제공하면 참가자가 몰리게 되어 내부시설 식음료 장소의 대기라인이 길어진다. 계획된 프로그램으로 제공해야 한다.

〈 ③ C대리 〉
점심을 잘 기획하여 제공하면 대부분의 참가자들이 한 공간에 머물게 되기 때문에 회의 일정이 정상적으로 진행되는 것을 도울 수 있다.

〈 ④ D대리 〉
점심을 잘 기획하여 제공하면 식음료 비용을 오히려 절감할 수 있게 되어 예산운영을 효과적으로 할 수 있다.

〈 ⑤ E대리 〉
점심을 잘 기획하여 제공하면 참가자들이 식사를 위해 이동하는 시간을 줄여 회의 참가자가 식사 후 오후 세션에 늦게 참석하는 것을 방지할 수 있다.

① A과장
② B과장
③ C대리
④ D대리
⑤ E대리

38 다음은 인천공항 귀빈 전용통로, '더블도어'의 모습이다. 이 문을 통과할 수 없는 대상은?

〈공항 더블도어〉

① 덴마크 여왕
② 유엔사무총장
③ 부시 대통령
④ 독일총리대행
⑤ 덴마크 여왕 수행원

39 다음은 상황에 따른 고객과의 통화 내용이다. 대화에 관한 내용 중 옳지 않은 것은?

① **전화를 바꾸어 줄 때**
- 고객님! 죄송하지만 통화가 길어지는 것 같은데요!
- 제가 메모해서 전화가 끝나는 대로 연락드리도록 하겠습니다.

② **전화가 들리지 않을 때**
- 죄송하지만 잘 들리지 않습니다.
- 고객님! 죄송하지만 목소리가 작아서 잘 들리지 않는데 좀 크게 말씀해 주시겠습니까?

③ **전화가 잘못 걸려왔을 때**
- 실례하지만 몇 번으로 전화하셨습니까?
- 이곳은 구매부가 아니라 자재부입니다. 제가 구매부로 돌려 드리겠습니다.

④ **항의전화인 경우**
- 고객님! 정말 죄송합니다. 착오가 있었던 것 같습니다.
- 불편을 드려 죄송합니다. 즉시 조사하여 신속히 답변을 드리겠습니다. 감사합니다.

⑤ **잠시 통화를 중단할 때**
- 네! 확인해 드리겠습니다. 죄송하지만 잠시만 기다려 주시겠습니까?
- 기다리게 해서 죄송합니다. 네! 오랫동안 기다리셨습니다.

① 전화를 바꾸어 줄 때
② 전화가 들리지 않을 때
③ 전화가 잘못 걸려 왔을 때
④ 항의전화인 경우
⑤ 잠시 통화를 중단할 때

40 다음 사례는 고객의 의사결정 과정 5단계 중 어떤 단계에 해당하는가?

여자 : 예식장 정하는 것이 이렇게 어려운 일인지 몰랐어.
남자 : 그래, 남들이 결혼하는걸 보면 쉽게 하는 것 같은데 막상 우리가 정하려고 하니까 참 어렵네.
여자 : 그 사람들도 우리처럼 이런 과정을 다 거쳤을 거야. 오늘은 결정해서 예약해야 하는데.
남자 : 그래. 여기저기 더 알아보는 것은 시간 낭비지. 지금까지 열 군데는 알아본 것 같은데, 그 중에서 우리 마음에 든 두 개 중 하나를 결정하자.
여자 : 두 개 중에서 나는 양재역 근처에 있는 예식장이 마음에 들어. 개장한 지 얼마 안 돼서 인테리어가 고급스럽고 분위기도 좋으며 역세권이라 교통도 편리해서 손님들이 오기도 좋지. 다만 가격이 다른 곳보다 조금 더 비싼 것이 흠이긴 하지만 말이야.
남자 : 나도 그렇게 생각해. 우리가 알아본 것 중에서는 그만한 곳이 없지. 그 곳으로 정하자. 계약은 오후에 가서 하면 될 거야.
여자 : 계약은 아직 안 했지만 일단 결정을 하니까 속이 후련하네.

① 특정 제품 및 서비스를 획득하는 구매의 단계
② 의사결정과 관련된 정보를 습득하는 정보탐색의 단계
③ 획득 후 기대에 부합하는지를 평가하는 구매 후 행동 단계
④ 제품 및 서비스의 필요성을 느끼고 지각하는 문제인식의 단계
⑤ 여러 대안 중 평가요인에 의해 선택의 폭을 좁히는 대안평가의 단계

41 어느 통신기기 매장에서 판매사원과 상담을 하는 고객의 행동에서 매우 특징적인 점을 발견하게 되어 간략하게 정리해 보았다. 정리한 내용 중에서 비언어적 커뮤니케이션의 '의사언어'에 해당하는 내용으로만 구성된 것은?

> 가. 자신의 의사가 명확하게 전달될 수 있도록 발음에 상당히 신경을 써서 대화를 이어나간다.
> 나. 자신의 감정에 따라 말의 속도가 확연히 다르다.
> 다. 주변을 둘러보면서도 판매사원의 말을 경청하고 있다는 듯이 가끔씩 고개를 끄덕인다.
> 라. 부드럽고 친근감 있는 말투였으나 자신의 질문을 판매사원이 잘 이해하지 못하면 약간 짜증스러운 말투로 이야기한다.
> 마. 판매사원의 설명 내용에 따라 얼굴표정이 달라지는데, 그 표정만 봐도 구매결정 여부를 대략 알 것 같다.

① 가, 나, 라 ② 나, 라, 마
③ 가, 다, 마 ④ 나, 다, 마
⑤ 가, 라, 마

42 다음은 한 가구점에서 고객과 점원이 대화를 하는 장면이다. 이를 설명한 내용으로 가장 옳은 것은?

> 고객 : 초록색 의자보다 노란색 의자가 더 마음에 들어요.
> 점원 : 재고가 있는지 모르겠네요. 지난주에 매진됐거든요. 가장 인기 있는 제품입니다. 게다가 그 가격이라면 손님들도 곧바로 가져가시고 싶어 하지요. 괜히 기대감을 드리기 전에 재고가 있는지 한번 확인하겠습니다.

① 재고가 없다면 '없다'고 단호하게 말해야 한다.
② '나중에는 불가능할지도 모른다.'는 뉘앙스를 고객에게 느끼게 해서는 곤란하다.
③ 사례와 같은 응답 방식은 고객으로 하여금 노란색 의자를 구매하겠다는 의지를 감소시킬 수 있다.
④ "다음 주에 오셔도 저희가 물건을 충분히 가지고 있을 겁니다."라는 말은 고객의 구매 욕구를 더욱 불러일으킬 가능성이 크다.
⑤ 지난주에 매진되었던 제품임을 알리며 고객에게 인기가 많은 제품임을 인식시켜 구매 욕구를 높일 수 있다.

43 다음은 회사 내에서 이루어지는 비서와 내방객의 대화이다. 대화에 관한 내용 중 적절하지 않은 것은?

> 비 서 : (하던 일을 멈추고 일어나 밝게 웃으며) 안녕하십니까?
> 내방객 : 네, 안녕하세요. 반갑습니다. (명함을 내밀며) 김만세 사장님과 오늘 2시에 만나기로 한 ○○물산의 박민국 사장입니다. 제가 약속 시간보다 조금 일찍 와버렸네요……
> 비 서 : 아! 네네, 괜찮습니다. 다만…… 사장님께서 지금 외부일정 중이신데, 조금 전에 출발하셔서 지금 사무실로 들어오고 계십니다. 죄송합니다만, 잠시 기다리셔도 괜찮으시겠습니까?
> 내방객 : 네네 그럼요. 괜찮습니다. 기다리겠습니다.
> 비 서 : 그럼 제가 회의실로 먼저 안내해 드리겠습니다. 이쪽으로 오십시오.
> (회의실 입구에서 가장 먼 곳인 상석으로 안내 후)
> 이쪽으로 앉으십시오. 그럼 사장님께서 도착하시는 대로 회의 시작하실 때 음료나 차를 준비해 드리겠습니다.
> 내방객 : (민망해 하며) 아…… 네…… 알겠어요……
> 비 서 : 그럼 잠시 계십시오. (라고 하며 퇴장한다)
> 내방객 : ……

① 내방객이 먼저 명함을 내밀며 자신을 소개한 것은 좋은 비즈니스 매너이다.

② 비서는 내방객을 회의실로 안내 후 상석에 앉도록 하여 올바른 고객응대를 하였다.

③ 비서는 고객 내방 시 하던 일을 멈추고 즉시 일어나 인사하여 고객에게 긍정적인 첫인상을 주었다.

④ 비서는 내방객에게 기다려달라는 부탁을 하면서 쿠션언어를 사용하여 고객의 기분이 상하지 않도록 하였다.

⑤ 사장님이 오시면 회의를 위해 음료나 차를 함께 준비해 드려야 하므로 내방객이 대기하는 시간에는 음료나 차를 내지 않는 것이 좋다.

44 다음의 사례에서 구매자 상담예절과 원칙에 어긋나는 행동은 무엇인가?

> 세일즈맨 : 안녕하세요, 고객님! 시간 내어 주셔서 감사합니다.
> 잠재고객 : 그런데 오늘 방문한 목적이 무엇인지요?
> 세일즈맨 : 다름이 아니라 새로 나온 상품을 소개하고자 찾아뵈었습니다. 이 상품은 다른 제품에 비하여 성능, 가격, 디자인 어느 면에서도 나무랄 곳이 없는 상품입니다.
>
> 이 상품에 대한 제안서를 보시면 이해가 빠르실 것입니다.
>
> 잠재고객 : 그런데, 이 상품은……
> 세일즈맨 : 아! 이 상품의 자세한 성능에 대해 알고 싶다는 말씀이군요! 마침 제안서를 준비해왔는데 한 번 보시겠습니까?
> 잠재고객 : 아니 제안서보다 별로 이 상품에 대해 관심이……
> 세일즈맨 : 고객님 일단 제안서를 보시면 생각이 많이 달라지실 것입니다. 이 상품의 특징, 경쟁사와의 차별화된 점, 이 상품을 선택함으로써 얻으실 이익에 대한 과학적인 증거가 잘 제시되어 있습니다.
> 잠재고객 : 그래도 별 관심이 없습니다.
> 세일즈맨 : 저도 처음에는 별로 관심이 없었습니다. 충분히 고객님의 생각에 공감합니다. 끝까지 안내하시고 들어주시는 모습에 감동받았습니다. (미소를 지으며) 혹시 언젠가 필요하시면 꼭 연락주세요! 감사합니다.

① 미 소
② 경 청
③ 칭찬과 공감
④ 마무리(Closing)
⑤ 오프닝(Opening)

통합형 6문항

[45~46] 다음은 고객이 처음 방문한 화장품 매장에서 판매의 진행에 따라 구사할 수 있는 다양한 응대 화법들이다.

> A : 안녕하세요? 많이 더우시죠? 여기 시원한 물과 음료수가 준비되어 있으니 천천히 둘러보시고 도움이 필요하시면 말씀해주세요.

> B : 요즘은 화장품 종류들이 정말 다양합니다. 그렇지요? 혹시 고객님께서는 화장품을 고르시는 특별한 기준이 있으신지요?

> C : 네, 고객님께서는 브랜드를 중요하게 생각하고 계시네요. 그 밖에 또 특별히 궁금하시거나 고민되시는 부분은 어떤 것이 있으신가요?

> D : 화장품을 제조한 기업의 신뢰도가 궁금하시군요? 그렇습니다. 과연 내가 비용을 투자한 만큼의 효과를 중요하게 생각하시기 때문일 것입니다. 그래서 화장품을 고르실 때는 충분한 정보와 상담이 필요합니다.

> E : ○○ 화장품에 대해서는 알고 계시나요? 화장품에 세포과학을 접목해서 최근 많은 호응을 얻고 있는 회사입니다. 화장품의 기능과 효능에 집중하여 투자하고 있죠.

> F : 저는 20여 년간 화장품 업계에서 전문적으로 고객님들께 '아름다움'을 권해드리는 일을 하고 있습니다.

> G : 고객님께서 원하시고 또 필요로 하시는 제품을 잘 구매하실 수 있게 도와드리는 게 제 역할입니다. 충분한 정보와 고객님께 잘 맞는 상품으로 도와드리니 편안하게 물어보시고 상담을 받으시면 됩니다. 피부가 건강해 보이시는데 혹시 특별히 염려되시는 점이 있으신지요?

45 다음은 A~G의 각 화법의 역할을 설명한 내용이다. 화법과 역할의 연결이 적절하지 않은 것은?

① B - 구매를 강요함
② D - 상담의 필요성 부각
③ E - 회사 소개를 통한 신뢰감 형성
④ F - 판매자의 자기소개를 통한 전문가 이미지 부각
⑤ G - 본격적인 상담으로의 진입

46 화법 A는 고객을 맞이하는 첫 인사이다. 화법 A를 다른 화법으로 바꿔보려 할 때, 가장 효과적이지 않은 화법은 무엇인가?

① 어서 오세요. 세포 과학을 접목한 ○○ 화장품입니다.
② 안녕하세요? ○○ 화장품입니다. 어떤 제품을 찾으시나요?
③ ○○ 화장품입니다. 반갑습니다. 천천히 둘러보시면 안내해 드리겠습니다.
④ 안녕하세요? 햇볕이 많이 뜨겁습니다. 여기 수분 미스트 한번 뿌리시고 천천히 둘러보세요.
⑤ 어서 오세요. 저희 매장은 왼쪽에는 기초, 중앙에는 색조, 오른쪽에는 세안, 바디 제품들로 구성되어 있습니다. 천천히 둘러보시면 도와드리겠습니다.

[47~48] 다음은 ○○ 여행사에서 하루 동안 상담한 고객들의 상담내역이다.

A고객 : 오전 10시 상담. 가족여행 계획. 총 4인. 정확한 날짜, 지역은 아직 정하지 못함. 재 상담 예정. 전화번호와 이메일 확보

B고객 : 오전 11시. ○○ 카드사 이벤트에 응모한 고객 명단 중 이벤트 상품 홍보 문자 발송

C고객 : 오후 1시. 부모님 생신 선물로 여행 상품 상담. 20대 미혼 여성. 견적서 문의, 메일 발송

D고객 : 오후 2시. 다음 주 여행 출발 계약자 상담. 주요 문의사항 상담 후 현지 옵션 상품 예약 진행

E고객 : 오후 3시. 지난 주 판매한 여행 상품을 통해 기업 단체 연수를 다녀온 ○○기업 담당자 통화. 불편사항 및 추가 조치사항 확인. 분실물 보험 처리 진행

F고객 : 오후 4시. 2주 전 상담 고객 견적 발송 후 3차 상담 전화. 조정된 견적 내용 설명 및 예약 가능 여부 타진. 이번 주 중에 최종 결정

G고객 : 오후 5시. 웨딩 플래너 박실장과 신혼여행 상품 홍보를 위한 전화통화. 최신 호응도 높은 상품 설명 및 안부. 박실장이 올해 가을 예비 부부 약 10쌍 진행 중이라고 함. 적절한 협력 부탁. 다음 주 미팅 약속

47 위의 상담내역을 통해 ○○ 여행사의 고객을 분류해 보았다. 다음 중 각각의 고객 분류, 설명이 적절하지 않은 것은?

① A고객	가망 고객	여행 계획이 잡혀 문의해옴. 구매 가능성이 있는 상태
② B고객	잠재 고객	아직 여행 상품 구매 의사를 확인할 수 없지만 이벤트에 응모하여 정보를 알고 있는 잠재적 고객군
③ C고객	구매자	여행 상품을 직접 이용하는 것은 아니지만 구매를 결정하는 고객
④ E고객	의사 결정 고객	상품을 구입하는 데 있어 영향을 미치는 사람. 전체 여행 상품을 사용하는 소비자를 통해 기업 구매의 결정에 영향을 미침
⑤ F고객	충성 고객	상품의 평판, 심사 등에 참여하여 의사결정에 영향을 미치는 사람

48 G고객과 ○○ 여행사의 관계에 대한 설명이다. 가장 적절한 것은?

① 현재 10쌍의 예비부부는 ○○ 여행사의 가망 고객이다.

② 10쌍의 예비부부는 웨딩 플래너 박실장의 잠재고객이다.

③ 웨딩 플래너 박실장은 ○○ 여행사와 강한 유대관계를 형성하고 있으므로 충성고객이다.

④ 웨딩 플래너 박실장은 소비자도 구매자도 아니므로 ○○ 여행사의 고객이라고 할 수 없다.

⑤ 웨딩 플래너 박실장은 대체적인 경우 ○○ 여행사의 잠재고객에게 구매 영향자가 될 수 있으므로 고객으로 볼 수 있다.

A대리 : B사원, 오늘 고객 만날 때 자료정리를 잘 해서 만나야 해.

B사원 : 네, 잘 알겠습니다.

A대리 : 지난번에도 자료 없이 그냥 만났지? 회사 생활이라는 게 말이야. 무슨 일이든 철저하게 준비하는게 중요하거든. 그래야 신뢰가 생기는 거야. 내가 신입사원이었을 때는 고객을 만날 때 늘 필요한 자료가 뭔가 미리 생각해서 만들어서 만났거든.

B사원 : 아, 네. 그렇군요. 대리님 말씀 잘 명심하겠습니다.

A대리 : 그리고 무슨 문제 있으면 나한테 먼저 이야기하라고. 내가 도와줄테니까.

B사원 : 네.

A대리 : 그런데 말이야. B 사원, 내가 이야기하는데 자꾸 시계를 보네. 뭐 바쁜 일 있나?

B사원 : 아닙니다. 그냥요.

A대리 : 거 참, 사람이 말하는데 시계를 자꾸 보면 되나. 고객 앞에서도 그러는 거 아냐?

B사원 : 앞으로 주의하겠습니다.

49 A대리와 B사원의 대화를 교류분석(Transactional Analysis) 관점에서 분석하였을 때 A대리는 어떤 자아 상태인가?

① 성인 자아(Adult Self)

② 부모 자아(Parent Self)

③ 전문가 자아(Expert Self)

④ 관리자 자아(Management Self)

⑤ 성숙인 자아(Mature man Self)

50 B사원이 범하고 있는 커뮤니케이션 오류는 무엇인가?

① 준거의 틀 차이

② 반응적 피드백의 부족

③ 비언어적 메시지의 오용

④ 신뢰 네트워크 형성 부족

⑤ 시간이라는 제약 상황의 한계

📰 **일반형 24문항**

01 다음 중 서양의 호칭 및 경칭의 대상으로 옳지 않은 것은?

① Majesty – 왕족

② The Honorable – 귀족이나 주요 공직자

③ Sir – 나이나 지위가 비슷하거나 높은 사람

④ Esquire(ESQ) – 영국에서 사용하며, 편지의 수취인

⑤ Dr. – 전문직업인이나 인문과학분야에서 박사학위를 취득한 사람

02 다음은 각각 에티켓 또는 매너에 대한 사례이다. 구분이 다른 하나는?

① 대화 도중 기침이 나올 때는 손으로 입을 가리고 한다.

② 길가다가 껌을 뱉을 때에는 종이에 싼 후 휴지통에 버린다.

③ 공중화장실과 같은 공공시설물은 항상 깨끗하게 이용해야 한다.

④ 도서관에서 핸드폰으로 통화할 때에는 밖으로 나가서 사용한다.

⑤ 출입문을 열고 들어갈 때 뒷사람이 오는 것을 보면 잠시 문을 잡아준다.

03 나라마다 쓰임이 다른 제스처가 있는데 주먹을 쥐고 엄지손가락을 위로 올리는 행위가 맞게 열거된 나라는?

① 미국(매우 좋음) – 호주(무례한 행위) – 한국(네가 최고) – 그리스(닥쳐) – 러시아(동성연애자라는 의미)

② 한국(네가 최고) – 그리스(동성연애자라는 의미) – 호주(무례한 행위) – 러시아(닥쳐) – 미국(매우 좋음)

③ 호주(동성연애자라는 의미) – 한국(네가 최고) – 그리스(무례한 행위) – 러시아(닥쳐) – 미국(매우 좋음)

④ 그리스(닥쳐) – 호주(동성연애자라는 의미) – 러시아(무례한 행위) – 미국(매우 좋음) – 한국(네가 최고)

⑤ 러시아(동성연애자라는 의미) – 그리스(매우 좋음) – 한국(매우 좋음) – 미국(무례한 행위) – 호주(네가 최고)

04 서비스 기업이 더욱 중요하게 관리해야 하는 내부고객에 대해 가장 적절하게 설명한 것은?

① 외부고객에 이어 2번째로 고려해야 할 고객이다.

② 기업의 상품과 서비스를 직접 구매하거나 이용한다.

③ 상품과 서비스를 제공받는 대가로 가격을 지불한다.

④ 외부고객을 만족시켜야 내부고객을 만족시킬 수 있다.

⑤ 외부고객이 원하는 것을 제공하는 중요한 일을 담당한다.

05 다음 중 의전의 5R에 해당하지 않는 것은?

① 서열타파(Rank Free)
② 상호존중(Reciprocity)
③ 상대방에 대한 존중(Respect)
④ 숙녀는 오른쪽(Lady on the Right)
⑤ 현지문화의 반영(Reflecting Culture)

06 다음 중 올바른 명함 수수법으로 가장 적절한 것은?

① 명함은 고객의 입장에서 바로 볼 수 있도록 건네도록 한다.
② 명함은 상황에 따라 한 손으로 건네도 예의에 어긋나지 않는다.
③ 명함을 동시에 주고받을 때에는 왼손으로 주고 오른손으로 받는다.
④ 앉아서 대화를 나누다가 명함을 교환할 때는 그대로 건네는 것이 원칙이다.
⑤ 앉아서 대화를 나누는 동안 받은 명함을 테이블 위에 놓고 대화하는 행위는 실례다.

07 다음 중 조문 매너로 올바른 것은?

① 조의금은 문상을 마친 후 직접 상주에게 전한다.
② 향을 꽂은 후 영정 앞에 일어서서 잠깐 묵념 후 한번 절한다.
③ 오른손으로 향을 잡은 채로, 왼손을 가볍게 부채질해 불꽃을 끈다.
④ 정신적으로 힘든 유족에게는 말을 많이 시키고 위로하는 것이 좋다.
⑤ 영정 앞에 절할 때 남자는 왼손이 위로, 여자는 오른손이 위로 가게 한다.

08 고객을 안내할 때 올바른 접객 매너는?

① 고객을 배웅할 때는 회의석상에서 배웅한다.
② 안내할 때는 고객보다 2~3보 가량 비스듬히 뒤에서 안내한다.
③ 복도에서는 손님과의 거리가 벌어지지 않도록 약간 뒤에서 안내한다.
④ 고객이 남성이면 한두 계단 뒤에서 올라가고 내려올 때는 한두 계단 앞서 내려온다.
⑤ 당겨서 여는 문일 경우에는 당겨서 문을 열고 들어가고, 고객이 나중에 통과하도록 한다.

09 이미지의 개념 및 속성에 대한 설명으로 옳지 않은 것은?

① 실체의 한 부분이지만 대표성을 갖는다.
② 객관적이라기보다는 주관적이라고 할 수 있다.
③ 마음속에 그려지는 사물의 감각적 영상, 또는 심상이다.
④ 시각적인 요소 이외의 수많은 감각에 의한 이미지도 포함한다.
⑤ 인식 체계와 행동의 동기 유인 측면에 있어 매우 중요한 역할을 한다.

10 서비스전문가로서 자신을 연출할 때 적절하지 않은 것은?

① 서비스전문가는 가능하면 앞머리로 이마나 눈을 가리지 않는 헤어스타일이 좋다.

② 머리는 빗질을 하거나 헤어 제품을 사용하여 흘러내리는 머리가 없도록 고정하고 단정한 모양을 유지하는 편이 좋다.

③ 옷과 구두의 색상과 조화를 이루는 것이 좋으며 스타킹도 무난한 제품으로 고르되, 무늬나 화려한 색상의 제품은 피하는 편이 좋다.

④ 유니폼이나 개인 슈트를 입더라도 흰색 양말보다 양복 색과 같은 양말을 착용하여 구두 끝까지 색의 흐름을 일치하게 입는 편이 좋다.

⑤ 서비스전문가는 트렌드에 민감해야 하므로 제복이나 유니폼을 입더라도 트렌드에 맞게 액세서리 등으로 개인의 개성 연출을 하는 편이 좋다.

11 우량고객 중에서도 최상위의 고객을 로열고객 (Loyal Customer) 혹은 충성고객이라고 한다. 이들의 특징으로 적절하지 않은 것은?

① 관대함
② 교차구매
③ 하강구매
④ 구전활동
⑤ 반복구매

12 커뮤니케이션 기법 중 '나 – 전달법'에 대한 설명으로 옳은 것은?

① 비언어적인 전달방법이다.

② 자기노출과 피드백으로 구성된다.

③ 자신의 입장만을 강조하는 이기적인 의사소통 방법이다.

④ 타인의 행동이 자신에게 어떠한 영향을 주었는지에 대해 이야기하는 방법이다.

⑤ 때로는 상대방의 행동을 비난하여 효과적으로 의사소통이 가능하다는 방법이다.

13 다음 중 커뮤니케이션의 기능에 대한 설명으로 적절하지 않은 것은?

① 의사결정에 필요한 정보를 제공한다.

② 감정 표현의 욕구와 사회적 욕구를 충족해준다.

③ 최고경영자가 적극적으로 참여하면, 효율적인 조직 커뮤니케이션을 방해할 수 있다.

④ 조직은 직원들이 따라야 할 권력 구조와 공식 지침이 있고 다양한 커뮤니케이션이 이를 통제한다.

⑤ 커뮤니케이션은 무엇을 해야 하는가를 명확하게 해줌으로써 조직 구성원에게 동기부여를 강화하는 기능을 한다.

14 감성지능과 조직 성과의 관계에 대한 설명으로 적절하지 않은 것은?

① 감성지능은 업무 수행에 대한 동기를 유발시켜 직무에 헌신하고 몰입하게 한다.

② 감성지능은 동료와 상사 간의 높은 신뢰를 형성하여 조직의 효율성을 극대화한다.

③ 직장에서 느끼는 개인의 긍정적인 감성은 업무를 향상시켜 직무에 대한 만족도를 높인다.

④ 긍정적인 감성은 구성원의 자발적 이타 행동을 증가시키며, 구성원들에 대한 리더십을 발휘하게 한다.

⑤ 감성지능은 어려움을 찾아내고 자신의 성취를 위해 노력하며 자신의 감정을 다스리고 스스로 동기를 부여하는 능력이다.

15 다음 중 첫인상의 특징으로 적절하지 않은 것은?

① 신속성 　　　 ② 통합성
③ 연관성 　　　 ④ 일회성
⑤ 일방성

16 다음 중 목소리에 대한 설명으로 옳은 것은?

① 호흡은 흉식호흡을 반복 연습한다.

② 콧소리가 날 때는 목에 힘을 빼주면 좋다.

③ 발음은 최대한 정확하게 끊어서 말하는 연습을 한다.

④ 작은 목소리는 소극적인 인상을 주지만 겸손한 이미지 또한 표현할 수 있다.

⑤ 딱딱한 목소리는 감정표현이 서툴러 보여 상대에게 순진한 인상을 줄 수 있다.

17 저관여 소비자 의사결정과정에 해당하는 내용으로 적절한 것은?

① 구매 후 부조화현상이 적다.

② 태도 변화가 어렵고 드물다.

③ 불일치하는 정보에 저항한다.

④ 능동적으로 제품 및 상표정보를 탐색한다.

⑤ 설득을 위하여 메시지의 수보다 내용이 더욱 중요하다.

18 효과적인 커뮤니케이션 스킬 중 다음과 같은 표현을 무엇이라고 하는가?

> 죄송합니다만, 요청하신 물품은 품절되어서 주문하실 수 없습니다.

① 완곡한 표현
② I - 메시지 사용
③ 청유형의 표현
④ 긍정적인 표현
⑤ 쿠션언어의 사용

19 다음 중 경청에 장애가 되는 행동이라고 볼 수 없는 것은?

① 메시지 내용에 대하여 관심이 없다.

② 듣기보다 말하기에 더 관심을 가지고 있다.

③ 메시지 내용 중에서 동의할 수 있는 부분을 찾는다.

④ 상대방의 말을 들으면서 머릿속으로 엉뚱한 생각을 한다.

⑤ 머릿속으로 상대방 이야기에서 잘못된 점을 지적하고 판단하는 것에 열중한다.

20 다음 중 회의 개최지 선정 시 고려사항과 가장 거리가 먼 것은?

① 교통 편의성
② 개최시기의 날씨
③ 숙박시설의 적절성
④ 개최 장소의 적합성
⑤ 참가대상자들의 시차 적응 용이성

21 제안요청서(RFP ; Request for Proposal)의 필수 포함 사항으로 적절하지 않은 것은?

① 행사일시
② 행사의 개요
③ 주최 / 주관 기관
④ 제안서 평가 방법
⑤ 행사 예산 조달 방법

22 MICE 산업의 특징으로 적절하지 않은 것은?

① 지방정부가 MICE 산업을 해당 지역의 홍보 마케팅 방안으로 활용할 수 있다.
② MICE 산업을 활성화시키기 위해서는 교통이나 통신, 법적 절차 등의 지원이 필요하다.
③ MICE 산업은 계절에 따라 성수기, 비수기가 구분되므로 관광 성수기 확대 전략으로 활용 가능하다.
④ 회의기간 동안 혹은 전, 후로 실시되는 관광 행사를 통해 기존 관광 상품 및 신규 상품을 홍보할 수 있다.
⑤ MICE 산업은 그 지역의 고유한 특성을 바탕으로 독특한 문화적 이미지와 브랜드를 창출하여 국내 산업에 기여한다.

23 다음 중 각 전문분야의 주제에 대한 아이디어, 지식, 기술 등을 서로 교환하여 새로운 지식을 창출하고 개발하기 위한 목적의 회의 형태는?

① 포 럼
② 워크숍
③ 세미나
④ 클리닉
⑤ 컨퍼런스

24 다음 설명은 아래의 보기 중 어떤 효과를 설명한 것인가?

우수한 세일즈맨은 본능적으로 먼저 비싼 정장을 판매한 다음에 와이셔츠를 판매한다. 왜냐하면 와이셔츠가 아무리 비싸도 정장에 비해 싸게 느껴지기 때문이다.

① 초두효과
② 최근효과
③ 대비효과
④ 맥락효과
⑤ 부정성효과

[25~29] 다음 문항을 읽고 옳고(O), 그름(X)을 선택하시오.

25 악수는 반드시 일어서서 하도록 하며 두 손을 맞잡고 반가운 마음을 표현하기 위해 대여섯 번 힘차게 흔들어 인사한다.

(① O   ② X)

26 협상에 있어서 바트나(BATNA)는 협상자가 합의에 도달하지 못할 경우 택할 수 있는 다른 좋은 대안이나 차선책을 의미한다.

(① O   ② X)

27 효과적인 커뮤니케이션을 위한 경청 1, 2, 3 기법은 자신은 한번 말하고, 상대방의 말을 2번 들어 주며, 대화 중에 3번 맞장구를 치는 것이다.

(① O   ② X)

28 MICE 산업은 Meetings(회의), Incentives(포상휴가), Country tour(국토순례), Exhibitions(전시회)가 포함된 포괄적인 관광산업이다.

(① O   ② X)

29 고객의 구매행동 과정 중 대안평가는 수집된 정보를 바탕으로 고객이 가지고 있는 지식이나 믿음, 상황과 조건, 그리고 선호도 등의 기준으로 평가한다.

(① O   ② X)

📰 연결형 5문항

[30~34] 다음 설명에 적절한 보기를 찾아 각각 선택
하시오.

① 겸양어
② 기사도 정신
③ 공수법
④ TPO
⑤ 상대에 대한 존중(Respect)

30 대화에 있어 상대방을 높이고, 말하는 주체인 자
신을 낮추는 말

( )

31 서양 남성들 사이에서 여성을 존중하고 우선으
로 하는 일반적인 에티켓, 정신

( )

32 두 손을 앞으로 마주 잡는 자세로, 평상시에는
남자는 왼손이, 여자는 오른손이 위로 가도록 두
손을 포개어 잡는 것

( )

33 이미지 메이킹을 위해 자기이미지를 시간과 장
소, 경우에 맞게 연출하는 것

( )

34 의전의 기본 정신 중 하나로 다양한 문화와 생활
방식을 이해하고 배려하는 것

( )

35 다음 사례는 컨벤션을 유치할 때 추진하는 활동이다. 컨벤션 유치활동 중 무엇에 관한 설명인가?

> • 컨벤션센터나 시설에 대한 시설 운영계획 정보를 미리 제공할 필요가 있다.
> • 유치 경쟁국에 대한 정보를 파악하고, 이전 개최지와의 유사성보다는 개최지로서의 독특함을 강조하는 것이 필요하다.
> • 전문가가 수행하여 지리, 역사, 문화는 물론, 개최도시에 대한 광범위한 정보를 제공하고 질문에 응답한다.
> • 컨벤션센터 직원, 컨벤션뷰로 대표, 호텔 관계자, 기술자 등이 현장답사에 동행하여 관련 사항에 대해 상세하게 설명한다.

① 실사단 현장답사
② 컨벤션 유치제안서 작성
③ 컨벤션 개최의향서 제출
④ 컨벤션 유치신청서 제출
⑤ 컨벤션 유치 프레젠테이션

36 다음은 세일즈맨과 고객의 미팅 과정이다. 이 중 예의와 매너에 어긋나는 점은 무엇인가?

> 오늘 아침 새로운 고객발굴을 위해 선정한 잠재고객을 만나려고 전화를 걸었다. 먼저 오늘 언제 시간이 나는지 잠재고객에게 먼저 물어보지 않고 나의 하루 방문 일정대로 고객의 업무 시간이 비교적 한가한 오후 2시 40분에 만나면 어떻겠냐고 정중히 물었다.
> 잠재고객은 흔쾌히 약속을 잡아 주었고 나는 약속시간 20분 전에 가방에 상담에 필요한 자료들을 준비하고 잠재 고객사의 상담실에 미리 도착하였다. 상담실 입구에서 가장 먼 테이블보다 가까운 테이블을 확보하였다. 그리고 상담실 입구가 바라보는 쪽을 나의 좌석으로 정하고 고객은 전망이 보이는 나의 앞좌석을 정했다. 상담에 앞서 필요한 명함과 제안서, 샘플 등을 준비하고 고객 응대를 준비하였다.

① 고객이 앉을 좌석은 전망이 보이고 비교적 조용한 곳이 좋다.
② 상담 테이블은 입구에서 가장 가까운 쪽으로 정하는 것이 예의이다.
③ 상담 시간 20분 전에 도착하여 상담 준비를 철저히 하는 것이 예의이다.
④ 고객방문 시에는 반드시 가방에 제안서, 샘플, 카탈로그, 명함 등을 지참하고 방문하여야 한다.
⑤ 상담시간은 고객에게 맡기기보다는 내가 분 단위로 약속시간을 정하고 정중히 물어보는 편이 효과적이다.

37 다음 사례에서 조직 구매 행동의 요인이 어떤 구매 의사 결정 집단에 영향을 받았는가?

> 세일즈맨 : 안녕하세요, 이대리님! 자주 연락드려 죄송합니다. 그 동안 잘 지내셨죠?
>
> 고　　객 : 물론이죠! 지난번 견적 건에 대해 궁금해서 오셨지요.
>
> 세일즈맨 : 그렇습니다. 경영진이 견적결과에 대해 궁금해 하셔서요. 염치를 무릅쓰고 찾아뵈었습니다.
>
> 고　　객 : 팀장님이 상부에 여러 번 결재 받으려 했지만 아직도 결정을 못하였습니다. 조금 더 기다리셔야 할 것 같아요. 걱정 마시고 돌아가세요! 좋은 결과 있을 겁니다.
>
> 세일즈맨 : 이대리님만 믿겠습니다. 좋은 소식 기다리겠습니다.
>
> (3일후 고객에게로 전화)
>
> 세일즈맨 : 안녕하세요, 이대리님! 지난 번 견적 건 때문에 전화 드렸습니다.
>
> 고　　객 : 대단히 죄송합니다. 그렇지 않아도 전화 드리려 했는데 결재 과정에서 품질 수준과 성능 면에서 문제가 있어 다른 업체로 발주되었습니다. 죄송합니다.
>
> 세일즈맨 : 잘 알겠습니다. 부족한 부분은 보완해서 다시 찾아뵙겠습니다. 감사합니다.

① 사용자(User)

② 구매자(Buyer)

③ 구매결정권자(Decider)

④ 정보통제자(Gatekeeper)

⑤ 구매영향력자(Influencer)

38 다음은 세일즈맨이 고객을 만나기 위하여 전화를 걸어 방문약속을 잡으려 했으나 실패한 사례이다. 보기 중 방문 약속이 실패할 가능성이 높은 방법은?

> 세일즈맨 : 안녕하십니까? 김대리님! 전화로 인사드려 죄송합니다. 저는 ○○엔지니어링 박대리라고 합니다. 신제품을 가지고 귀사를 방문하려는데 오늘 시간이 되십니까?
>
> 고　　객 : 죄송합니다만 오늘은 시간이 안 되겠는데요!
>
> 세일즈맨 : 그래도 꼭 뵙고 저희 제품을 소개하고 싶은데요.
>
> 고　　객 : 오늘 선약도 있고 회의도 있고 해서 도저히 불가능합니다.
>
> 세일즈맨 : 그럼 언제 찾아뵙는 것이 좋겠습니까?
>
> 고　　객 : 쉽게 시간이 나지 않아 약속하기가 어렵겠습니다. 꼭 귀사 제품을 소개하기를 원하신다면 카탈로그나 제안서를 우편으로 보내주시기 바랍니다.
>
> 세일즈맨 : 아, 알겠습니다. 그렇게 하겠습니다. 감사합니다.

① 세일즈맨이 분명하고 자신에 찬 어조로 고객을 주도하고 이끌어야 한다.

② 고객이 편한 시간에 약속을 정하게 하고 고객의 입장에 무조건 따라야 한다.

③ 카탈로그나 제안서를 직접 전해주며 제품 설명을 해야 한다고 설득해야 한다.

④ 약속시간은 세일즈맨이 정하되 시간단위보다 분단위로 약속 시간을 제안한다.

⑤ 신제품이 고객사에게 어떤 이익과 혜택을 줄 수 있는지를 간단히 소개해야 한다.

39 다음 사례에서 고객과 미팅을 위한 레스토랑(식당) 이용 시 적절하지 않은 행동은?

> ① (예약 매너)
> 나는 고객과 식사약속을 하고 조용하고 전망이 좋은 곳을 부탁해 미리 예약했다.
> 예약시간 전에 먼저 도착해서 고객을 맞이하였다.
> ② (도착과 착석 매너)
> 착석하고 나서 화장실에 가는 것은 실례이므로 미리 화장실을 다녀와 예약 테이블을 확인했다.
> 상석을 확인하고 건너편 자리에 착석한 후, 고객이 들어오는 입구를 주시하고 맞을 준비를 했다.
> ③ (주문 매너)
> 식사 시 모든 행동은 고객을 중심으로 이루어지도록 예의를 갖추었다.
> 주문은 고객보다 먼저하여 고객이 편안히 따라 주문하도록 유도했다.
> ④ (식사 매너)
> 식사 중 너무 큰 소리를 내거나 웃는 것을 삼갔다.
> 직원을 부를 때는 오른손을 가볍게 들어 호출했다.
> ⑤ (기물 사용 매너)
> 나이프와 포크는 바깥쪽부터 안쪽으로 차례로 사용했다.
> 나이프는 오른손, 포크는 왼손을 사용했다.

① 예약 매너

② 도착과 착석 매너

③ 주문 매너

④ 식사 매너

⑤ 기물 사용 매너

40 다음의 상황에서 '김과장'의 선택으로 가장 올바른 것은?

> 한국XX협회의 김과장은 내년 한국에서 개최될 'XX세계총회'의 준비협의를 위해 미국 뉴욕의 XX협회 본부로 출장을 가게 되었다. XX협회 본부에서 'XX세계총회'를 총괄하는 프로젝트 매니저가 존에프케네디(JFK) 공항으로 승용차를 가지고 김과장을 영접하기 위하여 나왔다. 김과장은 상대방 승용차의 어느 좌석에 착석해야 가장 바람직한가?

① 상대방의 호의를 생각해서 자신이 운전하겠다고 제안한다.

② 운전자와 편안하게 대화하기 위하여 운전자 바로 뒷자리가 바람직하다.

③ 거리감 없는 사이이기 때문에 이런 문제를 고려하는 자체가 무의미하다.

④ 호의를 가지고 배려해 주는 비즈니스 파트너와의 차량이동 시에는 운전자의 옆자리가 가장 바람직하다.

⑤ 영접을 받는 입장이므로 당연히 가장 상석이라 할 수 있는 운전자의 대각선 뒷자리에 앉는 것이 바람직하다.

41 다음은 백화점 매장에서 판매사원이 고객들과 대화할 때 많이 사용하는 내용이다. '매슬로우의 욕구 5단계' 중 다음의 예시에 나타나 있지 않은 욕구 단계는 무엇인가?

> • "고객님, 정말 좋은 상품 구매하셨습니다."
> • "인상이 너무 좋으셔서 어디서나 환영 받으시 겠어요."
> • "상품을 고르는 안목이 정말 뛰어나십니다."
> • "고객님 같은 과감한 결단력, 정말 존경스럽 습니다."
> • "입어 보시고 마음에 들지 않으면 언제든지 교 환, 환불이 가능합니다."
> • "젊은 나이에 이렇게 성공하셔서 참 좋으시 겠어요."
> • "최신 트렌드를 잘 이해하고 계신데, 무슨 비 결이라도 있으신가요?"
> • "고객님만큼 이 상품과 어울리는 분도 아마 없 을걸요."
> • "이 상품은 고객님의 사회적 지위나 성공을 표 현하고 있습니다."

① 안전의 욕구
② 존경의 욕구
③ 생리적 욕구
④ 사회적 욕구
⑤ 자아실현의 욕구

42 여성 서비스 종사원의 용모복장의 설명 중 괄호 안에 들어갈 가장 적절한 내용은 무엇인가?

> • 복장은 일하기 편해야 하므로 체형에 맞는 스 타일로 선택한다.
> • 액세서리는 지나치게 크고 화려한 것은 삼가 도록 한다.
> • 헤어는 (A)과 (B)을 기본으로 한다.
> • 메이크업에 있어서는 밝고 건강하게 보이도록 (C) 메이크업을 하도록 한다.
> • 향수는 지나치지 않은 은은한 향을 소량 뿌리 는 것이 좋다.

	A	B	C
①	청결함	단정함	자연스러운
②	화려함	개 성	자연스러운
③	청결함	단정함	화려한
④	청결함	어려보이는 헤어스타일	노(No) 메이크업
⑤	화려함	단정함	화려한

43 어느 통신기기 매장에서 판매사원과 상담을 하는 고객의 행동에서 매우 특징적인 점을 발견하게 되어 간략하게 정리해 보았다. 정리한 내용 중에서 비언어적 커뮤니케이션의 '의사언어'에 해당하는 내용으로만 구성된 보기는?

> 가. 자신의 의사가 명확하게 전달될 수 있도록 발음에 상당히 신경을 써서 대화를 이어나간다.
> 나. 자신의 감정에 따라 말의 속도가 확연히 다르다.
> 다. 판매사원과 눈을 맞추고 상담에 응한다.
> 라. 자신의 질문을 판매사원이 잘 이해하지 못하면 점차 목소리가 커진다.
> 마. 판매사원의 설명 내용에 따라 얼굴표정이 달라지는데, 그 표정만 봐도 구매결정 여부를 대략 알 것 같다.

① 가, 나, 라
② 나, 라, 마
③ 가, 다, 마
④ 나, 다, 마
⑤ 가, 라, 마

44 다음은 한국의 한 PCO(국제회의 전문용역업체) 직원이 PCMA 202X Education Conference에 참석해서 다른 국가 참가자들과 나눈 대화의 일부이다. 대화에 관한 내용 중 적절한 것은?

> 한국인 참가자 : 우리나라는 중앙정부가 적극 나서서 지식기반 서비스 산업을 적극적으로 육성하기 위한 정책을 입안하고, 지원을 아끼지 않고 있습니다. 이중 가장 대표적인 분야가 'MICE 산업' 분야라고 할 수 있습니다.
> 외국인 참가자 : 'MICE 산업'이라 하면 구체적으로 어떤 산업분야를 말씀하시는지요?
> 한국인 참가자 : 'MICE 산업'을 모르세요? 이 분야에 오래 몸담지 않으셨나 보죠?

① MICE라는 조어는 전 세계적으로 학문분야에서만 주로 사용되는 조어이다.
② MICE라는 조어는 싱가포르, 홍콩, 일본, 한국 등 동남아시아권에서 통용되는 조어이다.
③ MICE라는 조어는 미국, 캐나다 등 북미지역에서 주로 사용되는 조어로 유럽 참가자라면 낯설 수 있다.
④ MICE라는 조어는 유럽에서 광범위하게 사용되는 조어로 다른 대륙의 국가에서 참가한 사람들이라면 잘 이해하지 못할 수 있다.
⑤ MICE라는 조어는 전 세계적으로 회의, 컨벤션 산업을 통칭하는 조어로 이 분야에서 얼마간 일한 사람이라면 당연히 알 수 있다.

📑 통합형 6문항

[45~46] 다음은 고객의 다양한 니즈를 서비스 현장에서 구체적으로 이해하고 적용할 수 있도록 세분화해 본 내용이다.

- 잠재니즈 – 인간의 기본적인 욕구에서 해석되는 니즈. 무의식적으로는 있었으면 좋겠다는 느낌이 있지만 필요하다는 인식을 못하거나 어떤 장애 요소로 인해 욕구가 발전하지 못한 상태
- 보유니즈 – 어떤 자극이나 정보에 의해 잠재 니즈가 조금 구체화되어 표현된 상태. 구체적으로 니즈가 강화되지는 않았으며 약간의 구매 의욕과 필요성을 보유니즈의 개발의 유무에 따라 현재니즈로 성장 혹은 잠재니즈로 후퇴할 수 있음
- 핵심니즈 – 고객 개인의 특수한 상황으로 인해 특별히 집중되어 있는 특수한 니즈. 개별 고객의 특수한 상황을 해결하고자 하는 개별적인 니즈. 유연하고 다양한 니즈
- 현재니즈 – 필요를 인지하고 구체적인 결정의 과정에 있음. 니즈를 구체적으로 실현하고자 하는 실행의 단계에 있는 니즈
- 가치니즈 – 고객의 만족이 극대화된 단계에서의 니즈. 서비스 제공자와 고객이 함께 과정과 결과에 만족을 느끼는 가장 이상적인 고객 니즈의 단계

---

45 ○○ 가구회사에서는 상기의 고객니즈 분류를 참고하여 각 대리점이 보유한 고객 명단을 니즈에 따라 다음과 같이 분류해 보았다. 분류가 잘못된 것은 어떤 것인가?

① 상담 후 구매 견적을 요청한 고객 – 잠재니즈
② 방문 후 특별한 상담은 하지 않고 돌아간 고객 – 잠재니즈
③ 전화 문의 후 방문을 예약한 고객 – 보유니즈 혹은 현재니즈
④ 매장 상담 후 자택 방문 실측이 예약되어 있는 고객 – 현재니즈
⑤ 납품 후 만족감을 표현하고 다른 고객을 소개하는 고객 – 가치니즈

46 다음은 고객의 서로 다른 니즈별 적절한 서비스 제공자의 역할에 대한 설명이다. 서비스 품질의 차원에서 가장 적절하지 않은 것은?

① 잠재니즈 상태에서 서비스 제공자는 고객이 미처 인지하지 못하고 있는 고객의 욕구를 이해할 수 있도록 도와주어야 한다.
② 보유니즈 상태에서 서비스 제공자는 고객이 표현하는 니즈를 강화시키거나 잠재적인 장애 요소 및 염려 사항을 주도적으로 해소시켜주어 현재니즈로 강화할 수 있도록 한다.
③ 핵심니즈 상태에서 서비스 제공자는 고객의 상황과 서비스의 접점을 찾아 고객에게 가장 적합한 해결책을 제시해 줄 수 있어야 한다.
④ 현재니즈 상태에서 서비스 제공자는 고객이 의사결정을 내릴 수 있도록 여유를 가지고 기다려줄 수 있어야 한다.
⑤ 가치니즈 상태를 위해 서비스 제공자는 서비스 제공에 따른 특정한 결과뿐 아니라 과정상의 고객 만족을 극대화하려는 목표와 최선의 노력이 필요하다.

[47~48] 다음은 가전제품 매장을 방문한 고객과의 상담 내용이다.

주부 김영희씨는 여름이 다가오자 작년에 망설이다 사지 않은 제습기를 알아보려 매장에 방문했다. 망설이다 들어간 첫 번째 매장에서의 상담 내용이다.

판매원 1 : 제습기를 알아보게 된 계기가 있으세요?

고객 : 친구가 작년에 제습기를 샀는데 정말 좋다고 하더라구요. 진작 살걸 그랬다고 굉장히 만족하던데요...

판매원 1 : 그럼요. 성능이 얼마나 좋은데요. 좀 지나면 없어서 못 사실 거예요. 이번 기회에 하나 장만하세요...

가격을 알아보고 그래도 망설여진 영희씨는 좀더 알아보겠다고 다음 매장을 들어갔다.

판매원 2 : 주변에 제습기 사용하시는 분 이야기 들어보셨나요?

고객 : 네... 친구가 작년에 사서 썼는데 정말 좋다고 하더라구요. 그래서 저도 관심이 생겼구요.

판매원 2 : 그러시군요. 대체로 사용하고 계신 분들의 추천을 듣고 알아보러 오시는 분들이 많으십니다. 그 친구분은 구체적으로 어떤 점이 좋다고 하시던가요?

고객 : 제습기 성능에 깜짝 놀랐다고 하더라구요. 곰팡이도 없어지고 건강도 좋아질 것 같다구요. 빨래도 금방 마르고 더위도 덜 느낀다고 자랑하던데요...

47 위의 사례에서 두 판매원의 차이점에 대한 설명으로 옳지 않은 것은?

① 두 판매원 모두 적절한 질문으로 상담을 시작하였다.
② 판매원 1은 고객의 이야기를 듣고 판매 권유로 바로 이어져서 고객의 이야기를 더 이상 들을 수 없게 되었다.
③ 판매원 2는 계속하여 질문을 이어감으로써 경청의 기회를 놓치고 있다.
④ 판매원 2는 적절한 질문으로 고객이 스스로 더 많은 이야기를 하게끔 유도하였다.
⑤ 판매원 2는 제습기를 알아보러 온 고객들의 일반적인 상황을 사전에 이해하고 있어 이를 적절한 질문의 형태로 상담의 효과를 높였다.

48 판매원 1, 2의 상담을 통해 고객인 주부 김영희씨가 느끼는 감정과 판매 과정상에서의 만족감에 대한 내용으로 가장 적절한 것은?

① 판매원 1의 구매 권유는 고객의 빠른 의사결정을 지원해 주었다.
② 판매원 1의 구매 권유로 고객은 가격에 대해 좀 더 깊이 생각하는 기회가 되었다.
③ 판매원 2의 두 번째 질문으로 고객은 귀찮은 마음과 함께 구매 결정을 미루게 되었다.
④ 판매원 2의 두 번째 질문으로 고객은 스스로 제습기 구매에 따른 장점을 구체적으로 생각하여 정리하게 되었다.
⑤ 판매원 1, 2의 첫 번째 질문을 통해 고객은 제습기에 대해 생각해 보는 기회를 가졌다.

[49~50] 다음은 국제회의 기조연설자로 초청한 국제통화기금(IMF) 총재의 방한 일정의 일부분이다.

〈17일〉

- 오전 10시 : 인천국제공항 도착
- 오후 1시~오후 2시 30분 : 기획재정부 장관 및 한국은행 총재와 오찬
- 오후 4시~오후 5시 30분 : 기획재정부 및 한국은행 직원 대상 강연

〈18일〉

- 오전 10시~오전 11시 30분 : 개막식 기조연설
- 오전 11시 30분~오후 1시 30분 : VIP 오찬
- 오후 3시 30분~오후 5시 : 서울대학교 강연
- 오후 8시 출국

---

49 IMF 총재의 방한 일정을 원활히 진행하기 위해 사전에 준비해야 하는 사항에 대한 설명으로 잘못된 것은?

① 방문예정지와 소화해야 하는 일정, 소요시간을 확인한다.
② IMF 총재의 이름, 기호, 선호음식, 건강상태 등을 확인한다.
③ 차량 탑승자 및 차량 이동경로를 확인하여 일정에 차질이 없게 한다.
④ 최대한 성대하게 환영식을 개최하고, 최고의 음식을 대접한다.
⑤ 행사장과의 거리 및 의전의 편의성을 고려하여 호텔을 선택한다.

50 IMF 총재가 개막식에서 기조연설을 할 때, 진행과 관련한 사항으로 적절하지 않은 것은?

① 안내요원과 의전요원의 배치와 위치별 행동요령을 수립하고 확인한다.
② 기조연설에 대한 답례로 감사의 선물을 준비하는 것도 좋은 방법이다.
③ VIP 룸을 운영하여, 개막식 전에 주요 인사들이 서로 교류하는 시간을 갖게 한다.
④ 행사장에 참가자가 착석하기 전에, 다른 귀빈과 함께 먼저 입장하여 자리 잡도록 안내한다.
⑤ 연설 도중 시청각기기의 오작동에 대비하여, 행사장에 학술요원과 기술자를 배치시킨다.

📰 일반형 24문항

01 매너에 대한 설명으로 옳지 않은 것은?

① 상대에게 전달되는 배려의 감정이다.

② 배려의 감정과 행동을 형식화한 것이다.

③ 에티켓을 기본으로 하는 행동방식이다.

④ 프랑스어로 우리나라의 예의범절과 같은 말이다.

⑤ 인간이 생활하면서 행동으로 보이는 모든 것이 매너의 유형이 될 수 있다.

02 고객 응대 상황에서 물건 수수 자세에 대한 설명으로 옳지 않은 것은?

① 받는 사람이 보기 편하도록 건넨다.

② 밝게 웃으며 상대방의 시선을 바라본다.

③ 가슴과 허리 사이 위치에서 주고받도록 한다.

④ 원칙상 물건은 양손으로 건네는 것이 예의이다.

⑤ 물건이 작아 두 손으로 건네기 힘든 경우에는 한 손으로 건네도록 한다.

03 다음 중 표정 이미지에 대한 설명으로 옳지 않은 것은?

① 표정은 곧 마음의 메시지를 나타내는 것이다.

② 시선은 완만한 각도로 상대방의 정면을 응시한다.

③ 상대방이 등을 돌려 돌아설 때까지 미소를 유지한다.

④ 고개를 한 쪽으로 기울여 경청하고 있음을 보여준다.

⑤ 개인적인 감정을 이겨내고 서비스인으로서의 공적인 표정을 익힌다.

04 그레고리 스톤(Gregory Stone)이 분류한 바에 의하면 쇼핑상품 구매고객은 절약형 고객, 윤리적 고객, 개별화 추구 고객, 편의성 추구 고객 등 네 가지로 나뉜다. 다음 중 개별화 추구 고객의 특징으로 적절한 것은?

① 가정으로 실시간 배달해주는 마트의 시스템을 선호한다.

② 사회적으로 신뢰할 수 있는 기업의 단골이 되는 것을 선호한다.

③ 고객에게 친밀하게 인사하는 태도를 보이는 종업원의 서비스에 만족한다.

④ 입원한 어린이 환자 가정을 위한 기업의 사회공헌 프로그램에 대해 만족해한다.

⑤ 자신이 사용한 시간, 노력, 금전으로부터 획득할 수 있는 가치를 극대화하려 한다.

05 고객과의 효과적인 커뮤니케이션을 위한 반응적 피드백의 예에 해당하는 것은?

① 대화 중 상대의 반응을 요구한다.
② 대화 중 미소를 띠며 이야기한다.
③ 대화 중 손짓을 하면서 이야기한다.
④ 대화 중 상대방의 말에 고개를 끄덕인다.
⑤ 대화 중 상대방이 알아들을 수 있는 쉬운 용어를 사용한다.

06 회의의 종류와 그 정의에 대한 설명으로 적절하지 않은 것은?

① 컨벤션(Convention) – 가장 일반적으로 사용되는 회의 용어로, 대회의장에서 개최되는 일반단체회의를 뜻한다.
② 컨퍼런스(Conference) – 과학 기술, 학술 분야 등의 새로운 지식 공유 및 특정 문제점이나 전문적인 내용을 다루는 회의이다.
③ 패널 토의(Panel Discussion) – 훈련 목적의 소규모 회의로, 특정 문제나 과제에 대한 생각과 지식, 아이디어를 서로 교환한다.
④ 포럼(Forum) – 상반된 견해를 가진 동일 분야 전문가들이 한 가지 주제를 가지고 사회자의 주도 하에 청중 앞에서 벌이는 공개 토론회를 말한다.
⑤ 세미나(Seminar) – 주로 교육 목적의 회의로 30명 이하의 참가자가 강사나 교수 등의 지도하에 특정 분야에 대한 각자의 경험과 지식을 발표하고 토론한다.

07 컨벤션 산업이 주는 효과로 적절하지 않은 것은?

① 국제 행사가 열리게 되므로 고용 증대, 도로, 항만 통신 시설 등 사회 간접 시설이 확충된다.
② 컨벤션 산업과 관광지 서비스 산업의 결합으로 이어지면서 관광 산업을 활성화시키는 효과가 있다.
③ 국제 컨벤션은 참가자들이 다양한 문화적, 언어적 배경을 가지고 있기 때문에 문화적 파급 효과를 갖는다.
④ 통상 수십 개국의 대표나 사회적 지위가 높은 인사들이 참석하기 때문에 국가 차원의 홍보 효과를 얻을 수 있다.
⑤ 컨벤션 산업은 참석하는 인사들을 통해 유입되는 금전과 같은 유형적 가치가 무형적인 가치보다 큰 산업이다.

08 MICE 산업에 대한 설명으로 가장 적절한 것은?

① 일반적으로 관광 목적의 여행자들은 MICE 방문객보다 더 많은 금액을 지출한다.
② 국제회의 참가자는 자연스럽게 홍보 대사 역할을 하여 국가 이미지 향상에 보탬이 된다.
③ 기존 관광이 B2B(Business to Business)라면 MICE 산업은 B2C(Business to Consumer)의 형태를 이룬다.
④ 다양한 비정부 기구(NGO)의 활동은 정부 단체의 국제 행사 등을 방해하여 MICE 산업의 성장을 저해하고 있다.
⑤ 컨벤션이란 제품, 기술, 서비스를 특정장소인 전문 전시시설에서 1일 이상 판매, 홍보, 마케팅 등의 활동을 하는 각종 전시를 말한다.

09 다음의 회의 운영 계획서에 포함된 내용 중 상대적으로 중요도가 낮은 항목은?

① 연사의 학력
② 회의장 조성 계획
③ 프로그램 및 연사
④ 참가자 등록 방법 및 등록비
⑤ 공식 / 비공식 행사의 참가 대상자

10 다음 인사에 대한 설명 중 옳은 것은?

① 손님이나 상사와 만나거나 헤어지는 경우 정중례로 인사하는 것이 보통이다.
② 약례는 양손에 무거운 짐을 들고 있거나 모르는 사람과 마주칠 경우에 한다.
③ 정중례는 90도로 숙여서 하는 인사로 VIP고객이나 CEO를 만날 때 주로 한다.
④ 목례는 눈으로 예의를 표하는 인사의 방식으로 허리를 15도 정도 살짝 숙인다.
⑤ 보통례는 허리를 30도 정도 숙여서 인사하는 방법으로, 주로 처음 만나 인사하는 경우에 사용한다.

11 다음 중 매너의 개념으로 옳은 것은?

① 매너는 에티켓을 내적으로 표현하는 행위이다.
② 매너는 자신의 품위와 권위로 상대방을 복종시키는 행동방식이다.
③ 매너는 방법(How)으로 자신에 대한 예의와 예절을 형식화한 것이다.
④ 매너는 사람이 수행해야 하는 일을 위해 생각하는 객관적인 방식이다.
⑤ 매너는 사람이 수행하고자 하는 바를 위해 움직이는 행동이나 습관이다.

12 표정에 대한 상대방의 해석이 바르게 연결된 것은?

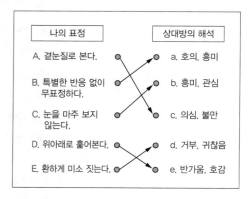

① A. 곁눈질로 본다. → c. 의심, 불만
② B. 특별한 반응 없이 무표정하다. → a. 호의, 흥미
③ C. 눈을 마주 보지 않는다. → b. 흥미, 관심
④ D. 위아래로 훑어본다. → e. 반가움, 호감
⑤ E. 환하게 미소 짓는다. → d. 거부, 귀찮음

13 서비스전문가의 이미지에 대한 설명으로 적절하지 않은 것은?

① 서비스인의 이미지는 직업의식을 표현하는 도구 중 하나이다.

② 서비스종사자의 컬러 이미지는 자신에게 어울리는 컬러와 직업이 요구하는 컬러 간의 조화가 필요하다.

③ 서비스종사자의 좋은 이미지는 고객이 느끼는 서비스의 질을 높이고, 신뢰감과 긍정적인 메시지를 주게 된다.

④ 서비스종사자에게 머리손질은 일의 능률과 관련은 없지만, 신뢰 가는 이미지를 위해 항상 청결하고 단정해야 한다.

⑤ 서비스종사자의 외적 이미지는 곧 서비스 상품이므로 자신의 이미지가 기업의 가치관에 부합하는 이미지가 되도록 노력해야 한다.

14 고객의 고관여 구매행동에 대한 설명으로 적절한 것은?

① 부조화 감소 구매행동이 나타난다.

② 일상적으로 빈번하게 구매하는 제품인 경우에 해당한다.

③ 수동적으로 획득한 지식으로 형성된 상표신념에 따라 구매한다.

④ 구매제품군의 상표 간 차이가 미미할 경우 습관적으로 구매한다.

⑤ 제품의 개별 상표 간 차이가 뚜렷한 경우 다양성 추구 구매 행동이 나타난다.

15 감성지능의 구성요소가 아닌 것은?

① 자기인식

② 자기조절

③ 감정이입

④ 결과중시

⑤ 대인관계기술

16 다음 내용 중 개방적인 질문으로 적절하지 않은 것은?

① 저희 직원이 말씀드린 것을 이해하셨는지요?

② 저희가 해 드릴 수 있는 것이 무엇인지 생각해 보셨습니까?

③ 보다 나은 서비스를 위해 저희가 어떤 점을 더 노력해야 할까요?

④ 지난 번 구매하신 제품을 사용해 보시니 어떤 점이 좋으셨습니까?

⑤ 다른 회사 제품은 저희 제품에 비해 어떤 점이 좋아 보이셨습니까?

17 서양의 호칭과 경칭에 대한 설명으로 적절하지 않은 것은?

① Excellency – 외교관에 대한 경칭
② Majesty – 귀족이나 주요 공직에게 쓰는 경칭
③ Mistress(Mrs.) – 결혼한 부인의 이름 앞에 붙이는 경칭
④ Sir – 상대방에게 경의를 나타내는 칭호로, 나이나 지위가 비슷한 사람끼리 또는 여성에게는 사용하지 않음
⑤ Dr. – 수련과정을 거친 전문직업인이나 인문과학 분야에서 박사학위를 취득한 사람에게 사용하는 경칭

18 목소리에 대한 설명으로 적절하지 않은 것은?

① 좋은 목소리는 떨림이 없거나 적고, 또렷하게 들린다.
② 목소리가 작을 때는 복식호흡을 통해 호흡량을 크게 하면 좋다.
③ 사람의 타고난 음색, 음성의 질처럼 음성의 분위기도 변화시키기 어렵다.
④ 목소리는 외모와 함께 사람의 인상과 이미지를 함께 만드는 주요 요소이다.
⑤ 말을 하다가 잠시 공백을 두면 상대의 집중도를 높이고 핵심을 강조할 수 있다.

19 매슬로우(Maslow)의 욕구 5단계 이론에서 4단계에 해당하는 것은?

① 존경의 욕구
② 사회적 욕구
③ 생리적 욕구
④ 안전의 욕구
⑤ 자아실현의 욕구

20 고객의 지각이 갖는 특징에 해당하지 않는 것은?

① 주관성
② 선택성
③ 일시성
④ 총합성
⑤ 이질성

21 고객 의사결정 과정의 순서를 가장 적절하게 배열한 것은?

① 문제 인식 → 정보 탐색 → 대안의 평가 → 구매 → 구매 후 행동
② 문제 인식 → 대안의 평가 → 정보 탐색 → 구매 → 구매 후 행동
③ 정보 탐색 → 문제 인식 → 대안의 평가 → 구매 → 구매 후 행동
④ 정보 탐색 → 대안의 평가 → 문제 인식 → 구매 → 구매 후 행동
⑤ 정보 탐색 → 문제 인식 → 구매 → 대안의 평가 → 구매 후 행동

22 다음 중 동료, 직원 등 본인이 하는 일의 결과를 사용하고 가치생산에 직접 참여하는 고객은?

① 충성고객
② 가망고객
③ 중간고객
④ 외부고객
⑤ 내부고객

24 다음 중 회의실 선정 시 고려하지 않고, 중요도가 가장 낮은 사항은?

① 회의실 규모
② 회의실 대관료
③ 전시장 활용도
④ 해당 회의실 활용 전례
⑤ 회의실의 유형별 배치와 기능

23 효과적인 주장을 위한 'AREA'의 법칙에 대한 설명이 아닌 것은?

① 주장(Assertion) – 우선 주장의 핵심을 먼저 말한다.
② 이유(Reasoning) – 주장의 근거를 설명한다.
③ 증거(Evidence) – 주장의 근거에 관한 실례나 증거를 제시한다.
④ 합의(Agreement) – 제시된 주장에 대한 합의를 한다.
⑤ 주장(Assertion) – 다시 한 번 주장을 되풀이한다.

[25~29] 다음 문항을 읽고 옳고(O), 그름(X)을 선택하시오.

25 의전의 기본 정신 5R은 상대에 대한 존중(Respect), 문화의 반영(Reflecting Culture), 상호주의 원칙(Reciprocity), 서열(Rank), 오른쪽 상석(Right) 이렇게 5가지이다.

(① O   ② X)

26 서비스종사자에게 있어 커뮤니케이션은 무엇보다도 중요한 경영 수단이다. 커뮤니케이션은 신이 자신의 덕을 인간에게 나누어 준다는 의미로, 공동체 내의 상호이해 및 협력을 커뮤니케이션이라 한다.

(① O   ② X)

27 이미지 관리과정은 '이미지 점검하기 → 이미지 콘셉트 정하기 → 좋은 이미지 만들기 → 이미지 외면화하기'의 순서로 이루어진다.

(① O   ② X)

28 고객의 유형을 구분할 수 있는 도구로 TA 교류분석을 사용하는데 TA 교류분석은 미국의 정신과 의사인 에릭 번(Eric Berne)에 의해 창안된 것으로 인간의 교류나 행동에 관한 이론체계이자 동시에 효율적인 인간변화를 추구하는 분석이다.

(① O   ② X)

29 해당 행사의 최고 귀빈(VIP, No.1)이 정해지면, 차석은 착석한 최고 귀빈을 기준으로 왼쪽 좌석이다.

(① O   ② X)

연결형 5문항

[30~34] 다음 설명에 적절한 보기를 찾아 각각 선택하시오.

```
① 단골고객
② 유니폼
③ 명 함
④ 가든파티
⑤ 서비스 매너
```

30 정원과 같은 야외에서 진행하는 파티로, 더운 날씨와 추운 날씨를 고려해 날씨가 가장 좋은 때를 선택해야 한다.

( )

31 기업의 제품이나 서비스는 반복적, 지속적으로 애용하는 고객이지만, 타인에게 추천할 정도로 적극적이지는 않은 고객

( )

32 경영활동에 있어 고객과 만나는 접점에서 고객에 대한 이해를 가지고 고객을 응대하며, 고객의 요구를 빨리 파악하고 응대하는 기본 능력

( )

33 외부적으로는 소속회사, 직장의 문화를 표현하고, 내부적으로는 조직구성원의 일체감을 높이기 위하여 착용하는 의복

( )

34 나의 소속과 성명을 알리고 증명하는 역할을 하며, 직 · 간접적인 홍보마케팅 효과를 가지기도 한다.

( )

35 다음의 면접 채점표를 통해 ○○ 항공사가 면접자들의 어떤 점을 평가하고자 하였는지 알 수 있다. 적절하지 않은 설명은 무엇인가?

> 다음은 ○○ 항공사의 신입사원 채용 면접관들의 채점표 중 일부이다.
> • 회사가 추구하는 밝고 편안한 이미지에 부합하는가?
> • 면접관의 질문에 대한 답변에 자신 있게 대답하는가?
> • 목소리의 고저, 발음 등은 적절한가?
> • 표정, 몸짓 등은 적절한가?
> • 복장, 화장 등은 회사의 대외적 이미지에 부합하는가?

① 패션 이미지 연출에 대해서는 특별히 언급하고 있지 않다.

② 외모, 표정, 상황별 제스처, Voice 이미지 등의 전체적인 이미지를 평가하고자 하였다.

③ 단순한 외모뿐 아니라 목소리나 표정 등에서 보이는 이미지도 매우 중요한 요소로 판단하고 있다.

④ ○○ 항공사는 자사가 추구하는 기업 이미지를 조직 구성원들의 이미지에서도 일관되게 유지하고 싶어 한다.

⑤ ○○ 항공사는 조직 구성원의 대외적인 이미지가 고객에게 직·간접적으로 중요한 영향을 미치고 있다고 판단하고 있으며 이를 면접에서도 평가하고 있다.

36 다음 사례에서 고객의 상품 선택과 관련된 효과는 무엇인가?

> 판매사원 : 어서 오세요. 종합 가전매장에 와주셔서 감사합니다.
> 고　　객 : 에어컨이 오래되어서 교체할까 해서 왔습니다.
> 판매사원 : 아 그러세요. 요즘 에어컨이 너무 예쁘게 잘 나와서 마음에 드실 거예요. 혹시 생각하고 오신 제품이 있으신가요?
> 고　　객 : 아, 아니오. 혹시 추천할 만한 제품 있나요?
> 판매사원 : 초절전형 제품이 나와 있는데 선풍적인 인기를 끌고 있는 제품이에요. 디자인도 예쁘고 가격도 저렴하고 30평 아파트를 기준으로 1년에 약 삼십만 원 정도 전기료도 절약됩니다.
> 고　　객 : 그래요? 정말 좋은 제품이네요. 그런데 메이커는요?
> 판매사원 : ○○ 제품인데 브랜드 인지도는 낮지만 가격대비 품질이 우수합니다.
> 고　　객 : 그런데 믿을 수 없어서요. 이왕이면 비싸도 김연아 선수가 광고모델로 나오는 제품으로 구입하겠어요.
> 판매사원 : 아, 그렇게 하시겠어요? 알겠습니다. 브랜드 가치나 기능, 디자인, A／S 등 모든 면에서 월등한 제품이니 잘 선택하셨습니다. 감사합니다.

① 프레이밍효과

② 유사성효과

③ 유인효과

④ 후광효과

⑤ 부정성효과

37 다음 사례에서 나타나는 적절하지 않은 명함 교환 방법은 무엇인가?

> 세일즈맨 : 안녕하세요, 반갑습니다. 저는 갑을 상사에 홍길동이라고 합니다.
> ① (미리 준비한 명함을 상대방이 볼 수 있도록 두 손으로 공손히 건넨다)
> 잠재고객 : (잠시 후) 저는 동아물산에 박영호 대리라고 합니다. 제 명함입니다.
> ② (명함을 상대방이 읽기 쉽도록 글자의 방향이 상대방을 향하게 한다)
> 세일즈맨 : 아! 박영호 대리님! 시간을 내어 주셔서 감사합니다.
> ③ (일어서서 두 손으로 공손히 받고 상대방 직함과 이름을 불러준다)
> 잠재고객 : 그럼 편하게 앉으셔서 용건을 말씀해 보세요!
> 세일즈맨 : ④ (편하게 앉은 후에 바로 받은 명함에 면담일시를 기록한다) 박영호 대리님! 성함을 보니 저의 아버님 성함과 같아 매우 반갑네요! 오래 기억할 것 같습니다.
> ⑤ (테이블 앞에 가지런히 놓는다)

38 다음 중 효과적인 반론을 위한 의견 전개 순서로 가장 적절한 것은?

> 가. 지금까지의 상대방 주장 가운데 우선 동의할 수 있는 점과 일치점이 무엇이 있는지 찾아내어 말하면서 긍정적으로 시작한다.
> 나. 상대방의 주장과 자신의 의견을 대비시켜 상대방의 주장보다 더 나은 점을 차근차근 설명하여 반대이유를 분명히 한다.
> 다. 자신이 생각하기에 상대방 주장의 허점이나 모순점이라고 생각되는 것에 대한 반론내용을 명확히 질문한다.
> 라. 협상을 하면서 자신이 반론을 제기해도 상대방이 감정적으로 반발하지 않을만한 절호의 기회를 탐색한다.
> 마. 논증이 끝나면 다시 한 번 반론 내용을 요약해 간략히 말함으로써 호소력이 커지게 한다.

① 라 – 나 – 마 – 다 – 가
② 라 – 가 – 다 – 나 – 마
③ 라 – 나 – 다 – 가 – 마
④ 다 – 가 – 마 – 라 – 나
⑤ 다 – 나 – 가 – 라 – 마

39 다음은 소속과 근무형태에 따른 회의 기획가의 구분에 관한 서술이다. 어떤 영역의 회의 기획가 인가?

> A군과 저는 ***KOREA라는 회사의 마케팅부서의 행사팀에 소속되어 있습니다. 저희 팀원 5명과 팀장은 ***KOREA의 연간 마케팅 계획에 따라 수립된 신제품발표회, 딜러컨벤션, 우수고객 대상 이벤트 등을 계획하고 운영하고, 일정기간 단위로 그 성과를 분석하는 업무 등을 수행하고 있습니다.

① 협회회의 기획가
② 기업회의 기획가
③ 정부회의 기획가
④ 독립회의 기획가
⑤ PCO(Professional Convention Organizer)

40 다음은 어떤 회의 프로그램의 일부이다. 회의의 종류 구분상 가장 유사한 회의종류는?

구 분	Mar.24 (Thu)	Mar.25 (Fri)	Mar.26 (Sat)	Mar.27 (Sun)
09:00~ 10:00	Registration	Registration		
10:00~ 11:00			Keynote Speech B / C	Keynote Speech D / E
11:00~ 12:00				
12:00~ 13:00			Luncheon Session 1	Luncheon Session 2
13:00~ 14:00				
14:00~ 15:00	Sarellite Session A	Opening Ceremony		
15:00~ 16:00		Sarellite Session A	Keynote Speech A	Session Track A	Session Track B	Post Tour 1 / 2 / 3
16:00~ 17:00			Session Track A	Session Track B		
17:00~ 18:00					
18:00~ 19:00				
19:00~ 20:00			Welcome Party	
20:00~				

① 컨벤션(Convention)
② 포럼(Forum)
③ 워크숍(Workshop)
④ 강의(Lecture)
⑤ 패널토론(Panel Discussion)

41 호텔에 투숙한 고객이 한밤중에 프런트에 전화를 걸었다. 이에 대한 프런트 담당자의 응대로 가장 적절한 것은?

> 고객 : 옆 방 사람들이 너무 떠들어요. 지금이 몇 신데, 참나.
> 프런트 담당자 : _____

① 진정하세요, 흥분하지 마시구요. 곧 조용해질 겁니다.

② 죄송합니다. 원하신다면 다른 방으로 옮겨드리겠습니다.

③ 늦은 시간인데 불편하시겠어요, 제가 화가 다 납니다. 그 방으로 곧장 연락을 취해서 해결해드리도록 하겠습니다.

④ 옆 방이라면 몇 호를 말씀하시는 거죠? 문제가 되는 방의 번호를 먼저 알려주셔야 저희가 바로 조치할 수 있습니다.

⑤ 아, 그 방은 유명한 정치인들이 묵고 있는 관계로 시끄러울 수 있습니다. 아마 행사가 늦게 끝난 것 같은데, 십 분 정도만 양해 부탁드려도 될까요?

42 다음은 OO회사의 직원 A가 고객인 '바이어(Buyer, 구매자)'와 대화하는 내용이다. 이를 설명한 것으로 가장 적절한 것은?

> 직원A : 아, 이사님. 안녕하세요.
> 바이어 : 수요일 11시까지 견적 주신다고 말하시지 않았나요?
> 직원A : 아차, 네, 맞습니다. 그런데 회의가 너무 길어져서 그만 1시간 늦었네요. 정말 죄송합니다. 바로 보내드리겠습니다.
> 바이어 : 괜찮습니다. 저희가 너무 급한 상황이라 이미 다른 회사에 주문했으니까요.

① 일단 고객에게 발생한 문제를 알린 후에 해결책을 생각해야 한다.

② 까다로운 고객과는 어느 정도의 언쟁이 반드시 필요하기 마련이다.

③ 대화가 실패로 끝나는 경우의 대부분은 결과보다는 문제에 집중하기 때문에 발생한다.

④ 약속을 지키지 못할 때는 반드시 충분한 여유를 두고 미리 통보해서 양해를 구해야 하는데 직원 A는 이를 간과했다.

⑤ 직원 A와 바이어의 입장이 바뀌었다고 해보자. 상대가 자신의 실수나 잘못을 고백해오면, 왜 그렇게 했는지 원인분석을 철저하게 하는 것이 해결책을 찾는 것보다 우선이다.

43 다음 중 서비스 종사원이 갖추어야 하는 용모복장으로 옳은 것을 모두 고른 것은?

여 성	남 성
ㄱ. 긴 머리는 묶어서 단정하고 활동하기 편하게 한다.	ㄹ. 헤어스타일의 유행을 좇아 트렌디함을 유지한다.
ㄴ. 파운데이션은 2톤 정도 밝은 색을 선택하여 생기가 느껴지게 연출한다.	ㅁ. 입술이 트거나 말라보이지 않도록 립밤을 사용하여 생기 있어 보이도록 연출한다.
ㄷ. 체형이 드러나거나 타이트한 옷은 삼간다.	ㅂ. 화려한 안경, 시계 등으로 개성을 살린다.

① ㄱ, ㄷ, ㅁ
② ㄱ, ㄹ, ㅂ
③ ㄴ, ㄷ, ㅁ
④ ㄴ, ㄹ, ㅁ
⑤ ㄷ, ㅁ, ㅂ

44 다음은 고객과의 식사약속을 하고 식사한 사례이다. 식사예의나 매너로 적절하지 않은 행동은 무엇인가?

- 식사 약속시간을 정한 후 바로 예약하고 좌석 위치도 미리 상석을 확보해 달라고 부탁했다.
- 약속시간 20분 전에 도착해서 상석을 확인한 후 전망 좋은 곳은 고객이 앉게 준비하고 고객을 맞이할 준비를 하였다.
- 고객이 도착해서 반갑게 인사한 후 고객에게 주문하도록 배려하였으나 고객이 주문의사가 없어 직원에게 물어보고 추천하는 메뉴를 선택하였다.
- 식사는 고객과의 속도에 맞추고 식사 중에는 큰소리를 내거나 웃는 것을 가급적 삼갔다.
- 식사 중에 개인적인 전화가 와서 양해를 구하고 나가서 통화하였다.

① 예약은 가급적 빨리하고 좋은 위치를 확보하는 것이 좋다.
② 약속시간 20분 전에 도착해서 상석을 확인하고 맞이해야 한다.
③ 식사 중 개인적인 전화가 왔을 때, 양해를 구하고 밖에 나가 통화한다.
④ 식사는 고객과 속도를 맞추고 가급적 큰 소리를 내거나 웃는 것은 삼간다.
⑤ 주문은 고객에게 먼저 배려하고 주문의사가 없으면 직원에게 추천받는 것이 좋다.

📠 통합형 6문항

[45~46] 다음 표를 보고, 물음에 답하시오.

구분	Trade Shows (B2B Show)	Consumer Show	Combined or Mixed Show
Exhibitor	제조업자, 유통업자, 서비스전문가 등	(질문 1)	제조업자, 유통업자
Buyer	산업군 내의 End User	최종소비자	산업군 내의 End User 구직자, 일반인
입장	(질문 2)	입장제한과 등록비가 필요없음. 입장료는 지불	비즈니스 데이와 퍼블릭 데이로 시간을 구분하기도 함
참고	미국 개최 전시회의 51% 차지	미국 개최 전시회의 14% 차지, 생산제품이 시장 반응수단	미국 개최 전시회의 35% 차지

• 전시회 종류 : 시장에 따른 분류(미국)

International Exposition (Trade Fair) – 수출 국가들의 주요한 마케팅 수단
참가자는 Trade Show와 유사, Buyer는 통상 그 산업 종사자
〈출처 : The ART of the show, S. L. Morrow〉

45 다음의 (질문 1)의 빈칸에 해당하는 적절한 서술은 무엇인가?

① 도매업자
② 보험사업자
③ 운송사업자
④ 중간제 제조업자
⑤ 소매업자, 최종소비자를 찾는 제조업자

46 (질문 2)의 Trade Show의 입장 기준에 대한 설명으로 적합한 것은?

① 제한 없음
② 바이어, 초청장 소지자
③ 주최 측 및 부스 참가자
④ 등록비를 내고 등록한 일반참가자
⑤ 기 타

[47~48] 다음은 건강검진 예약 및 상담 과정에서 고객과 상담원의 대화이다.

> 고객 : 건강검진을 하긴 해야 하는데 사실 좀 귀찮아요.

> 상담원 : (A) 귀찮으시더라도 건강을 위해 체크하시는 건데 하셔야죠.

> 고객 : 바빠서 시간을 내기에도 어려운데... 예약을 해야 되는 거죠?

> 상담원 : (B) 네. 예약하셔야 진행 가능합니다.

> 고객 : 내시경은 수면으로 하나요? 조금 위험하다던데

> 상담원 : (C) 위험하진 않습니다만 사전에 일어날 수 있는 경우에 대해 안내드립니다. 원하시면 일반 내시경으로 하시면 되죠.

> 고객 : 하긴 해야 되는데...

> 상담원 : 건강검진이 얼마나 중요한데요... 40대에는 필수적으로 챙겨서 하셔야 돼요. 어디 아프시면 어떻게 합니까? 날짜는 언제로 예약해 드릴까요?

47 상기 상담원의 대응을 공감적 커뮤니케이션의 측면에서 해석할 때 가장 적절한 것은?

① 핵심적인 메시지 전달에 집중하여 간결하고 정확한 커뮤니케이션이 가능했다.

② 고객이 궁금한 사항에 대해 적절히 대답을 하지 못해 공감적 경청에 실패하였다.

③ 고객 건강검진 예약이라는 상담의 목적을 달성하지 못해 커뮤니케이션에 실패한 것이다.

④ 고객의 상황에 대한 객관적이고 냉정한 반응으로 고객의 문제점을 밝혀냄으로써 커뮤니케이션의 목적을 달성했다.

⑤ 고객의 염려나 장애 요소를 적극적으로 경청하지 못하였으며 효과적인 질문도 활용하지 못해 공감적 커뮤니케이션에 실패하였다.

48 고객의 이야기에 대한 상담원의 응대를 다음과 같이 바꾸었을 때, 공감적 경청의 측면에서 가장 적절하지 않은 것은?

① A - 네. 사실 귀찮은 일이긴 하죠. 하지만 그래도 해야겠다고 생각하시는 이유가 있으시죠?

② B - 네. 바쁘시기 때문에 예약을 하시면 실행에 옮기시는 데에도 도움이 되실 겁니다. 예약을 하지 않으시면 바쁘셔서 자꾸 미루게 되시지 않을까요?

③ B - 네. 예약을 하셔야 합니다. 예약을 하셔야 바쁘시더라도 실행에 옮기실 수 있을 것이라고 생각되는데, 어떠신지요? 이번 기회에 꼭 검진을 받으셔야겠다고 생각되시면 예약을 하시는 편이 좋지 않을까요?

④ C - 한 번도 해보지 않으셔서 걱정되시는 겁니다. 걱정되시면 일반 내시경도 가능합니다.

⑤ C – 수면 내시경이 위험하다고 생각하셔서서 염려되시는군요. 그 부분을 걱정하시는 고객도 계십니다. 내시경은 수면과 일반으로 결정하실 수 있습니다. 예약을 진행하시게 되면 제가 상세히 안내해 드릴 것이니 잘 선택하셔서 진행하시면 됩니다.

[49~50] 다음 고객을 방문해서 상담한 사례를 읽고 물음에 답하시오.

- 약속 당일 전화를 미리 걸어 오늘 약속시간에 방문할 것을 사전에 알리고 확인했다.
- 고객과의 약속 20분 전에 도착해 상담실을 찾아 입구에서 가장 먼 테이블의 좌석을 상석으로 확보하고 입구가 바라보이는 곳에 앉아 상담준비를 마쳤다.
- 고객을 서서 맞이하고 인사는 보통례 수준으로 30도 정도 숙여 인사한 후, 명함을 왼손으로 받혀서 오른손으로 주면서 소속과 이름을 정확히 말하고 정중하게 인사를 했다.
- 고객으로부터 명함을 두 손으로 받고 상대방 직책과 이름을 호칭하고 명함을 테이블 위에 가지런히 놓고 직위와 이름을 부르며 대화했다.
- 상담 중에는 주로 고객을 설득하기 위해 대화를 주도적으로 이끌었고 샘플과 제안서를 활용해서 시연하였다.
- 상담과정에서 중요 포인트마다 메모하며 공감하며 칭찬하였다.
- 상담 마무리 과정에서 고객의 니즈를 파악하고 차기 약속을 정하였다.
- 상담 후 악수할 때, 고객의 손을 적당한 힘으로 잡고, 2~3번 상하로 가볍게 흔들었다.
- 상담 후 가능한 퇴근하기 전까지 고객의 메일에 방문 협조에 대한 감사의 글을 남겼다.

49 위의 사례를 보고 상담원칙으로 적절하지 않은 내용은?

① 상담 후에는 고객의 메일에 감사의 글을 보내야 한다.
② 상담은 마무리가 중요하며 차기 약속을 얻어내야 한다.
③ 상담시간 20분 전에 미리 방문한 후 상담준비를 철저히 해야 한다.
④ 상담 시 중요 포인트마다 간단하게 메모하며 공감과 칭찬을 아끼지 말아야 한다.
⑤ 상담 중에는 고객을 설득하기 위해 주로 경청하기보다는 대화를 주도적으로 이끌어야 한다.

50 사례를 보고 매너나 에티켓으로 적절하지 않은 것은?

① 고객의 명함은 두 손으로 받고 테이블 위에 올려놓고 대화해야 한다.
② 고객과 악수할 때는 무조건 강하게 잡기보다 적당한 힘으로 잡는다.
③ 고객과의 첫 만남에서는 정중례로 45도 각도로 숙여서 인사해야 한다.
④ 고객과의 만남 전에 반드시 전화로 방문 약속시간을 확인하고 주지시킨다.
⑤ 상석은 출입구에서 대각선에 방향으로 가장 먼 테이블로 전망이 좋은 곳이다.

1	④	2	③	3	⑤	4	②	5	①	6	⑤	7	③	8	⑤	9	①	10	②
11	④	12	③	13	⑤	14	③	15	④	16	⑤	17	③	18	①	19	⑤	20	⑤
21	②	22	⑤	23	④	24	⑤	25	②	26	②	27	①	28	②	29	①	30	①
31	②	32	③	33	④	34	④	35	①	36	③	37	④	38	⑤	39	②	40	⑤
41	①	42	⑤	43	⑤	44	②	45	①	46	②	47	⑤	48	⑤	49	②	50	③

01 불특정 고객이 전화 연결을 요청하는 경우는 불특정 고객의 신원을 스크린한 후 연결여부를 파악하고, 지명인의 개인적인 연락처를 공개하지 않도록 주의한다.

02 계단이나 에스컬레이터에서 남성이 여성을 안내할 때 여성이 스커트를 입었다면 남성이 위쪽에서 안내를 하고 여성이 아래쪽에 위치해 시선이 불편하지 않도록 안내한다.

03 마인드컨트롤효과란 밝고 환한 표정을 지으면 실제로 기분이 좋아지는 효과이다.

04 **삼점법**
세 번의 포인트를 찍는다는 의미로, 방향을 안내 시 상대의 눈을 확인하고 지시 방향으로 시선을 찍은 후 다시 상대방이 이해했는지 시선을 두어 확인하는 것이다.

05 ② · ③ · ④ · ⑤ 내향형에 해당하는 특성이다.

06 • 단골고객 : 직접 제품이나 서비스를 반복적 · 지속적으로 애용하고 있지만, 타인에게 추천할 정도의 충성도를 가지고 있지는 않은 고객
• 옹호고객 : 단골고객이고, 고객을 추천할 정도의 충성도를 가지고 있는 고객

07 ① 사회적 환경, ② 물리적 환경, ④ 소비 상황, ⑤ 구매 상황이다.

08 ① 이심전심
② · ④ 촌철살인
③ 감성자극

09 ① 친밀한 거리(0~45cm)
② 개인적 거리(45~120cm)
③ 사회적 거리(120~360cm)
④ 대중적 거리(360cm 이상)
⑤ 진정한 관심, 흥미, 태도도 반영한다.

10 세관(Customs)검사, 출입국관리(Immigration), 검역(Quarantine), 귀빈실을 사용하는 VIP에 대한 영접(Greeting)이 이루어진다.

11 ① 회의장의 공간에 여유가 있을 때 사용하는 배치로, 시청각 자료를 활용하기 좋은 형태이다.
② 참석자가 많지 않고 모두 초청인사이며, 주빈석에도 다수 인원이 착석해야 할 경우에 주로 활용되는 배열이다. 주빈석을 구분시킬 수 있으며, 넓은 공간을 효율적으로 이용할 수 있다.
③ 가장 많은 인원을 배치할 수 있으며 무대를 중심에 두고 둥글게 둘러싸는 형태를 띠고 있어 참가자 전원이 무대에 집중할 수 있다. 또한 참가자 상호간에 마주할 수 있어 소통이 자유롭다.

⑤ 20명 내외의 소수가 참석하는 회의에 적합한 형태이며, 좌석 간의 간격은 24인치로 배치하는 것이 적당하다.

12 최상급자에게 상급자를 호칭할 때는 압존법을 사용하여야 한다.

13 의전(儀典)은 의식과 의례를 갖춘 행사를 의미하지만, VIP 고객의 사정과 전체 의식의 규칙을 잘 조율하며, 균형을 이루어 진행하여야 한다.

14
- 후광효과 : 상품 평가 시 일부 속성에 의해 형성된 전반적 평가가 그 속성과는 직접적인 관련이 없는 다른 속성의 평가에 영향을 미치는 효과
- 빈발효과 : 첫인상이 좋지 않게 형성되더라도 반복해서 제시되는 행동 혹은 태도가 첫인상과 달리 진지하고 솔직하면 점차 좋은 인상으로 바뀌게 되는 효과
- 프레이밍효과 : 대안들의 분류나 기준을 재편집하여 평가를 달라지게 하는 효과
- 유사성효과 : 새로운 상품 대안이 나타난 경우, 그와 유사한 성격의 기존 상품을 잠식할 확률이 높은 효과

15 에티켓은 매너의 기본 단계이다. 이러한 기본 단계조차 지키지 않는 사람에게는 매너를 기대할 수 없다.

16 사람들은 다른 사람의 이야기를 들으면서 자신과 비교하거나 판단을 내리느라 전적으로 집중하지 못한다.

17 ① 명함을 건넬 때는 선 자세에서 명함을 든 오른손의 팔꿈치나 손목을 왼손으로 받치고 건넨다.
② 명함을 받을 때는 일어서서 두 손으로 받는다.
④ 명함을 받은 후 상대방의 명함에 메모나 낙서를 하는 것은 실례이다.

⑤ 명함을 받은 후 대화가 이어질 경우에는 테이블 위에 명함을 올려두고, 직위와 이름을 언급하며 대화를 나누는 것이 좋다.

18 ② 조의금은 형편에 맞게 성의를 표하는 정도로 내도록 한다.
③ 유족에게 계속 말을 시키는 것은 예의에 어긋난다.
④ 감색 · 회색 양복도 무난하다.
⑤ 영정 앞에 선 채로 잠시 묵념 후 두 번 절한다.

19 상황에 따라 강하게 말할 때와 약하게 말할 때를 구분해야 한다.

20 메이크업의 목적은 신체의 장점을 부각하고 단점은 수정 및 보완하는 미적 행위이며, 서비스종사자는 자신의 개성을 연출하기보다는 기업의 이미지와 부합되도록 연출한다.

21 지각적 방어란 개인의 가치체계에 따라 개인의 가치에 역행하는 자극을 막는 데 도움을 줄 때 발생하는 것으로서, 지각의 선택성에 영향을 미친다.

22 **효과적으로 반론하는 방법**
- 말할 타이밍을 본다.
- 긍정적으로 시작한다.
- 반론내용을 명확히 한다.
- 반대하는 이유를 설명한다.
- 반론을 요약해서 말한다.

23 **차량 내 상석**
- 업무용 차량으로 운전기사가 있는 경우 : 운전자 대각선 방향 뒷좌석
- 승용차 주인 또는 상급자가 운전하는 경우 : 승용차 주인 또는 상급자의 옆좌석

24 ① 삶의 질적인 향상과 양적으로 풍부해진 생활환경이 서비스 의식의 고급화를 지향하게 되었다. 소비자 선택의 폭이 확산됨에 따라 고객들은 점점 인적서비스의 질을 중요하게 생각하고, 자신의 가치에 합당한 서비스를 요구하게 되었다.
③ 본인만 특별한 고객으로 인정받고 대우받고자 하며, 나만 특별한 고객이라고 생각하는 경향이 늘어났다.
④ 경제성장 및 물자의 풍요로 인해 고객과 서비스 제공자 간에 서로 대등한 관계를 형성하려는 성향이다.

25 제사는 흉사가 아니므로 평소와 같이 한다.

26 **공감적 경청 B.M.W**
- Body(자세) : 표정이나 눈빛, 자세나 움직임을 상대에게 기울인다.
- Mood(분위기) : 말투나 음정, 음색, 말의 빠르기, 높낮이를 고려한다.
- Word(말의 내용) : 상대를 존중하고 상대가 원하는 것이 무엇인지 집중하여 듣는다.

27 대규모 회의인 컨벤션의 개최는 긍정적인 경제적 효과 외에도 개최국의 국제 지위 향상 등 정치적 효과도 누릴 수 있다.

컨벤션의 파급효과

경제적 효과	• 컨벤션주최자의 소비지출에 의한 직·간접적인 경제승수효과 • 컨벤션참가자의 직접 소비에 의한 경제승수효과 • 개최도시 및 개최국가의 세수 증대
사회 문화적 효과	• 도시화, 근대화 등의 지역 문화 발전 • 고유문화의 세계 진출 기회와 국가 이미지 향상의 기회 • 세계화와 질적 수준의 향상
정치적 효과	• 개최국의 국제 지위 향상 • 문화 및 외국 교류의 확대 • 국가 홍보의 극대화
관광산업 발전 효과	• 관광 비수기 타개 • 대량 관광객 유치 및 양질의 관광객 유치 효과 • 관광 홍보

28 유니폼은 조직의 문화와 이미지를 표현하는 수단이므로, 개인의 개성을 맞추기보다는 조직의 전체 이미지에 맞추어 연출하고, 개인적인 장신구나 연출은 금하도록 한다.

29 서비스종사자는 고객이 가진 우월심리를 잘 이해해야 한다. 고객은 늘 자신이 서비스직원보다 우월하다는 심리를 가지고 있으므로, 직업의식을 가지고 고객의 자존심을 인정하고 자신을 낮추는 겸손한 자세가 필요하다.

30 팁은 제공받은 서비스에 대한 감사의 표시이며, 전체 금액의 10~20% 정도가 적당하며 국가나 지역, 상황별로 상이하다.

31 의전의 기본정신 중 하나로 내가 배려한 만큼 상대방으로부터 배려를 기대하는 것이다. 국력에 관계없이 1 : 1의 동등한 대우를 기본으로 하며, 의전에 소홀함이 있다면 외교의 경로를 통해 불만을 표시하거나 그에 상응하는 조치를 검토하기도 한다.

32 얌체고객이라고도 하며 자신의 실속만 챙기고 기업에 입장에서 이익 실현에 도움이 되지 않는 고객을 의미한다.

33 악수는 비즈니스를 하는 사람과 사람 사이의 친근함을 표현하는 것으로 관계형성의 중요한 단계이며, 서양에서는 이를 사양하는 것은 결례에 속한다.

34 공수는 절을 하거나 웃어른을 모실 때 두 손을 앞으로 모아 포개어 잡는 자세를 말한다.

35 비즈니스 전화를 받을 때는 회사명, 소속, 이름 등을 밝히며 전화를 받아야 한다.

36 계단을 오를 때는 고객보다 한두 계단 뒤에서 올라가고, 계단을 내려올 때는 고객보다 한두 계단 앞서서 내려온다. 남녀가 계단을 올라갈 때는 남자가 먼저 올라가고 내려올 때는 여자가 앞서 내려온다.

37 점심식사를 잘 기획하여 제공하더라도 주최 측에서 참가자의 식사 비용을 부담하게 되므로, 식음료 비용은 제공하지 않을 경우에 비해 증가하게 된다.

38 더블도어는 국빈, 의전 대상자만 출입할 수 있다. 더블도어 대상자의 수행원들은 일반 입국절차로 입국한 후에 귀빈 주차장으로 이동하여 차량에 탑승하고, 목적지로 이동한다.

39 전화가 들리지 않을 때는 "죄송합니다. 잘 들리지 않습니다. 번거롭지만 제 옆 번호 ○○○○로 다시 한번 전화해 주시겠습니까? 지금 제가 먼저 전화를 끊겠습니다."와 같이 완곡한 표현을 사용하여 응답하는 것이 좋다.

40 정보탐색 후 여러 평가요인을 가지고 어느 하나를 선택하려는 '대안평가의 단계'에 있는 대화내용이다. 계약 이전의 상황이니 '구매의 단계'로 볼 수 없다.

41 **신체언어와 의사언어**
- 신체언어 : 눈맞춤, 얼굴표정, 고개 끄덕이기, 몸의 움직임, 자세, 제스처
- 의사언어 : 말투, 음고·음량, 음조의 변화, 말의 속도, 발음

42 ① 재고가 없더라도 완곡한 표현을 사용할 수 있어야 한다.
　예 "제가 일단 알아봐 드리겠습니다."
② 나중에는 구매가 불가능할지도 모름을 고객이 느끼게 해야 한다.
③ 고객의 구매 욕구를 일으켰을 것이다.
④ '지금이 적기(適期)'임을 알려야 한다.

43 고객이나 내방객이 5분 이상 대기하는 일이 없도록 해야 하지만, 부득이하게 발생할 경우에는 음료를 대접하거나 무료하게 시간을 보내지 않도록 신문, 잡지 등 볼거리를 제공하는 것이 좋다.

44 보기의 세일즈맨은 경청의 원칙을 지키지 않았다. 상대방의 이야기를 중도에 끊거나 가로채는 것은 상담예절에 어긋나는 행동이다.

45 기본적인 인사이면서 좋은 분위기를 형성하고 고객을 편안하게 해 주는 목적이다.
첫 대면 구성
인사 / 밝은 분위기 조성 / 회사소개 / 자기소개 / 상담, 판매의 철학 / 상담의 목적

46 고객을 맞이하기 전에 바로 판매상담으로 진입하게 되면, 고객은 구매에 대한 압박으로 판단하게 되어 부담을 많이 갖게 되는 전형적인 오류이다.

47 F고객은 가망 고객에 해당하며, 상품의 평판, 심사 등에 참여하여 의사결정에 영향을 미치는 것은 의견 선도 고객이다.

48 잠재고객인 신혼부부에게 ○○ 여행사의 상품을 적극적으로 홍보하여 구매에 영향을 미칠 수 있으므로 마케팅 측면에서는 구매 영향자 고객 범주로 해석할 수 있다.

49 교류분석에서 대화하는 사람들의 심리상태는 부모 자아 또는 어버이 자아(Parent Self), 성인 자아(Adult Self), 어린이 자아(Child Self)로 구분된다. 부모 자아는 상대에게 규범을 제시하는 유형으로 통제적·지배적·권위적·보호적이다. 본 사례에서 A대리는 부모 자아의 상태이고, B사원은 어린이 자아 상태이다.

50 상대방과 대화를 하는 도중 시계를 보는 행위는 비언어적 메시지의 오용에 의한 커뮤니케이션 오류이다.

1	③	2	③	3	①	4	⑤	5	①	6	①	7	③	8	④	9	①	10	⑤
11	③	12	④	13	③	14	⑤	15	②	16	②	17	①	18	⑤	19	③	20	⑤
21	⑤	22	③	23	②	24	②	25	②	26	①	27	①	28	②	29	①	30	①
31	②	32	③	33	④	34	⑤	35	①	36	②	37	⑤	38	②	39	③	40	④
41	③	42	①	43	①	44	②	45	①	46	④	47	③	48	④	49	④	50	④

01 상점 · 식당 등에서 이름을 모르는 남자에 대한 경칭이며, 격식을 갖춘 상업편지에서 담당자 이름을 모를 때 쓰는 서두이다. 나이나 지위가 비슷한 사람끼리 혹은 여성에게는 사용하지 않는다.

02 공중화장실과 같은 공공장소를 깨끗하게 이용해야 하는 것은 타인과의 생활에 있어 지켜야 하는 바람직한 사회적 약속이므로 '에티켓'에 해당한다. '매너'는 이러한 에티켓을 외적으로 표현한 것이다.

03 주먹을 쥐고 엄지손가락을 위로 올리는 행위를 하는 나라의 의미는 미국은 매우 좋음, 호주는 무례한 행위, 한국은 "네가 최고" "잘했어", 그리스는 "닥쳐"라는 의미, 러시아는 동성연애자라는 의미로 사용한다.

04 ⑤ 내부고객은 외부고객을 직접 접점에서 만나 고객이 원하는 것을 제공하는 중요한 일을 담당한다.
① 외부고객에게 직접 서비스를 제공하는 주체인 내부고객(직원)을 가장 먼저 고려해야 한다.
② 외부고객이 상품과 서비스를 직접 구매하고 이용한다.
③ 내부고객(회사직원)은 서비스를 제공하는 대가로 임금을 지급받는다.
④ 내부고객을 우선 만족시켜야 외부고객을 만족시킬 수 있다.

05 서열(Rank)중시
의전에 있어서는 서열을 맞추어 응대하는 것을 기본 원칙으로 한다.

06 ② 명함은 두 손으로 건네는 것이 예의이다.
③ 명함을 동시에 주고 받을 때에는 오른손으로 주고 왼손으로 받는다.
④ 앉아서 대화를 나누다가 명함을 교환할 때는 잠시 일어서서 건네는 것이 원칙이다.
⑤ 앉아서 대화를 나누는 동안 받은 명함을 테이블 위에 놓고 직위, 성함 등을 언급하며 대화하는 것이 좋다.

07 ① 조의금은 문상을 마친 후 호상소에 접수하거나 부의함에 넣는다.
② 향을 꽂은 후 영정 앞에 일어서서 잠깐 묵념 후 두 번 절한다.
④ 유족에게는 말을 많이 시키지 않는 것이 좋다.
⑤ 영정 앞에 절할 때 남자는 오른손이 위로, 여자는 왼손이 위로 가게 한다.

08 ① 고객을 배웅할 때는 엘리베이터 앞에서 배웅하거나 현관입구까지 내려가 배웅하는 것이 예의이다.
② 안내할 때는 고객보다 2~3보가량 비스듬히 앞서서 안내한다.
③ 엘리베이터 승무원이 없을 경우에는 고객보다 먼저 타고, 내릴 때는 고객보다 나중에 내린다.

⑤ 당겨서 여는 문일 경우에는 당겨서 문을 열고 고객이 먼저 통과하도록 안내한다.

09 이미지란 시각적인 요소 이외의 수많은 감각에 의해 느껴지는 이미지를 포함하며, 실체의 한 부분을 해석하는 주요한 수단이지만 대표성을 갖지는 않는다.

10 서비스전문가가 제복이나 유니폼을 입는 경우 조직을 대표하는 이미지를 연출해야 하므로 규정에 맞게 착복하고 청결히 관리한다.

11 로열고객(충성고객)의 특징
- 반복구매 : 반복적인 구매행동
- 교차구매 : 현재 사용하고 있는 상품을 생산하는 기업의 다른 상품구매
- 상승구매 : 동일한 기업의 상위 제품을 구매
- 구전활동 : 고객 스스로 지인을 통해 소개하는 활동
- 관대함 : 기업 / 브랜드에 대한 애착심으로 가격상승까지도 수용

12 ① 언어를 통한 전달방법이다.
② 자기노출과 피드백으로 구성되는 것은 조하리의 창이다.
③ 상대방에게 나의 입장과 감정을 전달함으로써 상호 이해를 도울 수 있는 방법이다.
⑤ 상대방의 행동을 비난한다면 메시지가 아니라 비난이 전달된다.

13 조직 커뮤니케이션에 있어서는 최고경영자의 적극 참여로 여러 채널을 다양하게 활용하여 소통의 오류를 방지하고 원활한 커뮤니케이션을 돕는 것이 좋다.

14 감성지능은 자신의 감정을 이해하고 어려운 상황에서도 즉각적인 감정을 드러내지 않고 자신의 감정을 다스리며, 타인이나 외부의 감정을 인지하고 타인을 돕는 능력을 발휘하는 지능이다. 자신의 성취를 위해 노력하며 자신의 감정을 다스리고 스스로 동기부

여하는 동기화는 감성지능의 한 부분으로 조직의 성과보다 개인의 동기영역이라 할 수 있다.

15 **첫인상의 특징**
- 신속성
- 일회성
- 일방성
- 영향력
- 연관성

16 ① 호흡은 복식호흡을 반복 연습한다.
③ 발음은 정확하게 하는 것이 좋으나 너무 정확하게 끊어 말하면 오히려 딱딱해보일 수 있다.
④ 작은 목소리는 소극적인 인상을 주어 부정적 이미지로 나타난다.
⑤ 감정 표현이 서툴러 보여 차가운 인상을 준다.

17 저관여 소비자는 관심과 시간을 적게 들이고 의사결정을 내리기에 구매 후 부조화 현상이 적은 편이다.
② · ③ · ④ · ⑤ 고관여 소비자 의사결정과정에 해당한다.

18 ① 직설적인 표현을 피하는 방식이다.
② '나'를 주어로 하여, 상대방의 행동에 대한 생각이나 감정을 표현하는 대화 방식이다.
③ 상대방이 내 부탁을 듣고 스스로 결정 후 따를 수 있도록 상대방의 의견을 구하는 표현이다.
④ 긍정적인 부분을 중심으로 표현하는 방식이다.

19 메시지 내용 중에 동의할 부분을 찾는 것은 적극적 경청의 자세이므로 장애요인으로 보기 어렵다.

20 개최지 선정 시 개최장소의 적합성, 숙박시설의 적절성, 전시장의 이용가능성, 공항과의 접근성, 교통 편의성, 인적자원의 전문성, 개최시기의 날짜 등을 고려해야 한다.

21 • 행사의 개요 : 행사의 성격, 개최목적, 참가대상자 등을 명시한다.
 • 주최 / 주관기관 : 행사의 구분이나, 성격 등을 파악하기 위하여 명시한다.
 • 행사일시 : 제안에 참여하는 조직이 사전에 반드시 알아야 하는 정보이다.
 • 제안서 평가방법 : 배점의 기준을 미리 정하여야 한다.

22 MICE 산업은 계절에 구애받지 않으므로 관광 비수기 타개책으로 활용할 수 있다.

23 ① 제시된 주제에 대해 상반된 견해를 가진 동일 분야의 전문가들이 사회자들의 주도하에 청중 앞에서 벌이는 공개토론회
③ 참가자 중 1인의 주도하에 특정 분야에 대한 각자의 지식이나 경험을 발표하고 토의하는 회의
④ 소그룹으로 특별한 기술을 훈련하고 교육하는 모임으로 주로 교육활동에 사용되는 형태의 모임
⑤ 새로운 지식 습득이나 특정 분야의 연구를 위한 회의

24 대비효과란 어떤 것을 먼저 보여주느냐에 따라 평가에 큰 영향을 미치는 것이다.

25 악수는 반드시 일어서서 하도록 하며 두 손을 맞잡고 반가운 마음을 표현하기 위해 두세 번 가볍게 흔들어 인사한다.

26 바트나는 최선의 대안(Best Alternative To a Negotiated Agreement)의 약자로 협상자가 합의에 도달하지 못할 경우 택할 수 있는 다른 좋은 대안을 의미한다.

27 **경청 1, 2, 3 기법**
자신은 1번 말하고, 상대방의 말을 2번 들어주며, 대화 중에 3번 맞장구치며 대화하는 기법이다.

28 MICE 산업은 Meetings(회의), Incentives(포상휴가), 컨벤션(Convention), 전시 · 이벤트(Exhibitions & Events)를 융합한 산업을 말한다.

29 대안평가는 수집된 정보를 바탕으로 고객이 가지고 있는 지식이나 믿음, 상황과 조건 그리고 선호도 등을 기준으로 비교 · 분석 · 평가한다.

30 자신을 낮춤으로써 상대를 높이는 말로, 말하는 주체가 자신일 경우 사용한다.

31 서양 남성들 사이에서 여성을 존중하고 우선으로 하는 에티켓으로 여성이 차에 오르거나 내릴 때, 문을 닫거나 열 때 뒷사람을 배려해 문을 잡아주는 것 등이 있다.

32 공수는 공손한 자세를 의미하며 공수의 기본자세는 남좌여우이다. 흉사시에는 평상시와 반대로 한다.

33 T(Time), P(Place), O(Occasion)로 시간과 장소, 경우에 맞게 이미지를 연출하는 것을 말한다.

34 상대에 대한 존중(Respect)은 상대방에 대한 존중과 배려에서 출발하며, 다양한 문화 · 생활방식 등을 인정하고 존중 및 배려하는 것이다.

35 컨벤션 유치활동 중 현장답사(Site Inspection)에 대한 설명이다.

36 입구로부터 대각선 안쪽, 창가 좌석 등 상석으로 고객을 모시고 상담을 실시하도록 한다. 입구에서 가장 가까운 쪽은 말석에 해당한다.

37 조직에 있어 금액이 큰 구매의 경우, 구매 의사결정 과정에서 제품의 품질이나 기술 면에서 구매에 대해 영향을 주는 영향력자의 파워는 커지고, 주로 기술 개발부서, 설계부서, 연구소 등 관련 영향자들에 의해 결정된다.

38 고객의 입장을 무조건 따를 경우 약속 자체를 잡는 일부터 어렵기 때문에, 가능한 고객의 입장을 고려하여 약속을 잡거나 고객이 원하는 형태로 제품을 적극적으로 소개하는 노력을 기울여야 한다.

39 주문은 고객이 먼저 하도록 해야 한다.

40 상대방 파트너가 전문기사가 달린 승용차를 배정해 주었다면 운전자 뒷좌석에 앉는 것이 맞지만, 비즈니스 파트너의 호의에 의한 영접 시 운전자 옆 보조석에 앉는 것이 의전 원칙상 맞다.

41 보기에는 매슬로우의 욕구 5단계 중 생리적 욕구가 나타나 있지 않다. 백화점 매장 같은 곳에서 1단계인 생리적 욕구에 해당하는 표현을 사용하면 고객의 기분을 상하게 할 수 있으므로 사용을 삼간다.

42 괄호에 들어갈 내용으로 가장 적절한 것은 A – 청결함, B – 단정함, C – 자연스러운이다.

43 • 가 · 나 · 라 : 의사언어
• 다 · 마 : 신체언어

44 MICE는 회의(Meeting), 포상관광(Incentives), 컨벤션(Convention) 및 이벤트와 전시(Events & Exhibition)를 아우르는 조어로 주로 동남아 지역에서 사용되고, 미주지역에서는 Events, 유럽지역에서는 Conference라는 용어가 더 광범위하게 통용되고 있다.

45 구매 견적을 요청한 상태는 현재니즈에 해당한다 (경우에 따라 보유니즈일 수도 있음).

46 현재니즈 상태에서는 고객의 의사결정과 실행을 적극적으로 도움을 주어야 한다.

47 경청은 효과적인 질문을 통해 더욱 강화된다. 판매원 2의 질문은 고객의 이야기를 더 듣고자 하는 적극적 경청의 일환이다.

48 고객이 구매에 따른 장점을 스스로 확인하여 의사결정에 긍정적인 만족감을 가질 수 있게 된다.

49 최대한 성대하게 환영식을 개최하고 최고의 음식을 대접하기보다는 귀빈의 기호 및 선호를 고려하여야 한다. 상대방의 특성, 문화를 고려하여 준비하는 것이 좋다.

50 귀빈(기조연설자 포함)은 행사장에 도착하면, 우선 VIP 룸에서 다른 귀빈과 함께 대기하고 있다가, 참가자가 대부분 착석을 완료한 뒤에 행사가 막 시작할 즈음 다른 귀빈들과 함께 입장한다.

1	④	2	⑤	3	④	4	③	5	④	6	③	7	⑤	8	②	9	①	10	⑤
11	⑤	12	①	13	④	14	①	15	④	16	①	17	②	18	③	19	①	20	⑤
21	①	22	⑤	23	④	24	④	25	①	26	①	27	②	28	①	29	②	30	④
31	①	32	⑤	33	②	34	④	35	①	36	④	37	④	38	②	39	②	40	①
41	③	42	④	43	①	44	③	45	⑤	46	②	47	⑤	48	④	49	⑤	50	③

01 에티켓에 대한 설명이다. 매너는 라틴어 Manuarius (Hand, 손)로서 Arius(방법, 방식, 태도)의 의미를 담고 있다.

02 작은 물건을 건넬 때에는 한 손으로 다른 한 손을 받쳐야 한다.

03 고개를 한 쪽으로 기울이지 않도록 해야 한다.

04 ① 편의성 추구 고객
② · ④ 윤리적 고객
⑤ 절약형 고객

05 반응적 피드백은 커뮤니케이션 발신자가 아니라 수신자의 행동이다.
① · ② · ③ · ⑤ 커뮤니케이션 발신자의 행동

06 패널 토의(패널 토론)란 2명 또는 그 이상의 강연자를 초청하여 전문 분야의 지식과 관점을 청취하는 형태의 회의이다. 훈련 목적의 소규모 회의로, 특정 문제나 과제에 대한 생각과 지식, 아이디어를 서로 교환하는 것은 워크숍에 대한 설명에 해당한다.

07 컨벤션 산업은 무형의 홍보 효과 및 관광 산업과의 결합 등 유형적 가치보다 부수적으로 유입되는 무형의 가치가 더 큰 산업이다.

08 ① 일반적으로 마이스 방문객들이 더 많은 금액을 소비한다.
③ 관광 산업은 B2C, 마이스 산업은 기업을 대상으로 하여 B2B로 일어난다.
④ 비정부 기구의 활동증대는 MICE 산업을 확산시키는 요인으로 작용한다.
⑤ 300명 이상, 외국인 50% 이상, 참가국 수 5개국 이상, 회의기간 3일 이상의 조건을 갖춘 회의를 컨벤션이라고 부른다.

09 프로그램별 연사는 해당 주제와 적합한지의 측면에서 고려되고 선정되어야 한다. 학력, 발표논문, 실적 등은 언급할 필요가 없다.

10 ① 손님이나 상사와 만나거나 헤어지는 경우에는 보통례로 인사하는 것이 기본이다.
② 목례는 양손에 무거운 짐을 들고 있거나 모르는 사람과 마주칠 경우에 한다.
③ 정중례는 상체를 45도 정도로 숙여서 하는 인사로 정중히 감사나 사과를 할 경우에 한다. VIP 고객이나 CEO를 만날 때에도 정중례를 한다.
④ 목례는 상체를 숙이지 않고 가볍게 머리만 숙이는 인사이다.

11 매너는 상대를 향한 배려의 감정을 행동으로 움직여 보여주는 것이다.

12

나의 표정	상대방의 해석
곁눈질로 본다.	불만, 의심, 두려운 마음 상태
특별한 반응 없이 무표정하다.	거부, 귀찮음
눈을 마주 보지 않는다.	거부, 부담감, 숨기는 느낌, 집중하지 않는 상태
위아래로 훑어본다.	불신, 경멸
환하게 미소 짓는다.	반가움, 호감 등의 긍정

13 서비스종사자는 항상 청결하고 단정하게 머리손질을 해야 한다. 특히 일의 능률과도 관련이 있으므로, 업무 특성에 맞는 헤어스타일을 유지하는 것이 중요하다.

14 ② · ③ · ④ · ⑤ 저관여 구매행동에 대한 설명이다.

15 감성지능의 구성요소에는 자기인식, 자기조절, 자기동기화, 감정이입, 대인관계기술이 있다.

16 개방적 화법은 상대방의 자유로운 대답을 들을 수 있는 화법이다. '예 또는 아니오'로만 대답할 수 있는 폐쇄적 질문보다는 개방적 화법을 사용하는 것이 좋다.

17
- Majesty : 왕족에게 붙이는 경칭
- The Honorable : 귀족이나 주요 공직자에게 쓰는 경칭

18 타고난 음성의 색깔은 바꿀 수 없지만 음성의 분위기는 훈련을 통해 바꿀 수 있다.

19 **매슬로우(Maslow)의 욕구 5단계**
하위 욕구가 충족되어야만 상위 욕구가 나타나게 된다.
- 1단계 : 생리적 욕구
- 2단계 : 안전의 욕구
- 3단계 : 사회적 욕구
- 4단계 : 존중(존경)의 욕구
- 5단계 : 자아실현의 욕구

20 이질성은 서비스의 특성에 해당한다.

21 고객의 의사결정 과정은 문제 인식 → 정보 탐색 → 대안 평가 → 구매 결정 → 구매 후 행동 순이다.

22
- **기업과의 관계 진화적 관점에 의한 분류**
  - 충성고객 : 기업에 대한 충성도가 높은 고객으로, 제품 · 서비스를 반복 구매하고 입소문을 내주는 고객
  - 가망고객 : 기업에 대해 인지하고 있고 관심을 보이며 신규고객이 될 가능성이 있는 고객
- **조직내외를 기준으로 한 분류**
  - 중간고객 : 기업과 최종 소비를 하는 고객 사이에서 그 가치를 전달하는 고객
  - 외부고객 : 기업이 생산한 가치를 최종 소비하고 구매하는 고객
  - 내부고객 : 기업 내부 직원으로 동료, 직원 등 본인이 하는 일의 결과를 사용하고 가치생산에 직접 참여하는 고객

23 **AREA 법칙**
- Assertion(주장) : 주장의 핵심부분으로 결론을 먼저 말한다.
- Reasoning(이유) : 그 이유를 설명한다.
- Evidence(증거) : 이유와 주장에 관한 증거나 실례를 제시한다.
- Assertion(주장) : 다시 한 번 주장함으로써 자신의 주장을 확고히 한다.

24 **회의실 선정 시 고려해야 할 사항**
- 회의실의 규모 및 수용능력
- 회의실 유형별 배치 및 기능
- 전시장 활용성
- 회의실 임대료
- 서비스종사원의 능력
- 위치 및 접근성

25 **의전의 5R**
- Respect(상대방에 대한 존중)
- Reciprocity(상호주의 원칙)
- Reflecting Culture(문화의 반영)
- Rank(서열존중)
- Right(오른쪽 상석)

26 커뮤니케이션은 신이 자신의 덕을 인간에게 나누어 준다는 의미가 있으며, 어떤 사실을 타인에게 전하고 알리는 심리적 전달의 뜻으로 쓰인다. 인간이 사회적 존재로 살아가는 데 가장 기초가 되는 도구이며, 서비스 환경에 있어서는 접점의 직원이 커뮤니케이션을 어떻게 다루는지에 따라 서비스 품질과 고객만족에 결정적인 영향을 미친다.

27 **이미지 관리과정**
- 이미지 점검하기 : 자신의 이미지를 객관적으로 바라보고, 자신의 장점과 단점의 이미지를 정확히 파악한다.
- 이미지 콘셉트 정하기 : 자신이 희망하는 이미지를 정한다.
- 좋은 이미지 만들기 : 자신이 희망하는 이미지를 형성하기 위하여 자신의 강점을 강화하고 단점을 보완한다.
- 이미지 내면화하기 : 일시적인 이미지가 아니라 진실된 이미지가 되도록 한다.

28 TA 교류분석은 미국의 정신과 의사 에릭 번(Eric Berne)에 의해 창안되었다. 인간 자신 또는 타인 그리고 관계의 교류를 분석하는 심리학이며, 개인의 성장과 변화를 위한 체계적인 심리치료법이다.

29 'Lady on the Right'라고도 하며, 최고 귀빈의 오른쪽에 앉는다.

30 가든파티는 정원과 같은 야외에서 진행하는 파티이며, 호텔이 아닌 곳에서 가든파티를 할 때에는 호텔의 출장 서비스나 출장 연회 준비를 해주는 곳에 의뢰를 한다.

31 단골고객은 직접 제품이나 서비스를 반복적·지속적으로 애용하고 있지만, 타인에게 추천할 정도의 충성도는 가지고 있지 않은 고객을 말한다.

32 서비스 매너는 경영활동에 있어 고객과 만나는 접점에서 고객에 대한 이해를 가지고 고객을 응대하며, 고객의 요구를 빨리 파악하고 응대하는 기본 능력이다. 서비스를 제공함에 있어 고객 만족을 위하여 신뢰감을 주는 이미지를 가지고 고객을 맞이하는 것에서부터 시작한다.

33 유니폼은 근무 시 활동하는 복장인 동시에 회사와 개인의 이미지까지 표현하는 수단이 되므로 청결하고 잘 정돈된 유니폼을 착용하여야 한다.

34 명함은 상대에게 자신에 대한 정보를 제공하는 동시에 자신이 속한 조직을 나타내는 첫인상이기에 매우 중요한 역할을 한다. 또한 직·간접적인 홍보 마케팅 효과를 가지고 있다.

35 복장, 화장 등이 패션 이미지에 해당하므로 패션 이미지 연출에 대해서도 언급하고 있다.

36 ① 대안들의 분류나 기준을 재편집하여 평가를 달라지게 하는 효과
② 새로운 상품 대안이 나타난 경우, 그와 유사한 성격의 기존 상품을 잠식할 확률이 높은 현상
③ 고객이 기존 대안을 우월하게 평가하도록 유도하기 위해 열등한 대안을 내놓음으로써, 기존 대안을 상대적으로 돋보이게 하는 효과
⑤ 부정적인 특징이 긍정적인 특징보다 인상 형성에 더 강력하게 작용하는 효과

37 명함에 직접 메모, 기록하는 것을 삼가고 기록할 사항은 메모지를 이용한다.

38 효과적으로 반론하는 방법
- 말할 타이밍을 본다.
- 긍정적으로 시작한다.
- 반론내용을 명확히 한다.
- 반대하는 이유를 설명한다.
- 반론을 요약해서 말한다.

39 기업회의 기획가의 주요 업무를 서술하고 있다.

40 컨벤션 회의는 대규모 회의로 여러 세션을 열어 다양한 프로그램이 운영되며, 참가자는 자신의 목적에 따라 회의에 참석 여부를 결정할 수 있다.

41 고객의 불편함을 알아주고 공감하며 고객을 대신하여 문제사항을 적극적으로 해결하려고 한다.

42 약속시간에 맞추어 업무 처리가 될 것으로 알고 기다렸을 거래처의 입장을 고려하지 않은 담당자의 기본적인 실수이다. 약속시간을 지키지 못하게 될 경우는 사전에 미리 상황에 대한 양해를 구하는 것이 옳다. 상호 시간적으로나 상황적으로나 이해의 절차를 필요로 한다.

43 ㄴ. 파운데이션은 1톤 정도 밝은 색을 선택하는 것이 좋으며, 과하게 밝은 톤을 선택하여 얼굴과 목선의 구분이 생기지 않도록 하여야 한다.
ㄹ. 유행에 민감한 헤어스타일은 삼가도록 한다.
ㅂ. 화려한 안경, 시계 등은 피하도록 한다.

44 식사 중 개인적인 전화가 오더라도 가급적 받지 않는 것이 예의이다. 식사 전 무음상태로 변경하거나 전화를 끄고 식사에 집중하는 것이 좋다.

45 Consumer Show + Exhibitor는 고객을 위한 Show로 최종소비자, 소매업자의 방문이 어울린다.

46 Trade Show의 입장객은 사전에 정해지며, 합법적으로 바이어를 입증할만한 증명서를 소지한 바이어 및 초청장 소지자만이 입장할 수 있다.

47 고객의 위험을 느끼는 감정 등을 공감하지 못하고 상담원의 입장에서 상담이 진행된 것으로 볼 수 있다.

48 내시경을 한 번도 경험해보지 않은 고객이 걱정하는 부분을 잘 이해 · 공감하고 일반적인 방법을 함께 제시하여 고객의 선택을 도와야 한다.

49 상담 중에는 고객의 말을 끝까지 듣고 경청해야 한다.

50 일반 고객과의 첫 만남 시에는 보통례로 30도 숙여서 인사해야 한다.

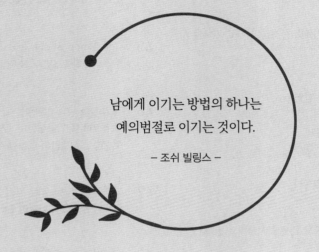

남에게 이기는 방법의 하나는
예의범절로 이기는 것이다.

- 조쉬 빌링스 -

2024

SMAT A

비즈니스 커뮤니케이션　모듈A

실제경향 모의고사

Study Diary

1일차	2일차	3일차	4일차	5일차	6일차	7일차
학습진도	학습진도	학습진도	학습진도	학습진도	학습진도	학습진도
p	p	p	p	p	p	p
~ p	~ p	~ p	~ p	~ p	~ p	~ p

8일차	9일차	10일차	11일차	12일차	13일차	14일차
학습진도	학습진도	학습진도	학습진도	학습진도	학습진도	학습진도
p	p	p	p	p	p	p
~ p	~ p	~ p	~ p	~ p	~ p	~ p

계획했던 학습을 완벽하게 완료하였다면 😊
학습은 하였으나 미비했다면 🙂
학습을 미루었다면 😊 색으로 칠해보세요!

유튜브 선생님에게 배우는

SMAT 모듈A
| 비즈니스 커뮤니케이션 |
과외노트

(주)시대고시기획

머리말

비즈니스 현장에서 활동하는 많은 사람들은 하루하루를 치열하게 살아가며 성과를 만들기까지 '전쟁' 같은 생활을 하곤 합니다. 실제 전쟁터에서는 수단과 방법을 가리지 않고 무조건 이기고 상대를 다 죽여야 하지만 '비즈니스'는 나만 살고 상대를 죽이는 공식이 통하지 않습니다. 비즈니스에서는 전쟁 같은 일상에서 더불어 살아가며 지속적인 관계 유지를 통해 먹고 사는 문제를 같이 해결하는 원리가 필요하기에, 오랜 세월 비즈니스 현장을 경험한 이들이 기본적인 '규칙'과 상대를 상대하는 방식의 기준들을 만들어 왔습니다.

비즈니스의 규칙과 원리를 다루는 분야를 '비즈니스 에티켓(Business Etiquette)', '비즈니스 커뮤니케이션(Business Communication)'이라고 합니다. SMAT(서비스경영자격) A모듈은 비즈니스 현장에서 기본이 되는 규칙과 원리를 지키는 방식·상대를 배려하는 방식을 경영능력으로 보고 구체적인 방안들을 배울 수 있도록 시험이 구성되어 있습니다. 한마디로, 사회생활을 해야 하는 모든 사람을 돕기 위해 제작된 자격입니다.

4차 산업 시대의 AI(인공지능)·기술적 서비스가 우선으로 여겨지더라도 그 표면 너머에서 일을 하는 주체는 '사람'이며, 이용하는 고객 또한 '사람'입니다. 4차 산업에서 만들어진 기술이 사람을 향해 있어야 사람에게 필요한 기술이 되고 제대로 활용되는 것이 당연한 이치입니다.

기술을 만들어 사용하도록 설명하고 고객이 잘 사용할 수 있도록 지속적으로 기술을 성장시켜 나가는 그 중심에 '서비스 정신'이 꼭 필요함을 이해하고 비즈니스 현장에서 '사람'들과 좋은 관계를 맺는 구체적인 방법들을 이 과목을 통해 잘 학습하여 '인간 관계'의 어려움을 해결하는 데 조금은 도움 받을 수 있기를 바라는 마음입니다.

Covid-19 이후 비대면 서비스가 증가하고 비즈니스 형태가 다양하게 급변하고 있습니다. 보여지는 서비스와 마찬가지로 고객의 독점심리, 존중심리, 보상심리, 환영기대심리 등은 변하지 않습니다. 어렵게 번 돈을 잘 쓰고 싶은 심리는 대면 서비스, 비대면 서비스를 나누지 않습니다.

비대면 너머에 살아있는 사람, 즉 고객의 첫 구매가 재구매로 이어지고 지속적인 이용으로 충성고객이 되어 기업과 고객이 함께 세월을 같이 보내는 것이 성공하는 비즈니스입니다. 대면 서비스든, 비대면 서비스든 그 의사소통 과정에서 '친절'의 정서가 느껴지도록, 고객이 '만족'하도록 비즈니스를 이끄는 능력은 직원들의 역량의 문제입니다.

고객의 존재를 이해하고 비즈니스 상대를 알며 '사람'과 일함에 있어 존중의 '태도'를 익혀 비즈니스의 성과와 연결되는 쾌거를 이뤄 나가시길 바랍니다.

여러분의 합격을 기원하며

한국서비스경영연구소 SMAT 전문 연구원 일동

SMAT 시험안내

☐ SMAT(서비스경영자격)이란?

> 서비스경영능력시험이라고도 하며 급증하는 인력수요를 보이는 서비스 산업의 핵심 성공요인을 선별하여, 서비스 직무의 현업 지식 및 역량을 평가하는 실무형 국가공인 자격시험

☐ 시행처

- **주무부처** : 산업통상자원부
- **주관/시행** : 한국생산성본부

☐ 응시자격 및 대상

자 격	• 제한 없음
대 상	• 서비스 산업의 관리자 및 기업(관) 실무 종사자 • 비즈니스 기초 소양을 쌓기 위한 예비 직장인 • 서비스 관련 학과 대학생, 교직원 및 특성화고 재학생

☐ 활용내용

- 기업(관) 신입사원 채용, 내부직원 교육 등 자체 HR 기준으로 SMAT 채택
- 산업별 대표협회 채택, 회원사 재직자 인사고과 반영 및 교육과정 개설
- 대학교 내 학점반영 및 직무역량 특강 개설
- 특성화고의 교육특강 및 자격취득 과정 개설

시험일정

- SMAT 시험은 짝수달 둘째 주 토요일 및 5 · 11월 넷째 주 토요일에 시행합니다(연 8회).
- 시험일정은 시행처의 사정에 따라 변경될 수 있습니다.
- 2024년 시험일정은 반드시 시행처 홈페이지(license.kpc.or.kr)를 확인하시기 바랍니다.

시험시간

국가공인 SMAT (서비스경영자격)	1교시	2교시	3교시
모듈 A 비즈니스 커뮤니케이션	09:00~10:10 (70분)	–	–
모듈 B 서비스 마케팅 · 세일즈	–	10:30~11:40 (70분)	–
모듈 C 서비스 운영전략	–	–	12:00~13:10 (70분)

시험접수 방법

- 온라인 접수 : 한국생산성본부 홈페이지(license.kpc.or.kr)
- 방문 접수 : KPC 자격지역센터 사전 연락 후 내방

응시료

1개 Module	2개 Module	3개 Module
20,000원	36,000원	50,000원

※ 부가가치세 포함 및 결제대행 수수료는 별도입니다.
※ 회차당 2개 이상 모듈 동시 응시 가능하며, 부분 과목의 취소는 불가합니다.

SMAT 시험안내

☐ 평가체계

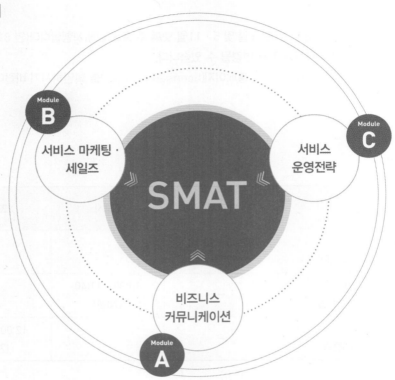

☐ 검정목표

Module A	현장 커뮤니케이션 실무자	고객 접점에서 올바른 비즈니스 매너와 이미지를 바탕으로 고객의 심리를 이해하고, 고객과 소통할 수 있는 현장 커뮤니케이션 실무자 양성
Module B	서비스 마케팅 관리자	서비스 현장에서 고객관계관리(CRM), 고객경험관리(CEM) 및 컴플레인 처리 기술을 바탕으로, 서비스 유통관리와 내부 코칭/멘토링을 통하여 세일즈를 높일 수 있는 마케팅 관리자 양성
Module C	서비스 운영전략 관리자	고객만족경영과 서비스 인적자원관리에 대한 이해를 바탕으로, 우수한 서비스 프로세스를 설계하고 공급 및 수요를 관리할 수 있는 서비스 운영전략 관리자 양성

🔲 등급부여 기준

1급 컨설턴트

A+B+C
3개 Module 모두 취득
(프로페셔널, 전문가)

2급 관리자

A+B or A+C
2개 Module 취득
(직무별 특성화 인재)

3급 실무자

A(기본)
1개 Module 취득
(서비스산업 신입사원)

※ SMAT(서비스경영자격)은 각 모듈별로 응시할 수 있으며, 합격한 모듈에 따라 자격등급을 부여합니다.
※ A모듈의 우선 취득을 권장합니다. B 또는 C모듈을 먼저 취득 시, A모듈을 취득해야 자격이 부여됩니다.

🔲 학점 인정 ┃ 서비스경영분야 최대 학점 인정

등 급	학 점
1급(컨설턴트)	10학점
2급(관리자)	6학점

※ SMAT 1급 : 전문학사(경영, 관광경영), 학사(경영학, 관광경영학, 호텔경영학)일 경우, 전공필수 학점으로 인정
※ SMAT 2급 : 전문학사(경영, 관광경영)일 경우, 전공필수 학점으로 인정
※ 위에 제시된 전공이 아닐 경우, 일반선택 학점으로 인정

🔲 문제형식 및 합격기준 ┃ 각 모듈별

문제형식	• PBT방식으로 진행 • 70분간 총 50문항(각 2점, 총 100점) • 5개 유형으로 복합출제(일반형, O/X형, 연결형, 사례형, 통합형)
합격기준	• 100점 만점 중 총 70점 이상 합격

※ 과목별 문항수는 모듈별로 10% 이내에서 변동될 수 있습니다.

SMAT 시험안내

🔲 모듈별 서비스 체계도

SMAT 모듈 A는 서비스 접점에서 만나게 되는 다양한 고객을 상대로 대응을 어떻게 해야 하는지, 알맞은 서비스 커뮤니케이션은 어떻게 되는지, 예를 갖춘 서비스 태도는 무엇인지에 대한 '서비스 기본기'를 배우는 과목으로 '무조건적인 고객만족', '기준이 없는 고객만족'이 아니라 '경영'의 기준에서 마땅히 응대해야 하는 서비스인으로서의 기본기를 다져 서비스 인재로 거듭나는 첫 출발이다.

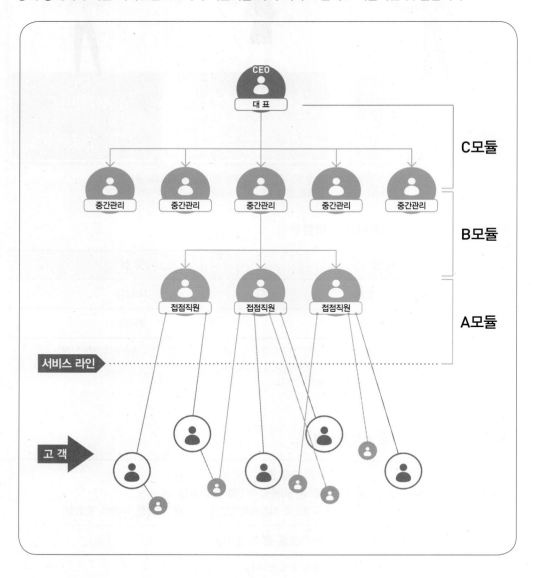

🔲 출제기준

모 듈	과 목	출제범위
A 비즈니스 커뮤니케이션	비즈니스 매너/에티켓	매너와 에티켓의 이해, 비즈니스 응대, 전화응대 매너, 글로벌 매너 등
	이미지 메이킹	이미지의 개념, 이미지 메이킹 주요이론, 상황별 이미지 메이킹, 인상/표정 및 상황별 제스처, Voice 이미지 등
	고객심리의 이해	고객에 대한 이해, 고객분류 및 계층론, 고객심리의 이해, 고객의 성격 유형에 대한 이해, 고객의 구매의사 결정과정 등
	고객 커뮤니케이션	커뮤니케이션의 이해, 효과적인 커뮤니케이션 기법/스킬, 감성 커뮤니케이션, 설득과 협상 등
	회의기획 및 의전실무	회의운영 기획/실무, 의전운영 기획/실무, 프레젠테이션, MICE의 이해 등
B 서비스 마케팅· 세일즈	서비스 세일즈 및 고객상담	서비스 세일즈의 이해, 서비스 세일즈 전략분석, 고객상담 전략, 고객유형별 상담기법, MOT 분석 및 관리 등
	고객관계관리(CRM)	고객관계 이해, 고객 획득-유지-충성-이탈-회복 프로세스, CRM 시스템, 고객접점 및 고객경험 관리, 고객 포트폴리오 관리 등
	VOC 분석/관리 및 컴플레인 처리	VOC 관리시스템 이해, VOC 분석/관리법 습득, 컴플레인 개념 이해, 컴플레인 대응원칙 숙지, 컴플레인 해결방법 익히기 등
	서비스 유통관리	서비스 구매과정의 물리적 환경, 서비스 유통채널 유형, 서비스 유통 시간/장소 관리, 전자적 유통경로 관리, 서비스 채널 관리전략 등
	코칭/교육훈련 및 멘토링/동기부여	성인학습의 이해, 교육훈련의 종류 및 방법, 서비스 코칭의 이해/실행, 정서적 노동의 이해 및 동기부여, 서비스 멘토링 실행 등
C 서비스 운영전략	서비스 산업 개론	유형별 서비스의 이해, 서비스업의 특성 이해, 서비스 경제 시대 이해, 서비스 패러독스, 서비스 비즈니스 모델 이해 등
	서비스 프로세스 설계 및 품질관리	서비스품질 측정모형 이해, 서비스 GAP 진단, 서비스 R&D 분석, 서비스 프로세스 모델링, 서비스 프로세스 개선방안 수립 등
	서비스 공급 및 수요관리	서비스 수요 예측기법 이해, 대기행렬 모형, 서비스 가격/수율 관리, 서비스 고객기대 관리, 서비스 공급 능력계획 수립 등
	서비스 인적자원관리(HRM)	인적자원관리의 이해, 서비스 인력 선발, 직무분석/평가 및 보상, 노사관계 관리, 서비스인력 노동생산성 제고 등
	고객만족경영(CSM) 전략	경영전략 주요 이론, 서비스 지향 조직 이해, 고객만족의 평가지표 분석, 고객만족도 향상 전략 수립 등

SMAT 합격후기

" SMAT 모듈 A, B, C 합격!! "

2021년 4월 10일 응시

▶ SMAT 시험에 도전하게 된 계기가 있다면요?

직장에서 연 1회 실시하는 1박 2일 워크숍을 통해 알게 된 서비스 매너, 직원, 중간 관리자, 관리자의 역할을 조금 더 깊이 있게 공부해보고, 이왕이면 자격증도 취득할 수 있는 게 무엇일까 찾던 중 알게 된 것이 SMAT 자격증이었습니다.

▶ 준비기간은 얼마나 걸리셨나요?

직장생활과 자격시험을 병행하다 보니 시험 준비기간은 충분히 두진 못했고, 원서접수 후 20일 정도, 하루 2~3시간 정도 투자하였습니다.

▶ 체감 난이도는 어느 정도였나요?

문제 난이도는 다른 합격자들도 언급하였던 것처럼 책에 집중해서 정독하면 좋은 성적으로 자격증을 취득할 수 있는 정도의 수준입니다.

▶ 어떻게 공부하셨는지 공유해주실 수 있나요?

시대고시기획 책의 내용을 1회 정독, 2회 숙지, 문제풀이 및 기출(샘플)문제는 5회 반복하였고 시대로~ 카페의 무료 강의 동영상을 1회 수강하였습니다.

▶ 하루에 3가지 모듈을 응시하는 것이 어려우셨을 텐데 어떻게 시간을 활용하셨나요?

저는 1급 취득을 위해 모듈 A, B, C를 동시에 응시했습니다.
A 모듈 시험 시작 후 30분 뒤 퇴실 → B 모듈 기출(샘플)문제 암기 → B 모듈 시험 시작 후 30분 뒤 퇴실
→ C 모듈 기출(샘플)문제 암기 → C 모듈 시험 응시와 같은 식으로 시간을 활용했습니다.

▶ 시험 이후 답안은 어떻게 확인을 하나요?

시험지는 반출이 금지되어 있습니다. 대신 가채점 답안이 시험을 치르고 2일 정도 후에 KPC 자격 홈페
이지에 게시되기 때문에, 답을 적어오셔서 홈페이지에 공지된 답안과 맞춰보시면 좋습니다. KPC 자격
홈페이지 → 고객센터 → 자격시행 게시판을 이용하시면 됩니다.

▶ SMAT 예비 합격자들에게 한 마디 해주세요.

SMAT 시험은 알아두면 직장생활은 물론 자신의 내·외면에 큰 변화와 발전을 줄 수 있는 공부이니 자격
증 취득여부에 관계없이 공부하시면 큰 도움이 되리라 생각합니다.
자격증 취득에 대한 부담감과 시험에 대한 두려움보다는 자기변화와 역량강화를 통한 자기발전의 기회
라는 마음으로 공부하신다면, 시험에 응시하시는 모든 분들의 합격은 반드시 이루어질 것입니다.

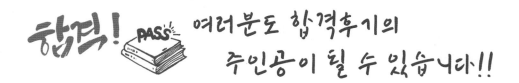

합격! PASS 여러분도 합격후기의
주인공이 될 수 있습니다!!

국가전문자격 시대로~ SD에듀 국가전문자격카페 '시대로~'에 남겨주신
수험후기를 바탕으로 구성하였습니다.

출제경향 및 학습전략

❑ 출제경향

이론부분

비즈니스는 '경영'이라는 기본원리가 작용을 하는데, 기본적인 '비즈니스'에서 발생하는 고객과 서비스 제공자 간에 기본으로 지켜야 하는 서로간의 규칙, 특히 서비스 제공자로서 가져야 하는 기본적인 예의, 제품을 구매하는 고객이 기대하는 이미지, 고객의 심리를 알고 커뮤니케이션하는 능력을 향상할 수 있는 '기본'에 대한 이론이 잘 정리된 모듈이다.

실무부분

서비스 현장에서 취해야 하는 서비스 제공자의 '태도'에 대한 구체적인 방법, 대상에 따라 달리 행해야 하는 규칙, 고객의 마음을 불쾌하게 하는 행동들에 대한 구체적인 제시를 통해 평소에 '좋은 습관'을 만들 수 있는 방법들을 익혀 학습에 도움이 되도록 한다.

❑ 전체 학습전략

01 ▶ 비즈니스에는 기본적으로 '고객에 대한 이해'가 필요하고, 비즈니스가 이루어지는 상황에서는 서로에 대한 '존중과 예의'가 필요하며, 이 선이 지켜질 때 거래가 부드럽게 이어질 수 있다. 부드러운 '관계 맺기'가 가능할 때 우리는 '고객만족'을 이룰 수 있으므로, 기본적인 비즈니스의 규칙인 에티켓과 매너를 익히는 것이 중요하다.

02 ▶ 제품을 구매하고자 하는 고객은 기본적으로 제품이 포함된 산업의 이미지에 대한 선입견을 가지고 대응하는 직원에게서 기대하는 이미지를 보고자 한다. 기본적으로 다양한 산업에 맞는 이미지가 어떤지, 서비스 산업으로 나아가고자 하는 사람이 준비해야 하는 이미지 메이킹은 어떻게 해야 하는지 익혀 실천하는 것이 중요하다.

03 ▶ 단순하게 구매를 하는 과정에서도 고객은 마음에 드는지, 어느 정도로 만족하고 있는지 그 마음 속 깊은 곳에는 여러 가지 감정들이 존재한다. 고객의 심리를 이해하고 마음을 알아차림하여 원하는 것을 제공할 때 고객만족이 이루어지고 좋은 서비스라 할 수 있으므로 '심리'에 대한 기본적인 이론을 중심으로 학습하도록 한다.

04 ▶ 비즈니스 현장은 단순한 개인적인 관계 맺기가 아니며 '거래 관계'에 놓이는 상황이므로 가벼운 커뮤니케이션이 아니라 산업에 어울리는 적절한 커뮤니케이션이 매우 중요하다. 서비스 제공자로 고객을 대응하는 '대화 태도'에 대한 구체적인 방법을 이해하고 학습한다.

◻ 과목별 학습전략

PART 01
비즈니스 매너/
에티켓

- 비즈니스에서 가장 기본이라고 하는 '에티켓에 대한 이해'와 감성지능을 발현하는 순간인 '매너있는 태도'는 성과와 직결되기도 하고 업무의 질을 결정하기 때문에 기본을 익히는 것이 이 모듈의 핵심이라 할 수 있다.
- 고객을 맞이하는 공수자세에서부터 대상과 상황에 따른 다양한 인사법, 담당직원을 소개하는 방법, 명함을 교환하는 등 구체적인 비즈니스 환경에 알맞은 태도를 중심으로 학습하고 몸에 익히도록 한다.
- 글로벌 시대에 다양한 고객을 응대하기 위해 기본적인 이문화와 국제 매너에 대해 학습하고 적절한 대응능력을 익혀 학습하도록 한다.

PART 02
이미지 메이킹

- 고객이 기본적으로 산업에 대해 기대하는 이미지, 제품과 연관되어진 직원이 가져야 하는 이미지, 기업의 가치를 담은 직원의 이미지 등에 대한 기본을 익힌다.
- 자신의 이미지를 점검하고 알맞은 이미지의 콘셉트를 정한 후 가장 이상적인 이미지로 자신을 변화하고 성장시키려는 노력을 어떻게 하는지에 대해 학습하고, 좋은 이미지를 내면화해나가는 과정을 이해한다.
- 외적인 이미지와 더불어 음성이미지의 중요성과 서비스 전문가의 태도와 이미지에 대한 구체적인 방법들을 학습한다.

PART 03
고객심리의 이해

- 자본주의에 살고 있는 누구에게나 '돈'이란 매우 중요한 재산이다. 이 소중한 재산을 사용하여 제품을 구매하는 고객의 기본적인 심리를 이해하고, 고객이 원하는 대응을 할 수 있는 능력을 학습한다.
- 구매결정에서 이루어지는 고객의 단계적 심리를 학습하고, 구매 후 감정적 부조화를 겪는다든지 하는 경우에 어떤 심리적 회복을 했을 때 고객의 만족감을 높이는지에 대한 방법을 학습한다.
- 고객이 소비를 통해 얻고자 하는 '감정'이 무엇이고, 그 감정에 어떤 대응이 바람직한 서비스인지를 학습한다.

PART 04
고객 커뮤니케이션

- 비즈니스에서 가장 중요한 것은 '신뢰'이다. 신뢰를 높이기 위해 서비스 전문가는 어떤 의사소통을 해야 하며, 서비스 현장에서 활용되는 커뮤니케이션 스킬에 대해 학습한다.

- 커뮤니케이션에 대한 기본적인 정의와 구성요소 등을 학습하고, 발신자 혹은 수신자로서 장애가 발생하지 않도록 하는 좋은 커뮤니케이션 방법 등을 익히고 학습한다.

- 설득과 협상을 통해 고객을 만족시키는 방법과 기본 원리에 대한 순서를 익힌다.

PART 05
회의기획 및 의전실무

- 비즈니스 상황에서 고객이나 거래처와 만나는 모든 상황을 일컬어 우리는 '회의(Meeting)'를 한다고 한다. 적절히 제한된 시간을 활용하여 회의를 이끌 수 있는 전문가가 되기 위해 회의에 대한 순서와 적절한 회의 종류를 활용하는 방법을 배운다.

- 중요한 행사에 초대된 주요인사, VIP에 대한 서비스는 그 격식과 절차에 매우 품위가 있어야 한다. 의전은 격식과 절차를 갖춘 매우 높은 예의를 나타내며, VIP 고객에 대한 심리를 만족시키기 위해 서비스 전문가는 어떤 대응을 하는 것이 이상적인지를 학습하도록 한다.

- 회의(Meeting)와 포상관광(Incentive Tour), 컨벤션 산업(Convention), 전시(Exhibitions) 및 이벤트(Events) 산업을 MICE(마이스) 산업이라고 한다. 회의와 의전 등이 포함된 산업이며 우리나라에 매우 중요한 서비스 산업으로 향후 많은 인재들이 이 분야에 종사하게 될 것이며, 마이스 산업을 통해 서비스 산업이 더욱 발전해나가기에 기본을 익혀 학습하도록 한다.

이 책의 목차

CONTENTS

이 책의 목차

CONTENTS

PART 1

비즈니스 매너 / 에티켓

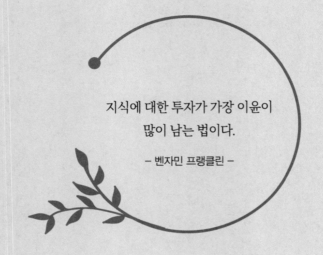

지식에 대한 투자가 가장 이윤이
많이 남는 법이다.

– 벤자민 프랭클린 –

PART 01 | 비즈니스 매너 / 에티켓

저자 코멘트!

세계 3대 경영학자 중 한 명으로 꼽히는 톰 피터스는 21세기 생존을 위한 가장 중요한 경쟁우위를 '매너'로 꼽았으며, 하버드 MBA과정 CEO들에게 비즈니스 성공에서 가장 중요한 것을 묻는 설문에서도 '매너'가 1위를 차지했다.

4차 산업혁명과 함께 이 시대를 살아가기 위한 경쟁우위의 원천인 비즈니스 매너와 에티켓에 대한 이해를 통하여 글로벌 시대에 맞는 매너와 에티켓을 체화(體化)할 수 있도록 한다.

❶ 비즈니스 매너와 에티켓의 이해
- 동양의 예의범절
- 매 너
- 네티켓
- 호칭과 경어 매너
- 에티켓
- 서비스경영에 있어서의 서비스 매너
- 직장 예절과 매너

❷ 비즈니스 응대
- 공수자세
- 소개 예절
- 명함 매너
- 각종 이동 시 매너
- 조문 매너
- 인사 예절
- 악수 예절
- 안내 매너 – 방문객 안내 매너
- 방문객 응대 매너

❸ 전화응대 매너
- 전화응대의 중요성
- 전화응대의 3요소
- 발신 · 수신 시 매너
- 전화응대의 특성
- 전화응대의 바른 자세
- 이동전화 사용 매너

❹ 글로벌 매너
- 왜 글로벌 매너인가?
- 글로벌 비즈니스 에티켓과 매너
- 국가별 테이블 매너
- 국가별 비즈니스 매너
- 글로벌 식사 매너
- 기타 매너

현대 경영 사회의 복잡하고 급변하는 환경에서 원만한 대인관계를 위하여 상황에 맞는 적절한 태도와 행동, 커뮤니케이션 능력이 요구된다. 상호간의 원활한 커뮤니케이션과 긍정적 관계를 맺어나가는 시작이 '에티켓'의 구체적인 표현이며, 더 나아가 배려와 성숙한 문화로의 지향이 '매너' 넘치는 생활이라 할 수 있기에 자세하게 그 의미를 배워보도록 하자.

1 동양의 예의범절 (禮儀凡節)

(1) 예의범절의 정의

① 예절이란 예의범절의 준말로 예의(禮儀)란 동 · 서양을 불문하고 인간관계에서 상호간에 지켜야 할 도덕적 윤리기준을 말하며, 범절(凡節)이란 도덕적 윤리기준을 행동으로 옮기기 위한 실천방법을 의미한다.

② 예절이란 인간이 공존하면서 평화로운 삶을 누리기 위한 약속이고, 지켜야 할 규범이며 지침이다.

③ 예의범절은 공동체의 일원으로서 마땅히 갖추어야 할 일상생활에서의 예의와 절차를 의미한다.

④ 가정에서 어른과 아랫사람을 대하는 도리(道理)와 동기 간에 지켜야 하는 관습적 체계를 의미한다.

⑤ 인간관계에서 사회적 지위에 따라 행동을 규제하는 규칙과 관습의 체계이다.

⑥ 유교의 도덕적 기본사상인 삼강오륜에 근간을 두고 발전하였다.

(2) 예의범절의 개념

① 생활방식, 사고방식, 사회풍조에 따라 형식은 다르나, 집단에 의해 형성되어 관습으로 내려오는 절차로서, 이를 어길 시 다른 구성원들로부터 외면당하거나 제재를 받을 수도 있다.

② 공중도덕(公衆道德)이 포함된 개념으로 사회의 질서를 유지하기 위하여 구성원이 지켜야 하는 규범이다.

③ 인간의 기본적 권리를 보장하기 위하여 인간존중, 책임의식 및 가치의식 등이 강조된다.

④ 규범준수는 습관적 행동이므로 몸에 배이도록 익히는 것이 중요하다.

2 에티켓 (Etiquette)

(1) 에티켓의 어원 ★★ 중요

① 에티켓은 프랑스어로 우리나라의 예의범절과 유사한 말이다.
② 프랑스어의 동사 Estiquier(붙이다)의 어원으로, 궁전 화단에 '꽃밭을 해치지 않는다'는 의미의 입간판을 붙인 것에서 유래되었다는 설이 있다.
③ 프랑스 루이 14세 시절 베르사이유 궁전에 들어가는 사람에게 주어지는 궁전 내 출입 시 유의할 사항 등의 예법 등이 수록된 티켓(Ticket)에서 유래되었다는 설이다.

- 베르사이유 궁전 화단에 붙이던 입간판 표지에서 뜻이 발전하여 궁중을 출입하는 사람들에게 제공되는 표찰로서, 궁중 내에서의 행동 유의사항 및 각종 예법이다.
- 15세기 프랑스에 에티켓이 정착하여 안 도트리시(루이 13세의 비)에 의해 궁정 예법, 에티켓으로 발달하여 루이 14세 때에 완전히 정비되었다.
- 프랑스 19세기 말 부르주아 사교계의 '관례(Usage)', '예의범절(Civilite)'이 오늘날 프랑스 에티켓의 기초이다.

(2) 에티켓의 정의

① 에티켓은 비즈니스 환경에서 원활한 사회생활을 위한 사회적 약속이며 불문율이다.
② 사회생활의 다양한 상황과 장소, 즉 T(Time), P(Place), O(Occasion)에서 취해야 할 기본적 대인관계의 질서의식으로서, 상호간에 지켜야 할 바람직한 행동양식이다.
③ 상대방에 대한 존중을 바탕으로 자신과 타인과의 생활에 있어 지켜야 하는 질서로서, 바람직한 사회적 약속이다.
④ 법적인 구속력은 없지만, 원만한 사회생활을 위하여 지켜야 할 기본적인 규범에 해당한다.
⑤ 개인 간의 예법을 '에티켓'이라고 하고, 국제 간의 형식을 갖춘 외교목적의 예법을 프랑스어로 '프로토콜(Protocol)', '의전'이라고 한다. ★★ 중요

(3) 에티켓의 기본개념

① 상대방에게 호감을 준다.
② 상대방에게 폐를 끼치지 않는다.
③ 상대방을 존중한다.

3 매너 (Manner)

(1) 매너의 어원 ★★💬

① 매너는 라틴어 Manuarius(Hand, 손)로서, Arius(방법, 방식, 태도)의 의미를 담고 있다. 이외에도 사람이 가진 고유의 행동, 습관 등의 뜻을 내포하고 있다.

② Arius는 More at manual, More by the Manual, 즉 저마다 각자가 가진 독특한 행동·습관·태도로서 고유한 느낌으로 상대에게 전해지며, 상대방이 존중과 배려를 받는다는 느낌이 들도록 마음과 행동을 다하는 것이라 할 수 있다.

(2) 매너의 개념 ★★💬

① 저마다 가진 독특한 행동으로서, 상대에게 행하는 구체적 행동방식을 말한다.

② 상대방에게 전달되는 배려의 감정으로서, 상대가 편안하도록 마음을 표현하는 행동방식을 말한다.

③ 에티켓을 기본으로 하는 행동방식으로서, 좀더 상대에 대한 배려의 마음을 표현하는 행동방식이다.

④ 타인을 향한 행동방식으로서, 배려의 감정과 행동을 형식화한 방법이다.

(3) 매너의 종류

개인이 갖추어야 할 기본 매너부터 인간이 생활하면서 행동으로 보이는 모든 것이 매너의 유형이 될 수 있다.

• 비즈니스 매너	• 공공장소에서의 매너	• 인사 매너
• 화법 매너	• 전화 매너	• 회의 매너
• 테이블 매너	• 음주 매너 등	

4 서비스경영에 있어서의 서비스 매너

(1) 서비스의 어원

① 서비스(Service)의 어원은 라틴어의 노예를 의미하는 세르브스(Servus)라는 단어에서 온 것이라는 설이 설득력이 있으며, 영어에는 Servant, Servitude, Servile란 단어가 모두 '사람의 시중을 든다'라는 의미가 있다.

② 오늘날의 서비스는 의미가 크게 달라져 자기의 정성과 노력을 남을 위하여 사용한다는 의미로 변화되었다.

③ '서비스를 파는 입장이 약자, 사는 입장이 강자'라는 인식에서 벗어나, 서비스 제공자의 봉사가 대등한 관계에서의 배려(Care), 서로간의 감사한 마음의 소통이라고 할 수 있다.

(2) 경영환경에서의 서비스

① 기업의 입장에서 고객에게 제공하는 기본적인 서비스에 있어 고객의 입장을 배려한 응대기법과 고객만족 실천을 위한 기본 경영방법 중 하나이다.

② 비즈니스 매너를 기본 바탕으로 하여 고객을 만족시키고, 향후 그 결과로 세일즈의 효과도 기대할 수 있다.

③ 서비스 매너는 치열한 경영환경과 경쟁사와의 경쟁력에 있어 자사의 충성고객을 확보함으로써, 보다 우위에서 경영활동을 해나가기 위한 적극적인 자세의 행동방식이다.

④ 기업 내 사람들이 갖는 가치관과 전통, 신념, 전문지식 등이 원활히 전달되어지는 커뮤니케이션 수단의 하나이다.

⑤ 서비스를 제공하거나 받는 관계가 갑과 을의 관계라는 인식에서 벗어나, 서비스 제공자의 서비스가 대등한 관계에서 인간에 대한 상호 배려와 존중하는 마음이 기본 바탕에 깔려있어야 한다.

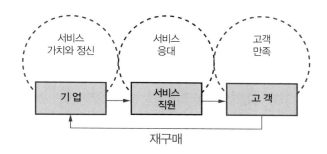

(3) 서비스 매너

① 경영활동에 있어 고객과 만나는 접점에서 고객에 대한 이해를 가지고 고객을 응대하며, 고객의 요구를 빨리 파악하고 응대하는 기본 능력이다.

② 서비스를 제공함에 있어 고객을 만족시키기 위해 신뢰감을 주는 이미지를 가지고 고객을 맞이하는 것에서부터 시작한다.

③ 고객과 만나는 지점에서 어떤 서비스의 제공이 가장 바람직한지를 알고, 응대능력을 발휘하여 고객으로 하여금 만족스러움을 느낄 수 있도록 하는 행동방식이다.

④ 고객을 맞이하면서부터 퇴장까지 일련의 모든 절차에 걸쳐 고객의 만족을 위해 제공되는 서비스 일체와 매너 있는 서비스 제공자의 태도를 포함한다.

(4) 서비스 매너의 구성요소

이미지	• 고객만족 경영활동에 알맞은 신뢰감 가는 이미지 메이킹 • 고객에게 호감을 주는 표정과 신뢰감 가는 단정한 용모 및 복장
태 도	• 고객을 존중하는 바른 서비스 자세와 태도
능 력	• 고객 응대를 위한 원활한 의사소통능력 • 고객의 입장에서 문제를 접근하는 판단력 • 고객의 마음을 이해하는 공감능력
자 질	• 고객과의 상호 믿음

5 네티켓 (Netiquette)

(1) 네티켓의 의미

① 네트워크(Network)와 에티켓(Etiquette)의 합성어이다.
② 네트워크 사용자들이 네트워크를 사용하면서 지켜야 하는 기본적인 예절이다.
③ 통신은 전 세계가 동일한 시간대에 네트워크상에서 커뮤니케이션이 이루어지므로 불쾌함을 주지 않도록 해야 한다.
④ 크게 보면 국가의 이미지가 손상될 수 있으므로, 가상공간에서의 활동이지만 기본적인 예의를 가지고 활동해야 한다.

> **Tip** 인터넷과 네티즌
>
>
>
> • 인터넷(Internet) : 정보를 교환할 수 있도록 전 세계의 컴퓨터가 연결된 통신망
> • 네티즌(Netizen) : 인터넷에서 만들어지는 공간에서 활동하는 사람

(2) 네티켓 기본예절

① 다른 사람을 불쾌하게 하거나 해가 되는 일을 하지 않는다.
② 다른 사람의 일을 방해하지 않는다.
③ 다른 사람의 파일과 정보를 허락 없이 살펴보지 않는다.
④ 다른 사람의 이름이나 ID를 사용하지 않는다.
⑤ 돈을 지불하지 않고 소프트웨어(Software)를 복사하거나 사용하지 않는다.
⑥ 다른 사람의 글이나 사진, 작품을 표절하지 않는다.

(3) 이메일(e-mail) 에티켓

① 짧고, 쉽고, 간단하게 작성한다.
② 제목에는 이메일의 내용을 나타내는 간단한 제목을 쓴다.
③ 서두(인사, 본인소개), 본론(내용), 결론(끝인사)의 형식을 갖춘다.
④ 단락에 따라 한 줄씩 공간을 주어 읽기 쉽게 작성한다.
⑤ To(수신)과 cc(참조)의 용도를 구분한다.
⑥ 용량이 큰 파일은 압축파일을 이용하여 최소화된 크기로 발송한다.
⑦ 회신(Reply)할 것인지 새 메일을 보낼 것인지 신중히 판단하여 발송한다.
⑧ 수신한 메일은 24시간 이내에 빠르게 답신한다.
⑨ 유머 및 정보성 메일은 발송 전 상대방의 의사를 확인하여 발송한다.
⑩ 수신자의 e-mail 주소가 정확한지 확인한 후 발송한다.

(4) 인터넷 상의 게시판 및 자료실 에티켓

게시판	• 진실과 사실만을 전달한다. • 올바른 언어를 사용한다. • 내용은 간결하게 요점만 작성한다. • 많은 사람이 게시물을 보게 되므로, 욕설 · 비평 · 비난 · 음란한 표현은 삼간다. • 같은 글을 여러 곳에 중복하여 올리지 않는다. • 게시판 주제에 맞는 내용의 글을 올리도록 한다.
자료실	• 다운로드를 하기 전 항상 바이러스를 체크한다. • 파일은 압축해서 올린다. • 자료 제공자를 정확하게 밝힌다. • 자료를 다운로드할 때 제공자에게 반드시 감사의 표현을 한다.

(5) 네티즌(Netizen)의 사이버 윤리강령

① 네티즌

    ㉠ 시민을 뜻하는 시티즌(Citizen)과 통신망을 뜻하는 네트워크(Network)의 합성어로서, 인터넷을 포함한 통신망을 이용하여 사람들과 교류하는 사용자를 말한다.

    ㉡ 통신망의 문화를 만들고 통신망 공동체를 꾸려나가는 다수의 이용자를 말한다.

② 네티즌의 기본정신과 행동강령

네티즌 기본정신	• 사이버 공간의 주체는 인간이다. • 사이버 공간은 공동체의 공간이다. • 사이버 공간은 누구에게나 평등하며 열린 공간이다. • 사이버 공간은 스스로 건전하게 가꾸어 나간다.
네티즌 행동강령	• 타인의 인권과 사생활을 존중하고 보호한다. • 건전한 정보를 제공하고 올바르게 사용한다. • 불건전한 정보를 배격하며 유포하지 않는다. • 타인의 정보를 보호하며, 자신의 정보도 철저히 관리한다. • 비·속어나 욕설의 사용을 자제하고, 바른 언어를 사용한다. • 실명으로 활동하며, 자신의 ID로 행한 행동에 책임을 진다. • 바이러스 유포나 해킹 등 불법적인 행동을 하지 않는다. • 타인의 지적재산권을 보호하고 존중한다. • 네티즌 윤리강령 실천을 통해 건전한 네티즌 문화를 조성한다.

※ 출처 : 정보통신윤리위원회 – 네티즌 윤리강령

6 직장 예절과 매너

(1) 사회인의 기본예절

① 사회인이라는 자각

> • 직장은 상사, 선배, 거래처, 고객 등 다양한 사람들과 만나고 일하는 곳이다.
> • 사회인에게는 학생과는 다른 규율이 적용된다.
> • 공(公)과 사(私)를 혼동하는 무책임한 말과 행동은 자제한다.
> • 사회인으로서 급여를 받는 조직의 일원이라는 마음가짐이 필요하다.
> • 나(私)만이 아니라 전체(公)라는 생각과 자세가 필요하다.
> • 직장은 잠시 쉬었다 가거나 거쳐 가는 곳이 아니다.
> • 직장은 가장 활발하게 활동할 시기에 급여를 받으며 배우고 수련을 받는 장이다.
> • 직장은 하루 3분의 1 이상을 생활하는 삶의 터전이다.
> • 노력의 대가는 헛되지 않는다.

② 시간 엄수

> • 시간 엄수는 신용의 첫걸음이다.
> • 신용을 잃으면 일을 잘할 수 없다.
> • 근무시작 시간과 출근시간은 다르다.
> • '시간관념이 희박한 사람'이라는 딱지가 붙지 않도록 주의한다.

(2) 직장 예절의 중요성

① 직장에서의 예절은 상호협력의 토대가 되며 팀워크의 기초가 된다.

② 직장 내 예절이 결여되면 원만한 인간관계가 어렵다.

③ 직장 내 예절이 결여되면 직장 내 동료들에게 외면당한다.

④ 예절을 지키지 않는 직장에서는 일의 능률과 성과가 오르지 않는다.

상급자 응대예절	• 상사에게 신뢰를 받으려면 조직문화를 이해하고, 조직에 대한 애정과 상사를 존경하는 마음을 가져야 한다. • 업무지시 사항을 정확하고 신속하게 처리하고, 진행상황에 대해 보고한다. • 상사가 호출할 때는 즉시 밝은 목소리로 대답하고, 항상 바른 말을 사용한다. • 상사가 말을 할 때에는 끼어들거나 말참견을 하지 않는다. • 상사에게 업무보고 시에는 결과부터 말한다.
하급자 응대예절	• 상사는 부하직원의 모범이 되도록 솔선수범해야 한다. • 부하직원의 인격을 존중하고 공정하게 대해야 한다. • 직원을 편안하게 대하며, 창의력을 최대한 발휘할 수 있는 분위기를 조성하도록 해야 한다. • 직원이 잘못을 했을 때에는 둘만의 장소에서 감정을 자제하고 이성적으로 말해야 한다. • 개인적인 업무를 직원에게 시키거나 자신의 잘못을 전가해서는 안 된다. • "수고했어", "잘했어" 등의 칭찬과 격려로써 부하직원의 자긍심을 높이고, 업무역량이 향상되도록 이끌어 주어야 한다.

(3) 출근 시 매너

① 근무 시작시간과 출근시간은 다르다. 근무시작 15~30분 전까지 출근한다.

② 출근 시의 복장은 조직의 이미지를 고려하여 단정하고 업무의 효율성을 높일 수 있는 옷차림으로 한다.

③ 출근 시 밝은 표정과 활기찬 목소리의 아침인사로 조직 내 밝은 분위기를 조성하고, 좋은 이미지를 줄 수 있도록 한다.

④ 불가피한 지각사유 발생 시 반드시 전화로 그 사유와 예상 출근시간을 상사나 선배 등에게 사유를 알려야 한다.

(4) 근무 중 매너

① 직장은 사명감을 가지고 주어진 일에 최선을 다해야 하는 곳으로서, 조직의 규정을 잘 이해하고 준수해야 한다.
② 조직구성원들과 원만한 관계를 유지하기 위하여 항상 긍정적이고 예의 바르게 행동해야 한다.
③ 근무 중 개인적 업무나 잡담, 업무와 상관없는 인터넷 웹서핑은 삼가도록 한다.
④ 점심시간이나 근무시간은 정해진 시간을 준수한다.
⑤ 문서의 정리·분류·보관을 철저히 하고, 공동물품은 사용 후 항상 제자리에 두어 다른 사람에게 피해를 주지 않도록 한다.
⑥ 근무 중 화장을 하거나 신발을 벗고 있는 행동 등 타인에게 불쾌감을 줄 수 있는 행동을 하지 않도록 한다.
⑦ 사무실에서의 슬리퍼 착용은 피하는 것이 좋다. 여름철 등 불가피하게 슬리퍼를 신을 경우에는 책상에 앉아 있을 때만 신고, 자리 이동 시에는 반드시 신발로 갈아 신고 이동하도록 한다.

(5) 외근 시 매너

① 외근 시에는 상사에게 행선지와 업무내용, 복귀시간 등을 보고한다.
② 외부 일정이 늦어지거나 바로 퇴근할 경우에도 반드시 상사에게 보고하여 허가를 받고 행동하도록 한다.
③ 복귀 즉시 상사에게 복귀를 알리고, 부재중 발생한 업무에 대하여 확인하고 처리한다.

(6) 외출 및 조퇴 시 매너

① 외출이나 조퇴를 할 경우에는 반드시 상사의 허가를 받아야 한다.
② 자리를 비우기 전에 업무에 지장이 없도록 자신의 업무를 상사에게 보고하고, 동료에게 협조요청을 하여 업무가 차질 없이 처리될 수 있도록 한다.
③ 외출 후 돌아오면, 부재중에 발생한 업무에 대하여 확인하고 처리한다.

(7) 퇴근 시 매너

① 그날 처리해야 하는 업무는 당일처리를 원칙으로 한다. 만일 마무리하지 못한 업무가 있을 경우 상사에게 보고하여 지시를 받아야 한다.
② 상사보다 먼저 퇴근할 경우 상사에게 양해를 구하고, "먼저 퇴근하겠습니다."라는 말과 함께 예의 바르게 인사하고 퇴근한다.
③ 동료들이 일하고 있는데 퇴근시간이 되었다고 바로 퇴근하는 것은 바람직하지 않다. 도울 일은 없는지 물어보고 상황에 알맞은 행동을 하는 것이 바람직하다.

④ 퇴근 시 항상 예의 바르게 인사를 한다.

⑤ 퇴근 시 책상이나 의자 등 주변을 깨끗하게 정리한다.

⑥ 사용한 사무용품이나 서류 등은 제자리에 두어 누구나 쉽게 찾을 수 있도록 한다.

⑦ 퇴근 시 컴퓨터, 전자기기, 사무실 전등, 냉난방기 등의 전원 끄기와 문단속 등을 철저하게 점검하고 퇴근한다.

(8) 결근 및 휴가 시 매너

① 휴가 일자는 되도록 미리 보고하는 것이 바람직하다.

② 휴가를 가기 전 본인이 맡은 업무는 차질이 생기지 않도록 처리하고, 휴가 중 나의 업무를 대신 처리해 줄 사람 지정과 업무 인수인계 등이 완벽하게 되어있어야 한다.

③ 휴가 중 회사에서 걸려온 전화를 받지 않는다거나 피하는 것은 바람직하지 않다.

④ 갑작스런 결근사유의 발생 시에는 출근시간까지 그 사유를 전화 등으로 상사에게 보고한다.

⑤ 결근으로 인한 업무공백이 생기지 않도록 동료에게 협조요청을 하여 업무가 차질 없이 처리될 수 있도록 한다.

⑥ 장기간 결근 시에는 중간 중간에 연락을 취하는 것이 바람직하다.

(9) 회의 시 매너

① 회의 진행자는 사전에 회의 날짜, 시간, 장소, 목적, 안건, 참가자 명단 등 회의에 대한 내용을 반드시 공지한다.

② 회의 진행자는 회의 시 필요한 준비 사항을 사전에 점검하고 회의가 잘 진행될 수 있도록 준비한다.

③ 늦어도 회의 시작 10분 전에는 도착하여 지정 자리에 앉도록 한다.

④ 회의의 주제를 충분히 숙지하고 자신의 의견을 정리해 둔다.

⑤ 휴대폰 벨소리가 나지 않도록 하고, 회의 진행에 방해가 되는 행동은 삼간다.

⑥ 발언을 할 때는 의견을 잘 정리하여 신속하게 발표한다.

⑦ 주제에서 벗어난 발언은 삼가고, 혼자서 오랫동안 발언하지 않도록 주의한다.

⑧ 발언은 결론부터 말하고 난 뒤에 이유나 근거를 제시하는 것이 좋다.

⑨ 다른 발언자의 의견을 경청하고, 만일 의견이 다르거나 반박할 경우에도 부드럽게 발전적인 방향으로 의견을 전개해 나가는 것이 바람직하다.

Tip 회의 참가 시 처세
- 필기도구와 노트를 반드시 지참하라.
- 다른 사람의 의견에 경청의 표시로 끄덕여라.
- 발표자의 눈을 주시하라.
- 수첩을 미리 덮지 마라.
- 적극적으로 들어라.

7 호칭과 경어 매너

(1) 호칭의 중요성

① 비즈니스에서의 대화법과 마찬가지로 올바른 경어와 호칭법의 사용은 상대방을 배려하는 중요한 매너이다.
② 호칭과 경어의 사용은 사용하는 사람을 평가하는 척도로 작용한다.

(2) 계층에 따른 호칭

상급자	• 직급이 높은 사람의 성과 직위 다음에 '님'의 존칭을 붙여 호칭한다. 예 김부장님 • 성명을 모를 경우 직위에만 '님'의 존칭을 붙인다. 예 부장님 • 직위가 높은 사람에게 자신을 칭할 때는 겸양어인 '저'를 지칭한다. 예 나[X] → 제[O]
동급자	• 성과 직위 또는 직명을 호칭한다. 예 고객센터장, 인사과장 • 동급자나 초면인 경우는 '님'을 붙여 호칭한다. 예 과장님 • 동급자나 선임자인 경우는 '님'을 붙여 호칭하거나 '선배'라는 호칭을 사용한다. 　예 OO선배, OO선배님
하급자	• 직위가 있는 경우는 직명을 호칭한다. 예 고객센터 O대리, O주임 • 초면인 경우와 직위가 없는 경우는 '씨'를 붙여 호칭한다. 예 OOO씨 • 하급자에게 자신을 칭할 때는 '나'라고 지칭한다.

(3) 틀리기 쉬운 호칭

사 람	상사에 대한 존칭은 상대를 직접 가리키는 경우에만 사용한다. 예 사장님실 → 사장실, 사장님 지시 → 사장 지시, 김대리님의 보고 → 김대리의 보고
문 서	문서에는 상사의 존칭을 생략한다. 예 사장님 지시[X] → 사장 지시[O]
지시 전달 시	상사가 지시를 전달할 때는 '님'을 붙여 사용한다. 예 사장님 지시사항을 전달하겠습니다.

(4) 경어의 종류

겸양어 (자신을 낮추는 말)	• 자신을 낮춤으로써 상대편을 높이는 말이다. • 말하는 주체가 자신일 경우 겸양어를 사용한다. 　예 제가 금방 처리하겠습니다.
존칭어 (상대를 높이는 말)	• 사물이나 사람을 높이는 말로 상대방을 존경하는 의미를 가진다. • 상대방을 말하는 주체인 자신보다 높일 때 사용한다. 　예 사장님 말씀이 있겠습니다.
정중어 (공손어)	• 상대방에 대한 정중함을 나타내기 위한 말로서, 말하는 상대에 대하여 직접 경의를 표하는 말이다. • 초면인 경우나 공식적인 장소, 지위가 높거나 존경의 의미를 담아 대화를 해야 하는 상대에게 사용한다. 　예 나중에 전화 드리겠습니다.

(5) 경어 사용 매너

① 우리 회사 지칭 시 '저희 회사', 다른 회사를 지칭할 때는 '귀사'로 지칭한다.

② 대외적으로는 '저', '저희'의 겸양표현을 하는 것이 기본이다.

③ 주변에 승진이나 다른 직급으로 이동 시는 지체 없이 새로운 직함을 붙여 호칭한다.

④ 다까체 70%, 요조체 30%의 신뢰화법을 사용한다.

⑤ 자신보다 윗사람이거나 상급자에게 "수고하셨습니다."라는 인사를 하는 것은 실례가 된다.

⑥ 주체가 사람이 아닌 경우(사물, 상황 등)는 경어를 사용하지 않는다.

　예 "회의는 끝나셨습니까?"[X] → "회의는 끝났습니까?"[O]

> **Tip** 　**서비스 경영에 있어서의 호칭, 경어 매너**
>
> • 서비스인으로 고객의 만족을 이끌기 위해서는 상대를 높이는 호칭 '고객님'을 사용한다.
> • 고객을 높이는 존경어와 서비스하는 자신을 낮추는 겸양어의 사용은 서비스인에게 필요한 필수적 요건이다.
> • 서비스 제공이 단지 '친절'한 인상을 주는 것 이상으로 서비스의 품격을 높이기 위해서 요조체 사용을 자제하고, 부드러운 '다까체'를 사용하여 응대한다.
> • 고객에게 지나친 경어의 사용은 오히려 불쾌감을 불러일으킬 수 있으므로, 적절하고 알맞은 경어를 사용하여야 한다.

(6) 서양의 호칭과 경칭

① 대등한 위치에서의 호칭은 이름을 사용한다.

② Mr.(Mister) : 남성에게 붙이는 경칭

③ Mrs.(Mistress) : 결혼한 부인의 이름 앞에 붙이는 경칭

④ Ms.(Miss) : 미혼 여성의 이름 앞에 붙이는 경칭

⑤ Sir : 상점·식당 등에서 이름을 모르는 남자에 대한 경칭, 격식을 갖춘 상업편지에서 담당자 이름을 모를 때 쓰는 서두

⑥ Majesty : 왕족에게 붙이는 경칭

⑦ Excellency : 외교관에 대한 경칭

⑧ The Honorable : 귀족이나 주요 공직자에게 쓰는 경칭

⑨ Dr.(Doctor) : 수련과정을 거친 전문 직업인, 인문과학 분야의 박사학위 취득자에게 쓰는 경칭

- 자신의 직함을 말하는 경우는 "제가 고객지원실 과장 ○○○입니다."
- 자신의 회사사람을 다른 회사사람에게 말하는 경우는 "○○○센터장께 물어보도록 하겠습니다."
- 동료사이라도 회의 등의 의례적인 자리에서는 직함을 붙여 존중한다.
- '말씀'이라는 말은 상대방을 높이거나, 자기가 하는 말을 낮추는 말에 사용한다.
- "무슨 일입니까?"라는 말 보다 "무슨 용건이십니까?"로 사용한다.
- "당신은 어떤 회사사람입니까?"는 "손님은 어느 회사에서 오셨습니까?"로 사용한다.
- "30분 후 돌아오니 기다려 주세요."는 "죄송합니다만, 30분 정도 후에 돌아오시니까 기다려 주시겠습니까?"로 사용한다.
- "나중에 전화하겠습니다. 전화번호 주시겠어요?"는 "나중에 전화를 드리겠습니다. 죄송합니다만, 전화번호를 알려 주시겠습니까?"로 사용한다.
- "저쪽 창구로 가 보세요."는 "죄송합니다만, 저쪽(○번 창구)에 가서 물어봐 주시면 도움을 드릴 겁니다."로 사용한다.
- "담당자를 바꿔 줄테니 잠깐 기다리세요."는 "지금 담당자를 연결해드리겠습니다. 죄송합니다만, 잠시 기다려 주십시오."로 사용한다.
- "그렇습니까? 난 그런 줄 몰랐습니다."는 "그렇습니까? 정말 죄송합니다만, 저는 전혀 모르고 있었습니다."로 사용한다.
- "여기 와서 주소를 써주세요."는 "번거로우시겠지만, 이쪽으로 오셔서 주소를 써주시면 좋겠습니다."
- "미안해요.", "고마워요."는 "죄송합니다.", "고맙습니다."로 표현한다.
- "부탁해요.", "먼저 갈게요."는 "부탁드립니다.", "먼저 가보겠습니다."로 표현한다.

02 비즈니스 응대

1 공수자세 (공수법, 拱手法)

(1) 공수의 의미

① 공수(拱手)는 공손한 자세를 의미한다.

② 어른을 모시거나 행사에 참석하여 취하는 겸손한 자세를 의미한다.

③ 두 손을 마주 잡아 공경의 뜻을 담아 취하는 예의바른 자세를 의미한다.

④ 상대방에 대해 겸손하게 자신을 낮추는 자세를 의미한다.

(2) 공수방법

① 공수의 기본동작

㉠ 두 손의 손가락을 가지런히 붙여서 편 다음 앞으로 모아 포갠다.

㉡ 엄지손가락은 엇갈려 깍지를 끼고, 나머지 네 손가락은 포갠다.

㉢ 아래에 있는 네 손가락은 가지런히 펴고, 위에 있는 네 손가락은 아래에 있는 손의 새끼손가락 쪽을 지그시 쥐어도 된다.

② 평상시(平常時)의 공수법 – 남좌여우(男左女右)

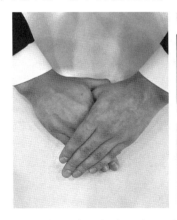

㉠ 평상시의 공수는 남자는 왼손이 위로 가고, 여자는 오른손이 위로 가게 공수한다.

㉡ 왼쪽은 동(東)쪽이고, 동(東)은 양(陽) 즉, 생명의 원천이기 때문에 남자는 양인 동을 나타내는 의미로 왼손을 위로 하고, 오른쪽은 서(西)쪽이고 서(西)는 음(陰)이기 때문에 음인 여자는 음인 서를 나타내는 의미로 오른손을 위로 한다.

③ 흉사시(凶事時)의 공수법(초상집, 영결식 등)
  ㉠ 흉사시의 공수는 평상시와 반대로 남자는 오른손을 위로, 여자는 왼손을 위로 한다.
  ㉡ 흉사는 돌아가신 날부터 49일까지를 흉사라고 한다.
  ㉢ 상가(喪家)의 가족이나 손님이 서로 상례할 때는 흉사시의 공수법을 따른다.
  ㉣ 제사는 흉사가 아니므로 평상시대로 한다. 조상의 제사는 자손이 있어서 조상을 받드는 것이므로 길(吉)한 일로 여기며, 흉사의 공수를 하면 안 된다.

2 인사 예절

(1) 인사의 의미

① 인사는 상대방을 해치지 않겠다는 신호, 무장해제의 신호에서 유래되었다.
② 인사의 한자는 '사람 인(人)'과 '일 사(事)' 또는 '섬길 사(仕)'이며 '사람이 할 일'이라는 뜻을 내포하고 있다.
③ 사람이 서로 만나거나 헤어질 때, 예의로서 허리를 굽혀 절을 하거나, 안부를 묻는 것은 섬김의 마음, 환영의 표시, 신용의 상징적 의미를 갖는다.
④ 인사는 사회생활에서 가장 기본이 되는 예절로서, 복잡한 인간관계를 원활하게 하기 위한 일정한 형식 또는 의례적인 상호 행위이다.
⑤ 인사는 민족, 시대, 계절, 시간, 조건, 계급, 신분, 종교, 직업, 연령, 성별 등에 따라 다양한 행동 양식을 가진다.
⑥ 인사는 상대방의 인격을 존중하고 배려와 경의를 표현하는 행위이다.
⑦ 인사는 자신의 인격과 교양을 드러내는 가장 기본적인 활동의 표현이다.

(2) 인사의 기본자세

표 정	• 밝고 부드러운 미소를 띤다.
시 선	• 인사 전후에는 상대방의 눈을 부드럽게 바라본다.
고 개	• 고개는 반듯하게 한다.
턱	• 내밀지 말고 자연스럽게 당긴다.
어 깨	• 힘을 빼고 자연스럽게 내린다.
허리, 무릎, 등	• 자연스럽게 곧게 펴서 일직선이 되게 한다. • 무릎은 벌어지지 않게 붙인다.

손	• 남성은 주먹을 가볍게 쥐고 바지 재봉선에 붙인다. • 여성은 배꼽 바로 아래에 공수자세(오른손이 위로)를 취한다.
발	• 남자는 발뒤꿈치를 붙이고, 앞쪽은 30도 정도 살짝 벌린다. • 여성은 발뒤꿈치를 붙이고, 앞쪽은 15도 정도 벌려 모은다. 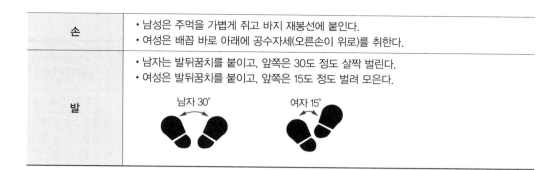

(3) 인사의 방법 ★★중요

인사는 목과 등을 일직선이 되도록 하여 허리를 숙이는 자세를 기본으로 한다.

1단계	먼저 상대와 시선을 맞춘 후 인사말을 하며 상체를 숙인다.
2단계	허리와 등, 어깨가 일직선이 되는 자세로 허리부터 1초간 숙인다.
3단계	숙인 상태에서 잠시 1초간 멈춘다.
4단계	시선은 상대의 발끝이나 자신의 발끝에서 약례는 2.5m, 보통례는 2.0m, 정중례는 1.5m 정도 앞에 고정한다.
5단계	상체를 들 때는 내려갈 때보다 2초 정도 늦게 천천히 올라온다.
6단계	미소 띤 얼굴로 다시 상대와 시선을 맞춘다.

(4) 인사의 시기 ★★중요

① 일반적으로 30보 이내에서 마주칠 경우 인사한다.

② 가장 좋은 시기는 6보 앞에서 시선을 마주하는 거리에서 인사하는 것이다.

③ 갑자기 만나거나 의외의 상황에서는 즉시 인사한다.

④ 이동 중에 인사해야 할 경우, 빠르게 상대방의 앞으로 가서 정중히 인사한다.

⑤ 계단에서 마주친 경우, 상대와 같은 위치로 빠르게 이동하여 정중히 인사한다.

(5) 인사의 구분 ★★ 중요

구 분	목례 (눈으로 예를 표하는 인사)	약례 (짧은 인사)	보통례 (보통 인사)	정중례 (정중한 인사)
시 선	눈맞춤	발끝 2.5m 앞	발끝 2.0m 앞	발끝 1.5m 앞
방 법	상체를 숙이지 않고 가볍게 머리만 숙여서 하는 인사	상체를 15도 정도로 허리를 숙여 가볍게 인사	상체를 30도 정도로 허리를 숙여 하는 인사	상체를 45도 정도로 허리를 숙여 정중히 하는 인사
상 황	• 복도에서 2번 이상 만난 경우 • 낯선 사람과 만난 경우 • 평교지간 • 양손에 짐을 든 경우 • 통화 중인 경우	• 실내나 통로, 엘리베이터 안과 같이 협소한 공간에서의 인사 • 화장실과 같은 개인적 공간에서의 인사 • 상사나 손님을 2번 이상 여러 차례 만난 경우 • 동료, 손아랫사람에게 하는 인사 • 상사가 주재하는 회의, 면담, 대화의 시작과 끝에 하는 인사	• 인사 중 가장 많이 하는 인사로 상대에 대한 정식인사 • 보편적으로 처음 상대를 만나는 경우 • 손님, 상사, 윗사람에게 하는 인사 • 상사에게 보고하거나 지시를 받는 경우	• 정중한 감사의 경우 • 사과를 해야 할 경우 • 각종 행사, 예식인 경우 • 면접 등 공식적인 자리인 경우 • 국빈, 국가원수 등 예를 갖추어야 하는 경우 • VIP 고객 또는 직장의 CEO를 맞이하는 경우

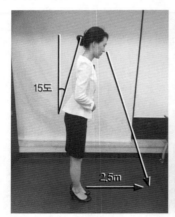
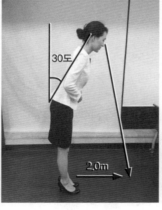
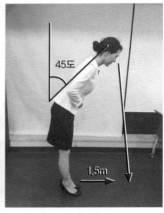

[약례 15도] [보통례 30도] [정중례 45도]

(6) 상황별 인사방법

통화중일 때	• 눈인사를 먼저 한다. • 용무가 있는 경우, "잠시 기다려 주시겠습니까?"라고 양해를 부탁한다. • 가급적 통화를 빨리 끝내고, 다시 "기다려 주셔서 감사합니다."하고 인사한다.
외출 시	• 목적, 장소, 시간 등을 분명하게 밝히고 외출한다. • 외출 시 "다녀오겠습니다." 인사를 하고 외출한다. • 외출 후 "다녀왔습니다."하고 인사한다.

출퇴근 시	• 아침 출근 시에는 밝고 활기찬 인사가 좋다. • 퇴근 시에는 서로 수고와 위로의 마음을 담아 "고생하셨습니다.", "먼저 가보겠습니다."라고 말하는 것이 좋다.
상사가 먼저 인사를 한 때	• "안녕하십니까? 좋은 아침입니다. 제가 먼저 인사를 드렸어야 하는데, 죄송합니다."라고 인사한다.
작업 중	• 상황에 맞게 목례나 약례를 하고, 도저히 인사를 할 수 없는 상황에서는 하지 않아도 무방하다.

(7) 인사를 생략해도 괜찮은 경우

① 위험한 작업을 하고 있는 경우

② 복잡한 계산을 하고 있을 경우

③ 상사에게 결재를 받고 있거나 주의를 받고 있는 경우

④ 회의 또는 교육 시

⑤ 중요한 상담 시

(8) 인사의 6원칙

① 내가 먼저 인사한다.

② 마주칠 때마다 인사한다.

③ 상대방이 못 보거나 인사를 받지 않아도 인사한다.

④ 제대로 정식으로 인사한다.

⑤ 일어서서 인사한다.

⑥ 즉시 인사한다.

(9) 외국의 인사법

국 가	인사법
미 국	• 악수를 한다.
하와이	• "알로하 알로하"하며 서로 포옹하고 양쪽 볼을 대며 인사한다.
알래스카	• "브덴니 음음"하며 두 주먹을 코에 붙여 서로 끝을 비빈다.
중 국	• "쎄쎄, 니하오마"하며 자기의 두 팔을 들어서 팔목을 잡고 허리를 굽혀 정중히 인사한다.
일 본	• "하지메마시테"하며 허리를 여러 번 굽혀서 인사를 한다.
인 도	• "오! 살로모어"하며 양손을 입에다 붙였다가 떼면서 나아가 "오! 살로모어"하면서 서로 끌어안는다.
프랑스	• 서로 볼을 대며 인사한다.
아 랍	• 서로 껴안고 뺨을 비비며 인사한다.
네 팔	• "나마스테"(3회) 하며 양손을 머리에 얹고, 허리를 90도 굽혀 인사한다.

인도네시아	• 서로 악수를 한 다음 가슴에 손을 얹는다.
이스라엘	• "샬롬, 샬롬"하며 서로 상대방의 어깨를 주물러 준다.
스페인	• "브에노스 디아스"하며 서로 끌어안고 한 바퀴 돈다.
태국, 라오스, 스리랑카	• 합장하듯 두 손을 가슴 위에 가지런히 모으는 방식으로 부처님께 기도하듯 상대에 대한 존 중과 신뢰를 나타낸다. • 손이 높이 올라갈수록 더 큰 존경을 나타낸다.
터 키	• 양손으로 가슴을 비비면서 머리를 숙여 절을 하고, 때로는 키스로 인사를 대신한다.
멕시코, 페루, 미국, 유럽	• '비주'라는 인사법으로 가까운 사이에는 볼에 살짝 입을 맞추거나 뺨을 부드럽게 부딪친다. • 오른쪽 뺨부터 하는 것이 관례이다.
러시아	• 베어허그(Bear Hug)라고 하며, 가까운 사이에는 서로 힘을 주어서 꽉 끌어 안고 갈비뼈가 으 스러지도록 안아준다.
소수 기타	• 에스키모 : 눈웃음을 치며 "이히히히"하고 웃음소리를 낸다. • 티벳 : 혀를 내밀며 인사를 한다. • 뉴질랜드 마오리족 : 코를 비비며 인사를 한다. • 아프리카 마사이족 : 얼굴에 침을 뱉고 인사를 한다. • 아프리카 탄자니아의 통게족 : 웃어른을 만나면 무릎을 꿇은 뒤 허리를 굽혀 박수를 치며 인 사를 한다.

(10) 피해야 할 인사

① 눈을 마주치지 않는 무성의한 인사
② 윗사람이 계단 아래에 있을 때 아랫사람이 계단 위에서
    하는 인사
③ 인사말이 분명하지 않게 흘리는 듯한 인사
④ 형식적인 무표정한 인사
⑤ 허리를 90도로 과도하게 굽혀서 하는 인사

3 소개 예절

(1) 소개 예절의 중요성

① 소개 예절은 인간관계를 형성해 나가는 데에 있어 좋은 가교역할이 되는 시점이므로 비즈니스 상황에서 매우 중요하다.

② 인간관계의 형성에 있어 상대방의 인상과 느낌은 오랫동안 영향을 미치는데, 첫 만남에서 다른 이들을 소개하고 소개받는 형식과 예의는 매우 중요하다.

(2) 소개하는 순서 ★★중요

① 모르는 사람들이 모인 경우는 '본인'을 먼저 소개하고 다른 사람들을 소개받는다.

② 공식적인 자리에서는 사회를 보는 사람이 자신을 먼저 소개하고 중요한 참석자를 소개한 뒤에 행사를 진행한다.

③ 비즈니스 상황에서의 소개 순서

먼 저		나 중
손아랫사람(연소자)을 먼저 소개	→	손윗사람(연장자)에게
지위가 낮은 사람을 먼저 소개	→	지위가 높은 사람에게
남성을 먼저 소개	→	여성에게
후배를 먼저 소개	→	선배에게
집안사람을 먼저 소개	→	손님에게
회사사람을 먼저 소개	→	고객에게
예 외	국가원수, 왕족, 성직자 등은 이러한 기준에서 예외가 될 수 있음	

(3) 소개 시의 에티켓

① 상대방을 소개하기 전에 미리 소개할 내용과 정확한 이름을 확인하여 실수하지 않도록 한다.

② 소개 시는 소개를 받는 사람이나 소개되는 사람 모두 일어서는 것이 원칙이나, 노령인 사람이나 환자는 일어서지 않아도 괜찮다.

③ 지위가 높은 사람이나 성직자, 모임에서 가장 높은 사람을 소개할 경우 모두 일어나는 것이 원칙이다.

④ 소개가 끝나면 서열이 높은 사람이 손을 내밀기 전에 아랫사람이 악수를 청하는 것은 결례이니 유의한다.

⑤ 소개를 받고 인사를 나눌 경우, 상대방의 이름을 반복하고 직함을 불러 주며 인사말을 덧붙이면 좋다.

⑥ 소개 시 지나치게 장황한 인사말이나 칭찬은 상대방을 거북하게 할 수 있으므로, 간단하고 기분이 좋을 문구를 활용하여 소개하는 것이 좋다.

⑦ 소개가 끝나면 남성 간에는 악수를 하고, 이성 간일 경우 여성은 목례로 대신한다.

⑧ 소개 후에 연장자가 악수 대신 간단히 인사를 하면 연소자는 이에 따르도록 한다.

⑨ 연소자가 연장자에게 소개되었을 때는 상대방이 악수를 청하기 전에 먼저 손을 내밀어서는 안 된다.

⑩ 많은 사람이 모인 자리에서의 소개는 호스트가 자신을 소개한 후 자연스러운 방향으로 직접 자신의 소개를 하도록 리드한다.

⑪ 초면의 소개에 있어 정치, 종교, 지방색, 금전과 관련된 화제는 상식적인 금기사항이다.

> **Tip** 서비스 경영에 있어서의 소개예절
> • 고객에게 전문가를 소개할 경우 깊은 신뢰감을 쌓을 수 있다.
> • 서비스 환경에서 매너 있는 소개는 고객에게 담당자를 바꾸는 의미를 주기보다는 보다 전문적인 도움을 드릴 수 있는 인상을 심어줄 수 있고, 담당자에게는 전문가적 자신감을 줄 수 있어 상호 긍정적 효과를 가져올 수 있다.
> 예 고객님 물류분야에서 오랜 기간 몸담아온 전문가 ○○○ 주임을 소개해드리겠습니다.

4 악수 예절

(1) 악수의 유래

① 고대 자료를 보면, 악수는 신에게서 지상의 통치자에게 권력이 이양되는 것을 의미한다.

② 이집트 시대의 동사인 '주다'라는 표현이 상형문자로 손을 내민 모양을 나타낸다.

③ 손에 쥐는 무기류를 사용하던 시절, '내 손에는 당신을 해칠 무기가 없습니다.'라는 의미에서 유래되었다는 설이 가장 널리 알려져 있다.

(2) 악수의 의미

① 악수는 사람들 간에 친근한 정을 표현하는 것으로서, 사회생활에 있어 관계 형성을 시작하는 중요한 행위이다.

② 악수는 경건한 마음을 담아 미소 띤 얼굴에 허리를 곧게 펴고, 마음에서 우러나는 태도를 취하는 것이 중요하다.

③ 서양에서는 악수를 사양하는 것은 결례로 여겨지므로, 호의적인 자세로 악수를 하는 것이 중요하다.

(3) 악수의 순서 ★★ 중요

먼 저		나 중
손윗사람(연장자)	→	손아랫사람(연소자)
여 성	→	남 성
선 배	→	후 배
상급자	→	하급자
기혼자	→	미혼자
예 외	국가원수, 왕족, 성직자 등은 이러한 기준에서 예외가 될 수 있음	

(4) 악수하는 방법

① 악수는 원칙적으로 오른손으로 한다. 단, 오른손에 부상 또는 장애가 있는 경우에는 왼손으로 한다.
② 적당한 거리에서 악수를 한다.
③ 먼저 상대방의 눈을 보고, 가벼운 미소를 띤 얼굴로 '눈 – 손 – 눈(3점법)' 순으로 시선을 잡는다.
④ 손은 적당한 힘으로 잡고, 2~3번 정도 가볍게 흔들며 인사를 나눈다.
⑤ 손이 더러울 경우, 양해를 구한 후 닦고 하거나 인사로 대신한다.

(5) 악수의 3단계

1단계	일어선다.
2단계	자기를 소개하며 엄지를 세우고 비스듬히 손을 내민다.
3단계	적당한 힘으로 손을 잡고, 2~3번 가볍게 흔든다.

[악수예절의 Point]

(6) 악수 시 유의사항

① 남성이 악수를 할 때에는 장갑을 벗는 것이 예의이나, 여성의 경우 드레스와 세트인 장갑은 벗지 않아도 무방하다.

② 여성의 경우 먼저 악수를 청하는 것이 에티켓이므로, 외국인을 만나거나 사교 모임에서는 주저하지 말고 악수를 청하는 것이 자연스러운 행위이다.

③ 악수는 서양의 에티켓이므로 한국식으로 지나치게 두 손을 잡기보다 당당한 모습으로 악수를 나누도록 한다.

④ 힘이 없는 악수는 'Dead Fish Hand Shaking'이라고 하여 죽은 물고기 같은 느낌을 상대에게 줄 수 있으므로 주의하도록 한다.

⑤ 악수 시 다른 손을 주머니에 넣지 않는다.

⑥ 악수 시 손가락으로 상대방의 손바닥을 긁는 등의 행동을 하지 않는다.

⑦ 상대방이 지나치게 세게 잡거나 오래 잡고 있을 경우, 갑자기 빼지 말고 손의 각도를 위로 오게 하여 가볍게 툭 치면서 빼겠다는 의사표현을 한 후 뺀다.

⑧ 왕족, 대통령 등과의 악수 시에는 머리를 숙여 경의를 표하며 악수를 한다.

너무 꽉 쥐거나
너무 힘 없이 쥐는 경우

악수 시 손가락 장난

동서양식이 접목된 한국형 악수
• 지나친 스킨십
• 계속 잡고 말하기
• 손을 심하게 흔들기

[잘못된 악수 예절]

Tip ▶ 서비스 경영에 있어서의 악수 예절

• 고객이 청하는 경우에 악수를 하도록 한다.
• 꼬마 고객인 경우 악수를 청해 인사하고, 작은 스킨십을 통해 보다 적극적인 서비스를 제공할 수 있다.
• 불필요한 경우에는 악수는 하지 않도록 한다.

5 명함 매너

(1) 명함의 유래

① 고대 중국에서 방문한 집에 만날 사람이 없는 경우 대나무를 깎아 이름을 적어 남겨 두던 관습에서 비롯되었다는 설이 있다.

② 프랑스 루이 14세 때에 생겨나 루이 15세에 현재와 같은 인쇄모양의 명함을 사교목적으로 사용하였다고 한다.

③ 독일에서는 16세기 경 작은 종이에 소속과 이름을 적어 사용한 것이 유래가 되었다.

④ 우리나라의 경우, 구한말 민영익이 나라를 대표하여 구미를 순방할 때 사절단의 자격으로 만든 명함이 그 시작이라고 한다.

(2) 명함의 중요성

① 명함은 상대방에게 자신에 대한 정보를 제공하는 동시에 자신이 소속한 조직을 나타내는 첫인상이기에 매우 중요한 역할을 한다.

② 명함의 형태와 규격, 올바른 명함을 사용하여 상대방에게 신뢰를 주는 것도 비즈니스에서 매우 중요하다.

③ 명함이 준비가 안 된 경우는 자신의 정보를 남길 기회가 소멸되므로, 비즈니스의 경우에는 자신이 만날 사람의 3배수를 준비하는 것이 좋다.

④ 유럽과 미주국가에서의 명함 매너는 자신이 스스로 방문한 것을 나타낼 경우에는 자신의 이름 첫 글자 쪽의 모서리를 꺾어 두고, 타인의 명함을 부탁받은 경우는 꺾어서는 안 된다.

⑤ 국가별로 명함을 주고 받는 문화가 다양하므로, 국제관계 비즈니스에 앞서서는 반드시 각국의 매너를 숙지하고 사용해야 한다.

(3) 업무용 명함의 표기 사항과 규격

① 회사의 이름과 로고

② 본인의 이름

③ 소속부서와 지위

④ 회사의 주소, 전화번호, Fax 번호

⑤ 본인의 e-mail 주소

⑥ 회사의 웹사이트(있는 경우)

⑦ 국가, 회사, 개인에 따라 조금씩의 차이는 있으나, 일반적인 규격은 90mm×50mm 내외의 직사각형 용지를 원칙으로 한다.

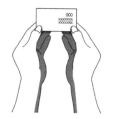

[명함을 건네는 자세]　　　[명함을 받는 자세]

(4) 명함 교환 예절 ★★중요

건넬 때	• 일어서서 교환하는 게 일반적이며, "저는 ○○기업 ○○부의 ○○○입니다."라고 회사명과 이름을 소개하고, 왼손은 명함을 든 오른손의 팔꿈치나 손목을 받치고 건네거나 두 손으로 교환한다. • 명함을 건넬 때는 상대방이 읽기 쉽도록 글자의 방향을 상대방을 향하게 한다. • 아랫사람이 손윗사람에게 먼저 건네는 것이 에티켓이다. • 상대방과 동시에 명함을 교환할 경우는 오른손으로 건네고 왼손으로 받은 후 바로 나머지 손으로 받쳐 든다. 그러나 부득이한 경우가 아니면 실례이므로, 가능하면 먼저 두 손으로 받은 다음에 자기의 명함을 건넨다. • 본인이 방문자인 경우 먼저 명함을 건네는 것이 에티켓이다. • 외국인에게 명함을 건네는 경우는 상대방 국가의 언어가 표기된 면으로 건네도록 한다.
받을 때	• 일어서서 두 손으로 받으며 "반갑습니다."라고 인사하며 받는다. • 명함을 받으면 자신의 명함도 바로 건네도록 한다. 명함이 없는 경우는 상대방에게 양해를 구하고, 원한다면 종이에 적어 건넨다. • 명함의 여백 부분을 잡아 공손히 받쳐 들고, 다시 한 번 소속과 이름을 확인한다. • 어려운 한자나 영어는 그 자리에서 물어보도록 한다. • 명함을 받은 손이 허리 아래로 내려가지 않도록 하며, 바로 집어넣는 것도 실례이다. • 명함을 건네받은 즉시 던져두거나, 아무 곳에 방치하거나, 낙서를 하는 등 명함을 함부로 하는 것은 큰 실례이다. • 명함을 받은 후 대화가 연장될 경우는 테이블 위에 놓고, 직위와 이름을 언급하며 대화를 나누는 것이 좋다.

(5) 명함 관리와 보관 및 유의사항

보관 및
관리
	• 명함은 항상 여유 있게 준비하며, 명함집이나 보관함을 이용하여 깨끗하게 관리한다.
	• 명함집의 경우 남성은 양복 상의 안주머니, 여성은 핸드백에 넣어 두고 깨끗이 관리한다.
	• 초면 인사인 경우, 면담 종료 후에 명함에 포스트잇 등을 이용하여 만난 일시, 용건, 소개자,
	  인상착의, 대화 중의 핵심 단어 등을 기록한다면, 상대방을 기억하는 데 좋은 자료가 된다.
	• 단, 명함을 받은 후 상대방 앞에서 명함에 메모나 낙서 등을 하는 것은 결례이므로 하지 않도
	  록 한다.
	• 명함집을 활용하여 받은 명함을 자신의 방식으로 정리하여 보관한다.

유의사항	• 훼손되거나 지저분한 명함은 건네지 않는 것이 좋다. • 명함을 찾느라 어수선한 상태로 상대를 오래 기다리게 하지 않도록 한다. • 명함을 거꾸로 건네지 않도록 한다. • 상대방에게 인사말과 자신의 소개 없이 명함만 건네지 않도록 한다.

> **Tip 서비스 경영에 있어서의 명함 매너**
> • 고객에게 서비스하는 자신을 알리기 위해 고객과의 첫 만남에서 매우 중요한 매너이다.
> • 고객이 불편이 있을 시 책임을 지겠다는 무언의 신뢰감을 줄 수 있는 매너이다.
> • 전화번호를 통해 언제든지 응대할 수 있는 능동성을 제공하여 고객만족을 높일 수 있다.
> • 비즈니스 관계라는 의미에서의 명함 교환은 상호 업무적 교류를 나타내는 중요한 수단이다.

6 안내 매너 – 방문객 안내 매너

처음 방문하는 방문객은 낯선 환경에 대한 심리적 불편함을 무의식적으로 느끼고 있으므로 친절한 태도와 예측가능한 구두 안내로 고객의 심리를 편안하게 변환시킬 필요가 있다.

① 방문객에게 등을 보이지 않고, 30도 가량 비스듬한 대각선 방향에서 안내한다.
② 방문객보다 2~3걸음 앞에서 안내를 한다.
③ 시선은 고개와 함께 움직이고 고객이 이해했는지 눈맞춤으로 확인한다.
④ 방문객의 발걸음에 맞추어 고객이 따라오는 정도를 확인하며 안내한다.
⑤ 복잡한 곳이나 모퉁이 지점에서는 미리 구두와 함께 방향지시 안내를 한다.

복도에서의 안내
• 복도에서는 오가는 다른 사람을 고려하여 한 방향으로 안내한다. • 약간 비스듬한 자세로 손님과의 거리가 벌어지지 않도록 확인하며 약간 앞서서 안내한다. • 방향을 바꾸어야 할 지점에서는 구두로 미리 안내한 후에 손으로 방향을 알려준다. 이때 손가락 사이가 벌어지   지 않도록 주의한다.

계단에서의 안내

- 일반적으로 손님이 계단에서 넘어지는 상황을 대비하여 올라가는 경우에는 뒤에서, 내려오는 경우에는 앞에서 안내를 하는 것이 바람직하다. 즉, 계단을 오르고 내릴 때 방문객보다 안내자가 항상 아래쪽에 위치해야 한다.
- 예외 상황으로 방문객이 스커트 차림의 여성인 경우는 올라갈 경우에는 남성이 앞서서 안내하고, 내려갈 경우에는 뒤에서 안내한다.
- 계단에 난간이 있을 경우는 손님이 손잡이를 잡도록 배려한다.
- 계단을 오가는 다른 사람을 고려하여 한 방향으로 안내한다.

에스컬레이터에서의 안내

- 에스컬레이터 안전사고에 대비하여 손잡이를 꼭 잡도록 안내한다.
- 안내자를 놓치는 경우가 발생할 수 있으므로, 손님을 먼저 타게 하고 안내자가 뒤따르도록 한다.

엘리베이터에서의 안내 ★★중요

- 안전에 유의하며 안내하고, 엘리베이터를 타기 전에 미리 가는 층을 구두로 안내한다.
- 엘리베이터를 탈 때는 버튼을 조작하기 위해 손님보다 먼저 타고, 버튼을 잘 누른 상태에서 안전하게 손님의 탑승을 돕는다.
- 엘리베이터에서 내릴 때는 손님에게 "도착했습니다."라고 구두로 안내한 후에 열림 버튼을 누르고, 방문객을 먼저 내리게 한 뒤 안내자가 재빨리 내려 안내한다(안내자가 먼저 내리고 엘리베이터의 오작동으로 손님이 엘리베이터에 탄 상태에서 문이 닫히는 일이 발생하지 않도록 한다).
- 엘리베이터의 가장 좋은 위치는 입구를 앞쪽으로 했을 시 왼쪽 안쪽이며, 안내자는 작동 버튼 쪽에 서서 안내한다.
- 엘리베이터 안이 혼잡한 경우는 "○층인 다음 층에 내립니다."라고 이야기해서 손님을 배려해 주위사람들에게도 넌지시 배려를 구하도록 한다.
- 엘리베이터 안쪽에 위치하게 되어 버튼을 누를 수 없는 경우는 버튼 앞에 선 사람에게 "○층 부탁합니다."라고 정중히 부탁한다.
- 엘리베이터 내에서 큰 소리로 옆 사람과 떠든다든지 휴대폰을 사용하는 것은 실례이다.
- 탑승자가 많아 복잡한 경우는 서로 자리와 탑승을 배려하고, 부득이 비집고 내려야 하는 경우는 "죄송합니다. 내립니다."하고 양해를 구하는 것이 바람직하다.

[승강기 상석위치]

문에서의 안내 ★★중요

- 회전문의 경우 손님을 먼저 들어가게 하고 안내자는 뒤에서 밀어 준다.
- 당겨 여는 문은 손잡이를 잡고 열어 문과 안내자가 일직선이 되는 상태에서 손님을 안으로 안내를 한다.
- 밀어 열리는 문은 안내자가 손잡이를 잡고 문을 밀고 나가 문과 일직선이 되는 상태에서 손님을 안내한다.
- 들어가고 나오는 경우 모두 안내자가 열고 닫으며, 손님이 들어가고 나올 수 있도록 배려하며 안내한다.

7 각종 이동 시 매너

(1) 보행 이동 시 ★★중요

① 고객이나 상급자와 함께 이동 시 위치에 따라 서열이 나타나므로, 자신의 서열에 맞게 이동하는 것이 매너이다.

② 이동 시 고객이나 상급자, 여성, 연장자는 길 안쪽으로 안내하며, 안내자는 바깥쪽에 서서 가이드 하며 이동한다.

③ 보행 시 장애물이나 이동에 불편한 상황이 발생하는지 살피며 안내하고, 미리 구두로 알려 주는 것이 매너이다. 예 앞에 낮은 턱이 있으니 주의하십시오.

④ 보행 시 인원에 따라 서열별로 이동하도록 한다.

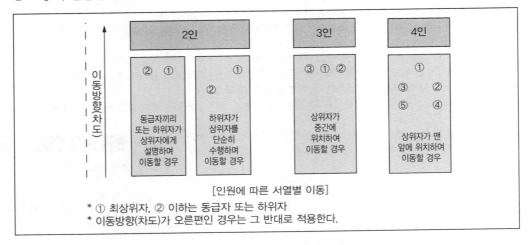

[인원에 따른 서열별 이동]

* ① 최상위자, ② 이하는 동급자 또는 하위자
* 이동방향(차도)가 오른편인 경우는 그 반대로 적용한다.

(2) 자동차 탑승 매너 ★★중요

① 양쪽 문을 모두 열 수 있을 경우 : 차량의 두 문을 각자 이용하되, 상위자가 먼저 탑승하고 안내자 가 뒤에 탑승하며, 하차 시에는 반대로 안내자가 먼저 내려 상위자의 하차를 돕는다.

② 택시의 경우 : 여성은 운전기사 옆 좌석에 앉지 않도록 하고, 짐이 있는 경우는 택시 운전기사의 도움을 받도록 한다.

③ 우리나라 택시에서 우측통행으로 도로에서 탑승해야 하는 경우 : 안내자가 먼저 안쪽으로 들어가 탑 승한 뒤, 상위자가 안내자 옆자리 즉, 운전자 대각선 뒷자리에 탑승한다.

④ 업무용 차량으로 운전기사가 있는 경우 : 뒷좌석 운전기사의 대각선에 있는 좌석이 최상석이며, 상 석의 옆자리가 그 다음 차상석이고, 운전기사 옆자리가 말석에 해당한다. 특히, 뒷자석에 3인이 앉을 시, 뒷좌석 가운데 자리가 말석에 해당한다.

⑤ 승용차 주인 또는 상급자가 운전하는 경우 : 승용차 주인 또는 상급자의 옆자리가 최상석이며, 다음 상석은 뒷좌석 운전자의 대각선 위치가 차상석이고, 그 운전자의 뒷자리가 말석에 해당한다.

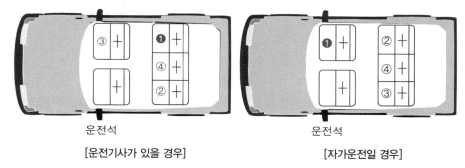

운전석   운전석

[운전기사가 있을 경우]   [자가운전일 경우]

(3) 열차 이용의 매너 ★★^{중요}

① 열차의 경우 출발 시간보다 미리 나와 서두르지 않고 탑승을 한다.
② 열차의 진행방향으로 밖을 볼 수 있는 창가 좌석이 상석이며, 상석을 마주보는 곳이 차석이다.
③ 통로 구간은 통행하는 사람이 많으므로 말석에 해당한다.

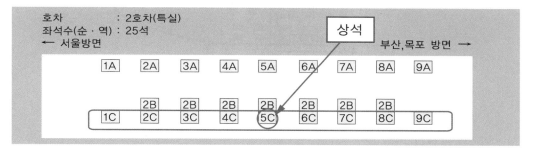

(4) 비행기 이용의 매너 ★★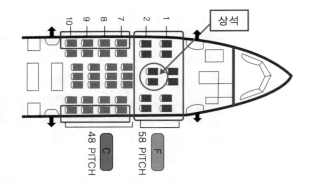

① 비행기 탑승 시는 탑승 수속시간이 소요되므로, 출발 1~2시간 전에 신분증을 소지하고 공항에 도착하여 서두르지 않도록 한다.
② 공항 내의 안내방송에 귀를 기울이고 정확한 탑승을 돕도록 한다.
③ 이코노미 클래스(일반석)의 경우, 밖을 볼 수 있는 창가 좌석이 상석, 이동이 용이한 통로 쪽이 차석, 창가 좌석과 통로 좌석 사이의 가운데 좌석이 가장 말석에 해당한다.
④ 퍼스트 클래스인 경우, 좌석이 가장 넓은 중앙자리가 상석이며, 비행기 좌석 클래스에 따라 상석의 위치가 달라진다.
⑤ 환송과 환영은 최소한의 인원으로 정하여 안내하며, 공항에서의 수속과 혼잡한 상황에 부담을 덜어 주는 것이 좋다.
⑥ 단체를 안내해야 할 경우는 안내자가 먼저 탑승하고, 먼저 내려 안내한다.

(5) 선박 이용의 매너

① 질서 있게 승선하고 가능한 지정석에 앉도록 하며, 한쪽으로 치우쳐 자리하지 않도록 한다.
② 배 멀미를 하는 경우가 발생할 수 있으므로, 미리 멀미약과 위생봉투를 준비하도록 한다.
③ 승선 직후에는 비상사태 발생을 대비하여 선내의 통로 및 비상구와 구명대의 위치를 확인하고, 구명조끼의 착용방법과 비상시의 탈출경로 등 비상시의 행동요령을 숙지하여 선창 출입 시의 안전사고에 유의한다.

※ 상석의 일반기준은 위와 같으나, 최고서열자의 취향과 선호 의견에 따라 상석의 위치를 결정하는 것이 가장 좋다.

8 방문객 응대 매너

(1) 방문객 응대의 중요성

① 비즈니스에서 고객이 기업의 첫인상을 결정하는 것은 그 기업에서 처음 만나는 직원이며, 그 직원의 안내와 접대에 따라 호감과 비호감이 결정되는 중요한 순간이다.
② 기업 방문객에 대한 정중함과 품격 있는 매너는 회사에 대한 호의와 직결되고 차후 전체적 이미지에 영향을 주므로, 정중함과 편안함을 더한 매너를 제공하는 것이 중요하다.
③ 방문객의 옷차림이나 외모만 보고 그 사람의 신분을 판단하지 않도록 한다.
④ 방문객을 만족시키기 위한다는 명목으로 지나친 친절은 오히려 상대방에게 부담을 줄 수 있으므로, 상대방이 원하는 방향으로 응대할 수 있도록 융통성을 가진다.

마음가짐 ▸ 고객 맞이 ▸ 안내와 응접 ▸ 차 대접 ▸ 전 송

(2) 방문고객 응대의 기본

[방문객 응대 시 자세]

자 세	자세는 바르게 하여 가슴을 펴고 능동적인 자세를 보이도록 한다.
표 정	환대하는 표정과 밝고 자연스러운 표정 연출을 한다.
시 선	부드러운 시선으로 고객과 눈을 맞추도록 하고, 시선을 다른 데로 두고 오래 있지 않도록 주의한다.
복 장	깔끔하고 준비된 복장으로 자신감을 표현하고, 방문고객에게 불쾌감을 주는 청결하지 못한 복장은 삼간다.
대 화	명확하고 부드러운 말씨로 응대하며, 호칭이나 경어를 알맞게 사용하여 존중받는 마음이 들도록 응대한다.

(3) 고객 응대 방법

맞 이	• 고객을 맞이할 때에는 하던 일을 멈추고 즉시 일어나 공손히 인사를 한다. • 바른 자세로 서서 능동적으로 돕고자 하는 마음을 전달한다.
확 인	• 방문자의 성함과 용건을 확인한다.
대 우	• 외모나 복장 등으로 내방객을 차별하지 않는다.
안 내	• 약속이 된 고객의 응대는 인사를 나눈 뒤 약속 상황에 따라서 안내를 한다. • 약속 없이 방문한 고객의 응대는 방문용건을 파악한 후 조치를 빨리 취하여 안내한다. • 중요한 고객일 경우에는 해당 부서에 미리 알려주어 준비하도록 한다. • 먼저 온 손님이 있는 경우에는 먼저 온 손님 응대 후에 바로 도와드리겠다는 구두의 약속을 표현한 후, 먼저 온 손님의 업무를 보도록 한다.
대 기	• 5분 이상의 시간이 걸리게 되는 경우가 없도록 해야 하지만, 부득이한 경우에는 미리 고객에게 양해를 구한 뒤 자리를 내어 앉아 기다릴 수 있도록 돕거나 음료와 안내책자, 신문, 잡지 등의 볼거리 제공으로 기다리는 시간이 지루하지 않도록 한다.
부재 시	• 고객이 만나고자 하는 사람이 부재중일 경우에는 현재 응대하지 못함에 대한 죄송함을 전하고, 언제 만날 수 있는지 빨리 조회를 한 뒤 고객에게 정보를 알려주도록 한다.
짐	• 고객이 짐이 있는 경우에는 재빠르게 짐을 거들어 도움을 드린다.
도 움	• 휠체어를 타거나 거동이 불편한 경우에는 좀더 앞서 나가 도움을 드리는 것이 좋다.

(4) 고객 안내와 응접 방법

① 방문객의 외투나 짐은 받아 편안한 상태가 되도록 돕고, 가방은 좌석의 옆에 두거나 발 아래 놓는다. 테이블 위에 두는 것은 실례이다.

② 상담이 필요한 경우 응접실로 안내하고 자리를 권한다.

③ 응접실 안내 시에는 응접실 앞에서 안에 아무도 없더라도 확인 차원의 노크를 한 후 문을 열도록 한다.

④ 응접실 내에서는 입구에서 가장 먼 곳이 상석으로, 창이 있다면 창으로 밖이 보이고 밝은 곳이 상석이다. "이쪽으로 앉으십시오."라고 오른손으로 가리키며 안내한다.

⑤ 방문객이 기다려야 할 경우에는 음료를 대접하거나 무료하게 시간을 보내지 않도록 기업의 홍보물이나 신문, 잡지 등의 볼거리를 제공하는 것이 좋다.

(5) 면담 중의 매너

① 최대한 경청하는 자세로 면담에 임한다.

② 메모를 하여 중간 중간 고객의 이야기를 정리하며 진행하고, 공감의 의사표현을 하여 상호 신뢰를 높일 수 있도록 한다.

③ 면담 중에 전화를 받거나, 다른 행동을 해서 불쾌감을 주지 않도록 한다.

④ 고객을 응대하는 도중 일어나야 하는 상황에는 고객에게 양해를 구한 뒤에 일어난다.

⑤ 면담 중에 다른 사람이 등장했을 경우는 양해를 구한 뒤 빨리 용건을 마친 후 대화를 방해해서 죄송하다는 표현을 하도록 한다.

⑥ 면담 중인 응접실에 들어가야 하는 경우는 노크를 한 뒤 응답을 듣고 문을 열고 들어간다. 목례를 한 뒤 용무를 전한 뒤 "실례했습니다."하고 퇴장하도록 한다.

⑦ 면담 중인 상황에는 가능한 메모를 전하는 방식으로 하고, "말씀 중에 죄송합니다."라는 양해의 인사를 하도록 한다.

(6) 차 접대 매너

방문 고객과 업무적 대화를 나누는 중에 차를 함께 하는 것은 긴장감을 풀어주고 대화 분위기를 편안하게 하는 효과가 있다.

차 응대 전 준비사항
• 차를 내는 사람과 찻잔, 차도구의 청결상태 체크
• 방문고객의 차 기호 확인
• 계절과 날씨에 따른 차의 종류 구비 상태

차 응대 매너
• 차는 가급적 빨리 내는 것이 좋다.
• 차는 계절과 날씨, 방문 고객의 기호에 맞추어 내도록 한다.
• 뜨거운 차의 온도는 70~80도, 차가운 음료는 얼음을 띄워 내는 것이 좋다.
• 찻잔의 7~8할 정도를 채워 넘치지 않게 내는 것이 좋다.
• 고객에게 먼저 차를 건네고, 고객의 오른쪽에 위치하도록 차를 놓는다.
• 고객이 여러 명일 경우는 '연장자 순, 상석 순, 오른쪽 방향 순'으로 차를 낸다.
• 찻잔은 쟁반에 받쳐 들고 가서 차받침을 잡고 낸다.
• 테이블에서 10cm 정도 안에 위치하도록 차를 내고, 손잡이 방향이 고객의 오른쪽으로 향하게 한다.
• 뜨거운 차인 경우 목례와 함께 "뜨겁습니다."라고 말하며 낸다.
• 혹시 잘못하여 차를 쏟는 경우는 당황하지 말고, "죄송합니다."라고 사과를 드린 후 재빨리 다시 차를 내어오도록 한다.
• 오랫동안 이야기가 길어질 경우는 더 차를 권하거나 물을 드리는 것이 좋다.
• 차를 내고 나올 때는 가볍게 목례를 하고, 등을 보이지 않도록 뒤로 2~3걸음 뒤로 물러선 후 돌아서 나온다. 이때 대화를 방해하지 않도록 주의한다.

(7) 전송 매너

① 배웅은 비즈니스에서 마지막 커뮤니케이션 포인트이므로, 마지막까지 최선을 다하는 모습이 중요하다.

② 정중한 태도로 앞에 서서 입구까지 따라가 퇴장을 안내하며, 밝은 표정과 올바른 자세를 끝까지 유지하도록 한다.

③ 바쁜 일이 있더라도 배웅은 방문고객이 보이지 않을 때까지 하는 것이 좋다.

④ 방문고객과 대화가 끝이 나면 "찾아와 주셔서 감사합니다.", "뵙게 되어 감사했습니다." 등 감사의 인사를 하는 것이 매너이다.

⑤ 휴대폰, 가방, 우산 등 물건을 두고 가는 것은 없는지 먼저 살펴 안내한다.

⑥ 전송을 원하지 않는 경우는 고객이 원하는 곳에서 전송을 마무리하도록 한다.

(8) 응대 마무리

① 방문객이 다녀간 기록은 향후 업무에 중요하게 활용될 수 있으므로, 가능한 기록부에 작성해 둔다.

② 재방문할 경우를 대비하여 방문객의 신상을 기록하는 내방객 카드를 작성해 두고, 다음 방문에는 미리 방문객에 맞는 응대를 준비한다.

방문객 기록부							
날 짜	시 간	방문객				면담자	비 고
		성 명	회사명	용 건	연락처		
0000.00.00	10 : 30	김영희 부장	시대전자	납품건	02) 123 − 4545	박소현 이사	녹차 선호
0000.00.00	15 : 30	박철민 이사	고시상사	물품 견적 건	031) 333 − 1234	이혜영 이사	얼음물 선호
0000.00.00	10 : 30	성광철 과장	K물산	물품 견적 건	032) 222 − 4568	이혜영 이사	믹스커피 선호
0000.00.00	16 : 30	최철수 차장	B상사	물품 견적 건	031) 790 − 4989	이혜영 이사	아이스 커피 선호
…	…	…	…	…	…	…	…
…	…	…	…	…	…	…	…
…	…	…	…	…	…	…	…
…	…	…	…	…	…	…	…

※ 방문객 기록부에는 방문객의 소속, 성명, 방문일시, 용건, 면담자, 특이사항 등을 기록해 둔다.

방문객 카드		
방문자	성명 및 직책	김영희 부장
	회사명	시대전자 주식회사
	연락처	02) 123 – 4545
	최초 방문일자	0000.00.00
주요 인적사항 및 특징	마른 체격에 짧은 커트의 헤어스타일과 날카로운 눈매에 안경 착용	
방문 목적	기자재 납품 신규 거래처	
참조내역	상사와의 관계	업무적으로 매우 밀접함
	동반 방문자	마른 체형의 대리
	특징 및 기호	따뜻한 녹차를 좋아함 늘 예의 바르고 면담시간에 일찍 내방함

※ 방문객의 카드에는 인적사항 외에 방문객의 첫 방문 시 인상착의와 특징 등을 기록해 둔다.
명함 뒷면에 메모도 가능하다.

9 조문 매너

마음가짐 ➤ 복장 및 점검 ➤ 문 상 ➤ 위로 인사 ➤ 조의금 전달

(1) 마음가짐

① 사랑하는 가족을 잃은 마음을 먼저 헤아리고 애도하는 마음을 가지고 조문한다.
② 감정이 복잡한 상황에서 마음의 평정심을 잃은 이의 입장을 이해하고, 어느 때보다 더욱 예의를 지켜 돕는 마음을 가진다.
③ 직장 내의 관계에서나 친인척 간에도 부고의 소식을 듣게 되면, 곧바로 찾아가 상심에 빠진 유족들을 대신해 장례절차에 필요한 일을 도와주는 것이 마땅한 배려이다.

(2) 문 상

① 남편이 죽으면 부인에게, 부인이 죽으면 남편에게, 부모가 죽으면 자식에게, 자식이 죽으면 부모에게 조의를 표한다.
② 친척이나 평소 친분이 깊었던 관계의 사람은 영구가 안치되어 있는 장소에서 조문하는 것은 당연하나, 안면이 있는 정도의 관계라면 유족에게 조의를 표하는 것이 오히려 실례가 될 수도 있으므로, 조문명함을 보내는 것으로 대신하는 경우도 있다.
③ 유족들의 입장을 생각해서 조문시간을 정하고, 슬픔을 가중시키는 표현들은 삼가도록 한다.

(3) 영결식

① 서양의 장례식은 대부분 교회에서 치르며, 장례식장에서 나누는 인사는 눈에 띄게 하지 않고 가벼운 목례로 대신한다.
② 조문장에서 만난 사람들과는 큰 소리로 이야기하지 않도록 하며 작은 소리로 대화한다.
③ 좌석은 유족이 제단을 향해 바라보는 오른쪽 앞줄이며, 지인과 친척은 유족들 뒤에 앉는다. 내빈석은 왼쪽 앞줄부터 시작하여 앉는다.

(4) 조문객 장례식의 복장

남 성	• 현대 장례예절에서는 검정색 양복을 입는 것을 기본으로 하나, 감색이나 회색도 무난하며, 근래에는 복장이 단정하면 격식에 크게 구애받지 않는 편이다. • 와이셔츠는 흰색이나 검정색 셔츠도 무관하며, 무채색 계열의 단색으로 하는 것이 좋다. • 넥타이, 양말, 구두는 검정색으로 한다.
여 성	• 전체적으로 검정색 계통을 맞추고, 너무 짧은 치마는 피하도록 한다. • 검정색 구두에 스타킹이나 양말을 필히 착용하여 맨발을 보이지 않도록 해야 한다. • 핸드백도 검은색으로 통일하는 것이 좋다. • 짙은 색조 화장, 액세서리, 향수, 컬러풀한 소품은 삼가도록 한다.

(5) 조문 순서

입 장	• 외투나 모자, 가방 등이 있는 경우는 장례식장에 들어서기 전에 미리 벗어 들거나 식장 밖에 보관하도록 한다.
조객록 서명	• 호상소에서 자신이 누구인지 밝히거나 조객록에 서명한다.
상주와의 만남	• 상주 · 상제와 가볍게 목례를 나눈 뒤, 영정 앞에 무릎을 꿇거나 바른 자세로 선다.
분 향	• 향나무를 깎은 나무향을 오른손으로 집어 향로 위에 놓으며, 이때 왼손으로 오른 손목을 받친다. • 막대향(線香)일 경우 촛불을 이용하여 불을 붙이고, 손가락으로 가만히 잡아서 끄거나 왼손으로 가볍게 흔들어서 끄며, 절대 입으로 불어서 끄지 않도록 한다. • 공손히 두 손으로 향로에 꽂는다.
헌 화	• 헌화의 경우 꽃을 가슴 앞쪽에 들고 영정 앞으로 가서 천천히 꽃을 제단 위에 놓은 후 묵념 또는 기도를 한다.
묵념 재배	• 영좌 앞에 일어서서 잠시 묵념 또는 두 번 절한다. • 종교가 있는 사람은 종교의식에 따라 기도 또는 묵념으로 명복을 빈다.
상주에게 조문	• 영좌에서 물러나 상주와 맞절을 하고, "삼가 조의를 표합니다.", "얼마나 슬프십니까?", "뭐라 드릴 말씀이 없습니다." 정도의 위로의 말을 건넨다. • 종교에 따라 절을 하지 않는 경우에는 정중히 고개를 숙여 예를 표해도 된다. • 문상이 끝나고 나올 때에는 뒤로 두세 걸음 물러난 뒤, 몸을 돌려 나오는 것이 예의이다.
부의금	• 조문 후 호상소에 부의금을 전달하거나 부의함에 넣는다.
조문 후	• 음식 등이 마련된 장소로 이동하여 조용히 조문한다.

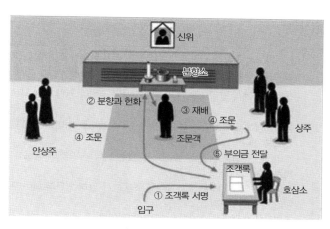

[조문 순서]

(6) 절하는 법

남 자	• 자세를 바르게 하고 허리선 부분에 오른손이 위로 가도록 공수한다. • 공수한 손을 눈높이까지 올리고, 손바닥은 바닥을 향하도록 하며, 시선은 발등을 향한다. • 왼발을 뒤로 조금 빼면서 공수한 손으로 바닥을 짚고, 왼쪽 무릎이 먼저 닿도록 꿇은 다음 오른쪽 무릎을 꿇도록 한다. • 몸을 앞으로 깊이 숙여 손등에 이마가 닿을 정도로 절한다. • 오른 무릎을 먼저 세우면서 일어난다. • 맞잡은 손을 가슴높이까지 올렸다 내리며, 절은 두 번 한다.
여 자	• 자세를 바르게 하고 왼손이 위로 가도록 두 손을 맞잡는다. • 공수한 손을 자연스럽게 풀고 바로 선 자세에서 무릎을 꿇고 앉는다. • 양손을 무릎 앞부분 양쪽 옆 바닥을 짚으며 절하며, 절은 두 번 한다.

(7) 조문 시간과 유의사항

시간	• 상주와 스스럼없는 사이는 연락을 받는 즉시 달려가 조문하는 것이 도리이다. • 업무상의 조문이라면 너무 이른 시간이나 너무 늦은 시간은 피해 조문하는 것이 좋다.
유의사항	• 상주에게 계속 말을 시키거나 고인의 사망 경위나 원인 등을 자세히 묻는 것은 예의에 어긋 난다. • 장례식장에서 도움이 필요한 경우는 적극 돕도록 하며, 시끄럽게 떠들거나 소란을 피우지 않도록 한다. • 조의금은 문상을 마친 후 호상소에 접수하거나 부의함에 넣도록 한다. 상주에게 직접 전달 하는 것은 결례이다. • 조문객을 위해 차려진 접대음식은 조용히, 적당히 먹도록 하며, 지나친 음주는 하지 않도록 한다. • 조의금은 무리하게 준비하기보다는 형편에 맞게 성의를 표하는 정도로 한다.

---

03 전화응대 매너

1 전화응대의 중요성

① 전화는 고객이 보이지 않고 소통하는 기업의 첫 번째 창구 역할을 한다.

② 서비스 경영에 있어 제일 처음 고객과 소통하는 제1의 관문이므로, 전화를 받는 사람은 모두가 회사의 대표라는 생각으로 마음을 담아 성의껏 응대해야 한다.

③ 전화는 얼굴을 보지 않고도 상대방이 어떤 마음으로 전화를 했는지 목소리를 통하여 상태의 기분을 그대로 전달받을 수 있다.

④ 전화는 음성에만 의존하는 커뮤니케이션이기 때문에 청각적인 부분에 민감하며, 잘못 듣게 되면 오해를 살 수 있기에 더욱 예의를 갖출 필요가 있다.

⑤ 전화를 받는 목소리, 태도, 응대 요령, 화법 등은 개인의 인격과 품성을 나타내어 타인에게 평가받는 기준으로 작용하지만, 나아가서는 그 사람이 속한 조직의 신뢰성을 판단하는 기준이 되므로 주의가 필요하다.

⑥ 공적인 전화는 회사를 대표하는 응대이므로, 개인의 감정과 기분을 잘 조절하고 짧은 시간에 용건을 요령 있게 통화하는 습관을 길러 통화를 원하는 다른 고객에게 불편을 주지 않도록 주의해야 한다.

⑦ 한 대의 전화는 하나의 점포 몫을 담당하는 실질적인 영업의 매장이라 생각하고 응대한다.

2 전화응대의 특성

(1) 일대일의 쌍방향 커뮤니케이션

① 고객 개개인의 개별서비스 응대가 가능하다.

② 고객의 욕구를 정확하고 신속하게 파악할 수 있으며, 효율적인 응대가 가능하다.

(2) 즉시성과 융통성

① 수화기를 드는 순간이 바로 고객과의 커뮤니케이션의 시작이다.

② 고객의 반응에 따라 즉시 대처가 가능하다.

③ 예고 없이 찾아오는 고객이므로 언제나 즉시 응대 자세가 필요하다.

④ 전화를 통화하는 사이에 가능한 문제가 해결되어야 하기에 어느 정도 융통성 있는 해결 방안을 가지고 있어야 한다.

> **전화응대 특성**
> • 기업의 첫 이미지
> • 예고 없이 찾아오는 고객
> • 보이지 않는 민감한 커뮤니케이션
> • 비용 발생
> • 일방적 오해 발생

(3) 경제성

① 방문이나 대면 응대는 시간과 경제적 비용이 드는 것에 비해, 전화 응대는 상대적으로 저렴하다.

② 고객이 전화를 건 상태라면 고객이 비용을 발생하기에 소요된 시간만큼의 서비스를 받고자 하므로 주의해야 하며, 통화가 길어질 경우에는 기업입장에서 다시 전화를 걸어 고객의 비용 발생을 줄이도록 한다.

(4) 예기치 않은 문제가 발생

① 보이지 않는 상황에서의 응대이기에 작은 실수에도 고객의 반응이 달라질 수 있으며, 예기치 않은 문제가 발생할 수 있다.

② 통화 상태나 수발신 상태의 문제가 발생할 수도 있다.

3 전화응대의 3요소

신 속	• 전화벨이 3번 울리기 전에 신속하게 전화를 받고, 3분 이내로 간결하게 통화를 하여 전화에서 발생하는 비용을 절감한다. • 불필요한 말을 길게 하지 않도록 주의한다.
정 확	• 보이지 않는 커뮤니케이션이기에 특히 발음에 주의를 기울이고 중요한 부분은 강조하며, 상대방이 이해하기 쉽도록 정확한 표현을 한다. • 어려운 발음은 가능한 쉬운 단어로 바꾸며, 혹시 잘 이해하지 못한 경우는 다시 한 번 양해를 구해 되묻는다. • 숫자, 영어 알파벳, 일시, 장소, 성명 등은 반복하여 복창하며 더블체크하도록 한다. • 필요한 내용은 메모하면서 정확히 이해하는지를 확인하면서 응대하도록 한다.
친절과 정중	• 고객이 자신의 대화에 성의를 다하고 있다고 느낄 수 있도록 친절히 응대한다. • 상대방이 이야기하는 도중에 대화를 끊거나 가로채는 일이 없어야 한다. • 호칭이나 단어선택, 경어사용 등 정중한 태도를 끝까지 유지하며 응대한다.

4 전화응대의 바른 자세

① 신호가 3번 울리기 전에 바로 받아 똑똑하고 예의바르게 응대한다.

② 회사명, 부서명, 자신의 이름을 먼저 밝히고 인사를 한다.

③ 송화구에서 입은 4~5cm 정도의 거리를 두고, 1m 정도 떨어져 있는 사람과 이야기할 때의 음성으로 대화한다.

④ 용건은 간결하게 하고 항상 필기도구로 메모를 습관화한다.

⑤ 중요단어를 복창하고 정확하게 응대하도록 정성을 다한다.

⑥ 통화 중 부득이 다른 말을 해야 할 경우는 수화기를 잘 막고 한다.

⑦ 너무 이른 아침시간, 점심시간, 오후 퇴근시간은 되도록 피해서 전화를 한다.

⑧ 지나치게 큰 소리로 통화를 해서 주변 업무에 방해를 주거나 분위기를 해치지 않도록 주의한다.

⑨ 메시지를 전달받을 경우는 메모를 정확하게 하고, 육하원칙에 맞추어 작성하며, 작성이 끝난 후 다시 한 번 복창하여 내용에 빠짐이 없도록 해야 한다.

⑩ 부드러운 음성과 정중한 자세로 응대하며, 가능한 표준어를 사용하고 전문용어, 유행어, 약어 등 상대방이 이해하기 어려운 단어는 쓰지 않도록 한다.

⑪ 상대방의 목소리가 들리지 않을 때는 "죄송합니다만, 통화상태가 좋지 않아 잘 들리지 않습니다. 조금 큰 목소리로 말씀해주시길 부탁드립니다."라고 정중히 요청한다.

5 발신(전화 걸 때) 시 매너

전화 걸기 전 준비사항	• 통화할 상대의 정확한 전화번호와 이름, 소속 등을 확인한다. • 대화 내용의 중요 제목, 용건과 이야기 순서, 필요자료를 준비한다. • 비즈니스 상에서의 전화는 오전 9시~오후 6시 내에 통화하는 것이 일반적이다. • 아침 업무를 준비하는 이른 시간, 점심식사 직후, 퇴근시간 직전에는 가급적 전화를 삼간다.
전화 거는 매너	• 왼손으로 전화를 들고 오른손으로 메모 준비를 한다. • 발신음을 확인하고 다이얼을 누른다. • 전화 거는 신호가 들리고 전화를 받으면 인사하고 소속과 이름을 밝힌다. • 전화 받는 사람의 회사와 이름을 확인하고 혹시 통화할 사람이 아닌 다른 사람이 받을 경우는 통화할 대상과의 연결을 정중히 부탁한다. • 용건은 간결하고 정확하게 전달하고, 일방적이지 않도록 주의하며, 말의 속도를 상대방의 이해 정도에 맞추어 이야기한다. • 상대방에게 전하고자 하는 내용이 바르게 전달되었는지 확인을 한다. • 전화를 부탁할 경우는 상대방이 번호를 알고 있더라도 다시 한 번 남기도록 한다. • 통화할 상대가 없는 경우는 전화 건 목적을 분명히 하여 자신이 다시 걸 것인지, 회신을 원하는지를 전달하고 거는 사람의 이름, 소속, 전화번호를 다시 한 번 남기도록 한다. • 끝인사는 "안녕히 계십시오.", "그럼, 잘 부탁합니다.", "감사합니다." 등 정중히 인사를 한다. • 전화의 종료는 거는 쪽에서 종료가 되는 것이 원칙이므로, 조용히 전화기를 내려놓는다. 다만, 통화를 한 상대가 지위가 높거나 연장자, 고객인 경우는 반드시 상대방이 전화기를 내려놓는 소리를 확인 후에 이쪽에서 전화기를 내려놓는다.

6 수신(전화 받을 때) 시 매너 ★★ 중요

전화 받기 전 준비사항	• 전화응대의 요령, 회사의 서비스 흐름, 각 업무의 담당자, 최신 정보 등을 숙지하고 있어야 한다. • 사용하고 있는 전화기의 시스템과 사용법을 알고 있어야 한다. • 전화기 옆에 메모도구가 있는지 확인한다.
전화 받는 매너	• 전화벨이 3번 울리기 전에 받도록 한다. • 왼손은 전화를 받고, 오른손은 메모할 자세를 취한다. • 전화를 받기 전 목소리를 가다듬고 밝은 목소리로 인사와 소속, 이름을 밝힌다. 　예 "안녕하십니까? 고객의 안전을 최우선으로 하는 ○○항공, 김○○입니다." • 상대방이 자신을 밝히면 인사를 나눈다. 　예 "○○연구소의 하○○ 소장님이시라고요? 안녕하십니까?" • 통화할 상대가 본인인 경우는 용건을 듣고 메모하면서 전화 내용을 정리하도록 한다. 상대방의 용건이 끝나면 통화내용을 요약 · 복창하여 확인하도록 하며, 통화 중에 다른 사람과 상의가 필요한 경우는 송화기를 손으로 잘 막고 이야기하거나 보류 음악이 나가도록 한다. • 통화할 대상이 다른 사람인 경우는 전화를 바꾸어 주는데, 바꾸기 전 담당자에게 전화를 건 상대의 성명과 회사를 미리 알려주도록 한다. • 통화할 대상을 잘 모르는 경우는 용건을 들은 다음 담당자나 내용을 해결할 수 있는 사람과 연결하도록 하고, 내용을 듣고 판단이 서지 않는 경우는 선배나 상사에게 조언을 구한다. • 전화를 받아 다른 사람에게 메모를 전해야 하는 경우는 전화 내용과 더불어 전화를 받은 사람의 이름과 시간을 알려 책임 소재를 확실하게 한다. • 통화할 상대가 부재중인 경우는 부재중인 사유와 언제 돌아오는지를 알려 주고, 메모를 남겨 놓을지의 여부를 묻는다. • 전화를 종료해야 하는 시점에서는 마무리 인사를 하고 상대방이 수화기를 내려놓은 후에 조용히 전화를 끊는다.

[올바르지 못한 전화응대 태도]

7 이동전화 사용 매너

① 비즈니스 현장에서 유선전화 못지않게 이동전화의 사용이 빈번한데, 개인의 편리성에 맞추기보다 상대방에게 방해가 되진 않는지, 무례하지는 않은지를 고려하여 사용하도록 한다.

② 전화를 거는 경우는 자신을 밝힌 후 상대방이 전화를 받을 수 있는 상황인지를 먼저 확인한 뒤에 통화를 시도한다.

③ 대화 도중 핸드폰이 울린다면 양해를 구하고, 전화를 건 사람에게 미팅이 끝난 후 전화를 하겠다는 의사를 남긴 뒤 바로 끊도록 한다.

④ 회의시간, 인터뷰, 강의 중에는 이동전화를 받지 않는 것이 예의이다.

⑤ 승강기 내, 도서관, 박물관, 식당, 극장, 병원, 종교시설, 대중교통 내, 공공장소 등에서 이동전화 사용은 가급적 자제하도록 한다.

⑥ 지나치게 큰 벨소리나 주변사람들에게 불쾌감을 주는 벨소리는 설정하지 않도록 한다.

04 글로벌 매너

1 왜 글로벌 매너인가?

① 세계경제는 국경 없는 자유로운 시장경제를 기본원칙으로 하는 세계화와 국제화가 진행되고 있다.

② 다국적 문화와 사회로 접어들면서 다양한 국가의 사람들과 함께 살아가는 데에 있어 글로벌 매너는 서로를 배려하기 위한 가장 기본적인 노력이다.

③ 국제 비즈니스 현장에서의 매너는 국가를 대신한 민간 외교일 수도 있고, 기본적으로 상대국의 문화와 사회를 알지 못하고서는 비즈니스 자체가 불가능하다.

④ 세계 여러 나라에 존재하는 다양한 방식들을 이해하고 인정하는 일이 매너의 출발점이다.

⑤ 다양한 방식을 잘 알고 다양한 비즈니스 상황에서 유연함을 발휘한다면 좋은 매너를 가진 글로벌 인재가 될 것이다.

⑥ 세련된 매너는 자기보호 및 안전이며, 각자 저마다 개성이 다른 인간관계에서 상대에 대한 이해와 배려로써 원활한 인간관계를 유지해 나갈 수 있는 기초가 되는 것이므로, 글로벌 비즈니스에는 더욱 세밀하고 세련된 매너가 필요하다.

2 국가별 비즈니스 매너 ★★🔊

(1) 미 국

① 문화와 비즈니스 매너

ㄱ 실용주의적이며 평등의식이 매우 강하고, 비즈니스에 있어서는 약속의 이행과 프라이버시의 존중을 가장 우선으로 한다.

ㄴ 미소가 최고의 인사이며, 보통 초면에 악수로 인사를 한다.

ㄷ 친한 관계에서는 서로 안아 상대의 등을 한두 차례 토닥이고, 멀리서 아는 사람을 만난 경우는 손을 흔들어 인사를 표한다.

ㄹ 비즈니스의 진행방식은 다른 나라에 비해 **빠른** 편이고, 첫 만남에서 협상이나 결론을 내어 마무리하는 경우도 있다.

ㅁ 비즈니스 상에서 인맥도 중요하나 더욱 중요한 사항은 과거의 업적과 평가, 실적에 의해 결정된다.

ㅂ 개방적인 성향이 강하고 자유로운 문화의 미국인들은 미팅 장소를 불문하고 가볍게 담소를 나눈 뒤 본론에 들어가는 편이다.

ㅅ 미국인은 서로를 칭찬하는 습관이 있는데, 이는 대화의 실마리를 풀기 위한 한 방편이며, 상대의 외모, 복장, 액세서리에 대한 칭찬이나 일과 관련된 칭찬, 스포츠 등의 업적을 칭찬한다.

ㅇ 명함은 갖고 있으나, 교환은 앞으로 거래를 계속하고 싶은 경우에만 이루어지는 경우가 많으며, 명함 교환 후에 바로 지갑에 넣거나 바지 뒷주머니에 넣더라도 크게 신경쓰지 말아야 한다.

    ⓩ 'Lady First' 주의로 여성을 존중하고, 비즈니스 상에서는 항상 여성을 우선순위에 두는 것이 매너이다.

    ⓒ 실수로 몸을 부딪치거나 했을 때는 반드시 사과를 하는 것이 예의이다.

    ⓔ 신발을 신는 것을 옷차림의 연장으로 생각하기에 신발은 가능한 벗지 않는다.

② 테이블 매너

    ㉠ 식당에 가기 전 시간과 장소, 상황(T.P.O)에 맞게 복장을 갖춘다.

    ㉡ 식당 입구에서 반드시 직원의 안내를 받아 자리로 이동한다.

    ㉢ 조식 모임도 일반적이며, 비즈니스 미팅이 점심식사를 겸해서 이루어지는 경우가 많다.

    ㉣ 비즈니스 시엔 접대하는 쪽에서 계산을 하는 것이 통례이나, 가까운 사이에서는 식사비를 공동으로 부담한다.

    ㉤ 혼자 코를 풀고 처리하는 것은 크게 결례가 되지 않지만, 기침이나 재채기는 입을 가리거나 코끝을 잡고 참도록 해야 하며, 불가피한 경우 반드시 냅킨으로 입을 가리고 한 후 'Excuse me(미안합니다.)'라고 사과인사를 하도록 한다.

    ㉥ 대화 없이 식사만 하는 것은 대단한 결례로 생각하므로, 식사시간을 유연한 커뮤니케이션의 시간으로 생각하는 것이 좋다.

③ 제스처

    ㉠ 대화를 나눌 때는 50~60cm 정도의 거리를 유지하도록 하며, 그 이상 다가가면 불쾌감을 줄 수 있다.

    ㉡ 남성끼리 혹은 여성끼리는 손을 잡지 않도록 한다(동성애자로 여김).

    ㉢ 동의를 표시하는 동작은 엄지와 검지로 동그라미를 만드는 OK 사인과 주먹을 쥐고 엄지손가락을 세우는 Thumbs up 사인이 있다.

    ㉣ 사람에게 물건을 전달할 때는 한손으로 건네는 것도 무방하고 가볍게 던지기도 한다.

    ㉤ 대화 시에는 손동작이 많은 편이며, 눈맞춤(Eye Contact)을 매우 중요하게 생각한다.

    ㉥ 남성은 실내에서 모자를 쓰지 않도록 한다.

    ㉦ 줄서기 문화가 생활화되어 있어 이에 따르도록 한다.

    ㉧ 팁 문화가 발달한 나라로서 상황에 맞는 팁을 항상 지불하도록 한다.

    ㉨ 실수로 남에게 작은 불편이라도 주었을 경우에는 바로 사과하도록 한다.

④ 초대 및 선물 매너

    ㉠ 비즈니스 상황에서 50달러 이상의 선물은 뇌물로 간주될 수 있기에 주의해야 한다.

    ㉡ 가정에 초대받은 경우는 반드시 선물을 가지고 갈 필요는 없으나, 와인이나 화분, 꽃다발 등 작은 선물을 준비하는 것이 좋다.

    ㉢ 선물은 장소에 도착했을 때나, 행사가 마치고 돌아오기 전에 전하는 것이 좋으며, 선물은 가능한 포장을 해서 준비하도록 한다.

    ㉣ 선물은 받는 즉시 풀어보는 것이 예의이다.

(2) 중국

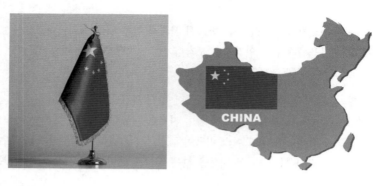

① 문화와 비즈니스 매너

 ㉠ 넓은 영토와 세계에서 가장 많은 인구, 오랜 역사를 자랑하며, 세계의 중심이라는 '중화사상'으로 자국에 대한 자부심이 매우 강하다.

 ㉡ 집단의식이 강하고 상호 조화로움에 의미를 두며, 의리를 중요시하고 상호 협력관계를 중요하게 생각한다.

 ㉢ 비즈니스 상에서 단번에 거래가 이루어지지 않으므로, 시간적으로 여유를 가지고 비즈니스 패턴을 이해하며 진행하도록 하며, 상황에 따른 '융통성'을 필요로 한다.

 ㉣ 비즈니스 상의 관계이지만 개인적인 우정과 신뢰도 매우 중요시하므로, 두 가지 모두 신경을 써야만 한다.

 ㉤ 중국은 비즈니스를 할 때, 관계(关系, 꽌시)를 중요시하기 때문에 술자리가 중요하며, 술자리를 통하여 관계를 조금 더 편하게 형성할 수 있다.

 ㉥ 신뢰관계 형성 전에 서류를 먼저 내밀거나 하지 않는 것이 좋다.

② 테이블 매너

 ㉠ 행사의 호스트가 착석 후 앉도록 한다.

 ㉡ 행사의 호스트가 건배를 청하기 전에 먼저 건배제의를 하지 않도록 한다.

 ㉢ 일반적으로 음식은 12가지 이상 나오고, 생선은 뒤집어서 먹지 않으며, 식사 중 정치적인 이야기는 금한다.

 ㉣ 준비된 음식은 가능한 전부 맛을 보고, 음식에 대한 칭찬과 더불어 맛있게 식사를 하고, 음식을 조금 남겨 준비한 측이 충분히 준비했음을 알리도록 한다.

 ㉤ 차 문화가 발달한 나라라 상대방의 찻잔에는 계속해서 잔을 채우는 것이 예의이다.

 ㉥ 공용 음식에는 개인 젓가락을 사용하지 않도록 한다.

 ㉦ 술은 상대방의 술잔이 차도록 수시로 첨잔을 해도 무방하며, 잔은 돌려 마시지 않는다.

③ 초대 및 선물 매너

 ㉠ 선물은 되도록 실용적인 것을 선호한다.

 ㉡ 선물은 여러 번 사양을 해도 여러 번 권하는 것이 에티켓이다.

ⓒ 선물은 빨간색이 들어간 물품이 좋으며 시계, 외국화폐, 기념주화, 손수건, 거북이 문양의 물품은 선물하지 않는다.

(3) 일 본

① 문화와 비즈니스 매너
  ㉠ 우리나라와 지리적으로 가까우며, 역사 · 정치 · 경제 · 사회적으로 매우 밀접하기 때문에 더욱 중요한 비즈니스 대상이다.
  ㉡ 친절하고 질서를 잘 지키는 일본은 타인에게 폐를 끼치는 행동에 대해서 대단히 엄격한 편으로서, 상대방을 깊이 배려하고 섬세한 매너와 겸손한 자세로 비즈니스를 이끄는 것이 매우 중요하다.
  ㉢ 약속 시간에 대해서도 매우 엄격하며, 비즈니스 상황에서는 상대방의 시간을 존중해 주는 것이 매우 중요하다.
  ㉣ 대화 시에 경어를 꼭 사용하도록 하며, 상대에 따라 존경어와 겸양어를 실수하지 않고 사용하여야 한다.
  ㉤ 일본에서는 자신의 연락처가 적혀 있는 명함 교환이 비즈니스 상황뿐만 아니라 가정주부나 학생들 사이에서도 흔히 이루어지는 일이므로, 항상 명함은 넉넉히 준비하도록 한다.
  ㉥ 인사는 상대가 허리를 숙이는 정도를 잘 보았다가 그만큼 허리를 숙여 인사를 한다. 허리를 굽히는 정도가 상하 관계를 나타내기도 한다.
  ㉦ 길거리에서는 세로로 한 줄로 걷고, 계단이나 에스컬레이터, 복도 등에서는 왼쪽으로 서거나 걷도록 한다.
  ㉧ 일본에서는 '인맥', '연고'를 매우 중요시 여긴다. 처음 만남에서 거래가 대부분 이루어지지 않는다. '생각해 보겠다'는 의미는 실제로 'No'를 의미한다.
  ㉩ 상대방과 보낸 시간, 신용을 지켜온 업적 등 거래의 이력이 매우 중요하며, 한번 거래를 시작하면 오래 유지되는 경향이 있다.
  ㉪ 일본에서는 업무성과가 집단으로 평가되기 때문에 특정 개인을 칭찬하거나 잦은 칭찬은 오히려 비즈니스를 방해한다.

ⓒ 일본인은 상담 시 잘 듣고 나서 자신의 의사를 표현하는 편이며, 자신의 의견을 명확하게 제시하지 않으니 주의 깊게 듣고 판단해야 한다.

ⓔ 거절을 해야 하는 경우나 비판적인 이야기를 해야 할 경우는 직접적인 표현을 하기보다 우회적으로 완곡하게 표현하는 것이 좋다.

ⓕ 매우 신중하고 마음을 잘 드러내지 않는 편이라 비즈니스 상에서는 같이 신중한 태도로 대하며, 밝고 세련된 매너를 갖추는 것이 좋다.

ⓖ '화합(和合)'이 일본 문화에서는 중요한 정신이므로, 개인적인 행동이나 즉각적인 거절은 무례하게 비춰질 수 있으니 주의한다.

② 테이블 매너
ⓐ 접대를 하게 될 경우는 미리 예약을 하고, 서열별 좌석 배치까지 신경을 써서 참석자 한 사람 한 사람을 배려해야 한다.

ⓑ 주문은 가능한 한 상대방에게 맡기도록 한다.

ⓒ 보다 부드러운 접대는 공연 관람 후 식사나 프로그램이 준비된 접대면 더욱 좋다.

ⓓ 음식은 가능한 젓가락만 사용해서 식사를 하고, 개인용 그릇에 덜어서 먹도록 한다.

ⓔ 테이블 앞에 바른 자세를 하고 식사하며, 왼손을 밥그릇은 들고 먹도록 한다.

ⓕ 식사 중에는 소리를 내지 않도록 주의하며 단, 예외는 장수의 의미가 있는 메밀국수는 소리를 내어 먹어도 무방하다.

ⓖ 술잔에 첨잔하는 것을 미덕으로 생각하고 있으며, 한손으로 잔을 받거나 따라도 된다.

③ 제스처
ⓐ 공손한 태도를 항상 취하며 처음 만나서는 무릎을 꿇고 앉았다가, 편히 앉도록 권유하면 남성은 양반자세로, 여성은 다리를 한쪽을 놓고 앉아도 좋다.

ⓑ 코를 푸는 행동은 되도록 자제하고, 손수건은 위생적이지 못하다고 생각하니 휴지를 이용하도록 한다.

ⓒ 항상 웃는 얼굴을 유지하도록 한다.

ⓓ 대화 중간 중간 고개를 끄덕이며 "하이(네)."로 잘 듣고 있다는 공감의 자세를 표현하는 것이 중요하다.

ⓔ 대화 시에는 조용조용히 이야기를 나누는 편이고, 눈을 뚫어져라 쳐다보기보다 대답을 하며 공감의 자세를 취하는 것이 좋다.

④ 초대 및 선물 매너
ⓐ 개인주의 성향이 강한 일본의 가정에 초대받는 일은 쉽지 않지만, 초대를 받은 경우에는 감사함을 적극적으로 표현한다.

ⓑ 가정에 초대받은 경우는 선물을 준비하는 것이 좋으며, 너무 부담을 주는 고가나 정성이 담기지 않은 선물은 하지 않은 것만 못하다.

ⓒ 선물은 반드시 포장을 하도록 하며, 상점에서 '선물'이라고 이야기를 하면 포장을 해주는 것이 관례이므로 이용하도록 한다.

ⓓ 선물 포장은 흰색, 검정색은 사용하지 않도록 한다.

3 글로벌 비즈니스 에티켓과 매너

(1) 비즈니스 매너

현재 많은 기업들이 다양한 여러 국가의 기업들과 활발한 비즈니스를 하고 있다. 우리나라의 기업과의 거래에서도 올바른 비즈니스 매너가 요구되고 있으며, 특히 우리와는 문화적 차이가 있는 해외기업들과의 비즈니스 상황에서 글로벌 비즈니스 매너의 중요성이 강조되고 있으며, 그에 따른 올바른 비즈니스 매너가 요구된다.

인사법
• 상대방에 대한 반가움과 존경의 표현으로 관계를 돈독히 하는 행위이다.
• 눈을 마주친 후 자연스런 미소와 함께 손을 마주 잡고, 악수를 나누며 인사한다.
• 팔꿈치가 자연스럽게 굽혀지는 정도의 적당한 거리에서 2~3회 정도 흔들고, 2초 정도 손을 잡았다가 놓는다.

소개법
• 직접 소개할 경우는 자신의 이름을 먼저 밝히고 말을 건넨다.
• 중개자가 있을 경우는 직위가 낮거나 나이가 어린사람을 직위가 높고 연장자에게 먼저 소개를 한다.
• 상대방의 이름을 알게 된 뒤에는 상대방의 이름을 자주 사용하는 것이 예의이다.

명함사용법
• 명함은 악수를 나눈 뒤에 전달한다.
• 서양인들에게 명함은 단순히 서로 충분한 대화를 나눈 후, 추후 연락을 취하는 메모 정도의 의미를 가지고 있다.
• 일본인과의 비즈니스 경우는 미리 명함을 준비하여 대기하고 있다가 자신의 이름을 밝히고 명함을 전달하며 인사를 하는 것이 예의이다.

호칭법
• 외국인과의 호칭에 있어서는 발음이 어려운 경우가 있으므로, 외국인의 입장에서 알아듣기 쉽고 외우기 쉬운 호칭으로 조금 변경하여 소개한다.
• 북미, 유럽에서는 인사를 나눈 뒤 조금의 친밀도가 발생하면 자신의 이름(First Name)을 불러달라고 하며, 대등한 관계에서 호칭을 사용하기 원한다.

복장과 몸가짐
• T(Time), P(Place), O(Occasion) 즉, 시간과 장소와 경우에 맞는 복장에티켓이 매우 중요하다.
• 청결하고 단정한 복장상태가 유지되도록 한다.
• 복장과 더불어 서양인들은 구취와 체취 같은 냄새에 민감한 편이라 전문 구취, 체취제거제를 사용하거나 향수, 방향제 등을 사용하여 상대방에게 불쾌감을 전하지 않도록 한다.

(2) 생활 에티켓

① 공공장소

- ㉠ 공공장소에서는 질서를 지키며 자신의 행동이 타인에게 불편함이나 불쾌감, 피해를 주지 않도록 유의해야 한다.
- ㉡ 공공장소에서 큰 소리로 떠들거나 언쟁을 하지 않도록 한다.
- ㉢ 지정된 흡연 구역을 이용하고, 공공수칙 등을 유의하여 행동한다.
- ㉣ 국제사회에서는 개개인이 국가를 대표하므로 더욱 유의하여 하지 말아야 할 행동 등의 공공장소 예절을 미리 익혀두도록 한다.

② 타인의 공간에 대한 배려

- ㉠ 개인의 공간은 개인이 자신에게 주어진 환경에서 다른 사람으로부터 일정거리가 유지되기를 바라는 최소한의 공간이다.
- ㉡ 서양인들은 개인의 공간과 거리에 대해 민감한 편이라 공간에 침해를 한 경우는 항상 사과를 하고 양해를 구하도록 한다.
- ㉢ 불가피하게 침해를 해야 하는 경우는 미리 상대방의 동의를 구하고, 가능한 한 침해하지 않도록 배려를 한다.

구 분	사회적 공간	심리적 거리
0~45cm	친밀한 거리 (가족)	가족, 친구, 사랑하는 사람들의 특별히 가까운 관계에서 있어서만 접근이 허용되는 거리
45~120cm	개인적 거리 (친구)	대화가 가능하고 상대방의 섬세한 부분까지 잘 볼 수 있으며, 이 구역 내에서 사람들은 정상적인 사회적 접촉을 유지
120~360cm	사회적 거리 (비즈니스)	다양한 교제를 위한 환경이나 여러 명이 담화를 나눌 수 있는 공간의 범위로서, 접촉은 거의 가능하지 않으며 대부분 신체 운동이나 자세를 관찰할 수 있는 거리
360cm 이상	대중적 거리 (공식, 청중)	극장이나 강의실, 형식적이고 공적인 관계가 형성되는 거리

③ 기사도 정신

- ㉠ 서양에서는 남성들 사이에서 여성을 존중하고 우선으로 하는 에티켓이 일반화되어 있다.
- ㉡ 여성이 차에 오르거나 내릴 때, 문을 닫거나 열 때 뒷사람을 배려해 문을 잡아 주도록 한다.
- ㉢ 출입문에서는 남성이 먼저 문을 열어 여성이 실내로 입장하도록 도운 후 자신이 뒤따라 입장한다.
- ㉣ 차량 탑승 시에는 남성이 옆 좌석 문을 열어 여성을 먼저 타게 한 뒤에 반대쪽으로 돌아가 운전석에 오른다. 차량 하차 시에는 반대로 운전자 자신이 먼저 내려 반대편으로 돌아가 좌석 문을 열어 여성의 하차를 돕는다.
- ㉤ 계단을 오를 때는 남성이 먼저, 내려 올 때는 여성이 먼저 내려오도록 한다.
- ㉥ 엘리베이터에서는 동승한 여성이 있다면 먼저 내리게 배려한 뒤에 내리며, 좁은 복도에서는 비켜 지나가도록 먼저 길을 열어 양보한다.

ⓢ 남성에게서 호의를 받게 되면 여성은 사양하거나 주저하지 말고, 고맙다는 인사를 목례와 함께 하고 호의를 당당히 받도록 한다.

④ 팁 문화
  ㉠ 팁(Tipping)은 18세기 영국 어느 술집 벽에 '신속하고 훌륭한 서비스를 위해 지불을 충분하게'라고 붙어 있었던 문구가 후에 'To Insure Promptness'로 바뀌면서 약어인 TIP이 되었다.
  ㉡ 신속한 서비스의 의미도 있지만, 팁 문화는 제공받은 서비스에 대한 감사의 표시이다.
  ㉢ 서양에서는 택시, 레스토랑, 호텔 등에서 당연시되는 관습이므로 유의한다.
  ㉣ 팁은 보통 신용카드 계산 시 합산해서 지불하거나, 현금을 테이블 위에 접어서 둔다.
  ㉤ 서비스를 제공한 직원에게 직접 전달할 경우는 손바닥을 아래로 해서 돈이 보이지 않게 "Thank you"라는 감사의 인사와 함께 전한다.
  ㉥ 여성과 남성이 함께 있는 경우 팁은 남성이 준다.
  ㉦ 적당한 팁의 액수는 전체 금액에 10~20% 정도가 적당하나 국가나 지역, 상황별로 상이하다.
  ㉧ 여섯 명 이상의 단체에서는 미리 팁이 계산서에 포함되어 나오는 경우가 있으므로, 이중 지불되지 않도록 금액을 반드시 확인한다.

⑤ 예약 문화
  ㉠ 비즈니스와 관계된 상황에서 일정에 차질이 생기면, 여러 가지 또 다른 상황들이 발생할 수 있으므로 예약은 매우 중요하다.
  ㉡ 서양에서는 타인의 시간을 매우 존중하는 문화가 있으므로, 비즈니스에 있어서는 미리 계획하고 차질 없는 실행을 위해 예약을 해야 한다.
  ㉢ 예약은 어떠한 내용을 미리 약속하거나 약정하는 일종의 계약 행위이므로, 성실히 이행하도록 노력한다.
  ㉣ 불가피하게 예약을 지키지 못하는 상황에서는 미리 전화를 하여 상황을 변경하거나 취소하여 상대방의 시간을 존중하는 것이 바람직하다.

(3) 초대 에티켓

가정에 초대를 받은 경우

- 서양에서는 호텔이나 식당에 초대를 받은 것보다 가정에 초대를 받는 것을 가장 큰 대접으로 여긴다.
- 초대를 받은 경우는 초대에 대한 감사의 표현을 충분히 하도록 하며, 자신이 준비하거나 도울 일에 대해 미리 물어본다.
- 초대를 받은 경우 초대에 대한 참석 여부를 가능한 한 빨리 알려준다.
- 초대받은 당일 너무 일찍 도착하거나 지각하지 않도록 하며, 약속시간 5분 정도 전에 도착하도록 한다.
- 초대의 성격이나 초대자의 성향, 문화에 따라 선물을 준비해서 가지고 가도록 한다.
- 해외 출장 시에 현지인으로부터의 초대를 받은 경우는 한국과 관련된 수공예품이나 전통적인 선물을 준비하는 것이 좋다.
- 초대자와 대화를 나눌 때에는 공통의 화제를 찾아 자연스럽게 이야기를 나누도록 하고, 취미 · 관심사 · 자녀 · 애완동물 · 식물 등 주인의 주변을 소재로 한 대화를 나누는 것이 초대해 준 사람에 대한 예의이다.

초대를 할 경우

- 초대를 할 경우 여유를 두고 적어도 10~14일 전에 초대장을 보내거나 전화로 연락을 하여 초대한다.
- 가정에서 간단히 모이는 식사모임에 초대장까지 보낼 필요는 없으나, 비즈니스 상의 공식적인 초대는 반드시 초대장을 보내도록 한다.
- 사적인 모임에서는 초대자들에게 전화나 이메일 등을 이용하여 알려도 무방하다.
- 초대받은 사람들끼리 서로 어울리는 자리가 되므로, 참석자를 고려하여 선정한다.
- 서양에서는 부부를 함께 초대하는 것이 일반적이다.
- 초대장을 직접 작성하기도 하고, 인쇄된 용지를 이용하는데, 초대하는 사람의 사인은 직접해서 보내는 것이 좋다.
- 초대장은 10~20일 전에는 발송하고, 참석여부(RSVP ; Répondez s'il vous plaît ; Reply, If you please, 참석 여부를 연락바람)를 기입해 참석 여부의 회신을 받는다.

초대받은 경우의 복장

- 가정에서 초대받은 경우는 엄격한 정장이 요구되지 않으나, 호텔이나 공식적인 행사인 경우는 초대의 성격에 어울리는 옷차림을 하는 것이 예의이다.
- T(Time). P(Place). O(Occasion) 즉, 시간과 장소와 경우에 맞게 입는 것이 예의이나, 초대를 받았을 때 초대장에 드레스코드에 대한 표시가 없다면 어떤 옷을 입어야 하는지 초대자에게 물어보아도 무방하다(Dress Code "Black Tie"는 검정색 나비넥타이를 맨 턱시도나 검정색 정장차림이 원칙).

초대 모임에서 돌아온 후

- 초대 모임에서 돌아온 후, 될 수 있으면 빠른 시일 안에 감사카드(Thank You Card)를 보낸다.
- 초대를 받은 안주인이 초대한 안주인에게 꽃과 카드를 보내어 감사를 표시하기도 한다.
- 간단한 식사 초대인 경우는 감사의 전화나 이메일로 감사의 인사를 전해도 무방하다.

(4) 파티의 종류와 매너 ★★🗨️

파티 종류	매 너
디너파티 (Dinner Party)	• 풀코스(Full Course)의 만찬을 하는 파티로 가장 정중한 형식이다. • 복장은 정장으로 하며, 초청장에 의한 드레스코드를 원칙으로 한다.
리셉션 (Reception)	• 리셉션은 원래 지위가 높은 정부의 공직자나 외교관이 공식적으로 베푸는 칵테일 파티에 한해서 쓰던 용어이다. • 오늘날 리셉션은 대부분 특정한 사람이나 중요한 사건을 축하 또는 기념하기 위해 베푸는 공식적인 모임을 가리킨다.
칵테일파티 (Cocktail Party)	• 칵테일파티는 국제행사 중에 많이 열리며 가벼운 파티이다. • 도착은 개최 시작 전에 가능한 맞추지만, 참석자의 사정에 따라 자유롭게 파티장을 떠날 수 있는 특징이 있다. • 초청장에 칵테일 'Cocktails'로 기재하는 경우는 간단한 주류 및 음료, 카나페(Canape) 정도가 제공된다.
가든파티 (Garden Party)	• 정원과 같은 야외에서 진행하는 파티이다. • 더운 날씨와 추운 날씨를 고려해 날씨가 가장 좋은 때를 선택하고, 우천 시는 따로 계획을 세워 파티준비를 한다. • 호텔이 아닌 곳에서 가든파티를 할 때는 호텔의 출장 서비스(Catering Service)나 출장 연회 준비를 해주는 곳에 의뢰를 한다.
뷔페파티 (Buffet Party)	• 중앙에 음식을 한꺼번에 차려 놓고 서서 음식을 먹으면서 파티 참석자들과 담화를 하는 파티이다. • 원래 서서 먹는 것이 일반적이나, 테이블과 의자를 정해 두고 참석자들이 셀프 서비스 형식으로 음식을 가지고 와서 테이블에 착석한 다음, 다른 참석자와 대화를 나누며 식사를 하기도 한다.
포트럭 디너 (Potluck Dinner)	• 파티의 참석자들이 각자 일품요리를 한가지씩 준비해 와서 음식을 나누며 담소하는 형식으로서, 아주 친한 사이에서 열리는 디너파티이다. • 파티의 주관자는 음식이 겹치지 않게 종류별로 신청(Sign up)을 받아 샐러드, 주요리, 디저트 음료 등 다양하게 차려질 수 있도록 준비한다.
티파티 (Tea Party)	• 다과회(茶菓會)라고도 하며, 홍차나 커피, 주스, 케이크, 샌드위치 등 가벼운 음식을 준비하여 보통 오후 3~5시경에 열리는 파티이다. • 생일, 졸업, 입학 등을 축하하며 가까운 친지나 이웃을 초대해 담소를 나누는 파티 형식이다.
샤워파티 (Shower Party)	• 주로 가까운 친구들이나 친한 직장동료들이 모여, 축하를 받을 사람을 중심으로 이야기와 음식을 나누는 간단한 파티이다.

4 글로벌 식사 매너

(1) 서양 식사 매너

① 19C 영국 빅토리아 여왕 때 식사 예법이 형성되었다.
② 매너의 기본 정신은 형식이 아니라 즐겁게 식사하는 것에 있다.

(2) 레스토랑 이용 매너

① 비즈니스상의 식사는 반드시 사전 예약을 한다.
② 예약은 시간적 여유를 두고 예약을 해야 식사의 상황에 적합한 자리 확보와 양질의 서비스를 제공받을 수 있다.
③ 예약 시 예약자의 이름과 연락처, 일시, 인원과 식사의 목적 등을 알려 상황에 맞는 서비스를 제공받을 수 있도록 한다.
④ 예약시간은 반드시 지켜야 하며, 취소 · 변경 또는 예약시간보다 늦어질 경우에는 미리 연락하여 서비스 제공에 불편함이 없도록 해야 한다.
⑤ 사전 취소 없이 예약부도(No Show)를 내지 않도록 한다.
⑥ 고급 레스토랑에서는 정장 착용을 원칙으로 한다.
⑦ 레스토랑에 착석하기 전에 화장실에서 손을 씻고 앉도록 하며, 식사도중 화장실에 가는 것은 실례이다.
⑧ 코트나 소지품은 입구 Cloak Room에 맡기고 번호표를 받으며, 여성의 핸드백은 의자 등과 의자 사이에 둔다.
⑨ 입장 시 남성은 여성을 앞세워 입장시키고, 입구에서 예약자 명을 밝힌 후 종업원의 지시를 받도록 한다.
⑩ 종업원이 가장 먼저 의자를 빼서 권하는 곳이 상석이므로, 일행 중 가장 직위가 높은 사람, 연장자, 여성이 앉도록 한다.
⑪ 상석은 벽을 등에 지고 앉는 쪽이거나, 바깥 전망이 바라 보이는 위치이다.
⑫ 사람의 출입이 빈번한 복도자리나 문과 가까운 쪽의 자리가 가장 말석이다.
⑬ 직원을 부를 때는 오른손을 가볍게 들고 종업원과 눈짓으로 신호를 교환한다.

주빈의 자리 ★★ ^{중요}	
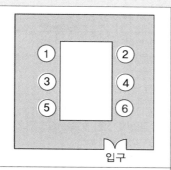	〈비즈니스〉 • 긴 테이블이든 사각 테이블이든 상석은 출구로부터 먼 곳이 원칙이다. • 구석 자리가 화장실이나 주방에 가까워 시끄럽다면 창가나 벽에 등을 댄 자리나 레스토랑 안이 잘 보이는 자리 등이 상석이 된다. • 여성을 접대하는 자리라면 꽃 옆 등 여성이 예쁘게 보이는 위치가 상석이다.
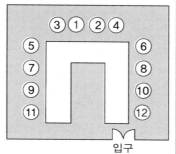	〈연 회〉 • 많은 사람이 모이는 자리에서는 이야기에 참가하기 어려운 말석에 윗사람을 앉히지 않는다. • 내빈 등의 경우 순서를 미리 정해 둔다. • 신입사원이나 행사 담당은 출입구나 주방, 화장실에 가까운 말석에 앉는다.

(3) 음식 주문 및 식사 시 매너

① 식사 초대에서는 손님을 초대한 사람이나 그 날의 가장 중요한 손님을 중심으로 식사가 이루어지며, 초청인은 손님들이 편안한 분위기에서 식사를 할 수 있도록 배려해야 한다.

② 메뉴를 정할 때는 손님들이 먼저 정하도록 한 뒤 자신은 나중에 정한다.

③ 와인이나 주류가 필요한 경우는 레스토랑이 좋은 품질의 와인을 비교적 저렴한 가격에 제공하는 하우스 와인(House Wine)을 정하는 것도 좋다.

④ 초청인은 레스토랑에서 특별히 잘하는 요리가 있다면 이를 추천한다.

⑤ 주문하는 손님의 입장에서 잘 모르는 경우는 '오늘의 요리(Today's Special)'를 주문하면, 질적인 면과 가격적인 면에서 무난한 음식을 선택할 수 있다.

⑥ 초대를 받은 경우는 지나치게 비싸거나 싼 음식을 주문하지 않도록 하며, 중간·중상의 가격대 음식을 주문하도록 한다.

⑦ 옆 테이블에서 주문한 메뉴를 보며 손가락으로 "같은 것으로 주세요."라고 하는 것은 실례가 되는 행동이다.

⑧ 식사 중 입안에 음식을 넣은 채 말을 하지 않도록 하며, 트림이나 씹는 소리 등 불쾌한 행동은 삼가고, 주위 사람들과 식사의 속도를 맞추어 식사한다.

⑨ 식사 중 테이블에 팔을 올려 세우거나 턱을 괴거나 하는 행동은 삼간다.

(4) 메뉴의 이해

① 정찬 메뉴

전채 [Appetizer(영), Hors d'oeuvre(불)]	• 식욕을 촉진시키기 위해 식사 전 가볍게 나오는 요리이다. • 자극적인 짠맛이나 신맛으로 위액의 분비를 왕성하게 하기 위한 메뉴로서 양이 적으며, 많이 먹지 않도록 한다. • 세계 3대 전채요리 : 캐비어, 푸아그라, 트뤼블(송로버섯)
수프 (Soup, Potage)	• 메인 요리 전에 입안을 적셔주고, 위의 부담을 줄이기 위해 먹는 국물요리이다. • 맑은 수프와 진한 수프로 나뉘는데, 맑은 수프는 콩소메, 진한 수프는 퓨레(야채), 크림(크림), 벨루테(야채와 고기), 챠우더(조개) 등의 종류가 있다. • 소리 내지 않고 먹으며, 빵을 수프에 넣어 먹는 것은 매너가 아니다. • 자기 앞쪽에서 바깥쪽으로 하여 떠먹는 것이 미국식이며, 반대로 바깥쪽에서 앞쪽으로 먹는 것이 유럽식이다.
빵 (Bread)	• 수프를 먹고 나서 먹으며, 자신의 왼쪽 접시에 있는 빵을 먹도록 한다. • 손으로 잘라 먹으며, 빵 부스러기가 떨어지지 않게 접시를 이용한다. • 빵은 처음부터 먹는 것이 아니며, 수프와 함께 먹는 것도 아니다. • 빵은 요리와 함께 먹기 시작하여 디저트를 들기 전에 끝내는 것이다. • 빵은 요리의 맛이 남아 있는 혀를 깨끗이 하여 미각에 신선미를 준다. • 빵이 처음부터 제공되는 경우에는 조금씩 먹어도 된다.
생선요리 (Fish, Poisson)	• 새우나 흰살 생선과 같은 해산물이 나오기도 하고, 생략되기도 한다. • 생선을 먹는 동안 뒤집지 않도록 한다.
육류요리 (Meat, Entree)	• 주요리로 쇠고기, 돼지고기, 양고기, 송아지고기, 가금류 등이 있다. • 스테이크는 왼쪽부터 먹을 만큼 잘라가며 먹는다.
샐러드 (Salad, Salade)	• 신선한 야채가 드레싱과 함께 나오며, 자신이 선호하는 드레싱을 뿌려 먹는다.
디저트 (Dessert)	• 디저트(Dessert)란 프랑스어의 데세르비르(Desservir)에서 유래된 용어로서 '치운다', '정리한다'라는 의미이다. • 메인코스가 끝나고 디저트를 주문하기 전에 빵, 조미료, 식사가 끝난 접시를 모두 치우는 것과 관계가 있다고 볼 수 있다. • 식사를 마무리하며 입안을 개운하게 해주는 것으로 달콤하고 부드러운 쿠키, 케이크, 아이스크림 등이 있다.
음료 (Beverage)	• 마지막 코스로 커피나 차를 주문하여 마신다.

② 메인 요리 스테이크 굽기 정도

굽기 정도	설 명	고기 내부온도
레어 (Rare)	표면만 굽는 것으로서 자르면 붉은 육즙이 흘러나오도록 굽는 방법이다.	45~55℃
미디엄 레어 (Medium Rare)	레어보다 조금 더 익힌 것으로서, 자르면 붉은 육즙이 보이도록 굽는 방법이다.	52~57℃
미디엄 (Medium)	익힘의 정도가 중간정도로 굽는 방법이다.	55~60℃
미디엄 웰던 (Medium Well-done)	미디엄 보다 약간 더 익히는 것으로서 단단하고 탄력이 느껴지며, 한국 사람들이 가장 즐겨 먹는 굽기 정도이다.	57~62℃
웰던 (Well-done)	속까지 완전하게 익히는 것으로서 다소 질길 수 있다.	65~70℃
베리 웰던 (Very Well-done)	육즙이 거의 남지 않도록 완전히 바싹 익힌 것으로서, 고기가 매우 단단하다.	67~72℃

Tip ◀ **서양식 쇠고기 요리**

- 스테이크(Steak) : 가장 고급으로 치는 고기요리이다. 스테이크는 부위에 따라서 로인·핀 본 설로인·포터 하우스·티본·클러브 스테이크 등이 있다. 스테이크는 브로일러에서 직접 건열로 양쪽을 굽는데, 굽는 정도에 따라 덜 익은 것(Rare done), 보통으로 익은 것(Medium done), 잘 익은 것(Well-done)으로 나눈다.
- 로스트(Roast) : 척이나 리브 등을 큰 덩어리로 썰어 오븐에서 장시간 구워 상 위에서 주인이 얇게 썰어서 대접하는 요리이다.
- 스튜(Stew) : 고기를 4~5cm 각으로 썰어 기름에 누릇누릇하게 익힌 후, 채소를 크게 썰어 넣고 물을 적당히 넣어 찌개같이 끓인 요리이다.
- 커틀릿(Cutlet) : 고기의 살 부분을 0.5cm 정도의 두께로 썰어 마른 밀가루를 입히고 풀어 놓은 달걀에 담가 빵가루를 묻혀 기름에 튀긴 요리이다.
- 햄버그 스테이크(Hamburg Steak) : 다진 고기에 둥근 파를 다져넣고 빵가루를 섞어 소금과 후춧가루로 간하여 지름 10cm, 두께 1cm 정도로 둥글넓적하게 반대기를 지어 프라이팬에 지져낸 요리이다.

서양식 돼지고기 요리

- 포크촙(Porkchop) : 돼지 등심을 뼈째로 자른 것을 두꺼운 팬에 기름을 두르고 양쪽을 누릇누릇하게 익힌 후, 불을 약하게 하고 뚜껑을 덮어 약 30분간 굽는다.
- 베이컨(Bacon) : 돼지의 삼겹살을 소금에 절였다가 연기를 쐬어 익힌 고기이다.
- 햄(Ham) : 돼지의 뒷다리를 소금에 절였다가 연기를 쐬어 익힌 고기이다.

스테이크 부위

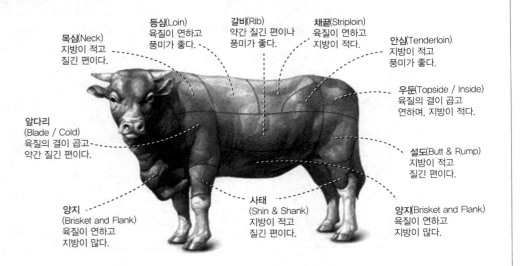

목심(Neck)
지방이 적고
질긴 편이다.

등심(Loin)
육질이 연하고
풍미가 좋다.

갈비(Rib)
약간 질긴 편이나
풍미가 좋다.

채끝(Striploin)
육질이 연하고
지방이 적다.

안심(Tenderloin)
지방이 적고
풍미가 좋다.

우둔(Topside / Inside)
육질의 결이 곱고
연하며, 지방이 적다.

앞다리
(Blade / Cold)
육질의 결이 곱고
약간 질긴 편이다.

설도(Butt & Rump)
지방이 적고
질긴 편이다.

양지
(Brisket and Flank)
육질이 연하고
지방이 많다.

사태
(Shin & Shank)
지방이 적고
질긴 편이다.

양지(Brisket and Flank)
육질이 연하고
지방이 많다.

- 안심부위 : 가장 부드럽고 육즙이 풍부하다.
- 등심부위(Sirloin Steak) : 소, 허리 등심에서 추출한 것으로, 우둔살 스테이크와 같은 부위로 부드러운 정도에 따라 두 가지 부위로 또 다시 나뉘는데, 어퍼 설로인이 로어 설로인보다 더 비싸고 부드럽다. 설로인 스테이크는 스테이크하우스에서 감자튀김, 브로콜리, 당근, 콩, 감자 등과 곁들여 제공되는 것이 일반적이다.
- 갈비 등심 부위(Rib Steak) : 소고기의 갈비살 부분을 조각낸 고기이다. 티본(T-bone), 립(Rib), 포터 하우스(Porter House), 클럽(Club) 스테이크 등이 있다.
- 스커트 스테이크 : 소의 배와 가슴 중간에 있는 길쭉하고 납작한 고기로, 부드러움에 따라 가격이 달라진다. 스커트 스테이크는 세계적으로 많은 요리에 사용되는 부위이다.

③ 요리법에 따른 메뉴

요리법	예 시
Grilled(석쇠로 구운 요리)	Grilled Cheese Sandwich
Cutlet(두툼한 고기 토막)	Pork Cutlet
Fry(튀기다)	Fried Chicken
Steam(찌다)	Steamed Rice
Roast(팬에 구우면서 조리하다)	Roasted Beef
Stew(약한 불에 오래 끓이기)	Beef Stew
Flavored(향을 가미한)	Garlic Flavored
Slice(얇게 썰다)	Sliced Ham
Smoked(훈제한)	Smoked Salmon

Poach(물에 찐)	Poached Egg
Sauteed(살짝 튀기다)	Sauteed Pork
Broil(불에 직접 굽다)	Broiled Pine Mushroom
Gratin(오븐을 사용하여 만드는 구이요리)	Cone Gratin

> **Tip** 핑거볼
>
>
>
> • 핑거볼에서는 한 손씩 교대로 손을 씻는다.
> • 핑거볼은 손가락 끝만을 닦는 것이므로, 손을 푹 담그는 일은 삼가며, 한 손씩 교대로 씻도록 한다.

(5) 식음료 이해

① 식음료 개념

비 알코올성 음료	• 청량 음료(탄산, 비탄산), 야채 · 과일주스, 우유, 기타 기호 음료 등이 있다.
알코올성 음료	• 일반적으로 술을 의미한다. • 양조주, 증류주, 혼성주 등으로 분류한다.

② 알코올성 음료분류

양조주 (Fermented Liquor)	• 곡류와 과실 등 당분이 함유된 원료를 효모균에 의하여 발효시켜 얻는 술이다.
증류주 (Distilled Liquor)	• 곡류와 과실 등 당분이 함유된 원료를 효모균에 의하여 발효시켜 약한 주정분을 만든 후 증류과정을 통하여 증류한 것이다. • 알코올 도수는 35~60도 정도이다.
혼성주 (Liquor)	• 과일이나 곡류를 발효시킨 주정을 기초로 하여 증류한 주정에 독특한 향과 색 그리고 단맛을 가미하여 제조한 술이다.

③ 용도에 따른 알코올성 음료분류

식전주	• 식사 전 식욕증진을 도와주는 술로 타액과 위액의 분비를 촉진시키는 것이 좋다. • 취하지 않도록 적은 양을 마시는 것이 바람직하다. • 차갑게 준비되는 경우가 많으므로, 글라스의 목 부분을 잡고 마신다. • 식전주로는 드라이 칵테일, 샴페인 등이 주로 이용된다.
식중주	• 식중주는 식사 중에 마시는 술로 와인이 대표적인 술이다. • 와인 선택 시에는 요리와 조화를 이룰 수 있는 것으로 선택하는 것이 좋다. • 드라이 와인, 스위트 와인, 화이트 와인, 레드 와인 등
식후주	• 식사 후 소화촉진이나 입가심의 용도로 마시는 술로 알코올 도수가 높고 달콤한 술을 주로 선택한다. • 남성은 브랜디, 여성은 리큐어를 주로 즐긴다.

(6) 테이블 매너

① 기본 매너

냅킨 사용법	• 착석해 있다가 주빈이 펴면 함께 펴서 무릎 위에 두 겹으로 접어놓는다. • 중앙부분을 사용하지 않고 가장자리를 먼저 사용한다. • 식사 도중 입을 닦거나 핑거볼 사용 후 손의 물기를 닦을 때 사용한다. • 냅킨을 테이블에 올리는 것은 식사가 종료됐음을 의미하므로, 식사 중 자리를 뜰 경우는 냅킨은 의자 위에 둔다. • 식사 후에는 적당히 접어서 테이블 위에 올려놓는다. • 식사 도중 냅킨이나 식사 집기가 떨어진 경우 직접 줍지 말고 종업원에게 부탁하여 새 것으로 교체해 사용한다. • 식사 중 악수를 해야 하는 경우 일어설 때는 냅킨을 테이블에 두지 말고 왼손에 든 채 선다. 냅킨 사용 위치　　식사 중 자리를 뜰 때　　식사 종료 후
포크와 나이프 사용법	• 중앙에 접시를 중심으로 포크는 왼쪽, 나이프는 오른쪽에 놓이게 된다. • 메뉴에 따라 바깥쪽에서부터 안쪽으로 차례대로 사용한다. • 나이프는 오른손, 포크는 왼손의 각각 엄지와 검지, 중지로 쥐고, 검지는 위에서 눌러서 약지와 새끼손가락을 거든다. 단, 생선용 나이프는 검지를 위에서 누르지 말고, 엄지와 검지로 나이프를 집듯이 잡는다. • 포크와 나이프를 들고 제스처를 삼가며, 접시에 부딪혀 소리를 내지 않도록 조심한다. • 음식을 자른 후 나이프는 접시에 걸쳐 두고 오른손으로 포크를 사용해 먹어도 무방하다. • 식사중일 때는 접시 테두리에 비스듬히 걸쳐 두고, 식사가 끝나면 오른쪽으로 비스듬히 나란히 놓아 식사를 마친다. • 포크는 등이 위로 향하게 놓고, 나이프의 칼날은 자신을 향하도록 놓는다.

| 포크와 나이프 사용 | 칼날은 안쪽으로 | 식사 중 | 식사 종료 |

② 서양식 풀코스 테이블 세팅

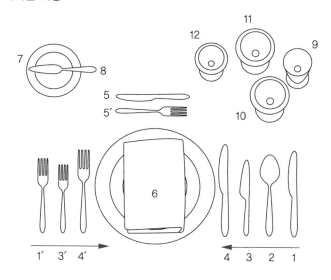

번 호	설 명
1 & 1'	전채요리 나이프 & 포크(Appetizer Knife & Fork)
2	수프 스푼(Soup Spoon)
3 & 3'	생선요리 나이프 & 포크(Fish Knife & Fork)
4 & 4'	고기요리 나이프 & 포크(Steak Knife & Fork)
5 & 5'	디저트요리 나이프 & 포크(Dessert Knife & Fork)
6	냅킨(Napkin)
7	빵 접시(Bread Plate)
8	버터 나이프(Butter Knife)
9	샴페인 플루트 잔(Champagne Flute)
10	화이트 와인 잔(White Wine Glass)
11	레드 와인 잔(Red Wine Glass)
12	워터 글라스(Water Glass)

③ 상황에 따른 풀코스 테이블 세팅

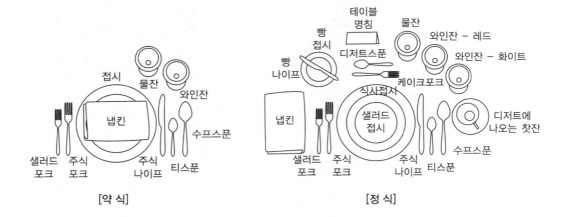

[약 식]

[정 식]

5 국가별 테이블 매너

(1) 일본식 테이블 매너

- 젓가락은 식사 중이든 끝난 후든 항상 젓가락 받침에 올려 놓는다.
- 접시 끝에 젓가락을 걸쳐 놓지 않도록 주의한다.
- 일본 요리를 먹을 때는 숟가락을 사용하지 않고, 젓가락만 사용한다.

- 국그릇의 뚜껑을 열 때는 그릇의 옆을 왼손으로 누르면서 오른손으로 뚜껑을 쥐고 돌려 열어야 안쪽에 맺힌 수증기가 흐르지 않는다.
- 식사를 마친 후에는 원래대로 뚜껑을 덮어 놓는다.
- 국은 젓가락으로 건더기를 건져 먹은 뒤 그릇째 들고 국물을 마신다.

- 생선회를 가장 맛있게 먹으려면 생선회 뒤에 고추냉이(와사비)를 얹고 살짝 말아서 간장에 찍어 먹는다.
- 붉은 살 생선은 간장에 찍어 먹고, 흰살 생선은 약간 새콤한 초간장에 찍어 먹어야 생선의 맛이 잘 살아난다.

- 얇게 저민 생강(일본어로 가리)의 용도는 입가심용이다.
- 다른 종류의 회를 먹을 때 앞서 맛본 생선의 맛과 섞이지 않도록 하기 위해서 일종의 입 안 청소를 하는 것이다.

- 생선은 머리 쪽부터 꼬리 쪽으로 먹는다.
- 생선은 뒤집어서 반대쪽을 먹지 않는다.
- 뼈를 걷어내고 아래쪽을 먹으면 된다.

(2) 중국식 테이블 매너

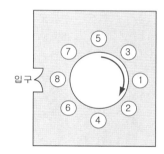

- 룸에서 식사할 경우 안쪽이 상석이고, 문 쪽이 말석이다.
- 요리 접시가 놓여 있는 회전 테이블은 시계 방향으로 돌리는 것이 기본이다.
- 상석에 앉은 사람이 요리를 먼저 덜고, 회전 테이블 위에 놓인 요리가 내 앞에 오면 개인 접시에 적당량을 덜어낸다.

- 요리를 먹을 때 개인 접시는 테이블에 둔 상태로 먹는다.
- 개인 접시랑 수프 그릇을 손으로 들고 먹어서는 안 된다.
- 개인 접시는 요리의 맛이 섞이지 않도록 새로운 요리가 나올 때마다 교체해서 사용한다.

- 먼저 덜었다고 해서 바로 먹어서는 안 되며, 전원이 다 덜고 나면 먹는다.
- 요리는 전원에게 돌아갈 수 있도록 처음에는 약간 적은 듯이 담는다.
- 한 번씩 덜어낸 다음에도 요리가 남아 있으면 여러 번 가져다 먹어도 된다.

- 꽃빵이 함께 나오는 경우 꽃빵만 따로 먹지 않는다.
- 꽃빵을 찢어서 요리를 싸서 먹거나 소스에 찍어 먹는다.

- 중국 요리에서는 회전 테이블 위에 놓여있는 조미료를 사용해서 각자의 취향대로 자기 앞으로 돌려서 사용한다.
- 조미료는 식초, 간장, 고추기름, 겨자가 있는 것이 일반적이다.

- 렝게는 왼손에 쥐고, 젓가락은 오른손에 쥔다. 그리고 젓가락으로 요리를 렝게에 정리해 넣듯이 해서 입으로 가져간다.
- 면류도 같은 요령으로, 그릇에서 직접 후루룩거리며 먹지 않는다.
- 수프를 먹을 때는 렝게를 오른손에 바꿔 든다.

[서버 사용법]

- 개인 접시는 미리 회전 테이블 가까이에 옮겨놓고, 서버용 스푼은 오른손, 포크는 왼손으로 잡고 요리를 포크로 스푼 위에 얹어 개인 접시로 덜어낸다.
- 사용이 끝난 서버용 스푼과 포크는 접시 오른쪽에 세로로 놓아 둔다.

③ 한식 테이블 매너

항상 웃어른이 최우선이다.
식사 자리만큼 그 사람이 자라온 환경이 드러나는 일도 없다. 낯선 양식의 테이블 매너는 열심히 배우려고 하면
서, 우리나라의 식사 예절은 잘 지키지 않는 것이 우리의 현실이다. 한식을 먹을 때도 순서가 있고 법도가 있다.
그 중 가장 기본이 되는 한식의 식사예절은 반드시 장유유서를 지켜야 한다는 것이다. 최소한 이것만이라도 실천
한다면 당신의 이미지가 달라질 것이다.

- 숟가락과 젓가락을 한 번에 하나씩 든다.
- 젓가락을 사용할 때 숟가락은 상 위에 놓는다.
- 숟가락이나 젓가락을 그릇에 걸치거나 얹어 놓지 않는다.
- 수저가 그릇에 부딪쳐 소리가 나지 않도록 한다.
- 먹는 도중 수저에 음식이 묻어서 남아 있지 않도록 한다.
- 식사가 끝나면 수저는 처음 위치에 가지런히 놓는다.

- 밥과 국물이 있는 음식은 숟가락으로 먹고, 다른 반찬은 젓가락으로 먹는다.
- 수저로 반찬이나 밥을 뒤적거리거나 헤집는 것은 좋지 않으며, 먹기 싫은 것을 골라내거나 양념을 털어내고 먹지 않는다.
- 숟가락으로 국이나 김칫국물을 먼저 떠 마시고, 밥이나 다른 음식을 먹는다.
- 밥그릇이나 국그릇을 들고 먹지 않는다.
- 밥그릇은 가장 나중에 숭늉을 넣어 깨끗하게 비운다.
- 밥은 자기 앞쪽부터 깨끗하게 먹는다.

요리를 더는 순서

스탠딩 파티에서도 될 수 있는 한 코스 순서대로 먹는 것이 좋다.

전채 요리 ➡ 생선 요리 ➡ 고기 요리 ➡ 디저트

더는 접시와 포크 잡는 법

요리를 덜기 전에 더는 접시와 포크를 잡는다. 접시를 왼손으로 쥐고 포크는 접시 아래에서 손가락에 끼운다. 비어 있는 오른손으로 요리를 던다.

서버 사용법

포크와 스푼으로 집는 것 같이 한 손으로 덜어서 사용하는 것이 좋다. 익숙하지 않거나 어려울 때는 양손을 사용해서 더는 것이 무난하다.

한 번에 더는 분량

한 번에 더는 양은 더는 접시 한 장에 2~3개의 요리가 적당하다. 한 장에 산더미처럼 쌓거나 한 번에 여러 장의 접시를 사용하는 것은 좋지 않다.

6 기타 매너

(1) 파티 매너

① 대화를 즐겁게 : 적극적으로 여러 사람과 대화를 즐기도록 한다. 대화할 때는 식사는 안 되고, 마실 것만을 손에 들고 한다.

② 서서 먹을 것 : 접시를 손에 들고 먹는 것이 기본이다. 따라서 여러 장의 접시를 한꺼번에 들어서는 안 되고, 한 접시씩 먹은 뒤에 다시 가져오도록 한다.

③ 건배는 확실히 참가할 것 : 요리가 담겨져 있는 메인테이블 근처에서 먹지 않고, 테이블과 의자에 진을 치고 요리를 먹는 것은 매너 위반이다. 입·퇴실은 기본적으로 자유롭게 하는 것이 스탠딩 파티이지만, 건배할 때는 서성거리지 않는다.

④ 행동은 신중하게 : 대부분의 사람들이 잔이나 접시를 손에 쥐고 서 있는 것을 유념해서 급하게 돌아본다든지 하지 말고 조심스럽게 행동한다.

(2) 먹고 마실 때의 매너

① 먹을 때의 기타 매너

테이블에 잔을 내려 둘 때	• 요리를 먹을 때 들고 있던 잔은 가까운 사이드 테이블에 놓는다. • 메인 요리 테이블에 내려놓으면 절대 안 된다.
접시, 잔 잡는 법	• 한 손으로 잡는 것이 스마트하지만, 어색하다면 양손으로 잡아도 상관없다. • 한 손으로 잡을 경우 손바닥에 잔을 얹고, 손가락 끝으로 더는 접시를 쥐고, 더는 접시의 아래에서 포크를 손에 끼운다. • 와인 잔은 안정이 어렵기 때문에 접시 위에 얹어서 엄지와 검지로 누른다. • 포크는 더는 접시 아래에서 넷째와 다섯째 손가락으로 잡는다.

② 알코올성 음료 매너

㉠ 맥주

따르는 법	• 병맥주는 상표를 위로 가게 한 다음, 오른손으로 상표 있는 곳의 아래 부분을 잡고, 왼손은 병의 주둥이 쪽의 밑 부분을 받치듯이 해서 잡는다. • 비즈니스 접대에서는 주문 전에 상표도 배려한다. 거래처와 관련 있는 브랜드가 있다면 그것을 선택한다. • 병의 입구를 잔보다 조금만 띄워서 거품이 흘러 넘치지 않도록 조용히 따른다. • 맥주잔의 5〜6cm 위부터 처음에는 천천히 조금씩 따르고, 마지막에는 거품이 생기도록 조금 빨리 따른다. • 거품은 잔의 입 닿는 곳에 닿을락말락할 정도로 한다. • 거품의 양은 글라스 전체의 3 / 10 정도가 기준이다(위의 거품이 30, 맥주가 70).
받는 법	• 받는 쪽은 잔을 양손으로 받는다. • 오른손을 옆에 두고, 왼손은 바닥에 덧댄 후, 잔을 기울이거나 가볍게 들어 올려서 따르기 쉽도록 잡는다.

ⓛ 청주(사케)

따르는 법	• 술병은 오른손으로 입구 쪽을 잡고, 왼손으로 물수건 등을 대서 아래쪽을 잡고 따른다. • 물수건은 술이 흘러내리는 것을 막기 위해서 사용한다. • 부딪치지 않도록 잔에서 조금 떼어서, 잔의 8~9부까지 따른다.
받는 법	• 잔을 양손으로 잡고 감사의 말을 한다. • 술을 받으면 한 모금 마시고 나서 테이블에 내려 놓는다.

ⓒ 와 인

따르는 법	• 와인은 레스토랑의 소믈리에나 남성이 따른다. • 병의 뒤쪽을 잡고 상대에게 라벨을 보이면서 따른다. • 와인은 온도에 민감하기 때문에 최대한 신체 접촉을 줄여 한손으로 병의 아랫부분을 잡고 따른다. • 글라스의 테두리에 병이 닿지 않도록 주의해서, 글라스의 폭이 가장 넓은 곳까지 따른다. • 와인은 잔의 2 / 3 정도 채우는데, 그 이유는 와인 향이 나머지 공간에서 머물 수 있도록 하기 위함이다.
받는 법	• 와인 잔은 들지 않고 테이블 위에 둔 채로 받는다. • 잔을 들어 올려서 받는 것은 매너에 어긋나므로 반드시 기억해야 한다.
마시는 법	• 와인 잔은 항상 스템(다리) 부분을 잡고 마신다. • 와인은 공기와 접촉하면 풍미가 좋아져 한층 깊은 맛을 내기 때문에, 스템을 잡고 잔을 가볍게 돌려 공기와 접촉시킨 후 마신다. • 와인 잔을 손바닥으로 감싸 잡지 않도록 주의한다.
테이스팅 방법	• 주문한 것이 맞는지 라벨을 확인한다. • 소량의 와인을 따라주므로 빛에 비춰 보고 색을 체크한다. • 2~3회 잔을 돌려서 향을 맡아본다. • 소량을 입에 머금고 맛을 체크한다. • 문제가 없으면 '좋습니다. 모두에게 주세요.' 등의 말로 OK 사인을 보낸다. • 와인은 요리와 함께 마시기 시작해서 요리와 함께 끝내는 식중주로, 디저트가 나오기 전까지만 마시도록 한다.
글라스 잡는 방법	• 와인 잔은 손가락을 가지런히 해서 스템(다리) 부분을 잡는다. • 새끼손가락으로 글라스의 바닥을 누르면서 잡아도 안정되게 잡을 수 있다. • 브랜디 잔처럼 잡거나 컵 부분을 잡으면 와인이 따뜻해져 맛이 변하므로, 이것은 올바른 방법이 아니다.
거절법	• 와인 잔 위에 가볍게 손을 얹으면 술을 따르지 않는다. • 글라스 위를 손으로 뚜껑 덮듯이 하는 행동은 아름답지 않으므로 삼가며, 추가를 사양할 때도 마찬가지이다.
샴페인	• 샴페인은 화이트 와인의 일종으로서, 샴페인의 컬러는 대부분 노란 황금빛을 띤다. • 샴페인을 고를 때는 먼저 거품을 보는 것이 중요하다. 거품의 크기가 작고 끊임없이 올라오는 것이 가장 좋은 샴페인이다. • 샴페인을 서빙할 때는 플루트 모양이나 튤립 모양의 글라스가 이상적인데, 샴페인 거품을 잘 유지하게 도와주기 때문에 독특한 샴페인 맛이 나게 한다. • 실내 온도의 샴페인을 오픈하면 금세 거품이 빠져나가 맛이 없어지므로, 가장 이상적인 온도는 5~7℃가 적당하다.

- 와인은 식사 메뉴를 주문한 후에 선택한다.
- 취향과 금액 등을 소믈리에나 웨이터에게 전하고 추천을 받으면 좋다.
- 와인의 가격은 요리 1인분의 가격이 기준이다.
- 와인은 모두가 마시기 전에 먼저 호스트가 테이스팅을 한다.
- 테이스팅은 와인이 상하지 않았는지 확인을 하기 위한 것이다.
- 분명하게 품질이 변질된 경우를 제외하고 맛이 본인의 취향에 맞지 않는다고 해서 바꿀 수는 없다.

ⓔ 칵테일

	[글라스의 가장자리에 소금이 묻어 있는 것] • '스노 스타일'이라고 불리는 칵테일로서, 보드카에 그레이프 프루트 주스를 첨가한 솔티 도그(Salty Dog)가 유명하다. • 한 곳에만 입을 대서 먹어도 좋고, 한 바퀴 돌아가면서 입을 대도 괜찮다.
	[머들러(Muddler)가 들어 있는 것] • 머들러는 사용하고 나면 꺼내서 종이 냅킨 등의 위에 놓는다. • 레몬과 라임은 짠 후에 꺼내도 좋고, 가운데 넣은 채로 마셔도 괜찮다.
	[스터(Stir)가 꽂혀 나온 것] • 이것은 스트로(Straw)가 아니라 잘 섞이도록 젓기 위한 스틱이다. • 스트로처럼 빠는 것은 힘이 들기 때문에 섞는 용도로만 사용한다. • 커피 전문점에서 나오는 커피스틱도 빨대가 아님을 잊지 말자.
	[과일이 붙어 있는 것] • 과일도 꼭 먹는다. 껍질이나 씨는 냅킨에 싸서 둔다. • 장식되어 있는 꽃은 꺼내도 좋고, 그대로 마셔도 괜찮다.
	[스트로(Straw) 두 개가 나온 것] • 한 개를 사용해서 마신다. • 다른 하나는 스트로가 막혔을 때를 대비하여 나온 여분이다.

리큐어(Liqueur) 잔
- 증류수에 향미 성분을 가미해서 별도의 맛이 있는 인삼주, 매실주 같은 과일주를 담는 잔으로서, '코디얼 잔'이라고도 한다.

스트레이트(Straight) 잔
- 위스키를 마실 때 사용하는 잔으로서, '샷(Shot) 글라스'라고도 한다.
- 소주 한 잔 정도 분량인 30ml가 기본 크기이다.

브랜디(Brandy) 잔
- 배 부분이 불룩하고 입구가 좁은 튤립형이다.
- 브랜디의 향이 잔에 오래 남아 있도록 고안된 모양으로서, '나폴레옹 잔'이라고도 한다.
- 브랜디는 체온으로 따뜻하게 데워 주면 맛과 향이 더욱 좋아지므로, 스템(다리)을 잡는 대신 술잔을 손으로 감싸듯이 잡는다.
- 브랜디는 잔 크기와 관계없이 늘 30ml만큼만 따라 마시는 게 요령이다.

와인(Wine) 잔
- 화이트 와인 잔보다 큰 것이 레드 와인 잔이다.
- 레드 와인이 화이트 와인보다 향과 색이 진하기 때문에 더 많은 향을 잔에 간직하고, 색을 통해 시각적인 검증을 받기 위해서이다.

샴페인 플루트(Champagne Flute) 잔
- 와인 잔의 일종으로 끊임없이 올라오는 미세한 거품을 눈으로 즐기기 위해, 기본적으로 가늘고 긴 몸체를 가지고 있다.

샴페인 소서(Champagne Saucer) 잔
- 입구가 넓은 소서형은 더 많은 양의 샴페인을 따를 수 있으며, 리셉션 등 행사장에서 건배할 때 많이 사용된다.

칵테일(Cocktail) 잔
- 얼음을 넣지 않고 만드는 칵테일에 사용되는 잔으로서, '마티니 잔'이라고도 한다.
- 여러 가지 변형된 형태가 많지만, 기본형은 그림처럼 역삼각형의 잔에 스템이 달린 모양이다.
- 역삼각형 모양은 술잔을 거꾸로 완전히 기울이지 않아도 남은 술을 쉽게 마실 수 있으니, 목을 꺾어가며 마시지 않아도 된다.

올드 패션드(Old Fashioned) 잔
- 스템이 없는 두툼한 원통형 모양의 키가 작은 텀블러를 가리킨다.
- 위스키를 온더록으로 마실 때 사용하기 때문에 '온더록 잔'이라고도 한다.

아이들이 답이 있는 질문을 하기 시작하면

그들이 성장하고 있음을 알 수 있다.

– 존 J. 플롬프 –

서비스경영 전문가가
꼭 알고 있어야 하는 전문용어

- **예의범절** : 유교 도덕 사회의 기본인 삼강오륜에 근간을 두고 발전한 동양적인 개념으로서, 개인과 집안에서 지켜야 할 기본적인 규범

- **에티켓** : 고대 프랑스어의 동사 Estiquier(붙이다)에서 유래되어 공공을 위한 안내판 · 입간판의 의미를 가짐. 사회생활에 있어 대인관계를 원만히 하기 위한 기초 행동양식

- **매너** : Manuarius라는 라틴어에서 생겨났으며, Manus와 Arius라는 말의 복합어. Manus는 영어의 Hand란 뜻으로 사람의 손이라는 의미를 가지며, 이외에도 사람이 가진 고유의 행동, 습관 등의 뜻을 내포함. 사람들이 저마다 가지고 있는 독특한 행동과 습관, 태도로서 이것이 어떠한 일을 함에 고유한 느낌으로 상대에게 전달되는 배려의 감정이며, 상대가 편안하도록 마음을 표현하는 행동방식

- **서비스(Service)** : 어원은 라틴어의 노예를 의미하는 세르브스(Servus)라는 단어에서 온 것이라는 설이 설득력이 있으며, 영어에는 Servant, Servitude, Servile란 단어가 모두 '사람의 시중을 든다'라는 의미가 있음

- **서비스 매너** : 경영활동에 있어 고객과 만나는 접점에서 고객에 대한 이해를 가지고 고객을 응대하며, 고객의 요구를 빨리 파악하고 응대하는 기본 능력

- **서비스 매너의 구성요소** : 표정, 자세와 동작, 용모 복장, 의사소통능력, 공감 능력, 상호 신뢰, 이미지 연출

- **네티켓** : 네트워크(Network)와 에티켓(Etiquette)의 합성어로 네트워크 사용자들이 네트워크를 사용하면서 지켜야 하는 기본예절

- **인사** : 상대방에게 해치지 않겠다는 신호, 무장해제의 신호에서 유래. 한자는 '사람 인(人)'과 '일 사(事)'또는 '섬길 사(仕)'이며 '사람이 할 일'이라는 뜻을 내포하며, 그 할 일을 할 때는 섬기는 마음으로 해야 한다는 의미. 사람이 서로 만나거나 헤어질 때, 예의로서 허리를 굽혀 절을 하거나, 안부를 묻는 것은 섬김의 마음, 환영의 표시, 신용의 상징적 의미를 가짐

- **공수자세** : 공수(拱手)는 절을 하거나 웃어른을 모실 때, 두 손을 앞으로 모아 포개어 잡는 자세를 말하며, 상대방을 향해 자신을 낮추고 자세를 취함으로 인사를 한다는 의미를 전달함. 공경의 뜻으로 어른 앞에서 공손한 자세를 취할 때는 반드시 공수를 하여 공경의 뜻을 나타내도록 해야 함

- **겸양어(자신을 낮춤말)** : 자기 자신을 낮춰서 하는 말로 상대방을 높여주는 의미를 가짐. 말하는 주체가 자신일 경우 겸양어를 사용함

- **존칭어(상대를 높임말)** : 상대방을 높이는 말로 상대방에게 경의를 표하는 의미를 가짐. 상대가 말하는 주체인 자신보다 높여야 하는 경우에 사용함

- **정중어(공손어)** : 상대방에게 정중한 기분을 나타내기 위한 말로서, 듣는 사람을 대우해 주기 위해 공손하게 하는 말. 초면인 경우나 공식적인 장소, 지위가 높거나 존경의 의미를 담아 이야기를 해야 하는 상대에게 사용함

- **T(Time), P(Place), O(Occasion)** : 시간과 장소와 경우에 맞는 예법, 복장매너, 이미지 연출 등이 사회인에게는 필수요건임

- **RSVP[Répondez S'il Vous Plaît, Reply, If you please(화답을 기다립니다)]** : 초청에 대한 참석 여부 회신

- **디너파티(Dinner Party)** : 풀코스(Full Course)의 만찬을 하는 파티로 가장 정중한 형식의 파티

- **리셉션(Reception)** : 원래 지위가 높은 정부의 공직자나 외교관이 공식적으로 베푸는 칵테일파티에 한해서 쓰던 용어였으나, 오늘날 리셉션은 대부분 특정한 사람이나 중요한 사건을 축하 또는 기념하기 위해 베푸는 공식적인 모임을 가리킴

- **칵테일파티(Cocktail Party)** : 칵테일파티는 국제행사 중에 많이 열리는데 가벼운 파티로, 도착은 개최 시작 전에 가능한 맞추지만 참석자의 사정에 따라 자유롭게 파티장을 떠날 수 있는 특징이 있음

- **가든파티(Garden Party)** : 정원과 같은 야외에서 진행하는 파티

- **뷔페파티(Buffet Party)** : 중앙에 음식을 한꺼번에 차려 놓고 서서 음식을 먹으면서 파티 참석자들과 담화를 하는 파티

- **포트럭 디너(Potluck Dinner)** : 파티의 참석자들이 각자 일품요리를 한 가지씩 준비해 와서 음식을 나누며 담소하는 형식으로 아주 친한 사이에서 열리는 디너파티

- **티파티(Tea Party)** : 다과회(茶菓會)라고도 하며, 홍차나 커피, 주스, 케이크, 샌드위치 등 가벼운 음식을 준비해 보통 오후 3~5시경에 열리는 파티

- **샤워파티(Shower Party)** : 주로 가까운 친구들이나 친한 직장동료들이 모여, 축하를 받을 사람을 중심으로 이야기와 음식을 나누는 간단한 파티

- **캐비어(Caviar)** : 철갑상어 알을 소금에 절인 것

- **푸아그라(Foie gras)** : 크리스마스와 연초에 프랑스에서 먹는 음식으로, 좀더 정확한 발음은 훠아그라(Foie-gras)라고 하는데, '비대한 간'이란 뜻으로 거위나 오리 간을 강제로 사료를 먹여 간을 크게 만드는 것

출제유형문제

📠 일반형 문제

01 다음 중 비즈니스에서 많이 사용되는 휴대전화 사용 매너 중 올바르지 않은 것은?

① 상대방의 휴대전화가 꺼진 것을 확인하고 끊는다.
② 상담이나 회의 시에는 반드시 끄거나 무음으로 전환한다.
③ 상대방이 휴대전화를 받을 때 반드시 통화가능 여부를 확인하고 통화한다.
④ 급한 경우 문자메시지로 연락하되 발신자의 이름을 반드시 적어 보낸다.
⑤ 상대방이 전화를 받을 때까지 기다리며 계속 신호를 보낸다.

> **해설** 상대방의 수신음이 5~6회 이상 울려도 받지 않을 때 끊는다.

02 다음 중 비즈니스 환경에서 구성원의 소개 매너에 대한 설명으로 적절하지 않은 것은?

① 외부 고객을 자신의 회사 사람에게 소개한다.
② 손아랫사람을 손윗사람에게 소개한다.
③ 이성 간에는 남성을 여성에게 소개한다.
④ 연소자를 연장자에게 소개한다.
⑤ 지위가 낮은 사람을 높은 사람에게 소개한다.

> **해설** 자신의 회사 사람을 외부 고객에게 소개한다.

03 다음 중 비즈니스 상에서 처음 고객과 만나 명함을 교환할 때의 매너로 옳지 않은 것은?

① 방문자가 상대방에게 먼저 건넨다.
② 선 자세로 교환하는 것이 예의이다.
③ 남성은 가슴 포켓 또는 양복 상의의 안주머니에 넣는다.
④ 윗사람이 먼저 줄 때까지 기다린 후 자신의 명함을 건넨다.
⑤ 명함은 자기 자신을 나타내는 자기소개서이므로 소중하게 다루어야 한다.

> **해설** 명함은 아랫사람이 윗사람에게 먼저 건넨다.

04 다음 중 공수자세에 대한 설명으로 가장 적절한 것은?

① 두 손의 손가락을 나란히 깍지를 끼고 앞으로 모은다.
② 특정 상황에 구분 없이 평상시 남자는 오른손, 여자는 왼손이 위이다.
③ 공수자세는 여자와 남자가 동일하지만, 흉사(초상집, 영결식)때에는 다르게 한다.
④ 제사 때에도 흉사와 동일하게 공수는 남자가 오른손을 위로 하고, 여자가 왼손을 위로 한다.
⑤ 앉을 때는 남자는 두 다리의 중앙이나 아랫배, 여자는 오른쪽 다리 또는 세운 무릎 위에 손을
놓는다.

해설) 바람직한 공수자세는 엄지손가락은 엇갈려 깍지를 끼고 네 손가락을 포개는 것이다. 평상시에는 남자는
왼손, 여자는 오른손이 위이며, 흉사(초상집, 영결식)에는 그 반대로 한다. 손은 배꼽에 닿도록 하고, 소매
가 긴 예복을 입었을 때는 팔뚝이 수평이 되도록 해야 한다. 앉을 때는 남자는 두 다리가 중앙이나 아랫
배, 여자는 오른쪽 다리 또는 무릎 위에 놓는다.

05 다음 인사의 종류 중 약례에 해당되는 상황은?

① 양손에 무거운 짐을 들고 있는 경우
② 상사에게 보고하거나 지시를 받을 경우
③ 실내나 복도에서 자주 마주치는 경우
④ 면접이나 공식석상에서 처음 인사하는 경우
⑤ 화장실과 같은 개인적인 공간이나 실내나 통로 등 협소한 공간

해설) 실내나 통로, 엘리베이터 같은 협소한 공간이나 화장실과 같은 개인적 공간, 손아랫사람에게 인사하는 경
우, 동료나 친한 사람과 만나는 등의 상황이 약례(상체를 15도 정도 숙여 인사)의 경우에 해당한다.

06 다음 중 일반적으로 전언메모에 기록해야 할 내용으로 적절하지 않은 것은?

① 상대방의 연락처
② 전화를 받은 날짜와 시간
③ 전화를 건 사람의 회사와 부서
④ 전화를 건 사람의 직급과 이름
⑤ 나이, 학력, 개인사 등 상세한 프로필 조사내용

해설) 상세한 프로필은 기록하지 않는다.

07 다음 중 매너(Manner)의 어원에 대한 설명으로 옳은 것은?

① '나무 말뚝에 붙인 표지'라는 의미에서 표찰의 뜻이다.
② 관례 및 예의범절을 말하며, 공공을 위한 안내판, 입간판의 의미를 말한다.
③ 상대방의 신분에 따라 달라지는 편지형식이라는 말에서 궁중의 각종 예법을 가리키는 말이다.
④ 손으로 무엇인가를 조작하고 움직이듯, 사람이 수행하고자 하는 바를 위해 움직이는 행동이나 습관을 의미한다.
⑤ 15세기에 정착하였고, 안 도트리시(루이 13세의 비)에 의해 궁정 매너가 발달하여 루이 14세 때에 완전히 정비되었다.

> **해설** 매너는 Manus와 Arius의 복합어로, Manus는 영어의 Hand 즉, 손이라는 뜻과 사람의 행동, 습관 등을 내포하고 Arius는 More at manual, 행동을 취하는 방법 또는 방식을 의미한다. 따라서 매너는 손으로 무엇인가를 조작하고 움직이듯, 사람이 수행하고자 하는 바를 위해 움직이는 행동이나 습관을 말한다.

08 다음 중 에티켓(Etiquette)의 정의에 대한 설명으로 가장 적절한 것은?

① 타인을 향한 배려의 언행을 형식화한 것
② 상대방을 존중하고 타인을 편안하게 하는 행동방식
③ 사람이 수행해야 하는 일을 위해 행동하는 구체적인 방식
④ 매너를 외적으로 표현하는 것으로 행동을 취하는 방법
⑤ 사회생활의 모든 경우와 장소에서 취해야 할 바람직한 행동양식

> **해설** 에티켓(Etiquette)은 사회생활을 원활하게 하기 위한 불문율이며, 사회생활의 모든 경우와 장소에서 취해야 할 바람직한 행동방식이다. 또한 상대방에 대한 존중을 바탕으로 여럿이 함께하는 문화를 바람직하게 유지하기 위한 사회적 약속, 지켜야 할 규범적 성격으로 정의할 수 있다.

09 다음 중 명함을 받을 때의 바람직한 자세는?

① 명함을 받을 때는 상황에 따라 일어서거나 앉거나 편안한 상태로 받는다.
② 명함을 받으면 방치 또는 분실을 방지하기 위해 바로 명함 지갑에 넣어야 한다.
③ 명함을 받으면 기억하기 좋게 만난 날짜를 받은 명함 여백에 즉시 기록해 놓아야 한다.
④ 명함을 받으면 상대방의 이름을 확인하고, 어려운 글자는 그 자리에서 물어보는 것이 좋다.
⑤ 명함을 받을 때 상대방의 직급이 높으면 두 손으로 받고, 직급이 낮으면 한 손으로 받아도 된다.

> **해설** 명함은 직급에 상관없이 두 손으로 서서 받고, 상대방의 명함에 확인하고 읽기 어려운 글자가 있으면 그 자리에 물어보는 것이 좋다. 명함을 받은 후에는 테이블에 올려놓고, 직위와 이름을 기억하며 대화를 해야 한다.

10 다음 중 전화응대의 기본자세에 해당되지 않는 내용은?

① 미소 띤 얼굴로 대화하며 바른 자세로 대화한다.
② 전달할 내용을 간단히 정리하고 메모하며 전화응대를 시작한다.
③ 밝고 명랑한 목소리로 마무리하며 상대방보다 수화기를 먼저 내려놓는다.
④ 전화통화 시 주위 사람들에게 방해가 되지 않도록 조용히 이야기를 한다.
⑤ 가급적 유선전화로 통화하며 개인 휴대폰은 긴급한 일 외에 통화를 자제한다.

> **해설** 통화를 마무리 할 때는 밝고 명랑한 목소리로 인사하고, 상대방이 수화기를 내려놓은 것을 확인한 후 끊는 것이 예의이다.

11 다음 중 상황별 전화응대에 대한 설명으로 가장 적절한 것은?

① 지명인이 부재중일 때, 개인적인 부재 사유에 대해 정확하게 알린다.
② 회사의 위치를 묻는 경우 일단 대중교통을 이용할 수 있도록 안내해준다.
③ 찾는 사람이 부재중이라면 정중히 사과를 한 후 나중에 다시 전화할 것을 부탁한다.
④ 불특정 고객이 전화 연결을 요청하는 경우, 지명인의 휴대전화 번호를 알려줘서는 안 된다.
⑤ 전화가 잘 들리지 않는 경우 "뭐라고요?", "잘 안 들리는데요." 등의 표현으로 통화 상태가 좋지 않음을 명확하게 알린다.

> **해설** ① 지명인이 부재중이더라도, 부재중인 개인적인 사유까지 알릴 필요는 없다.
> ② 회사까지 어떤 교통편을 이용할 것인지 먼저 물어본다.
> ③ 다시 전화할 것인지, 지명인이 전화해줄 것인지를 정한다. 필요하다면 메모를 정확히 남기고, 전화 한 사람의 이름을 확인한다.
> ⑤ "뭐라고요?", "잘 안 들리는데요."와 같은 표현은 지양하고, "좀 멀게 들립니다."와 같은 완곡한 표현을 사용한다.

12 다음 중 상석에 대한 설명으로 옳지 않은 것은?

① 단상 배치 기준, 차석은 VIP의 오른쪽에 위치한다.
② 상석의 방향은 동서남북을 기준으로 북쪽이다.
③ 손님의 직위와 중요도를 고려하여 자리를 안내한다.
④ 기차에서는 열차 진행방향의 창가 좌석이 최상석이다.
⑤ 자동차를 차주가 운전하는 경우 운전석의 뒷좌석이 최상석이다.

> **해설** 차주가 운전을 하는 경우 운전석 옆 좌석에 나란히 앉는 것이 매너이고, 운전석의 뒷좌석이 말석이다.

13 다음 중 다양한 호칭과 경어매너에 대한 설명으로 옳지 않은 것은?

① 다른 회사를 지칭할 때는 '귀사'라고 지칭한다.
② 상급자에게 자신을 칭할 때는 '저'라고 지칭한다.
③ 동급자인 경우는 '○○과장님' 또는 '○○대리님' 등 '님'을 붙여 부른다.
④ 문서에는 상사의 존칭인 '님'을 생략하여 '사장 보고의 건'이라 표기한다.
⑤ '말씀'이라는 단어를 사용할 때 상대방을 높이기 위해서는, '사장님 말씀이 계시겠습니다.'라고 표현한다.

> **해설** '말씀이 계시다'를 사용할 경우는 '말씀을 하시다'가 맞고, '계시다'는 틀린 표현이다. 따라서 '사장님께서 말씀(을) 하시겠습니다.' '사장님 말씀이 있겠습니다.'라고 해야 한다.

14 다음 중 초대 에티켓에 대한 내용으로 옳지 않은 것은?

① 가정에 초대를 받은 경우에는 초대에 대한 감사를 표한다.
② 참석자들 간의 관계나 친분을 고려하여 초대할 사람을 선정한다.
③ 초대를 받은 당일 가능한 일찍 도착하여 초대자의 음식 준비를 돕는다.
④ 해외 출장 시 현지인에게 초대를 받으면 한국 전통의 물품을 선물하면 좋다.
⑤ 서양에서는 식당에 초대받는 것보다 가정에 초대받는 것을 더 큰 대접으로 여긴다.

> **해설** 초대를 받은 경우 약속시간 5분 전에 도착하는 것이 좋으며, 너무 일찍 도착하는 것은 오히려 실례가 된다. 그러나 도착 후 자신이 준비하거나 도울 일에 대해 묻는 정도는 무방하다.

15 다음 중 인사에 대한 설명으로 옳은 것은?

① 손님이나 상사와 만나거나 헤어지는 경우 정중례로 인사하는 것이 보통이다.
② 약례는 양손에 무거운 짐을 들고 있거나 모르는 사람과 마주칠 경우에 한다.
③ 정중례는 90도로 숙여서 하는 인사로, VIP 고객이나 CEO를 만날 때 주로 한다.
④ 목례는 눈으로 예의를 표하는 인사의 방식으로, 허리를 15도 살짝 숙인다.
⑤ 보통례는 허리를 30도 정도 숙여서 인사하는 방법으로, 주로 처음 만나 인사하는 경우에 사용한다.

> **해설** ① 손님이나 상사를 만나거나 헤어지는 경우 일반적으로 보통례로 한다.
> ② 목례는 양손에 무거운 짐을 들고 있거나 모르는 사람을 마주칠 때 한다.
> ③ 정중례는 가장 정중한 인사로, 보통 상체를 45도 정도 숙여서 인사한다. 감사의 뜻을 전할 때나 VIP 고객 등에게 하는 인사이다.
> ④ 목례는 상체를 숙이지 않고 가볍게 머리만 숙여서 하는 인사이다.

16 흉사시의 공수는 평상시와 반대로 남자는 오른손을 위로, 여자는 왼손을 위로 한다. 제사는 흉사가 아니므로 평상시대로 한다.

(① O   ② X)

17 악수의 순서는 일반적으로 여성이 남성에게, 손윗사람이 손아랫사람에게, 기혼자가 미혼자에게, 상급자가 하급자에게 악수를 청하되 국가원수, 왕족, 성직자 등은 소개와 함께 머리 숙여 인사하고, 악수를 청할 때는 허리를 숙여 악수한다.

(① O   ② X)

18 보통례는 상체를 15도 정도 숙여서 하는 인사로 보통 처음 만나 인사하는 경우, 상사에게 보고를 하거나 지시를 받을 경우, 상사나 손님을 여러 차례 만나는 경우에 인사하는 방법이다.

(① O   ② X)

> 해설) 보통례는 허리를 30도 숙여서 인사하는 방법으로 손님이나 상사를 만나거나 헤어지는 경우, 보편적으로 처음 상대를 만나는 경우, 상사에게 보고를 하거나 지시를 받는 경우가 이에 해당된다.

19 상황별 서비스종사자의 제스처 중 '올바르게 앉는 자세'는 등과 의자 사이에 공간을 두지 않고, 등을 의자에 기대어 편안히 앉은 것을 의미한다.

(① O   ② X)

> 해설) 등과 의자 등받이 사이는 주먹이 하나 들어갈 정도로 간격을 두고 앉는 것이 올바른 자세에 해당한다.

20 전화응대의 특성에는 일대일 쌍방향 커뮤니케이션, 고객 개개인의 개별 서비스 응대가 가능한 서비스 매체라는 점 등이 있다.

(① O   ② X)

[21~25] 다음 설명에 알맞은 단어를 보기에서 각각 골라 넣으시오.

① 에티켓 ② 네티켓 ③ 디너파티 ④ 가든파티 ⑤ 서비스 매너

21 생활에서 지켜야 하는 규범으로서 대인관계에서의 합리적인 행동기준이다. 구성원 모두가 함께하는 바람직한 문화를 유지하기 위한 사회적 약속이다.

(   )

22 온라인상에서 메일을 주고받거나 글을 올릴 때, 혹은 채팅할 때 등의 모든 활동에서 지켜야 할 상식적인 예절이다.

(   )

23 경영활동에 있어 고객과 만나는 접점에서 고객에 대한 이해를 가지고 고객을 응대하며, 고객의 요구를 빨리 파악하고 응대하는 기본 능력이다.

(   )

24 정원과 같은 야외에서 진행하는 파티로, 더운 날씨와 추운 날씨를 고려하여 날씨가 가장 좋은 시기를 선택해야 한다.

(   )

25 풀코스의 만찬을 하는 가장 정중한 형식의 파티이며, 복장은 정장으로 한다.

(   )

21 ① 22 ② 23 ⑤ 24 ④ 25 ③

26 다음 보기의 사례에서 두 사람의 비즈니스 전화응대 매너를 해석한 것으로 적절하지 않은 것은?

김철수씨는 출근 시간이 십여 분 정도 지난 시각에 아직 출근하지 않은 옆자리의 동료 전화를 대신 받게 되었다.

- 김철수 : (A) 여보세요.
- 송신자 : (B) 아, 네 수고하십니다. ○○건설이죠. 김영식씨 계십니까?
- 김철수 : (C) 아 네 ○○건설은 맞습니다만, 김영식씨는 아직 출근 전입니다. 아마 곧 출근할 것 같습니다만…
- 송신자 : 네. 그렇군요.
- 김철수 : (D) 용건을 말씀해주시면, 제가 메모를 남기거나 자리에 도착하는 대로 전화드리라고 전하겠습니다. 괜찮으시겠습니까?
- 송신자 : (E) 네. 며칠 전에 메일을 보내주셔서 그 건으로 연락드렸습니다. 저는 ○○상사에 근무하는 ○○○대리입니다. 말씀을 전해주시면 감사하겠습니다.

---

① (A) - 비즈니스 전화를 받을 때 가장 무난한 인사법으로 응대하였다.

② (B) - 통화하고자 하는 상대를 확인하고자 하였으나, 본인의 소속을 밝히지 않아서 적절한 응대가 아니다.

③ (C) - 동료가 지각하여 부재한 상황이라면, 아직 출근 전이라고 하기보다는 잠시 자리를 비웠다고 하는 편이 비즈니스 응대 시에는 더 적절하다.

④ (D) - 상대에게 정중히 메모나 연락처 등을 질문하며 적절히 응대하였다.

⑤ (E) - 전화를 건 용건과 소속을 밝히고, 메모를 전해주는 것에 대한 감사를 전하여 예의를 갖추었다.

해설 회사명 혹은 소속, 이름 등을 밝히며 전화를 받는 것이 비즈니스 전화응대의 기본이다.

27 다음 보기의 사례에서 고객과의 미팅을 위한 레스토랑(식당) 이용 시 적절하지 않은 행동은?

> ① (예약 매너)
> - 나는 고객과 식사 약속을 하고, 조용하고 전망이 좋은 곳을 부탁하여 미리 예약하였다.
> - 예약시간 전에 먼저 도착해서 고객을 맞이하였다.
> ② (도착과 착석 매너)
> - 착석하고 나서 화장실에 가는 것은 실례이므로, 미리 화장실을 다녀와 예약 테이블을 확인하였다.
> - 상석을 확인하고 건너편 자리에 착석한 후, 들어오는 입구를 주시하며 고객을 맞이할 준비를 하였다.
> ③ (주문 매너)
> - 식사 시 모든 행동은 고객을 중심으로 이루어지도록 예의를 갖추었다.
> - 주문은 고객보다 먼저 하여 고객이 편안히 따라 주문하도록 유도하였다.
> ④ (식사 매너)
> - 식사 중 너무 큰 소리를 내거나 웃는 것을 삼갔다.
> - 직원을 부를 때는 오른손을 가볍게 들어 호출하였다.
> ⑤ (기물 사용매너)
> - 나이프와 포크는 바깥쪽부터 안쪽으로 차례로 사용하였다.
> - 나이프는 오른손, 포크는 왼손을 사용하였다.

① 예약 매너
② 도착과 착석 매너
③ 주문 매너
④ 식사 매너
⑤ 기물 사용 매너

해설) 식사 시의 모든 배려의 중심은 초대된 고객을 위해 이루어진다. 주문은 고객이나 여성이 먼저 하도록 하고, 편안히 식사할 수 있도록 배려한다.

28 다음 보기의 내용은 박부장이 신입사원 김철수 씨에게 엘리베이터 탑승에 대한 예절을 알려주는 상황이다. 다음 중 박부장이 신입사원에게 탑승 예절에 대해서 가장 적절하게 설명한 것은?

> • ○○기업 홍보팀의 박부장은 새로 입사한 김철수씨와 오전 회의를 마치고 함께 점심식사를 하기 위해 엘리베이터를 탔다.
> • 홍보팀이 있는 23층에서 1층으로 내려가는 도중에, 12층에서 인사팀 김부장과 이대리가 탑승하였다. 이대리는 김부장보다 먼저 타며 김부장을 안내하였다.
> • 8층에서는 구매팀 동료 두 명이 타서 회의가 방금 끝났는지 미처 결정하지 못한 회의안건에 대해 의견을 계속 나누었다.
> • 5층에서는 세 명의 사람들이 우르르 탑승하였고, 문이 닫히려는 순간 한 명이 뛰어 들어와 마지막으로 엘리베이터에 올랐다.

① 12층에서 탑승한 이대리처럼 엘리베이터에 다른 사람이 타고 있을 때에는 상사보다 먼저 탑승하는 것이 맞는 예절이라네.

② 엘리베이터 문이 닫히려는 순간이라도 전기를 절약하기 위해서는 빨리 안으로 들어와 탑승을 마무리 하는 것이 당연한 것이네.

③ 5층에서 탑승한 세 사람처럼 사람들을 안으로 밀면서라도 타야 하는 것일세. 엘리베이터 탑승의 기본은 안전이 아니라 신속이라네.

④ 8층에서 탑승한 직원들이 식사 시간을 확보하기 위해 엘리베이터 내에서 못다한 업무 논의를 하는 것은 예의에 어긋나는 일은 아니네.

⑤ 엘리베이터 안에 아무도 없을 때는 상사보다 먼저 타는 것이 엘리베이터 탑승 예절이라네. 그 의미는 상사보다 먼저 탑승하여 안전을 확보했다는 의미라네.

> **해설** 엘리베이터 탑승의 기본은 안전이므로, 아무도 없을 때는 부하직원이 먼저 타서 안전을 확보하고, 가고자 하는 층의 버튼을 누르는 것이 예절이다.

29 어느 여성의류 매장에서 충성고객 관리를 보다 효율적으로 하기 위하여, 5명의 고객을 '사고형'과 '감정형'으로 구분해 보았다. 다음 중 '감정형 고객들'의 단서들로만 구성된 것은?

> 가. 우리 매장에 올 때는 항상 정장 차림이어서 어딘지 모르게 업무지향적인 느낌을 많이 받는다.
> 나. 우리 매장 직원들과 대화할 때 얼굴에 감정 상태가 금방 나타난다.
> 다. 옷을 구매하고 난 후에 사적인 이야기를 할 때마다 주로 따뜻하고 친근한 말을 한다.
> 라. 매장에서 머무는 길지 않은 시간에도 시간관념이 매우 철저하다.
> 마. 옷을 구매하는 과정에서 제스처를 자연스럽게 잘 사용하고 다양한 목소리로 이야기한다.

① 가, 나, 다   ② 나, 라, 마
③ 가, 라, 마   ④ 나, 다, 마
⑤ 다, 라, 마

사고형의 사람들은 감정조절, 업무지향적, 정장차림, 시간관념 철저, 일정한 목소리, 냉철하며 제스처를 잘 사용하지 않는 등의 특징을 보이고 있는 반면, 감정형의 사람들은 그 반대의 현상을 보이고 있다.

30 다음 보기의 사례에서 고객이 방문하였을 때의 상황별로 갖추어야 할 안내 매너에 대한 설명으로 적절하지 않은 것은?

> 오늘은 중요 고객사 김길동 과장이 11시에 본사를 방문하는 날이다.
>
> ① (정문에서의 안내)
> 10시 50분에 정문에서 대기하여 통과하는 차량을 확인한 후 주차안내를 돕는다. 문을 열어주고 정중하게 인사하며 자기소개를 하였다.
> ② (복도에서의 안내)
> 고객이 따라오는지 거리를 확인하면서, 고객보다 2~3보 가량 비스듬히 앞서서 걸으며 접견실 입구로 안내하였다.
> ③ (계단에서의 안내)
> 계단을 오를 때 안내자는 여성이고, 고객은 남성이므로, 고객보다 한두 계단 앞서 안내하며 올라가고, 계단을 내려올 때 고객보다 한두 계단 뒤에서 내려왔다.
> ④ (문에서의 안내)
> 당겨서 여는 문에서는 먼저 당겨 열고 서서 고객이 먼저 통과하도록 안내하였고, 밀고 들어가는 문에서는 안내자가 먼저 통과한 후 문을 잡고 고객을 통과시켰다.
> ⑤ (접견실에서의 안내)
> 접견실에 도착해서 "이곳입니다."라고 말하고, 전망이 좋은 상석으로 고객을 안내하였다.

① 정문에서의 안내　　　　　　　　② 복도에서의 안내
③ 계단에서의 안내　　　　　　　　④ 문에서의 안내
⑤ 접견실에서의 안내

계단을 오를 때는 고객보다 한두 계단 뒤에서 올라가고, 내려올 때는 고객보다 한두 계단 앞서 안내하며 내려온다. 남녀가 계단을 올라갈 때는 남자가 먼저 올라가고, 내려올 때는 여자가 앞서 내려간다.

PART 2

이미지 메이킹

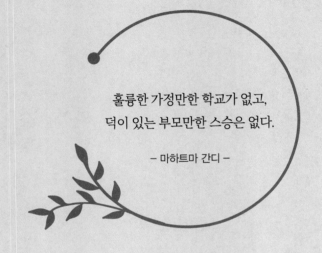

홀륭한 가정만한 학교가 없고,
덕이 있는 부모만한 스승은 없다.

– 마하트마 간디 –

저자 코멘트!

이 파트에서는 이미지의 개념을 이해하고, T(Time), P(Place), O(Occasion) 즉, 시간과 장소와 상황에 따라 본인을 알맞게 연출할 수 있는 이미지 메이킹 스킬을 터득하는 것이 중요하다.

또한 이미지 형성 관련 효과를 잘 살펴볼 필요가 있고, 이미지 메이킹에 있어서 중요한 첫인상의 결정요인, 시각적 이미지뿐만 아니라 태도와 음성 이미지 연출까지 체득하는 것을 목표로 한다.

❶ **이미지의 개요**
- 이미지
- 자아 이미지
- 대인지각 이미지
- 이미지 형성과 관련한 효과

❷ **이미지의 메이킹**
- 이미지 메이킹의 개요
- 외적 이미지 메이킹
- 내적 이미지 메이킹
- 퍼스널 브랜딩

❸ **서비스종사자의 이미지 메이킹**
- 직업의식을 표현
- 서비스종사자의 외적 이미지 메이킹
- 서비스종사자의 내적 이미지 메이킹

❹ **첫인상과 표정, 태도 이미지**
- 첫인상
- 표정 이미지
- 태도 이미지(상황별 제스처)

❺ **음성과 언어 표현이미지**
- 음성 이미지
- 언어 표현이미지

1 이미지 (Image)

(1) 이미지의 개념 ★★ 중요

① 이미지(Image)는 '모방하다'라는 의미를 지닌 라틴어 'Imago'와 동사형 'Imitary'에서 유래되었다.
② 마음속에 그려지는 사물의 감각적 영상 또는 심상(Mental Picture)을 말한다.
③ 이미지는 어떤 사물이나 사람을 봤을 때 떠오르는 단어, 감정, 생각, 느낌의 총체이다.
④ 상대방의 주관적 경험과 심리상황 등 여러 가지 요인에 의해 다르게 형성되는 하나의 상(象)이다.
⑤ 일반적으로 이미지는 인간이 어떠한 대상에 대해 갖고 있는 선입견, 개념이라 할 수 있다.
⑥ 이미지는 대상에 대해 가지고 있는 준거체계로서, 대상에 대해 지각하는 모든 것과 반응행동을 결정짓는 태도나 느낌의 총체이다.

(2) 이미지의 속성 ★★ 중요

① 개인의 지각적 요소와 감정적인 요소가 결합되어 나타나는 이미지는 객관적인 것이라기보다는 '주관적'인 것이라고 할 수 있다.
② 이미지란 '무형적'인 것으로, 기대했던 것을 현실적으로 경험할 때 또는 일련의 자극 내용을 차별적으로 인식함으로써 형성되는 것으로서, 인간이 특정 대상에 대해 갖는 태도와 같이 대상에 대한 직접적인 경험 없이도 형성된다.
③ 이미지는 인간이나 사물 등에 품고 있는 '정서성'을 동반하는 주관적인 평가이기 때문에 이를 명확하게 개념을 정의내려 연구하기에는 많은 문제점이 있다.
④ 일반적으로 이미지라고 하면 시각적인 것을 생각하기 쉬운데, 이는 시각적인 면이 다른 것보다 먼저 눈에 잘 띄고 쉽게 접할 수 있기 때문이다.
⑤ 이미지는 개인이나 조직의 행동, 언어, 사고방식, 태도 등 시각적인 요소 이외의 수많은 감각에 의한 이미지도 포함된다.
⑥ 이미지는 비록 '비과학적'인 개념 규정이라는 한계성을 가지고 있으나, 우리의 인식 체계와 행동의 동기유인 측면에 있어 매우 중요한 역할을 한다는 것이다.
⑦ 형성되어진 이미지는 행동 경향을 어느 정도 규정하는 역할을 하고, 특히 정보를 받아들이는 경우는 '여과기능'을 발휘한다.
⑧ 이미지는 인식체계와 행동의 동기유인 측면에서 매우 중요한 역할을 하고, 학습 · 경험 · 정보 · 커뮤니케이션 등에 의해 변용되며 형성 · 수정 · 변화될 수 있다.

(3) 이미지의 형성요소

외적 이미지	• 외형상, 표면적으로 드러나는 이미지 • 피부, 컬러, 메이크업, 헤어, 패션, 액세서리, 네일, 풋, 얼굴, 인상, 표정, 체형, 건강, 신체 등
내적 이미지	• 심리적 · 정서적인 특성들이 고유한 형태로 형성되어 있는 상태 • 신념, 생각, 감정, 동기, 욕구, 인성, 심성, 비전 및 목표설정, 개인심리, 열등감, 만족감, 가치관, 자신감, 자기효능감, 자아존중감, 자아정체감 등
음성, 언어 표현적 이미지	• 음성, 언어 표현에서 느껴지는 인상 • 음성, 호흡, 발성, 발음, 톤, 장 · 단음, 억양, 포즈, 강조, 어투, 속도, 내용, 표현력, 스피치, 커뮤니케이션, 프레젠테이션 등
사회적 이미지	• 특정한 사회 속에서 성립 • 리더십, 이미지 리더십, 컬러 리더십, 행동, 태도, 자세, 신뢰형성, 커리어, 바람직한 인간관계, 에티켓, 매너 등

(4) 이미지의 형성과정

지 각 ▶ 사 고 ▶ 감 정

지각과정	• 인간이 환경에 대해 의미를 부여하는 과정이다. • 주관적이며 선택적으로 이루어져 동일한 대상에 대해 다른 이미지를 부여한다.
사고과정	• 과거와 관련된 기억과 현재의 지각이라는 투입요소가 혼합되어 개인의 이미지를 형성한다.
감정과정	• 지각과 사고 이전의 감정에 의해 반응하는 과정이다. • 감정적 반응은 확장효과를 가져온다.

(5) 이미지의 구성요소 ★★중요

I	Intelligence	지적 이미지	M	Mask	표정 이미지
A	Attitude	태도 이미지	G	Grooming	복장 이미지
E	Emotion	감성 이미지	V	Voice	음성 이미지

(6) 이미지 관리과정 ★★🔵

| 이미지 점검하기 | 이미지 콘셉트 정하기 | 좋은 이미지 만들기 | 이미지 내면화하기 |

1단계	이미지 점검하기	자신의 이미지를 객관적으로 바라보고, 자신의 장점과 단점의 이미지를 정확히 파악한다.
2단계	이미지 콘셉트 정하기	자신이 희망하는 이미지를 정한다.
3단계	좋은 이미지 만들기	자신이 희망하는 이미지를 형성하기 위하여 자신의 강점을 강화하고 단점을 보완한다.
4단계	이미지 내면화하기	일시적인 이미지가 아니라 진실된 이미지가 되도록 노력한다.

2 자아 이미지

(1) 자아 이미지의 정의

① 자아 이미지는 개인이 사회적으로 결정된 준거체계에 따라 자신에 대해 갖는 지각이다.
② 자아 이미지는 개인이 스스로에 대해 가지는 생각과 느낌의 총합이다.

(2) 자아 이미지의 유형

실제적 자아 이미지	• 자신의 신체와 정신, 집, 가족, 기타 소유물 등으로 스스로가 현재 생활에 대해 실제로 가지고 있는 자신의 집합체이다. • 정신적 자아, 신체적 자아, 감지된 자아 등이 실제적 자아 이미지에 포함된다.
이상적 자아 이미지	• 자신이 가장 높게 가치를 부여한 이미지이며, 타인이나 사회적 집단과 많은 관련이 있는 이미지이다.
사회적 자아 이미지	• 타인에게 보여주는 이미지로, 자신 또는 타인에게 표현하고자 하는 이미지이며, 자신을 객관적인 입장에서 타인에게 비춰지도록 하는 이미지이다.
상황적 자아 이미지	• 특정한 상황에서 타인이 자신에 대해 가져주기를 바라는 이미지이다.
상품표현적 자아 이미지	• 자신의 이미지를 마케팅에 응용한 것으로서, 미디어 매체를 통해서 자아에 인식되어 있는 타인의 이미지와 상품을 이상적 자아 이미지와 결합하여 타인에게 보여지는 자신의 이미지를 형성하는 것이다.

3 대인지각 이미지

(1) 대인지각 이미지의 정의

① 대인지각 이미지는 타인의 다양한 특성에 대한 전반적인 지각으로 타인을 만났을 때 느끼게 되는 내적, 외적, 음성, 언어 표현적, 사회적 이미지를 인지하는 과정이다.

② 대인지각은 객관적이고 논리적이기보다는 자신의 경험이나 사고를 바탕으로 주관적으로 행해지며, 자신의 고정관념 등에 의해 영향을 받는다.

(2) 대인지각 이미지의 형성과정

① 기초제공 단서는 성별, 연령, 신장, 직업, 출신, 성격, 취미 등이 있다.

② '인지 - 사고 - 기억'의 과정을 거치며, 각각의 형성 과정에서 특이점을 지닌다.

인지단계	개인이 가지고 있는 내적 요인, 외적 요인, 사회 · 환경적 요인 등에 의해 인지된다.
사고단계	인지된 정보로 타인에 대해 개념을 세우는 과정이다.
기억단계	기억하기 쉽도록 단순화하여 기억장치에 대인지각으로 형성된다.

③ 대인지각의 과정에서 6단계를 거치며, 각 단계에서의 특이점을 지닌다.

[대인지각 6단계] ★★ 중요

1단계	주목단계	타인의 외적인 이미지를 지각한다.
2단계	즉각적 판단단계	지각된 이미지를 판단한다(긍정과 부정).
3단계	원인귀속단계	외적행동(신분, 지위, 성별 등)과 내적요인(자아정체감, 욕구, 경험 등)을 판단한다.
4단계	성격특성추측단계	타인이 생각하고 있는 특성들을 판단한다.
5단계	인상형성단계	앞 단계에서 지각된 타인의 이미지를 바탕으로 조금 더 세밀하게 인식하고 지각한다.
6단계	행동예측단계	지각했던 결과들이 산출되고 반응하는 단계로서, 타인의 행동을 미리 예측한다.

(3) 대인지각의 오류요인

여러 요인으로 인해 왜곡된 시선을 갖게 되어 대인지각을 방해하는 것에 주의하여야 한다.

고정관념	• 자신의 굳어진 시각, 고정된 관념으로 타인을 판단하는 것이다.
현혹효과	• 호감을 느끼면 긍정적인 판단을 내리고, 비호감인 경우 부정적 판단을 내리게 되는 효과이다. • 매력적인 사람이 대인관계, 자신감 등 여러 부분에서 유리한 평가를 받게 된다.
자기완성적 예언	• 예언은 '기대'라고도 하며, 타인에 대해 미리 가지고 있는 기대에 따라 무비판적으로 수용하는 자세를 말한다.
자기합리화	• 자신이 선택한 결정은 틀림이 없으며, 자신이 생각하는 것이 옳다는 편협한 사고방식을 말한다.
귀인의 오류	• 타인의 말과 행동을 관찰하여 그 밑에 깔려 있는 태도와 의도를 추측하여 판단하는 것이다.

4 이미지 형성과 관련한 효과 ★★💬

(1) 초두효과(Primacy Effect)

① 어떤 사람에 대한 초기의 정보가 나중의 정보보다 그 사람에 대한 인상 형성에 더 큰 비중을 차지하는 효과를 말한다.

② 이미 만들어진 부정적 인상을 긍정적 인상으로 바꾸는 데 적어도 7~40시간을 투자하고 노력해야 회복할 수 있다는 실험결과가 있다.

(2) 최근효과 / 최신효과(Recency Effect)

① 초두효과와 반대되는 개념으로서, 타인에 대한 정보 중 나중에 들어온 정보가 먼저 들어온 정보보다 인상 형성에 더 중요하게 영향을 미치는 효과이다.

② 인간의 기억력에는 한계가 있기 때문에 과거의 정보보다 최근(최신)의 정보가 더 큰 영향을 미친다.

(3) 맥락효과(Context Effect)

① 처음 인지된 이미지가 이후 형성되는 이미지의 판단기준이 되고, 전반적인 맥락을 제공하여 인상 형성에 영향을 주는 효과이다.

② 온화한 사람이 머리가 좋으면 지혜로운 사람으로 보이고, 이기적인 사람이 머리가 좋으면 교활한 것으로 해석되기도 한다.

③ 똑같은 상황에도 어떻게 바라보느냐에 따라 달리 해석이 된다.

(4) 부정성효과(Negativity Effect)

① 부정적인 특징이 긍정적인 특징보다 인상 형성에 더 강력하게 작용하는 것을 말한다.
② 사람들은 타인의 인상을 평가할 때 대부분 긍정적으로 평가하지만, 어떤 부정적인 정보가 나타나면 다른 긍정적인 정보보다 부정적인 것에 더 큰 비중을 두고 인상을 평가한다.
③ 즉, 10번의 좋은 일을 하고 한 번 나쁜 행동을 했을 때, 그 사람을 나쁘게 보거나 서운해 하는 것이 사람의 보편적 심리라 할 수 있겠다.

(5) 후광효과 / 광배효과(Halo Effect)

① 어떤 사람이 갖고 있는 한 가지 장점이나 매력 때문에 다른 특성들도 좋게 평가되는 효과로서, 첫 만남에서 호감을 느낀 대상은 '그 사람이 매력적이고 지적이고 관대하다'는 평가를 받게 된다.
② 매력적인 사람이 못생긴 사람에 비해 거의 모든 영역(대인관계, 자신감, 적극성, 지적능력, 성실성 등)에서 유리한 평가를 받는다.

(6) 악마효과(Devill Effect)

① 후광효과와 반대되는 현상으로서, 보여지는 외모로 모든 것을 평가하여 상대를 알기도 전에 부정적으로 판단해 버리는 것을 말한다.
② 일종의 편견으로 무의식적으로 '중소기업 제품은 품질이 불량할 것이다' 등의 편견이 이미지에 미치는 효과이다.

(7) 현저성효과(Vividness Effect)

한 가지 두드러진 특징을 가진 정보가 인상 형성에 많은 영향을 미치는 효과를 말한다.

(8) 빈발효과(Frequency Effect)

첫인상이 비록 좋지 않게 형성되었더라도, 반복해서 제시되는 행동이나 태도가 첫인상과는 달리 진지하고 솔직하게 되면 점차 좋은 인상으로 바뀌는 현상을 말한다.

(9) 호감득실효과(Gain and Loss Effect)

누군가 자기를 싫어하다가 점점 좋아하게 되는 경우는 자기가 많은 이득을 보게 되는 느낌을 받고, 반대로 누군가 자기를 많이 좋아하다가 싫어하게 되면 손실이 크게 느껴지는 현상을 말한다.

1 **이미지 메이킹 개요** ★★^{중요}

(1) 이미지 메이킹의 정의

① 대인관계의 중요성이 강조되는 현실에서 보여지는 자기 이미지를 T(Time), P(Place), O(Occasion) 즉, 시간과 장소와 경우에 맞게 연출하는 것이다.

② 개인이 추구하는 목표를 이루기 위해 자기 이미지를 통합적으로 관리하는 행위이다.

③ 외적인 이미지를 강화하여 긍정적 내면 이미지를 끌어내며, 자신의 본질과 장점을 훌륭하게 표현하는 일이다.

④ 자신이 속한 사회적 지위에 맞게 내적 이미지와 외적 이미지를 최상의 모습으로 만들어 가는 것을 의미한다.

(2) 이미지 메이킹의 효과와 의미

① 개인의 자아정체성을 확립시키고, 열등감을 해소시켜 자기효능감과 자기존중감을 향상시킨다.

② 궁극적으로 대인관계 능력 향상의 효과가 있다.

③ 자신만의 개성을 발견해 가장 '나다운 나'를 찾고 객관적인 자아상을 확보함으로써, 궁극적으로 자신만의 퍼스널 브랜드를 구축하는 것에 의미가 있다.

[이미지 메이킹의 의미]

참 자아의 발견	• 참 자아란 자신만이 가지고 있는 개성을 의미한다. 왜곡된 자아는 필요한 열등감의 기초가 되고 자신에게 부정적 이미지를 가지게 되므로, 자신만의 개성과 가치가 우월 혹은 열등으로 평가할 수 없음을 이해하여, 가장 '나다운 나'를 찾는 정체성의 확립이 중요하다.
객관적 자아상 확보	• 주관적 자아와 객관적 자아의 인식 차이를 제거 · 축소하는 일이다. • '자신이 보는 나'와 '타인이 보는 나'의 차이를 인식하지 못하는 경우가 많은데, 이러한 차이를 줄이는 것이 스스로에 대한 안정감 있는 이미지를 형성하고 자기만족을 끌어낸다.
이상적 자아상 추구	• 현실적 자아상태를 이상적 자아상태로 끌어올리는 것으로서, 치열한 경쟁사회 속에서의 자신만의 진가를 찾아내고, 그것을 어떻게 퍼스널 브랜드화시킬 것인가 하는 것에 대한 부분이다.

(3) 이미지 메이킹의 방법

① 이미지 메이킹의 원칙과 전략 : 기본과 설계

기본원칙	• 있는 그대로의 모습으로 자신의 이미지를 만들어가는 방법으로 솔직하게 진실된 내면을 상대방에게 알리는 것이다.
모델링 전략	• 자신이 본받고자 하는 인물을 정해 그 인물의 특성 및 장점을 따르는 전략이다. • 단순한 모방으로 그치는 것이 아니라 자신의 개성을 더해서 새로운 이미지를 구현하는 것이 목표이다.

② 이미지 메이킹의 6단계

1단계	자신을 알라 (Know yourself)	• 성공적인 이미지 메이킹을 위해 가장 먼저 해야 할 것은 자신에 대해 제대로 아는 것이다. • 내가 가진 장점과 단점을 구분하여, 장점을 살리고 단점은 보완해 나가도록 한다.
2단계	자신의 모델을 선정하라 (Model yourself)	• 자신의 모델을 선정하는 것은 자신의 목표를 수립하는 것이다. • 이미지 형성의 목표를 세움으로써 추구해 나갈 방안을 구체화할 수 있다. • 자신이 선택한 모델을 모방하는 과정을 통해 자신의 개성이 드러날 수 있도록 노력한다. 궁극적으로 자신만의 특성을 살릴 수 있어야 한다.
3단계	자신을 계발하라 (Develop yourself)	• 자신이 가진 개성이나 장점을 더욱 가치 있게 만들어 상대방에게 긍정적인 관심을 갖도록 해야 한다. • 바람직한 이미지는 연출에서 그치는 것이 아니라, 자신의 실체가 자연스럽게 묻어나는 가운데 표출되는 것이다. • 자기계발을 위해서는 무엇보다 능동적 사고가 필요하며, 자기 확신을 바탕으로 한 지속적인 노력이 병행되어야 한다.
4단계	자신을 포장하라 (Package yourself)	• 자신만의 특색 있는 개성을 계발하였다면, 그것이 돋보이도록 잘 포장하여야 한다. • 자신의 개성을 살린 자신의 이미지를 상황과 대상에 맞도록 표현하는 것이다.
5단계	자신을 팔아라 (Market yourself)	• 자신의 능력을 상품화할 수 있어야 하고, 상품화에 그치는 것이 아니라 자신의 능력계발을 통해 자신을 브랜드화해야 한다. • 상대에게 높은 평가를 받도록 에너지를 외부에 기울이도록 노력해야 하는 과정이다.
6단계	자신에게 진실하라 (Be yourself)	• 상대방에게 잘 보이기 위해 겉으로 꾸미기만 하고 자신을 속이는 것은 궁극적인 신뢰감을 형성할 수 없다. • 지속적으로 좋은 관계를 유지하기 위해 상대를 대하는 동안 진실한 마음으로 대하도록 한다.

2 외적 이미지 메이킹

(1) 외적 이미지의 정의

① 외적 이미지란 자신을 외부적으로 나타내는 것으로서, 성격 · 심성 · 인성 · 습관 · 생각 · 감정 · 욕구 등의 내적 이미지가 외모 · 표정 · 자세 · 말 · 행동 등을 통해 외부로 표현되는 형상이다.

② 메이크업, 헤어, 컬러, 의복, 표정, 자세, 걸음걸이, 체형, 말, 목소리 등과 같이 외적으로 보여지는 모습과 형태가 내적 성향과 하나가 되어 외적으로 드러나는 현상을 외적 이미지라 한다.

③ 사람을 평가할 때 잣대가 되는 가장 일반적인 기준이며, 상대를 판단하는 척도 중 가장 많은 비중을 차지한다.

④ 사람을 평가하는 외적 이미지는 관계를 이어가는 기준이 되며, 상대의 외적 이미지를 통해 내적 이미지를 판단하게 되고, 나아가 통합적인 사회적 이미지를 형성하게 된다.

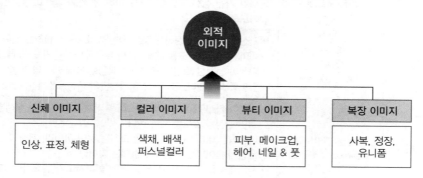

(2) 신체 이미지 메이킹

① 신체 이미지는 '얼굴 이미지'와 '체형 이미지'를 통해 형성된다.

② 호감을 주는 편안한 얼굴 이미지와 건강하고 아름다운 체형 이미지가 조화를 이룰 때, 가장 이상적인 신체 이미지를 형성한다.

③ 얼굴 이미지는 얼굴의 생김새, 얼굴 형태, 얼굴의 구조와 표정 등이 이미지화된다.

④ 체형 이미지는 상체와 하체의 이미지, 체형의 유형, 신체적인 특성 등으로 이미지화된다.

(3) 컬러 이미지 메이킹

① 컬러 이미지란 개인이 가지고 있는 본래의 이미지에 적합한 컬러를 적용하여 외적 이미지 향상과 내적 이미지 강화를 완성할 수 있는 유동적인 이미지이다.

② 개인의 단순한 외적 이미지에만 적용하는 것이 아니라, 성격·취향·연령·직위·상황·장소 등에 적합한 이미지 메이킹에 중요한 요소이다.

자신의 컬러	헤어컬러, 피부색 등에 맞추어 자신에게 어울리는 컬러를 잘 선택하여 밝고 건강한 이미지를 연출하도록 한다.
비즈니스의 경우	기업이나 조직을 방문하는 경우 상대의 컬러를 입거나 상대방이 선호하는 컬러로 매칭하고 만나면, '준비된' 자세와 예를 갖춘 느낌을 줄 수 있다.
유니폼인 경우	본인이 속한 조직의 컬러를 적극적으로 활용함으로써, 상대방에게 조직의 이미지를 적극적으로 전달하도록 한다.

(4) 뷰티 이미지 메이킹

① 뷰티 이미지는 피부, 메이크업, 헤어, 네일, 풋, 복장 등 복합적인 요소로 이루어져 있다.

② 뷰티 이미지는 추상적인 개념이며, 사람을 대상으로 아름다움에 대해 상징되는 생각이나 관념을 말한다.

③ 피부는 항상 건강하고 깨끗한 피부상태를 유지하고 밝은 이미지를 주도록 한다.

　㉠ 여드름이나 기타 피부질환의 경우 청결하지 못한 인상을 줄 수 있으므로 관리를 잘하도록 한다.

　㉡ 수면부족이나 피로누적은 피부를 통해 드러나므로 맑은 피부상태를 유지할 수 있도록 관리한다.

④ 메이크업은 자신의 결점을 커버하고 자신의 개성을 돋보이도록 하는 자기표현의 수단으로 활용하며, 자신에게 어울리는 메이크업 스타일로 자연스럽게 연출한다.

⑤ 헤어 이미지는 헤어를 하고 있는 자신과 헤어스타일과의 상호작용으로 형성되어 전달되어지는데, 건강한 모발과 자신의 얼굴형, 전체적인 이미지와 어울리는 헤어스타일을 연출한다.

⑥ 네일과 풋 이미지 메이킹은 깨끗하게 정리된 상태를 잘 유지하며, 지나친 네일아트는 피하도록 한다. 손톱은 청결한 상태에서 너무 길지 않도록 한다.

[뷰티 이미지 메이킹]

헤 어	• 비즈니스상에서는 '신뢰'의 전달이 우선이므로, 자연스럽고 깔끔하며 청결함을 유지하도록 한다. • 자신에게 어울리는 헤어스타일의 연출과 T.P.O.에 맞도록 항상 신경을 쓴다.
메이크업	• 화장이 너무 진하지 않고, 자연스러우면서도 본인의 장점을 살려 매력적으로 메이크업을 연출하도록 한다. • 트렌드에 너무 뒤떨어지지 않도록 주의한다.
액세서리	• 헤어, 메이크업에 어울리며 너무 부담스럽지 않고 전체적인 연출에 도움이 되는 액세서리를 착용한다. • 비즈니스에 어울리지 않는 액세서리는 좋지 않은 이미지를 형성할 수 있으므로 주의한다.
향 수	• 지나치지 않게 본인의 체향에 맞는 향수를 선택하도록 한다. • 청결함을 유지하여 상대에게 후각적인 서비스를 제공할 정도의 센스를 지니도록 한다.

(5) 복장 이미지 메이킹

사 복	• 비즈니스 상황에 맞는 청결하고 깔끔한 복장을 기준으로 자신의 개성을 조금 살린 정도의 연출이 되도록 한다. • 지나치게 유행을 따라가거나 매번 같은 복장보다는 장소와 때, 계절에 맞는 복장을 연출하도록 한다.
유니폼	• 조직의 문화와 이미지를 나타내는 비즈니스 도구로서의 유니폼은 '청결함'이 가장 우선이며, 규정에 맞게 품격 있는 모습으로 착복하도록 한다. • 유니폼에 맞는 헤어, 메이크업, 액세서리 등을 연출하도록 하며, 조직 전체의 이미지와 조화로움을 유지하도록 한다.

3 내적 이미지 메이킹

(1) 내적 이미지의 정의

① 내적 이미지란 인간의 심리적 · 정신적 · 정서적인 특성 등이 고유하게 형성되어 있는 상태로서 심성, 생각, 습관, 욕구, 감정 등의 유기적인 결합체를 의미한다.

② 외부로 표출되는 모든 이미지는 내적 이미지로부터 출발하므로 가치관, 신념, 개인의 심리, 동기, 타인에게 느끼는 상대 심리 등이 영향을 끼친다.

③ 개인이 느끼는 심리는 경험의 차이가 있지만, 사랑 · 질투 · 분노 · 행복 · 기쁨 · 슬픔 등이 내적 이미지에 영향을 미친다고 할 수 있다.

④ 타인에게 느끼는 상대 심리는 자신의 열등감, 만족감, 자신감, 자아정체감, 자아존중감, 자기효능감 등이 내적 이미지에 영향을 미친다.

(2) 내적 이미지 메이킹의 장애요인

관련증상	장애의 특징
우울장애	의욕저하, 슬픔, 우울감 등의 감정장애가 신체적으로 드러나 표정 이미지 등에 영향을 미친다.
조울장애	기분장애로서 이미지의 태도에 영향을 미친다.
공항장애	예상치 못하게 나타나는 극단적 불안증상으로 태도에 영향을 미친다.
특정공포증	어떤 특정한 대상이나 상황을 두려워하여 피하는 장애로서 태도에 영향을 미친다.
사회공포증	불안한 사회를 경험한 후 사회적 기능의 저하로 어려운 상황을 회피하는 증상으로서, 내적 이미지가 외적 이미지, 표정, 태도에 영향을 미친다.
강박장애	불안장애에 속하는 질환으로서 표정, 태도에 영향을 미친다.
외상 후 스트레스장애	학대, 참사, 테러, 성폭행 등 극단적 스트레스 장애이므로, 내적 이미지 메이킹에 영향을 미친다.
인격장애	고정된 습관, 성격, 사고방식 등이 사회적 기준에서 벗어나 문제를 일으킬 수 있어 이미지 메이킹에 영향을 미친다.
신경성 식욕부진장애	섭식장애로 지나친 체중감량 등이 내적 이미지가 외적 이미지에 크게 영향을 미친다.
약물중독장애	약물남용 및 약물의존 형태의 질환으로서 내적 이미지에 영향을 미친다.

4 퍼스널 브랜딩

(1) 퍼스널 브랜딩(PB)의 의미

① 기업의 이미지 브랜딩 과정을 개인에게 적용하는 것으로서, 한 개인의 매력적인 모습을 찾아 타인에게 긍정적인 인상을 줄 수 있도록 본인의 강점을 부각하여 브랜드화하는 작업이다.

② 없는 것을 과장하여 드러내는 것이 아니라 개인의 강점과 매력요인을 잘 알고, 이것을 타인이 인지할 수 있도록 시각적 표현이 되게 하는 것이다.

(2) 퍼스널 브랜딩(PB)의 프로세스

① 나는 무엇을 원하는가?(자신이 좋아하는 것, 이루고자 하는 목표와 성찰)

② 나는 다른 사람에게 어떻게 보이기를 원하는가?(자신의 미래상에 대한 구체적인 상상)

③ 나는 다른 사람들에게 어떻게 보이고 있는가?(현재와 미래의 간극을 줄이는 반성)

④ 내가 할 수 있는 것은 무엇이고, 할 수 없는 것은 무엇인가?(현실적 성취를 위한 동기부여)

(3) 퍼스널 브랜딩의 구체적 방법

나의 이미지 비교 분석	• 표정, 성격, 말투, 패션, 메이크업 등의 특징을 주변에 물어 분석한다.
벤치마킹할 인물 찾기	• 자신의 목표에 맞는 인물을 찾아 이미지를 분석한다. • 내가 가진 이미지와의 차이를 발견한다.
원하는 직무의 특징과 이미지 분석	• 비즈니스 직무에 맞는 이미지, 일반적인 사람들이 생각하는 상식적인 이미지를 분석한다.
직무 이미지와 나의 이미지의 차이 분석	• 직무에 맞는 이미지와 내가 가진 이미지의 차이를 발견하고 개선점을 찾는다.
나의 이미지와 직무 이미지 일치시키기	• 직무 이미지, 목표 이미지에 맞도록 나를 개선하고 변화를 시도하여 주변에 긍정적인 답변을 듣는다.

(4) 퍼스널 컬러(Personal Color)

① 퍼스널 컬러(PC)는 자신이 가진 신체색과 조화를 이루어 생기가 돌고 활기차 보이도록 하는 개개인의 컬러를 의미한다.

② 자신의 신체색을 알고 조화로운 연출을 하는 것은 전체적인 자신의 이미지를 관리하는 데 도움이 된다.

③ 미국, 유럽, 일본 등에서 사계절의 이미지를 비유하여 신체색을 분류하는 방법을 활용한다.

03 　 서비스종사자의 이미지 메이킹

1 　 직업의식을 표현

① 서비스종사자의 신체적인 모습이나 의상은 자신과 회사의 이미지를 반영하게 되며, 고객에게는 그 서비스종사자가 아마추어인지 프로인지를 가늠하게 해주는 첫 관문이다.

② 서비스인에게 용모와 이미지는 직업의식을 표현하는 도구이며, 고객은 서비스종사자의 용모와 복장을 기반으로 서비스의 질을 판단하고, 신뢰감과 긍정적인 메시지를 주는 것이다.

③ 고객을 맞이하기 위해 준비한 모습, 좋은 인상을 주어야 하고, 세련되면서 단정한 용모와 복장을 갖추고 서비스하는 것은 전체적인 서비스의 질에 영향을 미친다.

④ 특히, 식음료를 다루거나 인적서비스가 대부분의 서비스를 차지하는 업종에 있어서는 단정함과 청결함이 매우 중요한 요소이다.

2 　 서비스종사자의 외적 이미지 메이킹

(1) 신체 이미지 메이킹

① 기업이 인재를 채용하는 것은 그것이 정신노동이든 육체노동이든 노동에 종사해 주기를 바라기 때문인데, 건강하지 못하다면 곤란한 일이다. 신체적인 이미지에서 건강한 상태를 유지하는 것이 중요하다. 의학적으로는 완전히 건강한 상태이더라도, 머리를 지나치게 길게 기르거나 수면부족인 듯한 표정으로는 '불건강한 느낌'을 주어 외모에 의한 인상적 평가에 악영향을 초래하지 않도록 한다.

② 서비스종사자의 외적 이미지는 곧 서비스 상품이므로, 자신을 기업의 가치관에 부합되도록 이미지 메이킹하도록 노력한다.

③ 신체 이미지는 서비스 전체에 있어 중요한 상품의 한 부분이므로 항상 자기관리에 철저하도록 하며, 지나치게 뚱뚱하여 업무를 수행하기 곤란하게 보여지거나, 지나치게 말라 아파보이는 등 신체적으로 서비스를 제공하기 힘든 이미지가 되지 않도록 직업과 직무에 맞는 신체조건을 유지하는 것이 중요하다.

④ 신체 이미지에 있어서는 보여지는 외형도 중요하지만, 위생과 청결 또한 큰 부분을 차지하므로, 청결하고 단정한 이미지를 연출하도록 노력한다. 자신이 느끼는 청결함도 중요하나, 고객이 느끼는 단정함도 매우 중요하므로, 청결하고 단정한 몸가짐을 통해 신뢰감을 높이고 긍정적 서비스라는 느낌을 전달해야 한다.

⑤ 식음료 업종인 경우는 손의 사용이 빈번하므로 항상 손을 깨끗이 관리해야 하고, 고객의 가정을 방문하는 A / S 종사원, 배달 종사원인 경우는 청결하고 단정한 이미지가 서비스 상품의 질로 연결되므로, 정돈된 신체 이미지 연출을 하도록 노력해야 한다.

⑥ 항공기 승무원이나 호텔종사자 등 근무 여건상 고객에게 장시간 노출되는 서비스종사자는 신체의 청결함을 유지하고, 고객이 기대하는 서비스 이미지가 곧 자신임을 기억하고 업무에 임해야 한다.

(2) 컬러 이미지 메이킹

① 유니폼이나 조직의 색을 연출해야 하는 경우에 자연스럽게 소화해낼 수 있도록 자신의 컬러와 직업의 컬러의 조화를 이루는 연습이 필요하다.

② 서비스종사자는 작업 환경에 맞는 컬러를 이미지 메이킹하고, 고객이 기대하는 컬러를 착용함으로써 신뢰를 높이도록 한다.

③ 신뢰감을 높이는 컬러 이미지 메이킹은 본인이 연출한 복장, 신발, 스카프 등 전체 컬러의 색이 2~3가지 색으로 통일이 되면, 단정한 이미지로 신뢰감을 줄 수 있다.

(3) 뷰티 이미지 메이킹

서비스종사자에게 뷰티 이미지는 이미지를 결정짓는 중요한 요소이므로, 자신을 서비스 상품이라 생각하고 아름답게 연출하려는 노력이 필요하다.

① 피 부
  ㉠ 평소 과도한 스트레스에 노출되지 않도록 노력하고, 건강한 피부연출 또한 서비스종사자에게 필요한 이미지 메이킹임을 알고 관리하도록 한다.
  ㉡ 청결한 피부 관리를 하도록 하며 뾰루지, 기미, 주근깨 등 외형적으로 지저분해 보이지 않도록 깨끗이 관리한다.

ⓒ 업무 중에 얼굴에 과도한 기름기가 보인다거나 건조한 각질이 드러나는 경우는 고객에게 청결하지 못한 이미지를 제공하므로, 업무 중간 중간 자신의 피부 상태를 체크하도록 한다.

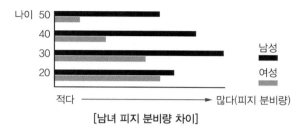

[남녀 피지 분비량 차이]

② 메이크업

ⓖ 사전적 의미는 '제작하다, 보완하다'라는 뜻이다. 일반적 의미는 화장품이나 도구를 사용하여 신체의 장점을 부각하고, 단점은 수정 및 보완하는 미적 행위이며, 자신의 정체성과 가치관을 표현하는 것이다.

ⓛ 메이크업의 목적은 외부의 먼지나 자외선, 대기오염 및 온도 변화에 대해서 피부를 보호하고, 아름다워지고 싶어 하는 기본적인 미화의 목적을 위해 이용된다.

ⓒ 사회인으로서 타인을 대하기 전에 준비하는 마음을 보여주는 도구가 메이크업이므로, 시간과 장소, 경우에 맞는 메이크업 연출을 하도록 한다.

ⓔ 과도하거나 서투른 메이크업은 오히려 불쾌감을 줄 수 있으므로 자연스럽고 단정하게 연출한다.

ⓜ 밝고 건강해 보이고, 자연스러운 느낌을 연출하며, 복장과 어울리는 메이크업이 되도록 한다.

[여성 메이크업] ★★중요

포인트	연출법
세안과 기초제품	• 메이크업의 기초는 청결한 피부에서 시작한다. • 세안 단계에서 피지와 각질을 잘 제거하고, 매끄러운 상태에서 자신에게 맞는 기초 제품으로 꼼꼼히 정돈한다.
베이스 메이크업 (Base Make-up)	• 자연스럽고 지속성 있는 메이크업이 되려면 유분과 수분의 밸런스를 잘 유지해야 한다. • 자신에게 맞는 제품을 사용하여 투명한 피부 연출이 되도록 한다.
파운데이션 (Foundation)	• 피부 연출을 하는 가장 기초작업으로서, 자신의 본래의 피부색보다 한톤 정도 밝은 색으로 피부를 깨끗하게 표현하도록 한다. • 과하게 밝은 톤을 선택하여 얼굴과 목선의 구분선이 생기지 않도록 자연스럽게 연출한다.

파우더 (Powder)	• 수분이나 유분을 눌러 피부에 잘 스며들도록 하고, 메이크업을 오래 유지시켜주는 역할을 한다. • 사용한 파운데이션과 같은 톤이나 한톤 정도 밝은 색으로 연출한다. • 촉촉한 피부 연출을 위해 파우더를 생략하는 경우도 있는데, 지속력을 유지하기 위해서는 파우더를 사용하는 편이 좋다.
눈썹 화장 (Eye Brow)	• 눈썹은 얼굴 전체의 이미지(인상)를 크게 좌우하므로, 자신의 얼굴형과 모발색에 어울리는 자연스러운 눈썹을 그리는 것이 중요하다. • 밝고 편안한 표정 연출을 위해 눈썹산을 둥글게 그리는 것이 좋다.
눈화장 (Eye Shadow)	• 눈은 '마음의 창'이라고 할 만큼 커뮤니케이션의 중요한 도구이므로, 알맞은 눈화장은 그만큼 신경을 써서 맑고 또렷한 눈매가 되도록 연출한다. • 뭉치지 않도록 가볍게 펴바르며, 의상의 색상과 피부색에 따라 색상을 결정한다. • 지나치게 어둡거나 펄이 많이 든 색상은 사용하지 않도록 하며, 밝고 건강한 서비스종사원의 이미지를 살릴 수 있는 색상을 선택한다. • 누구에게나 무난하게 어울리는 브라운, 오렌지 계통이나 핑크감이 도는 계열의 색상이 자연스럽다.
아이라인 (Eye Line)	• 눈 모양을 조정하고 선명함을 표현해 준다. • 아이라인은 섀도우 위로 그려지는 부분으로서, 실패하지 않도록 신중하게 그리며 깨끗하게 연출한다. • 너무 두껍거나 진한 아이라인은 보는 사람으로 하여금 어색함을 느끼게 하고 부담스러우므로 두드러지지 않도록 한다. • 속눈썹과 속눈썹 사이를 채우듯이 그리고 면봉으로 정리한다.
마스카라 (Mascara)	• 짙고 풍부한 속눈썹은 아름다움의 상징이다. 마스카라를 사용함으로써 본래의 눈썹을 길고 짙게 하여 깊이 있는 눈매 연출이 가능하다. • 뭉치지 않도록 아래에서 위로 끌어 올리듯 바르며, 브러시로 자연스럽게 연출한다.
입술 (Lip)	• 얼굴에서 가장 두드러지며 많이 움직이는 부분이 입술이다. 깨끗하고 자연스러운 연출은 상대방에게 신뢰감과 긍정적 호감을 줄 수 있다. • 아이메이크업과 어울리는 자연스러운 색상으로 연출하며, 조금 밝은 인상의 연출을 위해 붉은 계통의 자연스러운 립스틱을 사용하도록 한다. • 서비스종사자는 지나치게 유행을 좇아가는 컬러 선택이나, 번들거림, 누드 컬러, 개성이 드러나는 연출 등은 삼가는 것이 좋다.
볼터치	• 메이크업의 마무리 단계로 얼굴의 혈색을 좋게 하고, 음영을 주어 생기있는 이미지 연출이 가능하다. • 눈화장과 같은 계열의 색상을 선택하고, 경계선이 두드러지지 않도록 자연스럽게 연출한다.
이마 연출	• 서비스종사자는 대부분 이마를 드러내어 얼굴 전체를 밝은 이미지로 연출하고, 이마와 코가 연결되는 T존 부위는 조금 더 밝은 하이라이트를 주어 연출해도 좋다.
네일관리	• 서비스종사자에게 손은 제2의 얼굴이라고 할 수 있을 만큼 고객에게 많이 노출되며, 서비스 시 가장 가깝게 다가가는 부분이다. • 지나치게 길지 않도록 관리하고, 매니큐어로 정돈된 느낌을 줄 수 있도록 한다. • 핑크나 오렌지, 브라운 계열의 자연스런 컬러를 사용한다. • 유행을 좇아 형광빛이 나거나 요란한 연출, 의상과 동떨어져 보이는 느낌이 들지 않도록 한다.

노 메이크업 (No Make-up)	• 간혹 노메이크업이 편하다고 하여 화장을 안하거나 빨간 립스틱정도만 사용하는 것을 화장을 한 것으로 여기는 경우가 있는데, 일할 때와 일하지 않을 때의 분별이 중요하다. • 근무할 때의 차림새를 판단하는 것은 자신이 아니고 타인이다. 노메이크업은 실제로 타인을 고려하지 않은 자신의 개성이라 할 수 있다. • 단정하고 성의 있는 화장은 실제로 고객에게 좋은 느낌을 전해주므로, 상대방을 위해 최선의 준비된 모습으로 연출하는 것이 중요하다.

[남성 메이크업] ★★

포인트	연출법
바른 세안	• 자신의 피부에 맞는 세안제를 사용한다. • 피지분비가 많은 곳을 중심으로 깨끗이 세안하고, 블랙헤드가 생기지 않도록 주의한다.
수 염	• 턱수염과 콧수염은 기르지 않는 것이 원칙이며, 깨끗이 매일 정리한다.
피 부	• 뽀루지나 각질, 기름이 번들거리지 않도록 평소에 잘 관리하여, 청결하고 밝은 피부톤을 연출하도록 하고, 계절에 맞는 스킨케어 제품을 사용한다.
화 장	• 얼굴에 여드름 자국이나 얼룩 등이 있다면, 기초 제품을 잘 바른 후 피부톤과 같거나 한 톤 밝은 메이크업 베이스를 사용하여 자연스럽게 연출한다.
눈 썹	• 짙은 눈썹은 이미지를 크게 좌우하므로, 삐쳐 나온 부분은 잘 정리하고 깨끗하게 연출하면, 깔끔하고 얼굴이 작아 보이는 효과가 있다.
립	• 입술이 트거나 말라보이지 않도록 립밤을 사용하여 생기 있어 보이도록 연출한다.

③ 헤 어

　㉠ 헤어스타일은 전체적인 이미지의 70%를 차지하는 만큼 서비스종사자다운 연출이 필요하다.

　㉡ 머리손질은 항상 청결하고 단정해야 한다. 특히 일의 능률과도 관련이 있으므로, 업무 특성에 맞는 헤어스타일을 유지하는 것이 중요하다.

　㉢ 유니폼을 입는 직업이라면 그 유니폼에 맞는 헤어 연출로써, 유니폼 색상 및 얼굴형과 조화를 이루어야 한다.

※ 아나운서의 헤어스타일에 따라 이미지가 확연히 달라진다.

[여성 · 남성의 헤어스타일]

여 성	남 성
• 긴 머리는 묶어서 단정하고 활동하기 편하게 한다. • 흘러내리는 머리나 잔머리가 없도록 헤어 관련 제품을 활용하여 깨끗하게 고정한다. • 짧은 머리일 경우는 귀 뒤로 넘겨 고정한다. • 화려한 머리장식이나 과도한 염색, 퍼머머리는 금물이다. • 이마를 드러내어 밝은 표정을 극대화하는 것이 좋다.	• 앞머리는 이마를 드러내고, 옆머리는 귀를 덮지 않으며, 뒷머리는 셔츠 깃에 닿지 않도록 한다. • 머리가 흩날리지 않도록 헤어 제품을 활용하여 고정한다. • 과도한 염색, 퍼머머리, 긴 머리, 단발머리는 피하도록 한다. • 이마를 드러내는 것이 자신감 있는 모습의 연출에 좋다. • 유행에 민감한 헤어스타일은 삼가도록 한다.
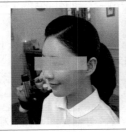 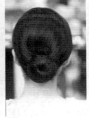	 

④ 네일, 풋 이미지 메이킹

㉠ 깨끗하게 정리된 상태를 잘 유지하며, 지나친 네일아트는 피하도록 한다.

㉡ 손톱은 청결한 상태에서 너무 길지 않도록 유지한다.

㉢ 서비스종사자 중 요식업 근무자는 매니큐어나 긴 손톱은 금물이다.

㉣ 서비스직 종사자는 손의 사용이 빈번하다. 상처나 문신, 각질 등은 고객에게 불쾌감을 줄 수 있으므로 평소에 관리가 필요하다.

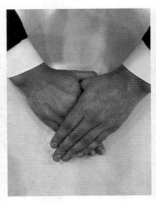 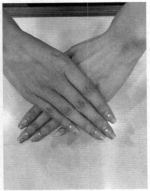

[남성, 여성 네일 이미지 메이킹]

⑤ 복장 이미지 연출

   ㉠ 서비스종사자에게 있어 복장은 고객을 맞이하는 첫 인상이기 때문에 항상 청결한 상태와 갖추
어진 느낌의 복장으로 자연스러운 연출을 하도록 한다.

   ㉡ 유니폼의 경우는 구김이 가지 않도록 하며, 규정에 맞는 착용과 관리를 한다.

   ㉢ 유니폼을 개인의 취향으로 변형하지 않도록 하며, 유니폼은 조직을 나타내는 상징임을 기억하
고 규정에 맞게 관리한다.

   ㉣ 소매를 걷어 붙이지 않도록 하고, 항상 소매를 깨끗이 유지한다.

   ㉤ 명찰은 정 위치에 부착하고, 개인적인 액세서리는 가능한 피하도록 한다.

[여성의 복장 이미지] ★★ 중요

여 성	
복 장	• 정장이 기본이며, 일하기 편하고 세련미를 나타낼 수 있도록 한다. • 체형에 맞는 스타일을 선택하여 단정한 인상을 준다. • 검은색, 회색, 베이지색, 감색 등이 무난하다. • 체형이 드러나거나 타이트한 옷, 노출이 심한 디자인의 복장은 삼간다.
블라우스	• 속이 들여다보이는 블라우스는 금물이다. • 속옷이 밖으로 나오거나 하지 않도록 주의한다. • 단색의 셔츠 칼라나 심플한 리본 칼라 정도가 무난하다. • 화려한 프릴이나 레이스가 많은 스타일, 너무 드레시하거나 섹시한 것은 오히려 서비스종사 자로서의 이미지를 다운(Down)시킬 수 있으니 주의한다.
스타킹	• 피부색에 가까운 살색이 기본이며, 살색이나 커피색 등 유니폼에 알맞은 색상을 선택한다. • 원색이나 무늬가 있는 요란한 것은 피하도록 한다. • 올이 풀리거나 늘어지는 것에 주의한다. 예비용을 준비하는 것이 좋다.
구 두	• 깨끗한 상태를 유지한다. • 색상과 모양이 복장과 어울리도록 한다. • 검정색, 갈색 계통이 무난하나, 모양이 지나친 디자인의 구두는 피하도록 한다.
장신구	• 복장과 어울리는 장신구는 너무 화려하지 않은 것으로 한다.

남 성	
복장 (슈트)	• 위, 아래 같은 소재로 지은 한 벌로 된 정장이 기본이다. • 자신의 체형에 맞는 복장을 착용한다. • 유니폼을 제외한 경우라면 검정, 감색, 짙은 회색 등이 무난하다. • 재킷의 단추는 2버튼인 경우는 윗단추, 3버튼인 경우는 위 2개나 가운데 2개를 채운다. • 상의의 길이는 원래 엉덩이 부위의 굴곡을 가릴 만큼 길어야 한다. • 바지 길이는 구두 등을 살짝 덮어 주름이 1~2번 정도 생기고, 양말이 보이지 않는 정도가 적당하다.
셔 츠	• 셔츠 깃과 소매는 청결한 상태를 유지한다. • 흰색이 기본이며, 반팔은 피하도록 한다. • 넥 밴드가 너무 조이는 셔츠는 피하고, 셔츠의 품은 너무 넓지 않아야 한다. • 드레스 셔츠의 깃과 소매는 슈트보다 1~1.5cm 정도 보이도록 입는다.
넥타이	• 슈트와 같은 계열이 무난하고 성실해 보인다. • 타이의 길이는 132~147cm가 적당하고, 키가 큰 사람에게는 더 긴 타이가 필요하다. • 모임의 성격이나 역할에 따라 변화 있게 연출한다. • 타이를 맨 후 타이의 끝이 벨트 버클에 오도록 하고, 그 길이는 서로 같거나 뒤쪽이 짧아야 한다. • V-zone 연출법 : 정장 착용 시 재킷의 단추를 채웠을 때 재킷을 통해 드러나는 셔츠의 깃과 넥타이가 드러나 보이는 부분으로서, 넥타이로 포인트를 준다.
구 두	• 깨끗한 상태를 유지한다. • 색상과 모양이 복장과 어울리도록 한다. • 검정색, 갈색 계통이 무난하나, 모양이 지나친 디자인의 구두는 피하도록 한다.
양 말	• 정장바지의 색보다 짙은 색으로 착용한다.
장신구	• 화려한 안경, 시계 등은 피하도록 한다.

[유니폼의 착용]

유니폼	
의 미	• 외부적으로 소속회사, 직장의 문화를 표현하며, 내부적으로는 조직구성원의 일체감을 향상시키고자 하는 목적으로 착용한다. • 유니폼은 근무 시 활동하는 복장인 동시에 회사와 개인의 이미지까지 표현하는 수단이 되므로, 청결하고 잘 정돈된 유니폼을 착용하도록 한다. • 유니폼의 관리와 착용은 업무에 임하는 태도, 마음가짐, 열의와 직결되므로, 개인의 개성을 살리려는 것보다 규정에 알맞게 착용한다.
청결함과 단정함	• 다림질 상태를 점검한다. • 얼룩과 청결 상태를 점검한다. • 소매 끝, 치맛단, 치마 뒤트임, 단추 등 터진 곳이 없는지 점검한다. • 스타킹, 구두 상태는 이상이 없는지 점검한다.

몸에 맞는 정도 (Fitting)	• 치마 길이, 바지 길이가 적당한지 점검한다. • 소매 길이, 셔츠 길이는 적당한지 점검한다. • 유니폼은 작거나 크면 보기에도 좋지 않을뿐더러 활동하기에 불편하고, 품위가 없어 보인다. • 자신의 치수에 적당한 유니폼을 착용하도록 한다.
규정준수	• 지급된 유니폼 이외의 것을 착용하지 않았는지 점검한다. • 규정 외 액세서리나 향수 등을 지나치게 착용·상용하지 않았는지 점검한다. • 규정, 세부지침을 따르고 있는지 점검한다(이름표, 기본 장식의 위치 등).

3 서비스종사자의 내적 이미지 메이킹

① '메이크–업'이란 말 그대로 이미지를 업(Up) 시키는 일이다. 외모는 세련된 이미지를 하고 있으나, 표정이 굳어 있거나 우울한 느낌이 전달된다면 서비스 실패로 이어질 수 있으므로, 서비스현장에 나가기 전, 자신의 마음 상태와 기분을 점검하도록 한다.

② 긍정적인 생각을 가지고 고객을 위해 봉사한다는 정신으로 무장하며, 자신의 일이 조직과 사회에 큰 기여를 하고 있다는 자부심을 가져야 한다.

③ 제품은 눈으로 보이는 완성도가 분명하지만, 서비스라는 제품은 눈으로 보이지 않기 때문에 더욱 섬세한 감성의 이미지가 연출되어야 한다. '서비스'라는 제품의 완성도를 높이기 위해 최선과 최고 의 기량으로 업무에 임하는 자세를 가진다.

④ 자신의 가치와 서비스의 가치관을 자주 점검하고, 고객을 위해 어떤 서비스가 완성도를 높이는 일 인지 먼저 내적으로 마음을 이미지 메이킹하도록 한다.

04　첫인상과 표정, 태도 이미지

1　첫인상

(1) 첫인상의 개념

① 첫인상은 처음에 들어온 이미지가 나중에 무엇을 판단하는 데 영향을 주는 것으로서, 다른 사람에게 비추어지는 자신의 모습을 말한다.

② 첫인상은 처음 만난 지 2~10초 내에 결정된다고 한다.

③ 사람을 처음 만나서 받은 이미지는 머릿속에 남아 쉽게 사라지지 않는다.

④ 한번 결정된 부정적 첫인상을 바꾸는 데는 많은 노력과 시간이 소모되므로, 첫인상 관리는 매우 중요하다.

(2) 첫인상의 특징 ★★중요

신속성	첫인상이 전달되는 시간은 단 몇 초에 불과할 정도로 매우 짧으며, 상대의 나이나 직업, 성격뿐만 아니라 신뢰성, 호감 등 어느 정도 평가할 수 있다고 한다. – 고든올포트(Gorden Allport), '대인지각이론'
일회성	처음 한 번에 전달되어 각인되어진 정보는 평생 기억에 있으며, 변화되지 않는 일회성을 지닌다.
일방성	첫인상은 개인의 숨겨진 내면이나 성향을 확인하지 않고, 보이는 모습만을 통해 평가하는 사람의 판단과 가치관에 따라 일방적으로 인식되고 형성된다.
영향력	첫인상의 이미지는 머릿속에 오래 남으며, 좋지 않은 첫인상을 바꾸는 데에는 많은 시간과 노력이 필요하다.
연관성	실제와 다른 사람을 떠올리거나 이미 익숙하게 기억하고 있던 사물과 연상하거나 혼동하여 오류를 인식하는 경우가 발생한다.

(3) 첫인상의 결정요인

시각적 요소	• 메라비언(Mehrabian)은 일상생활에서의 의사소통에 있어서 55%의 시각적 정보가 첫인상을 형성한다고 하였다. • 시각적 요소는 표정과 복장, 제스처 등이며, 첫인상은 시각적 정보로 인해 많은 부분이 결정되므로, 첫인상을 긍정적으로 만들기 위해서는 호감을 줄 수 있는 표정이나 자세가 중요하다. • 미소 띤 얼굴은 상대방을 편하게 하여 인간관계를 증진시키며, 다른 사람들에게 호감이 가는 인상을 줄 수 있다.
청각적 요소	• 청각적 요소는 음색, 억양, 음의 고저, 어간 등을 말하며, 의사소통에 있어서 38%의 청각적 요소가 첫인상을 형성한다.
언어적 요소	• 언어적 요소는 전달되는 말의 내용을 의미하고, 7%의 언어적 요소가 첫인상을 형성한다.

> **Tip** 메라비언의 차트
>
>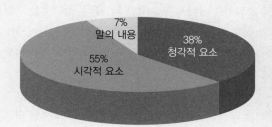
>
> 7%
> 말의 내용
>
> 38%
> 청각적 요소
>
> 55%
> 시각적 요소
>
> 미국 캘리포니아 대학 심리학과 명예교수이자 심리학자인 앨버트 메라비언(Albert Mehrabian, 1939~)이 1971년에 출간한 저서 《Silent Messages》에서 발표한 이론으로 상대방에 대한 인상이나 호감을 결정하는데 있어서 목소리는 38%, 보디랭귀지는 55%의 영향을 미치는 반면, 말하는 내용은 겨우 7%만 작용한다는 이론을 말한다. 즉, 효과적인 소통에 있어 말보다 비언어적 요소인 시각과 청각에 의해 더 큰 영향을 받는다는 것이다.

(4) 좋은 첫인상 만들기

① 밝고 호감을 주는 표정을 짓는다.
② 활기차고 자신감 있는 모습과 자세를 유지한다.
③ 항상 자신이 구축하고자 하는 이미지를 생각하고 관리한다.
④ 상대방과 자연스럽게 시선을 맞춘다.
⑤ 깔끔하고 상황에 맞는 용모 복장을 연출한다.
⑥ 만나는 사람 모두에게 최선을 다한다.
⑦ 상대방을 존중하고 배려하는 모습을 보인다.

2 표정 이미지

(1) 표정의 개념과 중요성

① 표정은 내면의 어떠한 의미가 얼굴로 표출되는 것으로서, 감정을 드러내어 반영하므로 의사소통에 있어 매우 중요한 요소이다.
② 의도적으로 밝고 건강한 표정을 지으면 실제 그 사람의 감정도 바뀐다는 연구결과가 있듯이, 의도적으로 밝은 표정을 짓는 노력이 필요하겠다.
③ 밝은 표정을 유지하기란 쉽지 않으므로, 다양한 표정 연출을 위해 꾸준한 연습이 필요하다.
④ 밝은 표정은 타인의 경계심을 없애고 친근감을 전달하여 좋은 커뮤니케이션을 이끄는 데 중요한 도구로 작용한다.

(2) 얼굴 표정 – 시선 ★★중요

① 시선은 자연스럽고 부드러운 상태로 우호적인 느낌으로 상대방을 바라보는 것이 중요하다.

② 대화의 상황에 따라 눈의 크기를 조절하며 대화의 의미를 주고받는다.

③ '마음의 창'이라는 눈은 좋은 커뮤니케이션의 수단이므로, 눈의 표정을 통해 좋은 관계를 이끌도록 노력한다.

④ 눈을 빤히 오래 집중해서 보면 상대방이 불편하므로, 눈과 미간, 코 사이를 번갈아 보는 것이 좋다.

⑤ 안경을 착용한 경우는 안경 너머로 본다거나 안경을 들고 놓고를 하며 시선을 부산스럽게 하지 않도록 한다.

[얼굴표정과 바람직한 시선처리]

Tip | **피해야 할 눈의 표정**

- 상대방을 보지 않는 눈 : 대화에 집중하지 않는 것처럼 보이며, 상대방에게 불안감을 갖게 한다.
- 곁눈질로 쳐다봄 : 대화 내용에 불만이 있거나 의심을 품은 느낌을 줄 수 있다.
- 치켜뜨는 시선 : 상대방에 대한 거부나 항의의 표시로 비쳐진다.
- 내리뜨는 시선 : 거만하게 보이며, 상대방은 자기를 깔보는 느낌을 받을 수 있다.
- 상대방을 뚫어지게 보는 시선 : 의심을 하거나 취조를 하는 느낌을 줄 수 있다.
- 위, 아래로 훑어보는 시선 : 불신과 경멸감을 줄 수 있다.

(3) 표정에 대한 상대방의 해석

나의 표정	상대방의 해석
환하게 미소 짓는다.	반가움, 호감 등의 긍정
곁눈질로 본다.	불만, 의심, 두려운 마음 상태
미소를 갑작스럽게 멈춘다.	말 또는 행동에 대한 불쾌함
특별한 반응 없이 무표정을 유지한다.	거부, 귀찮음
눈을 마주치지 않는다.	거부, 부담감, 숨기는 느낌, 집중하지 않는 상태
위, 아래로 훑어본다.	불신, 경멸
눈살을 찌푸린다.	거절, 반대
눈을 치켜뜨고 본다.	거부, 항의
눈을 내리뜨고 본다.	거만한 자세
눈을 크게 뜨고 계속 바라본다.	흥미, 관심
잠깐 미소를 짓다가 다시 무표정을 유지한다.	자기에게 유리한 무언가를 계산하고 있음

(4) 서비스종사자의 표정 연출

① 미소 띤 얼굴 표정은 호감을 주므로 대인관계에 긍정적인 결과를 가져올 수 있다.

② 상황과 대화 내용, 대상에 맞는 표정을 자연스럽게 연출하도록 한다.

③ 평소 거울을 자주 보는 습관을 가지고 표정관리를 습관화한다.

④ 미소 띤 얼굴은 근육훈련을 통해 자연스럽게 연출할 수 있으나 지속력을 가지는 데에는 한계가 있으므로, 긍정적인 마음과 여유를 가지려고 노력한다.

⑤ 턱을 너무 들거나 당겨 있지 않도록 하며, 시선은 항상 부드럽게 유지하도록 한다.

⑥ 자신 있는 표정으로 고객의 시선을 피하지 않고, 대화 중에도 긍정적인 표정 연출을 위한 마인드 컨트롤을 하도록 한다.

(5) 밝은 표정의 긍정적 효과

마인드컨트롤효과	• 훈련에 의한 웃음이라도 뇌에는 긍정적 신호가 전달되므로, 기분이 좋아지고 마음의 평온함을 느낄 수 있다.
감정이입의 효과	• 밝은 표정은 자신을 바라보는 사람으로 하여금 긍정적 메시지를 전달하는 것이나 마찬가지이므로, 타인에게도 좋은 감정을 이입하는 효과가 있다.
호감 형성의 효과	• 밝은 표정을 통해 고객으로 하여금 호감과 친근함을 느끼게 하므로, 좋은 이미지를 형성하는 데 도움이 된다.
실적 향상의 효과	• 일의 능률이 오르면 실적이 향상된다. • 밝은 표정의 세일즈맨이 경직된 표정의 세일즈맨보다 평균적으로 20% 더 판매실적이 높다.
신바람효과	• 상호간의 밝은 표정은 업무의 효율성을 높이고, 분위기를 부드럽게 하여 직무 스트레스를 줄일 수 있다.
건강 증진의 효과	• 미소는 '앉아서 하는 조깅'이라는 말이 있듯이, 건강에 좋다는 여러 학자와 의학적 견해가 있다.

(6) 미소 연습

① 먼저 경직된 몸을 풀기 위해 목을 좌우로 10회, 오른쪽, 왼쪽, 전체 돌리기 5회 정도를 한다.

② 어깨를 들어 올렸다 내렸다를 10회 정도 반복하고 팔 돌리기를 오른쪽, 왼쪽 5회씩 한다.

③ 볼 살의 근육을 풀기 위해 입안에 공기를 넣었다(다섯까지 숫자를 센다) 뺐다를 10회 정도 반복하고, 입에 공기를 넣은 상태에서 상-하-좌-우로 움직이며 볼 살의 근육을 풀어준다.

④ 자연스러운 표정 연출을 위해 눈은 좌-우-위-아래, 둥글게 한바퀴 돌려주기를 10회 정도 반복하며 눈 주위의 근육을 풀어준다.

⑤ 눈썹을 아래, 위로, 중앙으로 모았다 폈다를 10회 정도 반복하며, 이마주변 근육을 풀어준다.

⑥ '아' 모양으로 입을 크게 벌려 관자놀이 밑 연골뼈, 턱뼈가 움직이도록 유연하게 한다.

⑦ 목젖이 보이도록 입을 크게 벌리고, '아-이-우-에-오'와 '하-히-후-헤-호'를 10회 정도 반복하여, 천천히 입 모양을 최대한 벌려서 소리를 내어 입 주위 근육을 풀어준다.

⑧ 그 다음 입술 안쪽으로 말아 넣어 입꼬리를 올려 표정을 만든 뒤, 10초 정도 유지하기를 여러 번 반복하며 표정을 만든다.

⑨ 눈과 입이 함께 웃는 모습을 만들기 위해 처음은 입술을 닫고 미소 띤 얼굴을 연출한다. 다음 윗니가 4개 정도 보이도록 입을 벌리고, 눈은 미소 띤 얼굴 연출을 한다. 그 다음 윗니가 8개 정도 보이도록 입을 활짝 벌리고, 눈과 함께 미소 띤 얼굴 연출을 반복 연습한다.

⑩ 얼굴 근육을 푼 뒤 검지로 눈꼬리를 잡아 살짝 내리고, 엄지는 입꼬리를 잡아 살짝 올린 다음, '시금치', '곰돌이', '위스키', '개구리 뒷다리' 등 '이'로 끝나는 단어를 말하며, 눈꼬리와 입꼬리를 미소 짓는 표정 연출이 되도록 연습을 한다.

⑪ 마지막으로 거울을 보며 어색하지 않은 미소가 되도록 미소 띤 표정을 유지하며, 앞에 고객이 있다고 생각하고 '안녕하십니까', '감사합니다' 등의 문장을 반복 연습한다.

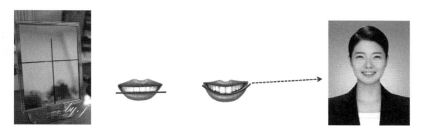

[미소의 대칭을 보기 위해 십자표시한 거울 준비]

Tip ▶ 표정의 힘

미국 하버드 대학의 니콜라스 크리스타키스 교수와 캘리포니아대 제임스 파울러 교수가 1971년부터 2003년까지 21~70세 성인 5,124명을 대상으로 실제 연구를 한 결과, '주위에 행복한 가족이나 친구를 두면 자신도 행복해질 가능성이 무려 42% 정도 상승한다'고 하였다. 한마디로 행복하고 즐거운 표정이나 감정은 감기처럼 쉽게 옮긴다는 것이다. 이를 '파장효과'라고 한다.

불평을 가진 사람들은 그 친구나 주변사람들에게 인상을 쓰거나 우울한 표정을 나타내기 쉽다. 이를 본 친구들 역시 다른 사람에게 긍정적인 표정과 언어로 대하기 어렵다.
표정은 사람의 속마음을 있는 그대로 전한다. 옛말에 '나무의 나이는 나이테에 묻고, 사람의 이력은 얼굴에 물어라'라고 했다. 얼굴이 그 사람의 자서전인 셈이다.

3 태도 이미지(상황별 제스처) ★★^{중요}

(1) 서 있는 자세의 이미지

① 등과 가슴을 곧게 펴고, 허리와 가슴을 일직선이 되도록 한다.
② 아랫배에 힘을 주어 단단하게 한다.
③ 시선은 상대방의 얼굴을 바라보고, 턱은 살짝 당기며 밝은 표정을 유지한다.
④ 여성은 오른손이 위로, 남성은 왼손이 위로 가게 공손한 자세로 선다.
⑤ 발꿈치는 붙이고, 발의 앞은 살짝 벌려 V자형을 한다.
⑥ 몸의 힘을 한쪽 다리에 두지 말고, 몸의 균형을 유지하여 선 자세를 유지한다.

[여성의 선 자세]

(2) 앉은 자세의 이미지

① 의자에 앉는 경우는 의자의 균형을 잘 유지하며 허리를 곧게 펴고 앉는다.
② 발은 무릎을 붙인 상태에서 가지런히 당겨 의자 쪽으로 붙이고, 손은 무릎 위에 나란히 놓는다.
③ 등과 등받이 사이는 주먹이 하나 들어갈 정도로 간격을 두고 앉는다.
④ 고개는 반듯하게 들고, 턱은 당기며, 시선은 정면을 향하도록 하여 표정은 밝게 연출한다.
⑤ 몸 전체의 힘을 빼고 편안한 자세로 앉는다.

[여성의 앉은 자세]

Tip ▷ 정좌하는 법

• 한쪽 다리를 뒤쪽으로 어긋나게 해서 점점 허리를 내린다.
• 뒷쪽 다리의 무릎을 바닥에 붙이고, 발끝을 세운다.
• 양 다리의 무릎을 바닥에 붙이고, 발바닥을 뒤집어서 앉는다.
• 양발의 엄지발가락을 교차하면 쉽게 발이 저리지 않는다.

착지법

뒷굽으로 착지해서, 발바닥의 정가운데로 체중을 이동시킨 후, 엄지발가락이 시작되는 부분에서 몸을 밀어내듯이 앞으로 나아간다.

(3) 걷는 자세의 이미지

① 얼굴은 정면을 향하고, 턱을 앞으로 내밀거나 너무 당기지 말고, 자연스럽게 곧은 상태로 걷는다.
② 복근에 가볍게 힘을 넣고, 다리를 허리부터 내딛듯이 앞으로 나간다. 이때 몸의 중심을 허리에 둔다.
③ 착지한 발의 무릎은 편다.
④ 뒷발의 엄지발가락을 밀어 앞으로 몸을 내보낸다.

(4) 방향안내 동작에서의 이미지

① 손가락을 모으고 손목이 꺾이지 않도록 가리키는 방향을 유지한다.
② 손바닥이나 손등이 정면으로 보이지 않도록 45도 각도로 눕혀서 가리킨다.
③ 오른쪽을 가리킬 경우는 오른손을, 왼쪽을 가리킬 경우는 왼손을 사용한다.
④ 상대방의 입장에서 구체적이고 정확하게 위치를 안내한다.
⑤ 방향을 안내할 경우 상대방의 눈을 보고, 가리킬 곳으로 시선과 손 방향을 안내한 다음, 다시 상대방의 눈을 보고 정확히 이해했는지 여부를 확인하는 '삼점법'을 사용한다.
⑥ 상대방을 보지 않은 상태서 손으로만 안내하거나 손가락, 턱, 고개 짓으로 가리키는 행동은 무례한 행동으로 상대방에게 불쾌감을 줄 수 있으므로 주의한다.

삼점법(※ 상대의 눈 → 지시방향 → 상대의 눈)

(5) 물건 수수 자세의 이미지

① 물건 수수에 있어 물건의 전달이 가장 중요하지만, 전달자의 태도 또한 함께 전해지는 것으로서, 공손한 자세로 건네고 받도록 한다.
② 받는 입장을 고려하여 글씨의 방향이 상대방을 향하도록 건네며, 펜이나 가위, 칼 등은 바로 사용할 수 있는 방향으로 전한다.
③ 물건을 건넬 때에는 가슴과 허리 사이 위치에서 주고받는다.
④ 양손을 건네받는 것이 좋으나, 물건이 작을 경우 한 손으로 받고, 다른 한 손은 받는 손을 받쳐서 공손함을 표현한다.

Tip │ 기타 예절

재채기를 할 때
재채기를 할 때는 사람에게 침이 튀지 않도록 입을 가린다. 제대로 입을 가리지 못하더라도 최소한 사람이 없는 방향으로 얼굴을 돌리는 매너는 지킨다.

하품이 나올 때
하품은 '지루하다'는 증거이다. 가능한 다른 사람 앞에서는 피해야 하지만, 어떻게 해도 참을 수 없을 때는, 입 주위를 가려 입안이 보이지 않도록 한다.

1 음성 이미지

(1) 음성 이미지의 개념

① 처음 사람을 만났을 때 눈에 보이는 외적 이미지로 사람을 평가한 뒤, 곧바로 음성 이미지까지 접목시켜 그 사람의 전체 이미지를 평가한다.

② 음성의 색깔, 음의 고저, 말의 빠르기 등은 상대방의 상태를 파악하는 중요한 도구이므로 지속적인 관리가 필요하다.

③ 사람의 타고난 음성의 색깔은 바꿀 수 없지만, 음성의 분위기와 태도, 빠르기 등은 훈련을 통해 바꿀 수 있으므로, 음의 결을 다듬는 노력이 필요하다.

④ 사람의 목소리는 각인각색의 다양한 특색이 있어 목소리만으로도 그 사람의 성격이나 인격, 직업까지도 파악할 수 있는 도구가 된다.

(2) 음성의 생성

발성기관	• 성대를 울려 목소리를 만들어 내는 기관으로서, 주요 발성기관으로는 폐와 기관, 후두, 인두(목구멍), 코, 턱 그리고 입이 있다. • 복잡한 모양의 관을 형성하여 폐에서 입술까지 연결되어 있다.
공명기관	• 발성기관을 통해 만들어진 소리는 인강(인두), 구개(구강), 비강 등의 공명기관을 통해 점점 커지고 부드러워지며, 울림으로 소리를 만든다. • 비염이 있거나 코질환이 있으면 목소리가 나빠지는 원인이 되는데, 비강이 소리를 만드는데 관여하기 때문이다.
조음기관	• 발성기관을 통해 목소리가 만들어진 뒤 공명기관을 통해 소리가 커져 음색을 갖추고 나면, 입술과 이, 입천장, 혀 등의 조음기관을 통해 소리가 말로 바뀌어 나온다. • 조음기관의 역할에 따라 발음의 부정확성 등이 결정되어 의사소통에 영향을 준다.

(3) 음성의 특성

① 음의 구성 : 음은 음질과 음량, 음폭으로 구성된다.

음 질	목소리가 맑고 깨끗한지, 답답하고 탁한지를 구분한다.
음 량	목소리의 크기와 관련이 있다.
음 폭	소리의 높낮이를 말하는 것으로서, 음역을 어느 정도 사용할 수 있는지를 의미한다.

② 음성의 분류

호흡에 의한 분류	• 인체의 어떤 부위를 이용해 호흡하느냐에 따라 가슴으로 호흡해서 나오는 '흉성'과 배로 호흡해서 나오는 '복성'으로 나눈다.
발성에 의한 분류	• 크게 배로 발성하는 '뱃소리'와 목구멍으로 소리를 만들어 내는 '목구멍소리'로 분류한다. • 목으로 내는 소리는 맑을 수는 있으나 힘이 없고, 힘을 주어 말을 하면 목에 힘줄이 서며 목이 쉬는 경우가 잦게 된다.
기타 분류	• 머리가 울리는 느낌이 들도록 하는 '두성', 입안의 공기를 코로 보내면서 내는 '비성', 일부 러 꾸며서 내는 목소리인 '가성' 등으로 분류할 수 있다.

(4) 좋은 음성

① **타고난 본래의 목소리** : 손가락에 있는 지문처럼, 개인마다 다른 성문(聲紋)이 있다. 타고난 본래의 목소리는 성대 주변의 근육에 힘을 가하지 않은 상태에서 자연스럽게 나오는 소리를 말한다. 타고난 좋은 음성이 가장 좋은 음성의 도구가 된다.

② **자신 있는 목소리** : 좋은 음성은 어디서나 자신감을 잃지 않는 당당한 음성으로 타인에게 호감을 줄 수 있는 좋은 음성이다.

③ **밝고 긍정적인 목소리** : 무겁지 않고 밝은 톤의 음성은 분위기를 긍정적으로 만드는 효과가 있다.

④ **따뜻함이 전해지는 목소리** : 목소리에서 따뜻함과 정감이 느껴지는 사람은 상대에게 친근한 이미지를 심어주므로, 신뢰관계를 형성하는 데 도움이 된다.

⑤ 톤(음조)이 안정적이며 떨림이 없는 소리가 좋은 음성이다.

⑥ 다양한 감정을 표현할 수 있는 음색을 갖춘 소리가 좋은 음성이다.

(5) 음성 관리 및 복식 호흡법

① **음성관리** : 성대는 근육으로 이루어져 있기 때문에 꾸준한 운동으로도 충분히 관리가 가능하다.

② **복식 호흡법**

　　㉠ 배의 근육을 움직여 횡격막을 늘이거나 줄이는 호흡방법이다.

　　㉡ 복식호흡을 하게 되면 폐에 공기를 가득 채울 수 있는데, 실제로 폐활량을 30% 가량 늘일 수 있어 오랫동안 말을 해도 힘이 들지 않는다.

　　㉢ 긴장하거나 호흡이 떨리는 순간이라면, 숨을 여러 차례 깊게 들이마시고 천천히 내쉬는 복식호흡 방법을 여러 번 반복하면 긴장 완화에 효과가 있다.

　　㉣ 복식호흡은 바르게 선 자세, 앉은 자세, 허리를 굽힌 자세, 누운 자세 등에서도 훈련이 가능한 호흡법이다.

　　㉤ 무엇보다 마음을 편안하게 가지고 차분히 명상을 한다는 생각으로 숨을 들이마시고 내쉬어야 효과가 있다.

　　㉥ 호흡할 때에 어깨를 움직이거나 하지 않도록 하며, 거울을 보며 배만 움직일 수 있도록 반복적으로 연습하는 것이 좋다.

구 분	훈 련
선 자세	• 바르게 선 자세를 유지하고, 손을 배 위에 자연스럽게 둔다. • 코로 숨을 천천히 들이마시면서 배를 크게 부풀린다. • 배가 최대한 부푼 상태에서 4초 동안 멈춘다. • '후~' 소리와 함께 숨을 입으로 천천히 내뱉으며 배를 넣는다. • 천천히 10회 반복한다.
앉은 자세	• 양반다리로 편안하게 앉는다. • 두 손을 모아 배 위에 둔다. • 코로 숨을 빠르게 들이마시면서 배를 크게 부풀린다. • '후~' 소리를 내며 숨을 입으로 천천히 내뱉는다. • 빠르기를 조절해가며 10번 반복한다.
허리를 굽힌 자세	• 다리를 어깨 넓이만큼 벌리고 손을 아랫배에 둔다. • 숨을 코로 들이마시면서 배를 부풀린다. • 상체를 인사하듯 천천히 숙이면서 입으로 숨을 내쉰다. • 완전히 내려갔을 때 호흡을 끝낸다. • 다시 상체를 올리면서 숨을 들이마시는 것을 반복한다.
누운 자세	• 편안하게 누운 자세에서 휴지 한 장을 준비하여 코와 입 부위에 펼쳐 위치시킨다. • 코로 숨을 들이마셔 배를 부풀린 후 입으로 빠르고 길게 내쉰다. • 한 손에 들고 있는 휴지를 높이 띄운다 생각하고, 숨을 오랫동안 내쉰다.

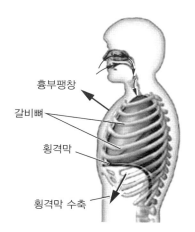

[복식호흡 들이마시기]

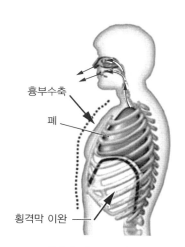

[복식호흡 내쉬기]

(6) 발성법 ★★ 🗨️중요

편안하고 힘이 있는 목소리를 구사하기 위해서는 호흡 훈련에 발성 훈련까지 더해져야 한다.

아~ 발성법	• 깊은 호흡으로 공기에 힘을 실어 힘 있는 목소리를 연출하기 위해 가장 편안한 음역에서 숨을 들이 마신 후, 내쉴 때 '아~'라는 소리를 길게 숨이 멎을 때까지 하는 연습을 한다.
스타카토 발성법	• 복식호흡을 하는 상태에서 숨을 내쉴 때 한 번에 천천히 내쉬는 것이 아니라, 스타카토 방법으로 소리를 끊어 내지르는 발성법이다. • '아-야-어-여-오-요-우-유-으-이' 등의 소리를 낸다. • 중요한 것은, 한 음절마다 끊어지는 느낌이 나야하고, 배가 소리와 함께 움직여야 한다.

점층 발성법	• 소리를 자유롭게 활용할 수 있는 연습으로 고객과의 응대에 있어 자연스러운 맞장구를 하는 데 훌륭한 연습이라 할 수 있다.
	• 복식호흡을 통해 나오는 소리의 크기를 발성훈련으로 언어 표현을 자유롭게 하는 연습이다.
	예 1번 문장에서 3번 문장까지 점층적으로 힘을 실어 발성을 한다.
	    1) 비가 한방울 두방울 떨어집니다.
	    2) 갑자기 소나기로 변해 마구 쏟아집니다.
	    3) 천둥번개가 치며 억수같이 비가 퍼붓습니다.

허밍 발성법	• 목에 힘을 빼고 배에서 소리를 끌어올려 부드럽게 내는 발성법이다. • 코로 숨을 들이마시고 입안을 동그랗게 하여 다문 후, 입 안에서 음을 노래하듯 소리를 낸다. • 허밍 발성법은 눈을 감으면 자신의 소리에 집중할 수 있으며, 자신의 소리를 들을 수 있는 곳에서 하는 것이 좋다. 예 짧은 동요 등 : 학교 종이 땡땡땡[음 --- 음 ··]

(7) 올바른 목소리 관리법

① 비염, 위염, 식도염 등이 있는 경우는 즉시 치료하도록 한다.

② 갑자기 큰소리를 지르거나 장시간 크게 말하지 않도록 한다.

③ 성대를 따뜻하게 보호한다.

④ 수분을 공급해 주는 차를 자주 마시고 건조해지지 않도록 한다.

⑤ 술, 담배, 카페인(커피, 녹차) 등을 삼간다.

⑥ 바른 자세에서 편안하게 이야기하는 습관을 기른다.

2 언어 표현이미지

(1) 언어 표현의 중요성

① 소리만으로 형성되는 것이 음성 이미지라면, 언어 표현이미지는 개인의 음성으로 표현된 언어를 바탕으로 형성되는 이미지라 할 수 있다.

② 의사소통에 있어 음성의 차이에서 오는 영향도 있겠지만, 말하는 방법과 표현력의 차이에서 비롯된 오류도 많으므로 올바른 언어 표현을 사용하도록 한다.

③ 언어의 표현에는 기본적으로 발음, 억양, 강조 등과 명확한 어투로 말하기, 자신 있게 말하기 등 포괄적인 표현방법이 있다.

④ 개개인이 하고자 하는 말을 어떻게 표현하느냐에 따라 전달력이 달라지므로, 언어 표현이미지를 향상시켜 서비스 경쟁력을 확보해야 한다.

(2) 말의 속도 ★★ ^{중요}

① 보통 1분에 350음절 안팎으로 말하는 것이 가장 이상적인 속도이다.

② 강조할 부분, 의혹을 제기하는 부분, 숫자나 인명, 지명 등 설명할 때는 속도를 낮추어 천천히 말하면, 듣는 이가 집중을 하게 되고 내용에 대한 기억력이 높아진다.

③ 흥미로운 사안, 긍정적이고 기쁜 사안 등은 평소보다 속도를 조금 빨리하며, 내용에 따라 속도의 완급을 조절하면 청자의 집중력을 높일 수 있다.

> **Tip** | **속도진단을 위한 글 (1분용)**
>
> 비밀은 당신 안에 있다. 내면의 힘을 활용하면 할수록 그 힘이 가까이 다가올 것이다. 더 이상 연습하지 않아도 되는 시점에 도달할 것이다. 자신이 곧 힘이 되고, 완전해지고, 지혜가 되고, 사람이 되며, 기쁨이 될 터이기에.
>
> 지금 당신은 중대한 시기를 맞이했다. 내면에서 뭔가가 계속 "넌 행복할 자격이 있어"라고 말하기 때문이다. 우리는 뭔가를 세상에 더하고, 세상을 더 가치 있게 만들려고 태어났다. 어제보다 더 크고 나은 존재가 되기 위해, 경험한 모든 일, 지나간 모든 순간은 바로 지금을 위한 준비였다. 지금 당신이 아는 지식으로 오늘부터 무엇을 할 수 있을지 상상해보라.
>
> 이제 당신은 자신이 운명을 만드는 창조자임을 알았다. 그러면 이제 얼마나 더 많이 해낼 수 있을까? 얼마나 더 나은 존재가 될 수 있을까? 그저 존재하는 것만으로도 얼마나 많은 사람을 축복해 줄 수 있을까? 이 순간 무엇을 할 것인가? 어떻게 현재에 몰입할 것인가? 어느 누구도 남을 대신해 춤을 추고 노래하고, 남의 이야기를 기록할 수 없다. 당신이 누구이고 무엇을 하는가, 그것은 이제부터 시작이다!
>
> – 론다 번, 『시크릿』 중에서 –

(3) 억 양

① 억양은 '의미강조'와 '정서표현'이라는 두 가지의 기능을 가지고 있다.
② 의미강조는 주제를 강조하면서 정확한 내용전달을 위해 억양에 변화를 주는 것이다.
③ 정서표현은 정서가 가지고 있는 감정을 표현하는 것이다.
④ 일정한 리듬으로 말을 하면 안정감은 느낄 수 있으나 듣는 이는 금방 지루해지므로, 적절한 억양의 변화를 주어 역동의 느낌을 줄 수 있어야 생동감 있는 대화가 된다.
⑤ 서비스경영에 있어 고객과의 의사소통에 생동감 있는 억양의 표현으로 좋은 서비스의 질적 향상을 꾀할 수 있다.

(4) 목소리의 크기

자신이 가진 30% 정도의 성량을 사용해서 대화하는 것이 편안하지만, 대화의 강조부분이나 조용히 이야기해야 하는 부분에서는 크기를 조절하여 내용의 적절한 전달을 꾀하는 데 노력을 해야 한다.

(5) 발 음

① 한국어는 19개의 자음과 21개의 모음으로 나뉘며, 자음과 모음은 폐에서 내쉬는 숨을 이용해 만들어져 각각의 소리가 나온다.
② 자음의 발음은 받침소리 'ㄴ, ㄷ, ㅁ, ㅂ'을 정확히 발음하고, 'ㅎ, ㅅ' 발음이 새지 않도록 주의한다.
③ 발음이 부정확한 사람에게 가장 강조하는 부분은 모음의 입모양을 정확하게 하는 것이다.
④ 혀의 능동적 움직임에 따라, 입술 모양을 만드는 것에 따라, 음가가 결정되므로 정확히 발음하도록 노력한다.
⑤ 발음이 잘 되지 않을 경우는 '아-에-이-오-우' 연습을 통해 입술 주변의 근육을 풀어주고, 'Tongue Twist' 즉, 혀를 입안에서 오른쪽 왼쪽으로 굴리며 자연스러운 발음이 되도록 근육을 풀어준다.

(6) 강 조

① 대화하는 문장에 있어 강조해야 하는 단어에는 조금 힘을 주어 상대방에게 강조하며 말한다.
② 강조에는 높임 강조와 낮춤 강조가 있는데, 대화에서 있어 진지한 부분이나 부정적 부분에서는 톤을 낮추어 강조하는 것이 대화의 매끄러운 방법이다.

(7) 장음 · 단음 ★★💬추요

① 우리말에는 같은 글자의 의미가 다른 낱말이 많으므로, 동의어를 표현할 때는 장음과 단음을 정확히 구분하여 의미를 전달하여야 한다.

② 보통 장음은 단음에 비해 1~1.5배가량 길게 발음하는 것이 이상적이다.

③ 장음은 1음절에서만 지키는 것이 원칙이며, 2음절에서는 음절이 장음이라 할지라도 길게 발음하지 않는다.

④ 숫자는 '2, 4, 5, 10, 둘, 셋, 넷, 만, 쉰' 등이 장음으로 발음된다.

[장음과 단음 연습]

장음	단음	예 문
눈:	눈	눈에 눈:이 들어가니 눈물이 난다.
밤:	밤	밤에는 밤:을 구워먹던 옛 추억이 떠오른다.
동:경	동경	일본 동경을 동:경하는 사람들이다.
부:자	부자	김 씨 부자는 부:자가 되기를 소망한다.
사:과	사과	고객이 사:과의 뜻으로 사과를 선물해 주었다.

(8) 끊어 읽기와 포스

① 끊어 읽기는 의미를 전달함에 있어 쉬어 주어야 하는 부분에서 잠깐 쉬는 것을 말한다.

② 포즈는 의미전달과 강조를 목적으로 말하는 사람의 의도를 잘 드러내기 위해 끊어 말하는 리듬이다.

③ 문장 속에서 주어와 술어 사이, 의미의 명료성을 위한 단어 앞, 부사 뒤, 월, 일 등 구체적 날짜, 장소 뒤, 마침표 등 문장부호가 있는 곳에 활용한다.

④ 끊어 읽는 부분이 너무 잦으면 표현력이 떨어져 보이고 상대방에게 정확한 전달이 어려워지므로 강조할 부분에서만 사용한다.

(9) 목소리 결점 극복

구 분	원 인	극복 방법
작은 목소리	• 소극적인 인상을 주어 부정적 이미지로 나 타남 • 호흡이 성대를 진동시키지 못하고 그대로 빠져 나감	• 복식호흡 • 짧은 발음으로 호흡을 조절 • 발성연습으로 성대를 진동
콧소리 나는 목소리	• 목 안쪽의 공간이 좁아 호흡이 코로 빠져 나감	• 목에 힘을 뺌 • 탁구공을 입에 물고 공이 진동할 때까지 입술 주변을 진동시킨다는 생각으로 자연 스럽게 호흡
딱딱한 목소리	• 감정 표현이 서툴러 차가운 인상을 줌 • 너무 정확하게 끊어 말하는 버릇	• 턱을 움직이지 않고 발음 • 입술과 혀만 움직여 발음

(10) 좋은 언어 표현 훈련 ★★중요

① 좋은 목소리를 만들기 위해서 복식호흡을 통해 말하는 습관을 기른다.

② 등을 곧게 펴고 가슴을 올려 배에 힘을 주는 바른 자세로 이야기하는 습관을 기르고, 목에 힘을 주지 않고 부드러운 대화를 하기 위해 평상시에 노력을 한다.

③ 입술과 혀, 입모양 등에 신경을 써서 정확한 의사전달이 되도록 발음 전달에 주의를 기울이며 대화한다.

④ 목에 무리를 주는 음주와 흡연을 피하고, 목에 좋은 차나 물을 자주 마신다.

언어표현 실습 문장 – 행사 안내 예문

전통문화의 발전(발쩐)과 국악의 대:중화를 위해 KBS와 00마트가 공:동으로 주최하는 제:7회 서울국악대:경연 본선대:회가 내일 오:전 열:시(열씨)부터 KBS홀에서 열립니다.

이번 경연 대:회는 대:상 상금 천만원을 비롯해(비로태) 각 부문별 금상, 은상, 동:상 등을 놓고(노코) 민요, 판소리(판쏘리), 풍물 등 9개 분야에서 예:선을 통과한 스물 일곱 개 팀이 참가해 치열한 경연을 펼칩니다. 서울국악대:경연 초대권은(초대꿘는) KBS 서울 여의도(여이도) 본사 편성실 사:업부와 시:청자 상담실에서 배:부하며, 자세한 사항은 KBS 편성실로 문:의(무니)하시기 바랍니다(바람니다).

좋은 이미지란 생김새가 아니라 외적으로 풍기는 좋은 인상, 표정, 헤어스타일, 패션, 매너, 화술, 언어가 만들어내는 복합적인 분위기라고 할 수 있는데, 좋은 이미지를 갖게 해줄 수 있는 표정이나 인상이 중요한 첫 만남에 미치는 영향은 대단히 높다.

실제로 잡코리아에서 조사한 결과를 보면, 면접관 중 73.3%가 면접상황에서 "인상" 때문에 감점 처리했던 경험이 있다고 답변했다.

남자의 경우 사나운 눈매를 기피하고, 적극적이며 진취적인 눈빛과 부드러운 표정을 선호하고, 여자인 경우 무표정한 얼굴을 기피 이유로 꼽고 있으며, 밝은 표정과 자연스러운 화장기법, 부드러운 눈매를 선호한다고 한다.

'이미지'가 좋다는 것은 단지, 외모가 근사하다고 하는 수준을 넘어서 내면의 장점을 이끌어내어 개발하고, 자신만의 이미지 특성과 개성을 살려서 독특하고 창의적인, 그러면서도 멋스럽고 아름다운 이미지를 개발해 나가는 것이라고 할 수 있다.

미국 IBM사에서 직원들에게 "성공하는 데 가장 중요한 요소가 무엇인가?"라고 하는 질문에 38%에 달하는 사람들이 그 삶의 '이미지'라고 답했다. 그만큼 나도 모르는 사이에 나에 대한 '이미지'가 상대방에게 어떻게 비춰지고 있는지 아는 것은 중요하다.

취업을 위해서는 토익이나 전공지식만을 우선시할 것이 아니라, 면접에 대비하여 타인이 자신을 바라보는 '시선'에 대해 어떤 느낌, 어떠한 이미지를 갖게 되는지 알아보는 일도 중요하다. 타인에게 좋은 이미지를 주는 일은 단시일 내에 만들어지는 것이 아니므로, '좋은 이미지'를 갖기 위해서는 평상시 이미지 트레이닝 전략을 세워 스스로를 점검하고, 밝고 편안한 인상을 만드는 노력이 필요할 것이다.

- **이미지(Image)** : '모방하다'라는 의미를 지닌 라틴어 Imago와 동사형 'Imitary'에서 유래되었으며, 마음 속에 그려지는 사물의 감각적 영상 또는 심상을 말함

- **외적이미지** : 용모, 복장, 표정 등 표면적으로 드러나는 이미지로서, 직접 경험을 통해 형상화되는 것

- **내적이미지** : 인간의 심리적 · 정신적 · 정서적인 특성들이 고유하고 독특하게 되어 있는 상태로서, 심성 · 생각 · 습관 · 감정 · 지식 등의 유기적인 결합체를 의미

- **음성 · 언어 표현적 이미지** : 음성, 호흡, 발성, 발음, 톤, 장 · 단음, 억양, 포즈, 강조, 어투, 속도, 내용, 표현력, 스피치, 커뮤니케이션, 프레젠테이션 등

- **사회적 이미지** : 특정한 사회 속에서 대인 간의 상호교류를 통해 형성되는 이미지로서, 자신이 속한 사회의 환경과 문화를 반영하며, 매너 · 에티켓 · 리더십 · 행동 · 태도 · 자세 · 신뢰 형성 · 사회적 지위 등을 통해 형성된 이미지

- **대인지각 이미지** : 타인의 다양한 특성에 대한 전반적인 지각으로 타인을 만났을 때 느끼게 되는 내적, 외적, 음성, 언어 표현적, 사회적 이미지를 인지하는 과정. 대인지각은 객관적이고 논리적이기보다는 자신의 경험이나 사고를 바탕으로 주관적으로 행해지며, 자신의 고정관념 등에 의해 영향을 받음

- **고정관념** : 자신의 굳어진 시각, 고정된 관념으로 타인을 판단하는 것

- **현혹효과** : 호감을 느끼면 긍정적인 판단을 내리고, 비호감인 경우 부정적 판단을 내리게 되는 효과로서, 매력적인 사람이 대인관계, 자신감 등 여러 부분에서 유리한 평가를 받게 됨

- **자기 완성적 예언** : 예언은 '기대'라고도 하며, 타인에 대해 미리 가지고 있는 기대에 따라 무비판적으로 수용하는 자세

- **자기 합리화** : 자신이 생각하는 것이 옳다는 편협한 사고방식

- **귀인의 오류** : 타인의 말과 행동을 관찰하여 그 밑에 깔려 있는 태도와 의도를 추측하여 판단하는 것

- **초두효과(Primacy Effect)** : 어떤 사람에 대한 초기의 정보가 나중의 정보보다 그 사람에 대한 인상 형성에 더 큰 비중을 차지하는 효과

- **최근효과 / 최신효과(Recency Effect)** : 타인에 대한 정보 중 나중에 들어온 정보가 먼저 들어온 정보보다 인상 형성에 더 중요하게 영향을 미치는 효과

- **맥락효과(Context Effect)** : 처음 인지된 이미지가 이후 형성되는 이미지의 판단기준이 되고, 전반적인 맥락을 제공하여 인상형성에 영향을 주는 효과

- **부정성효과(Negativity Effect)** : 부정적인 특징이 긍정적인 특징보다 인상 형성에 더 강력하게 작용하는 것

- **후광효과(Halo Effect)** : 어떤 대상이나 사람에 대한 일반적인 견해가 그 대상이나 사람의 구체적인 특성을 평가하는 데 영향을 미치는 현상(= 광배효과). 어떤 사람이 갖고 있는 한 가지 장점이나 매력 때문에 다른 특성들도 좋게 평가되는 효과

- **악마효과(Devil Effect)** : 후광효과와 반대되는 현상으로서, 보이는 외모로 모든 것을 평가하여 상대를 알기도 전에 부정적으로 판단해버리는 것. 일종의 편견으로서, '중소기업 제품은 품질이 불량할 것이다' 등과 같이 무의식적인 편견이 이미지에 미치는 효과

- **현저성효과(Vividness Effect)** : 한 가지 두드러진 특징을 가진 정보가 인상 형성에 많은 영향을 미치는 효과

- **빈발효과(Frequency Effect)** : 첫인상이 비록 좋지 않게 형성되었더라도, 반복해서 제시되는 행동이나 태도가 첫인상과는 달리, 진지하고 솔직하게 되면 점차 좋은 인상으로 바뀌는 현상

- **호감득실효과(Gain and Loss Effect)** : 누군가 자기를 싫어하다가 점점 좋아하게 되는 경우는 자기가 많은 이득을 보게 되는 느낌을 받고, 반대로 누군가 자기를 많이 좋아하다가 싫어하게 되면 손실이 크게 느껴지는 현상

- **이미지 메이킹** : 대인관계의 중요성이 강조되는 현실에서 보여 지는 자기이미지를 T(Time), P(Place), O(Occasion), 즉 시간과 장소와 경우에 맞게 연출하는 것으로서, 개인이 추구하는 목표를 이루기 위해 자기이미지를 통합적으로 관리하는 행위. 외적인 이미지를 강화하여 긍정적 내면이미지를 끌어내며 자신의 본질과 장점을 훌륭하게 표현하는 일

- **모델링 전략** : 자신이 본받고자 하는 인물을 정해 그 인물의 특성 및 장점을 따르는 전략

- **특정공포증** : 어떤 특정한 대상이나 상황을 두려워하여 피하는 장애이므로 태도에 영향을 끼침

- **사회공포증** : 불안한 사회를 경험한 후 사회적 기능의 저하로 어려운 상황을 회피하는 증상으로서, 내적 이미지가 외적 이미지, 표정, 태도에 영향을 끼침

- **외상 후 스트레스장애** : 학대, 참사, 테러, 성폭행 등 극단적 스트레스장애이므로, 내적 이미지 메이킹에 영향을 미침

- **메이크업** : 사전적 의미는 '제작하다, 보완하다'라는 뜻. 일반적인 의미는 화장품이나 도구를 사용하여 신체의 장점을 부각하고, 단점은 수정 및 보완하는 미적 행위이며 자신의 정체성, 가치관을 표현하는 것

- **컬러 이미지** : 개인이 가지고 있는 본래의 이미지에 적합한 컬러를 적용하여 외적 이미지 향상과 내적 이미지 강화를 완성할 수 있는 유동적인 이미지

- **뷰티 이미지** : 피부, 메이크업, 헤어, 네일, 풋, 복장 등 복합적인 요소로 이루어져 있음. 추상적인 개념이며 사람을 대상으로 아름다움에 대해 상징되는 생각이나 관념

- **헤어 이미지** : 헤어를 하고 있는 자신과 헤어스타일과의 상호작용으로 형성되어 전달되는 느낌으로서, 건강한 모발과 자신의 얼굴형, 전체적인 이미지와 어울리는 헤어스타일을 연출해야 함

- **퍼스널 브랜딩** : 이미지 메이킹보다 적극적이고 목표지향적인 개념의 활동으로서, 자신만의 장점·능력·열정 등을 이해하고 활용하여 자신을 차별화시켜, 이를 경력이나 자기개발 등의 지침이 되도록 하는 과정

- **메이크업** : 화장품이나 도구를 사용하여 신체의 장점을 부각하고 단점은 수정 및 보완하는 미적 행위이며, 자신의 정체성과 가치관을 표현하는 것. 사전적 의미는 '제작하다, 보완하다'라는 뜻

- **유니폼** : 외부적으로 소속회사, 직장의 문화를 표현하며, 내부적으로는 조직 구성원의 일체감을 향상시키고자 하는 목적으로 착용하는 복장

- **첫인상** : 처음에 들어온 이미지가 나중에 그것을 판단하는 데 영향을 주는 것으로서, 다른 사람에게 비추어지는 자신의 모습. 첫인상은 처음 만난 지 2~10초 내에 결정됨

- **메라비언(Albert Mehrabian)의 법칙** : 대화를 통하여 상대방에 대한 호감 또는 비호감을 느끼는 데에서, 상대방이 하는 말의 내용이 차지하는 비중은 7%, 반면에 말을 할 때의 태도나 목소리 등이 38%, 시각적 요소가 55%를 차지하여 대화 내용과 직접적으로 관계가 없는 요소가 93%로 상대방으로부터 받은 이미지를 좌우한다는 법칙

- **표정** : 내면의 어떠한 의미가 얼굴로 표출되는 것으로 감정을 드러내어 반영하므로 의사소통에 있어 매우 중요한 요소

- **삼점법** : 방향 안내 동작을 할 때, 시선은 상대방의 눈을 먼저 보고, 가리키는 방향을 손과 함께 본 후, 다시 상대방의 눈을 보는 방법

- **음성 이미지** : 처음 사람을 만났을 때 눈에 보이는 외적 이미지로 사람을 평가한 뒤, 곧바로 소리의 이미지까지 접목시켜 그 사람의 전체 이미지를 평가함. 음성의 색깔, 음의 고저, 말의 빠르기 등으로 상대방의 상태를 파악하는 중요한 도구이므로 지속적인 관리가 필요함

- **발성기관** : 성대를 울려 목소리를 만들어 내는 기관으로서, 주요 발성기관으로는 폐와 기관, 후두, 인두(목구멍), 코, 턱 그리고 입이 있음. 복잡한 모양의 관을 형성하여 폐에서 입술까지 연결되어 있음

- **공명기관** : 발성기관을 통해 만들어진 소리는 인강(인두), 구개(구강), 비강 등의 공명기관을 통해 점점 커지고 부드러워지며 울림으로 소리를 만듦. 비염이 있거나 코질환이 있으면 목소리가 나빠지는 원인도 비강이 소리를 만드는 데 관여하기 때문임

- **조음기관** : 발성기관을 통해 목소리가 만들어진 뒤 공명기관을 통해 소리가 커져 음색을 갖추고 나면 입술과 이, 입천장, 혀 등의 조음기관을 통해 소리가 말로 바뀌어 나옴. 조음기관의 역할에 따라 발음의 부정확성 등이 결정되어 의사소통에 영향을 줌

- **음질** : 목소리가 맑고 깨끗한지, 답답하고 탁한지를 구분

- **음폭** : 소리의 높낮이를 말하는 것으로서, 음역을 어느 정도 사용할 수 있는지를 의미

- **복식호흡법** : 숨을 깊게 충분히 들이쉬고 내쉬는 호흡법으로서, 흉식호흡에 비해 횡격막이 더욱 아래로 내려가 가슴 속 공간이 더 넓어지고, 폐는 산소를 더 많이 채우게 되는 호흡법

출제유형문제

📭 일반형 문제

01 다음 중 이미지의 형성 과정에 대한 설명으로 옳은 것은?

① 이미지는 지극히 객관적이다.
② 이미지는 과거와 상관없는 현재 모습 자체이다.
③ 같은 대상에 대한 이미지는 누구나 동일하게 받아들인다.
④ 이미지의 형성은 주관적이며 선택적으로 이루어져 동일한 대상에 대해서도 다른 이미지를 부여한다.
⑤ 이미지의 형성 과정은 감정적 과정보다 이성적 과정을 거쳐 형성된다.

해설 **이미지의 형성과정**

지각과정	• 인간이 환경에 대해 의미를 부여하는 과정이다. • 주관적이며 선택적으로 이루어져 동일한 대상에 대해 다른 이미지를 부여한다.
사고과정	• 과거와 관련된 기억과 현재의 지각이라는 투입요소가 혼합되어 개인의 이미지를 형성한다.
감정과정	• 지각과 사고 이전의 감정에 의해 반응하는 과정이다. • 감정적 반응은 확장효과가 있다.

02 다음 중 서비스인의 유니폼에 대한 설명으로 옳지 않은 것은?

① 명찰은 정 위치에 부착하고 개인적인 액세서리 사용은 포인트 강조를 위해 바람직하다.
② 유니폼의 경우 구김이 가지 않도록 한다.
③ 유니폼을 개인의 취향에 따라 변형하지 않는다.
④ 소매를 걷어 붙이지 않도록 하며 소매를 항상 깨끗이 유지한다.
⑤ 항상 청결한 상태를 유지한다.

해설 액세서리의 사용은 가능한 한 지양한다.

1④ 2① **정답**

03 두 사람 혹은 여러 사람이 함께 대화를 할 때, 상대방과 자연스러운 눈 맞춤을 위한 적절한 눈의 표정은?

① 눈이나 미간, 콧등 사이를 번갈아 보기
② 눈을 자주 깜빡이기
③ 위로 치켜뜨거나 아래로 뜨기
④ 두리번거리거나 침착하지 못한 시선
⑤ 곁눈질하는 시선

> **해설** 시선은 자연스럽고 부드러운 상태로 우호적인 느낌으로 상대방을 바라보는 것이 중요하다. 눈을 빤히 오래 집중해서 보면 상대방이 불편하므로, 눈과 미간, 코 사이를 번갈아 보는 것이 좋다.

04 다음 중 이미지 메이킹에 대한 설명으로 가장 적절하지 않은 것은?

① 외적인 이미지를 향상시키며 긍정적인 내적 이미지를 끌어내고 궁극적으로는 자기존중감을 향상시킨다.
② 외적 이미지란 성격, 심성 등의 내적 이미지가 외모, 표정, 말, 행동 등을 통해 외부로 표현되는 것을 말한다.
③ 이미지 메이킹이란 자신이 목표하는 바에 따라 현실에서 보여지는 자기 이미지를 시간과 장소, 경우에 맞게 관리하는 것이다.
④ 자신의 내적 이미지와는 상반되더라도 현재 자신이 속한 위치와 역할에 맞도록 외적 이미지를 최상의 상태로 유지해야 한다.
⑤ 이미지 메이킹 방법으로는 초기에는 자신과 유사한 인물을 모델링하여 모방하고, 더 나아가 자신의 개성을 더해 새로운 이미지를 구현하는 것이 좋다.

> **해설** 이미지 메이킹이란 자신의 내적 이미지와 외적 이미지를 통합적으로 관리하는 것이다. 즉, 겉만 그럴싸하게 치장하는 것이 아닌, 자신의 본질과 장점을 훌륭하게 표현하는 일이다.

05 메라비언(Albert Mehrabian)의 차트에서 A, B, C에 들어갈 내용으로 적절한 것은?

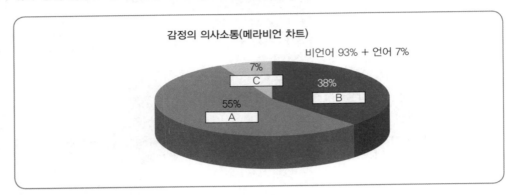

	A	B	C
①	시각적 요소	청각적 요소	말의 내용
②	말의 내용	청각적 요소	시각적 요소
③	시각적 요소	후각적 요소	미각적 요소
④	청각적 요소	시각적 요소	미각적 요소
⑤	시각적 요소	말의 내용	청각적 요소

06 이미지에 있어서 밝은 표정이 주는 여러 효과에 대한 설명으로 적절하지 않은 것은?

① 근육을 많이 사용하게 되어 건강에 유익하다.

② 호감형성효과에 의하면, 웃는 표정이 상대에게 호감을 형성시킬 수 있다.

③ 신바람효과란, 웃는 모습으로 생활을 하면 기분 좋게 일을 할 수 있는 효과를 의미한다.

④ 감정이입효과란, 밝고 환한 웃는 표정을 보면 주변 사람도 기분이 좋아지는 효과를 말한다.

⑤ 마인드컨트롤효과란, 내면에서 우러난 밝은 표정이 타인의 감정도 조절하여 긍정적으로 변화
  시킬 수 있다는 효과를 말한다.

> **해설** **밝은 표정의 효과**
> • 건강증진효과 : 웃는 근육을 많이 사용하게 되면 과학적으로 건강에 유익한 영향을 준다.
> • 감정이입효과 : 나의 밝고 환한 웃는 표정을 보면 타인도 기분이 좋아지게 된다.
> • 마인드컨트롤효과 : 밝고 환한 표정을 지으면 실제로 기분이 좋아지게 된다.
> • 신바람효과 : 웃는 모습으로 생활을 하면 기분 좋게 일을 할 수 있게 된다.
> • 실적향상효과 : 즐겁게 일을 하다보면 업무가 효율적으로 진행되어 능률이 오르게 된다.
> • 호감형성효과 : 표정은 상대가 보고 느끼며 판단하는 것으로, 웃는 표정은 나에 대한 좋은 이미지를 형
>   성하게 한다.

07 다음 중 목소리에 대한 설명으로 적절하지 않은 것은?

① 좋은 목소리는 떨림이 없거나 적고 또렷하게 들린다.
② 목소리가 작을 때는 복식호흡을 통해 호흡량을 크게 하면 좋다.
③ 사람의 타고난 음색, 음성의 질처럼 음성의 분위기도 변화시키기 어렵다.
④ 목소리는 외모와 함께 사람의 인상과 이미지를 함께 만드는 주요 요소이다.
⑤ 말을 하다가 잠시 공백을 두면 상대의 집중도를 높이고 핵심을 강조할 수 있다.

해설) 음성의 분위기는 훈련을 통해 변화시킬 수 있다.

08 다음 중 서비스인의 바람직한 상황별 태도와 이미지에 대한 설명으로 적절하지 않은 것은?

① 시선은 상대방의 얼굴을 바라보고 밝은 표정을 유지한다.
② 서 있을 때는 몸의 힘을 한쪽 다리에 두고, 몸의 균형을 유지한다.
③ 서 있을 때는 발꿈치는 붙이고 발의 앞은 살짝 벌려 V자형을 유지한다.
④ 등과 가슴을 곧게 펴고, 아랫배에 살짝 힘을 주고 서서 자세를 유지한다.
⑤ 의자에 앉는 경우에는 등과 등받이 사이에 주먹이 하나 들어갈 정도로 간격을 두고 앉는다.

해설) 몸의 힘을 한쪽 다리에 두지 않고, 균형을 고루 분산하여 유지한다.

09 다음 중 첫인상에 대한 설명으로 옳지 않은 것은?

① 전체 이미지 구성에 강력한 영향을 끼친다.

② 인사, 대화 등에서 첫인상의 판단을 강화하는 맥락효과가 발생한다.

③ 첫인상의 부정성효과를 뒤집고 호감을 얻으려면 오랜 시간이 필요하다.

④ 메라비언의 법칙에 따르면, 이미지에 미치는 영향이 가장 큰 감각은 청각이다.

⑤ 첫인상이 좋을 경우 후광효과가 발생하여 다른 분야에서도 후한 점수를 얻기도 한다.

> **해설** 이미지에 미치는 영향이 가장 큰 감각은 '시각'이다.

10 다음 중 서비스전문가로서 자신을 연출할 때 적절하지 않은 것은?

① 서비스전문가는 가능하면 앞머리가 이마나 눈을 가리지 않는 헤어스타일이 좋다.

② 머리는 빗질을 하거나 헤어 제품을 사용하여 흘러내리는 머리가 없도록 고정하고 단정한 모양을 유지한다.

③ 옷과 구두의 색상과 조화를 이루는 것이 좋으며, 스타킹도 무난한 제품으로 고르되 무늬나 화려한 색상의 제품은 피하는 편이 좋다.

④ 유니폼이나 개인 슈트를 입더라도 흰색 양말보다 양복 색과 같은 양말을 착용하여 구두 끝까지 색의 흐름을 일치하게 입는 편이 좋다.

⑤ 서비스전문가는 트렌드에 민감해야 하므로, 제복이나 유니폼을 입더라도 트렌드에 맞게 액세서리 등으로 개인의 개성 연출을 하는 편이 좋다.

> **해설** 유니폼이나 제복을 입을 경우 지정된 색상에서 벗어나지 않는 것이 전체 이미지에 좋은 영향을 준다. 같은 유니폼을 입은 직원들과의 통일성을 고객에게 제공하는 것이 무엇보다 중요하므로, 개인의 개성을 드러내는 화장, 액세서리, 다른 도구의 연출은 자제하도록 한다.

11 이미지 관리과정은 '이미지 점검하기 → 이미지 콘셉트 정하기 → 좋은 이미지 만들기 → 이미지 외면화하기'의 순서로 이루어진다.

(① ○　② X)

> 해설 이미지 점검하기 → 이미지 콘셉트 정하기 → 좋은 이미지 만들기 → 이미지 내면화하기

12 첫인상은 개인의 내면과 보이는 모습이 융합하여 형성되며, 평가하는 사람의 일방적인 판단과 가치관에 따라 인식된다.

(① ○　② X)

> 해설 첫인상은 개인의 내면을 확인하지 않고 보이는 모습만을 통해 형성된다.

13 이미지의 속성은 개인의 지각적 요소와 감정적인 요소가 결합되어 나타나며, 객관적이기보다는 주관적인 성향을 보인다.

(① ○　② X)

14 상황별 서비스종사자의 제스처 중 앉는 자세에 있어 등과 의자 사이는 공간을 두지 않고 등을 기대어 편하게 앉는 것이 좋다.

(① ○　② X)

> 해설 앉는 자세에 있어 등과 의자 사이에 주먹 하나 정도의 공간을 두어, 등을 곧게 펴고 바르게 앉아 정중함을 유지한다.

15 서비스종사자의 복장 연출에 있어 유니폼은 근무 시 활동하는 복장인 동시에 회사와 개인의 이미지까지 표현하는 수단이 되므로, 자신의 개성을 최대한 잘 살려 수선하여 개인별 포인트 연출을 통해 화려함을 표현하도록 한다.

(① ○　② X)

> 해설 유니폼은 조직의 문화와 이미지를 표현하는 수단이므로, 개인의 개성을 맞추기보다는 조직의 전체 이미지에 맞추어 연출하고, 개인적인 장신구나 연출은 금하도록 한다.

[16~20] 다음 설명에 알맞은 단어를 보기에서 각각 골라 넣으시오.

① 메라비언의 법칙   ② 최근효과   ③ 귀인오류   ④ 부정성효과   ⑤ 퍼스널브랜딩

16 시간적으로 가장 마지막에 제공된 정보가 판단에 많은 영향을 주는 효과를 말한다.

(   )

17 타인의 말과 행동을 관찰하여 그 밑에 깔려있는 태도와 의도를 추측하여 판단할 때, 그 사람의 기질적이거나 성격적인 측면을 통해 설명하려는 경향성을 말한다.

(   )

18 이미지 메이킹의 보다 적극적이고 목표지향적인 개념의 활동으로, 자신만의 장점 · 능력 · 열정 등을 이해하고 활용하여 자신을 차별화시켜 이를 경력이나 자기계발 등의 지침이 되도록 하는 과정이다.

(   )

19 부정적인 정보가 나타나면 다른 긍정적인 정보보다 부정적인 것에 더 큰 비중을 두고 인상을 평가하는 현상이다.

(   )

20 한 사람이 상대방으로부터 받는 이미지는 시각 55%, 청각 38%, 말의 언어 7%의 영향을 받는다는 조사결과를 나타내는 것으로 시각적 이미지의 중요성을 나타낸다.

(   )

📖 사례형 + 통합형

21 다음은 병원 직원과 환자의 대화이다. 다음 보기의 대화를 통해 알 수 있는 이미지 형성효과는?

> • 직원 : 안녕하십니까? 어디가 불편하신가요?
> • 환자 : (직원의 지저분한 유니폼과 손톱을 바라보며) 왼쪽 아래 어금니 충치가 생겨서요…….
> • 직원 : (접수를 마치고 진료실로 안내하여 환자를 진료 의자에 앉힌다.)
> • 환자 : 여기…… 진료기구는 소독을 잘하나요?
> • 직원 : 그럼요. 저희 치과는 철저한 청결과 소독을 최우선으로 생각합니다.
> • 환자 : (직원을 관찰하며) 저기요…… 저 다음에 올게요.
> (그 이후 고객은 나타나지 않았다.)

① 최근효과 ② 빈발효과
③ 초두효과 ④ 호손효과
⑤ 노시보효과

> **해설** 초두효과란 처음 제시된 정보가 나중에 제시된 정보보다 기억에 훨씬 더 큰 영향을 주는 현상을 의미한다. 첫인상이 나쁘면 아무리 잘해도 긍정적인 이미지로 바꾸기 어렵다는 것을 설명하는 효과이다. 직원의 지저분한 용모와 복장은 기업의 첫인상을 형성하여 신뢰감을 하락시키는 요소로 작용한다.

22 이미지 형성과 관련한 효과 중 다음 보기의 사례에 가장 적절한 효과는?

> • 직원 : 고객님, 이번에 새로 들어온 향수인데 이 제품은 어떠십니까?
> • 고객 : (향수병을 유심히 보며 마음에 들지 않는 듯) 향수병 디자인도 별로이고 본 적이 없는 브랜드인데요…….
> • 직원 : 이 제품은 프랑스 브랜드인데, 아직 국내에 수입이 많이 되지 않았습니다. 향기를 테스트해 보시면 좋을 듯합니다.
> • 고객 : (약간의 관심을 보이며) 그래요? 프랑스라…… 테스트해 볼게요.
> • 직원 : (테스트를 도와주며) 이 제품은 프랑스 현지에서 물량이 부족할 정도로 인기를 끌고 있는 제품입니다. 향기가 어떠신지요?
> • 고객 : 맡아보지 않은 향이지만, 그 정도로 인기가 있는 향수라니 한번 써 보죠. 이거 50ml로 구입할게요.

① 맥락효과 ② 최근효과
③ 악마효과 ④ 후광효과
⑤ 초두효과

> **해설** 후광효과란 어떤 대상(사람 / 사물)이 가지고 있는 한 가지 장점이나 매력 때문에 다른 특성들도 좋게 평가하는 효과로서, 고객의 제품 선택 요소로써 국가이미지가 주는 후광효과가 중요한 선택기준이 되었다.

23 다음 보기의 면접 채점표를 통해 ○○항공사가 면접자들의 어떤 점을 평가하고자 하였는지 알 수 있다. 다음 중 적절하지 않은 설명은 무엇인가?

> 다음은 ○○항공사의 신입사원 채용 면접관들의 채점표 중 일부이다.
> • 회사가 추구하는 밝고 편안한 이미지에 부합하는가?
> • 면접관의 질문에 대한 답변에 자신 있게 대답하는가?
> • 목소리의 고저, 발음 등은 적절한가?
> • 표정, 몸짓 등은 적절한가?
> • 복장, 화장 등은 회사의 대외적 이미지에 부합하는가?

① 패션 이미지 연출에 대해서는 특별히 언급하고 있지 않다.
② 외모, 표정, 상황별 제스처, Voice 이미지 등의 전체적인 이미지를 평가하고자 하였다.
③ 단순한 외모뿐만 아니라 목소리나 표정 등에서 보이는 이미지도 매우 중요한 요소로 판단하고 있다.
④ ○○항공사는 자사가 추구하는 기업 이미지를 조직 구성원들의 이미지에서도 일관되게 유지하고 싶어 한다.
⑤ ○○항공사는 조직 구성원의 대외적인 이미지가 고객에게 직·간접적으로 중요한 영향을 미치고 있다고 판단하고 있으며, 이를 면접에서도 평가하고 있다.

해설 복장, 화장 등은 패션 이미지에 해당한다.

24 여성 서비스 직원의 용모와 복장에 대한 설명 중 ( ) 안에 들어갈 적절한 내용을 고른 것은?

> • 복장은 세련됨을 기본으로 하고 체형에 맞는 스타일로 입는다.
> • 헤어는 (A)과 (B)을 기본으로 한다.
> • 메이크업에 있어서는 밝고 건강해 보이도록 하며 (C) 메이크업을 하도록 한다.
> • 구두는 단정하고 깨끗하게 한다.

	A	B	C
①	청결함	단정함	자연스러운
②	화려함	개 성	자연스러운
③	뱅스타일	개 성	포인트
④	청결함	앞머리를 내리는 형	노(no)
⑤	청결함	개 성	포인트

해설 헤어는 청결하고 단정하게, 메이크업은 자연스럽게 연출하는 것이 중요하다.

PART 3

고객심리의 이해

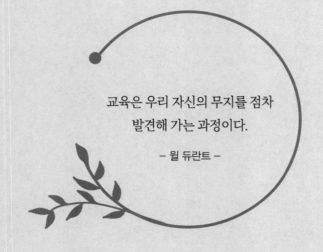

교육은 우리 자신의 무지를 점차
발견해 가는 과정이다.

– 윌 듀란트 –

고객심리의 이해

▶ 무료 동영상 강의가 있는 SMAT Module A 비즈니스 커뮤니케이션

저자 코멘트!

손자병법에 지피지기 백전백승(知彼知己 百戰百勝)이란 말이 있습니다. 비즈니스에 있어서는 고객의 마음과 심리를 제대로 알고 원하는 것을 적절히 제공할 때 고객만족으로 이어질 수 있고, 기업은 성과를 낼 수 있을 것입니다.

고객은 누구이고, 고객은 어떠한 기본 심리를 가지고 어떠한 과정을 통해 구매결정을 하는지 이번 3장에서 자세히 다루어 보도록 하겠습니다.

고객뿐만 아니라 일상의 대인관계 능력을 기르는 중요한 장인만큼 상대를 이해하는 좋은 시간이 되실 겁니다.

1 고객에 대한 이해
- 고객의 정의
- 고객의 기본심리
- 고객 요구의 변화
- 고객의 기대에 대한 영향요인

2 고객 범주(계층론)
- 고객의 분류
- 전통적인 시장세분화에 의한 고객분류
- 사회 계층에 따른 고객분류

3 고객 욕구와 동기 – 심리이론의 이해
- 고객의 욕구심리
- 욕구 5단계 이론

4 고객의 구매의사 결정과정
- 구매의사 결정과정의 종류
- 고객의 구매의사 결정과정

5 고객의 성격유형에 대한 이해
- DISC 분석
- 교류분석(TA)
- MBTI

1 고객의 정의

① 일반적인 정의는 '상점 따위에 물건을 사러 오는 손님' 즉, 상품과 서비스를 제공받는 사람들로 기업의 상품을 습관적으로 구매하는 소비자로부터 기업과 직·간접적으로 거래하고 관계를 맺는 모든 사람들을 의미한다.

② 현대 국어대사전에서는 '물건을 늘 사러오는 손님, 단골손님, 화객(華客)'이라 한다.

③ 한자로 '고'는 돌아볼 고(顧), '객'은 손님을 나타내는 객(客) 즉, '찾아오는 사람'을 뜻하는 말로, 재구매를 위해 돌아보고 찾아오는 손님을 의미한다.

> **Tip** 서비스 사회에서 '고객'의 정의 – Guest, Customer, Consumer, Client
> • Guest : Host의 반대개념으로 '초대받는 고객, 환대받는 고객, 귀하게 여겨야 할 고객'이라는 의미로서, 주로 호텔과 고급 레스토랑에서 많이 사용하고 있다.
> • Customer : '일정기간 여러 번의 반복구매와 상호작용을 통하여 형성된 사람'을 의미하며, 반대로 반복구매를 한 적이 없는 사람은 고객이 아니라 단지 단순한 구매자로 정의된다.
> • Consumer : 최종소비자 즉, 상품을 소비하는 대상자를 지칭하는 용어이다. 중간도매상이나 제조업자·재생산업자가 구매를 하는 경우에는 사용하지 않는다.
> • Client : 고객이나 의뢰인을 뜻하며, 금전적 또는 다른 통화 가치 있는 고려 사항의 대가로 상품 또는 서비스를 받는 사람을 의미한다.

2 고객의 기본심리 ★★^{중요}

환영기대심리	• 고객은 언제나 환영받기를 원하며, 항상 밝은 미소로 환영하고 맞이해야 한다. • 고객은 자신을 왕으로 대접해주기를 바라는 것이 아니라 환영해주고 반가워해 주었으면 하는 바람을 가지고 있다.
독점심리	• 고객은 모든 서비스에 대하여 독점하고 싶은 심리가 있다. • 고객의 독점심리를 만족시키다 보면 다른 고객의 불만을 야기할 수 있으므로, 모든 고객에게 공정하게 서비스해야 한다.
우월심리	• 고객은 서비스 직원보다 우월하다는 심리를 가지고 있다. • 서비스 직원은 직업의식을 가지고 고객의 자존심을 인정하며, 자신을 낮추는 겸손한 자세가 필요하다.
모방심리	• 고객은 다른 고객을 닮고 싶어 하는 심리를 가지고 있다.
보상심리	• 고객은 비용을 들인 만큼 서비스를 기대한다. • 다른 고객과 비교하여 손해를 보고 싶지 않은 심리를 가지고 있다.

자기본위적심리	• 고객은 각자 자신의 가치 기준을 가지고, 항상 자기 위주로 모든 상황을 판단하는 심리를 가지고 있다.
존중기대심리	• 고객은 중요한 사람으로 인식되고, 자신을 기억해 주기를 바란다.

3 고객 요구의 변화 ★★💬

고급화	• 삶의 질적인 향상과 양적으로 풍부해진 생활환경이 서비스 의식의 고급화를 지향하게 되었다. • 소비자 선택의 폭이 확산됨에 따라 고객들은 점점 인적서비스의 질을 중요하게 생각하고, 자신의 가치에 합당한 서비스를 요구하는 실정이다.
다양화	• 고객의 유형이 다양하고 복잡해짐에 따라 그들의 요구 또한 다양하고 복잡해지고 있다.
존중화	• 소비자 권리의식의 향상으로 고객의 '존중과 인정'에 대한 심리적 욕구가 증가하게 되어, 누구나 자신을 최고의 대우로 응대해주기를 기대한다.
대등화	• 경제성장 및 물자의 풍요로 인해 고객과 서비스 제공자 간에 서로 대등한 관계를 형성하려는 성향으로서, 존경과 신뢰가 떨어지면서 갈등도 많이 발생하고 있다.
개인화	• 고객은 본인만이 특별한 고객으로 인정받고 대우받으며, 나만 특별한 고객이라고 생각하는 경향이 늘어났다.

4 고객의 기대에 대한 영향요인 ★★💬

고객의 서비스에 대한 욕구와 기대는 날로 커지고 있고, 기대를 충족시켜 경쟁에서 살아남으려면 고객의 기대를 파악하고 고객만족을 이루어내야 한다. 서비스에 대한 고객의 기대에는 많은 영향요인이 있다.

고 객			기 업
내적요인	외적요인	상황적요인	
• 개인의 욕구 • 관여도 • 과거의 서비스 경험	• 고객이 이용할 수 있는 경쟁적 대안들 • 타인과의 상호관계로 인한 사회적 상황 • 구전으로 전해지는 내용	• 고객의 정서적 상태 • 환경적 조건 • 시간적 제약	• 서비스 의사결정에 영향을 미치는 촉진전략 • 가 격 • 유통구조에 의한 편리성과 서비스 수준 기대 • 서비스 직원의 역량 • 유형적 단서의 제공 • 기업 이미지, 브랜드 이미지 등
고객 자신의 선호도	외부로부터의 정보	고객의 개인적 · 사회적 상황 등의 변화	기업의 상황, 산업 환경의 변화

1 고객의 분류

다양한 기준에 의한 고객 분류를 통해서 세분화된 서비스를 제공하여 고객의 만족도를 높일 수 있다. 세분화된 기준에 의한 고객분류 내용은 다음과 같다.

(1) 기업과의 관계 진화적 관점에 의한 분류 ★★추요

잠재고객	• 기업에 대해 인지하고 있지 않거나, 인지하고 있어도 현재 관심이 없는 고객 • 구매경험은 없지만, 향후 고객이 될 잠재력이 있는 고객 　예 검진센터 잠재고객 : 건강검진에 관심이 없는 고객
가망고객	• 기업에 대해 인지하고 있고 관심을 보이며 신규고객이 될 가능성이 있는 고객 　예 검진센터 가망고객 : 건강검진에 대해 상담한 고객
신규고객	• 처음 기업과 거래를 시작하는 고객 　예 검진센터 신규고객 : 처음 건강검진을 받은 고객
기존고객	• 2회 이상 반복 구매 고객 • 어느 정도의 고객정보가 쌓여 효율적 마케팅이 가능한 고객 • 재구매가 이루어질 수 있는 고객 　예 검진센터 기존고객 : 신규고객 중 건강검진 2회 이상 받는 고객
충성고객	• 기업에서 가장 희망하는 고객으로 입소문을 내주는 고객 • 기업에 대한 충성도가 높아 제품이나 서비스를 반복 구매하고 강한 유대관계를 형성하고 있어 별도의 커뮤니케이션 없이도 구매가 이루어지는 고객 　예 검진센터 충성고객 : 기존고객 중 정기적으로 검진을 수검하거나, 주변사람에게 검진센터를 추천하는 고객

(2) 그레고리 스톤(Gregory Stone)의 고객분류 ★★추요

경제적 고객 (절약형 고객)	• 고객가치를 극대화하려는 고객 • 투자한 시간, 노력, 돈에 대하여 최대의 가치를 얻으려는 고객 • 절약형 고객의 상실은 서비스 품질과 잠재적 경쟁의 위험의 초기 경보 신호라고 할 수 있음
윤리적 고객 (도덕적 고객)	• 고객의 구매의사 결정에 있어 기업의 윤리성이 가장 큰 비중을 차지하는 고객 • 윤리적인 기업의 고객이 되는 것을 고객의 책임과 의무라고 생각하는 고객 • 윤리적 기준과 사회적인 공헌을 기업에 요구하는 고객 • 사회적 기부 또는 환경을 위해 노력하는 자세와 이러한 이미지를 강조하는 마케팅이 적용 가능함
개인적 고객 (개별화 추구 고객)	• 개인 대 개인의 교류를 선호하는 고객 • 서비스 경험으로부터 인사나 대화 같은 대인관계의 만족을 원하는 고객 • 일괄적이고 정형화된 서비스보다 개인의 특성을 고려한 개별적이고 맞춤형 서비스를 원하는 고객 • 고객관계관리(CRM) 등을 통한 고객정보 활용이 선행되어야 하는 고객

| 편의적 고객
(편리성 추구 고객) | • 서비스 이용에 있어 자신의 편의성을 가장 우선으로 생각하는 고객
• 제품이나 서비스의 구매에 있어 편의를 위해서는 추가 비용을 지불할 의사가 있는 고객 |

(3) 조직내외를 기준으로 한 고객 분류

외부고객	• 기업이 생산한 가치를 최종 소비하고 구매하는 고객
중간고객	• 기업과 최종 소비를 하는 고객 사이에서 그 가치를 전달하는 고객 • 소매상, 도매상, 중간상의 고객
내부고객	• 기업 내부 직원으로 동료, 직원 등 본인이 하는 일의 결과를 사용하고, 가치생산에 직접 참여하는 고객

2 전통적인 시장세분화에 의한 고객분류

시장세분화에 의한 고객분류 세부내용을 살펴보면 다음과 같다.

구 분	구체적인 내용
지리적 기준	행정적 경계, 기후, 인구적 경계
인구통계적 기준	성별, 나이, 결혼유무, 가족규모, 가족생활주기
사회경제적 기준	직업, 교육정도, 소득정도, 사회계층
심리적 관계 기준	라이프스타일, 개성, 활동성향
행동양식	구매점포형태, 구매시간, 구매량, 구매빈도, 매체습성
소비양식	사용빈도, 구매상황, 상표충성도, 타상품 소유상태
소비자 성향	제품지식, 희귀제품 선호, 소비자 문제의식

(1) 성별에 따른 고객 분류

구 분	남 성	여 성
이미지	독립적, 주도적, 객관적, 지배적, 공격적, 경쟁적, 분석적, 동적 이미지 선호	정서적, 정적, 민감성, 감정이입적, 의존적, 동정적, 협동적 이미지 선호
관 점	조직을 주시하는 관점	관계를 중시하는 관점
사 고	분석적, 수직적 사고	종합적, 수평적 사고
구매행동	자신과 관련 있는 구매행위에 관심	남성에 비해 타인지향적인 구매행위에 관심
가 치	제품 구입 시 합리성을 우선시하는 경향	제품 구매 시 아름다움을 우선시하는 경향
흥 미	이론적, 업무와 관련된 내용에 흥미	감성적, 일상생활과 관련된 내용에 흥미
정보원천	일반적인 정보를 직접 수집하는 경향	구전이나 직원에 의한 직접적 정보를 이용하는 경향

(2) 연령 및 직업에 따른 고객분류

연 령	청소년층 고객	독립적이며, 외모와 새로운 것에 관심을 두고 소비하는 경향이 있고, 또래집단에 인정받고 싶은 욕구에 충족되는 제품을 구매하는 성향
	청년층 고객	생활을 즐길 수 있는 제품을 선호하고 감성적 · 탐구적 · 모험심 · 봉사정신 등을 가지고 있으며, 자신의 즐거움을 위해 제품을 구매하는 성향
	중년층 고객	현실적이고 생활에 많은 부담을 갖는 연령으로서, 실생활과 밀접한 제품을 구매하는 성향
	노년층 고객	과거지향적이며, 건강관련한 제품의 구매 빈도수가 높고, 인생 경험이 풍부하여 삶의 가치를 중시하고 보수적 소비성향을 가짐
직 업	봉급생활자 고객	생활과 밀접한 정보에 민감하고 친화적 특성을 가진 고객
	전문직 종사자	개성이 강한 고객이 많으며, 자신의 의견과 자존감이 높은 성향의 고객
	개인 사업자	자금운용과 근검절약에 우선가치를 두고, 사업자금이나 재테크, 자녀교육 등에 높은 관심을 가진 고객

(3) 참여적 관점에 의한 고객분류

접촉 구분	직접고객 (1차 고객)	• 제품과 서비스를 직접 구매하는 고객
	간접고객	• 최종 소비자 또는 2차 소비자
의사결정 고객		• 직접고객의 선택에 큰 영향을 미치는 개인이나 집단으로서, 직접적으로 구입이나 금전적 지불을 하지 않는 고객
의견선도 고객		• 제품의 평판, 심사, 모니터링 등에 영향을 미치는 고객 • 소비자보호단체, 기자, 평론가, 전문가 집단 등
경쟁자		• 전략이나 고객관리 등에 중요한 인식을 심어주는 고객
단골고객		• 직접 제품이나 서비스를 반복적 · 지속적으로 애용하고 있지만, 타인에게 추천할 정도의 충성도를 가지고 있지는 않은 고객
옹호고객		• 단골고객이며, 고객을 추천할 정도의 충성도를 가지고 있는 고객
충성고객		• 기업과 강한 유대관계를 가지고 파트너로 성장해 나가는 고객
한계고객 (블랙 컨슈머)		• 기업의 이익실현에 방해가 되며, 마케팅 활동 등 여러 요소에 방해 작용을 하는 고객 • 고객명단에서 제외하거나 해약을 유도하여, 고객의 활동이나 가치를 중지하는 것이 좋은 고객
체리피커		• 신포도 대신 체리만 골라 먹는다고 해서 붙여진 명칭 • 특별한 이벤트 기간에 단기간 가입해서 혜택만을 취하고 바로 해약하거나, 잠시 사용할 목적으로 구매하여 반품하는 등의 자신의 실속만 차리고 기업에 피해를 주는 고객

3 사회 계층에 따른 고객분류

(1) 사회 계층의 개념

① 재산, 수입, 직업, 교육수준, 종교, 혈연 등의 객관적 기준이 동일한 사람들의 집단이다.

② 사회 계층은 일종의 통계학적 집단 또는 사회적 범주를 의미한다.

③ 직업의 지위에 따라 구분하기도 하고, 소득이나 직업의 종류, 교육수준을 복합적으로 고려하여 구분하기도 하며 소비패턴, 생활양식의 차이를 보인다.

④ 계층은 사회구조를 이해하는 기본적 개념이며, 사회구조를 권력의 차등에 의한 계급으로 보느냐, 기능의 분화에 의한 계급으로 보느냐에 따라 사회에 대한 인식이 크게 달라진다.

⑤ 후기 산업사회에 들어와 직업이 다양화되면서 그에 따른 수입이 사회적 지위와 권력을 결정하고 힘(Power)을 부여한다고 보는 계층론이 확산되고 있다.

⑥ 직업의 다양화는 횡적으로는 분야에 따른 분화를, 종적으로는 기능에 따른 분화를 초래하여 복잡한 계층화 현상을 낳고 있다.

⑦ 직업의 다양화로 인해 분화된 계층들은 각기 다른 특이한 생활의식과 행위양식, 소비패턴을 가지고 있다.

(2) 사회 계층구조의 유형 ★★

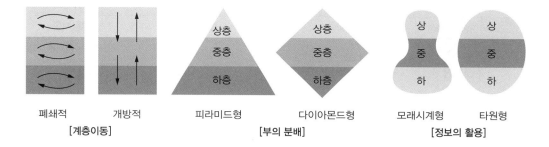

폐쇄적	개방적	피라미드형	다이아몬드형	모래시계형	타원형
[계층이동]		[부의 분배]		[정보의 활용]	

폐쇄적 계층	• 수직이동이 제한적이며 수평이동이 가능하고 지위가 귀속이 된 구조 • 노예제도, 신분제도, 카스트제도 등
개방적 계층	• 능력이나 노력에 의해 사회이동이 가능하며, 성취와 지위가 중시되는 계층 • 근대 이후의 대표적 계층구조
피라미드형 계층	• 하층의 비율이 상층에 비해 훨씬 높은 경우 • 후진국형 계층구조
다이아몬드형 계층	• 중층의 비율이 상층이나 하층에 비해 높은 구조 • 현대 복지국가의 계층구조
모래시계형 계층	• 새로운 지식이나 물건의 활용과 관련하여 소득의 현격한 차이를 가지게 되는 구조 • 전체 인구에서 디지털 정보를 제대로 활용하는 사람들은 지식과 소득이 증가하고, 이를 잘 이용하지 못하는 사람은 더욱 뒤처지는 20%의 부유층과 80% 빈곤층으로 구성된 20 : 80 구조의 계층구조 • 비관론적이며, 세계화를 반대하는 사람들이 많은 구조
타원형 계층	• 세계가 하나의 시장으로 통합되고 사회 모든 분야에서 정보가 보편적으로 활용되면서 소득격차가 줄어든 구조 • 정보 활용도의 차이가 줄어 중간층의 비율이 증가하는 계층구조 • 낙관론을 옹호하고 세계화를 선호하는 사람들이 많은 구조

(3) 사회 계층 간의 차이

구 분	상 층	중 층	하 층
소비취향의 특성	품격지향	상승지향	실용지향
선호의상	유명 브랜드의 옷을 선호, 자신만이 선호하는 특정 브랜드가 있음	유명 브랜드의 옷을 선호하지만, 세일 기간이나 할인 기간을 이용해서 구입	반드시 유명브랜드의 옷을 선호하지 않으며, 비싼 옷을 사기보다는 싼 옷을 여러벌 구입
식생활	친자연 주의, 건강식품, 유기농 식품	맛집 소비	강한 맛, 질보다 양 선호
선호 외식업체	고급스러운 음식점, 이국적 음식 선호	가격과 분위기 동시 고려	저렴하고 양이 많은 가족단위 외식업체
인테리어 스타일	고풍적이며 우아한 스타일 선호	산뜻하고 심플 모던한 스타일 선호	기능적이고 저렴한 스타일 선호
집의 크기, 소유형태	50평 이상, 주택 본인 소유	30평대, 주택 본인 소유	20평 미만, 주택 거주

※ 출처 : 『중산층의 정체성과 소비문화』, 함인희 외, 2001, P110

03 고객 욕구와 동기 - 심리이론의 이해

1 고객의 욕구심리

① 고객의 소비욕구와 구매행동은 '특정한 동기' 없이는 일어나지 않는다.

② 고객의 기본 심리는 나이, 성별, 직업, 소득 수준 혹은 자신이 자라온 환경 등에 의해 형성되고, 개성이나 라이프스타일과 같이 비교적 지속적으로 유지되는 특성이 있으며, 이것을 기반으로 소비욕구가 발생한다.

③ 고객의 심리적 욕구는 반드시 이성적이고 논리적이지만은 않다는 것을 알고, 감성과 비논리적 접근으로도 욕구가 일어나고 구매로의 이어지는 동기부여가 가능함을 이해해야 한다.

④ 고객의 심리적 욕구를 잘 이해하기 위해서는 본질을 꿰뚫는 통찰력과 새로운 욕구를 불러일으키기 위해 현재 상황을 분석하는 분석력이 필요하다.

[고객의 심리적 동기부여(욕구)관련 이론] ★★ 중요

이 론	학 자	내 용
욕구 5단계 이론	매슬로우(Maslow)	• 생리적 욕구(Physiological) • 안전의 욕구(Safety) • 사회적 욕구(Love & Belonging) • 존중의 욕구(Esteem) • 자아실현의 욕구(Self–actualization)

2 욕구 5단계 이론

(1) 욕구 5단계 이론의 개념

① 미국의 산업심리학자 매슬로우(Maslow)가 1970년에 동기부여와 인간의 욕구를 5단계로 구분하여 인간의 동기가 작용하는 양상을 기본적이고 보편적으로 제시한 점에서 큰 의의가 있다.

② 인간을 자기실현을 위하여 노력하는 존재라고 규정하면서, 태어날 때부터 두 가지 경향성 즉, 생존적 경향(Survival Tendency)과 실현적 경향(Actualizing Tendency)을 가지고 있다고 보았다.

생존적 경향	• 결핍욕구(Deficiency Needs) 혹은 박탈동기(Deprivation Motivation) 라고도 한다. • 인간의 생존을 단순히 생리적 차원에서 유지하려는 경향으로 호흡, 배설, 수면, 식욕, 성욕, 음식, 물, 쾌적한 온도, 신체의 안전, 애정, 존경의 욕구를 말한다. 이러한 욕구로 인해 생기는 동기를 '결핍동기'라고 한다. • 5단계 욕구 중에 생리적 욕구, 안전의 욕구, 소속과 애정의 욕구, 존경감의 욕구가 포함된다.
실현적 경향	• 성장욕구(Meta Needs) 혹은 성장동기(Growth Motivation) 즉, 자신의 잠재능력, 기능, 재능을 발휘하려는 욕구 즉, 삶을 창조하고자 하는 동기로 생존적 경향이 충족되었을 때 나타나는 것이다. 자아실현의 욕구가 포함된다.

③ 매슬로우에 의하면, 자아실현은 계속되는 과정이며 이러한 과정에서 이루어지는 매번의 선택이 자신의 성장을 위해 이루어진다고 하였다.

④ 각 욕구는 하위 욕구가 충족되어야만, 상위 계층의 욕구가 나타난다고 설명한다.

(2) 욕구 5단계 이론의 구성

단 계	욕 구	의 의	서비스적 관점의 욕구
1단계	생리적 욕구 (Physiological)	의식주 등 생존을 위한 기본 욕구	• 양적으로 충분한가? • 가격이 적당한가?
2단계	안전의 욕구 (Safety)	위험으로부터 신체적, 감정적으로 안전하고자 하는 욕구	• 주차장은 편리한가? • 안전한 식자재인가?
3단계	소속감과 애정 욕구 (Love, Belonging)	사회적 존재로서 친화적이고 소속감을 느낄 수 있는 애정의 욕구	• 종업원은 친절한가? • 나의 요구에 반응하는가?
4단계	존경의 욕구 (Esteem)	내적으로 자존·자율하고자 하는 욕구와 외적으로 존경과 인정을 받고자 하는 욕구	• 종업원이 나를 존중하는가? • 나에게 관심을 가지고 대응하는가?
5단계	자아실현의 욕구 (Self-actualization)	자신의 잠재력을 극대화하여 자아를 완성하고자 하는 욕구	• 차별화된 서비스를 제공하는가? • 질적으로 우수한 서비스를 나에게 제공하는가?

(3) 서비스 경영에 있어서의 욕구 5단계 이론적 접근

① 고객이 가지는 기본 욕구 단계에 맞게 서비스를 잘 제공하고 있는지를 점검하면서 서비스를 제공한다면, 고객만족을 위한 심리적 접근이 가능하다 할 수 있다.

② 서비스를 제공하는 기업의 입장에서 제품이나 상품이 가지고 있는 특성이 고객과 대면하게 되는 접점에서 어느 단계의 욕구를 더 필요로 하는지 미리 고객의 심리를 이해하고, 고객이 원하는 심리를 충족시키려고 노력하는 자세가 필요하다.

   예 고객이 매장을 방문할 때 아무도 반겨주지 않는다면 소속과 애정의 욕구는 채워지지 않게 되므로, 고객맞이의 접점에서 고객으로 하여금 매장에 방문하여 소속되었다는 감정을 확실히 느낄 수 있는 서비스를 제공하도록 한다.

[매슬로우의 욕구 5단계]

자아실현의 욕구
(잠재능력 발휘)

성장욕구 · 메타욕구(실현적 경향)
기본욕구 · 결핍욕구(생존적 경향)

자존감의 욕구
(자존, 자율, 성취)

사회적 욕구
(소속과 애정에 대한 욕구로 애정, 사랑, 소속감, 우정)

안전의 욕구
(공포 · 위협 및 피해로부터의 보호)

생리적 욕구
(의식주 및 생명유지와 관련된 욕구)

1 구매의사 결정과정의 종류

현대 고객의 구매의사를 결정하는 프로세스가 변화하는 과정을 의미한다.

(1) 전통적 구매결정 프로세스 AIDMA

미국의 롤랜드 홀(Rolland Hall)이 처음 주장한 고객 구매결정 프로세스 모델로서, 전통적 구매 프로세스의 과정을 의미한다.

> 주의 → 관심 → 욕구 → 기억 → 행동(구매)

AIDMA	프로세스	내 용
Attention	주 의	고객의 주의를 환기시켜 상품을 인지시키는 단계
Interest	관 심	제품에 대해 관심을 보이고 장 · 단점을 구분하여 인지하는 단계
Desire	욕 구	구매 욕구를 불러일으키는 단계
Memory	기 억	욕구를 넘어선 단계로, 가장 기억에 남는 제품의 구매의사를 결정
Action	행 동	구매가 이어지도록 실행

(2) 인터넷 활성화로 진화된 구매결정 프로세스 AISAS

일본의 아키야마 류헤이가 처음 주장한 고객의 구매결정 프로세스 모델로서, 인터넷 활성화로 인해 검색을 통해 가격 비교, 상품에 대한 다양한 정보를 탐색 후 구매하는 과정을 의미한다.

> 주의 → 관심 → 검색 → 행동 → 공유

AISAS	프로세스	내 용
Attention	주 의	고객의 주의를 환기시켜 상품을 인지시키는 단계
Interest	관 심	제품에 대해 관심을 보이고 장 · 단점을 구분하여 인지하는 단계
Search	검 색	인터넷으로 상품을 검색 · 비교, 정보 등을 비교 · 분석하는 단계
Action	행 동	구매 단계
Share	공 유	상품에 대한 평가를 인터넷을 통해 다른 사람들과 공유하는 단계

2 고객의 구매의사 결정과정

고객의 구매행동은 개인의 욕구나 동기부여에 의해 나타나는 의사결정으로서, 구매의사 결정과정은 앞서 살펴본 심리이론을 바탕으로 이해할 수 있다.

단 계	1단계	2단계	3단계	4단계	5단계
과 정	문제인식	정보탐색	대안평가	구매결정	구매 후 행동
설 명	고객이 현재 처한 상태와 이상적인 상태의 차이에서 발생하는 문제를 해결하고자 하는 욕구를 갖게 되는 것이다.	고객이 지식, 경험을 가지고 있을 때, 시간이 부족하거나 대안제품의 수가 적을 때, 고객이 구매욕구가 강할 때 정보탐색의 시간은 줄어든다.	몇 가지 평가기준을 가지고 부적절한 대안은 제거하고, 고려대상 제품군 안에서 대안을 검토한다.	구매를 결정한다.	고객이 브랜드와 제품에 관심을 기울이는 정도를 '관여도'라 하는데, 기대에 미치는 구매결정과 못미치는 구매결정에 따라 구매 후의 행동은 달라진다.
영 향	고객의 문화, 사회계층, 준거집단, 가족, 라이프스타일, 개성, 가치관, 경험 등에 의해 의사결정에 영향을 미친다.				

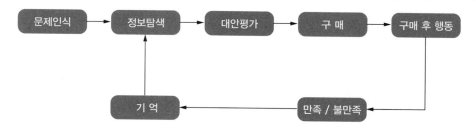

(1) 문제 인식

① 문제의 인식

⊙ 고객이 어느 시점에서 불충족된 욕구를 인식하는 욕구의 환기(Arousal) 즉, 문제의 인식으로부터 시작된다.

⊙ 문제의 인식은 고객의 현재 상태와 그 문제가 해결되었을 때의 차이를 충분히 느낄 때 발생하고, 그 차이를 해결해 줄 수 있는 수단에 대한 욕구가 전환되는 시점에서 고객의 구매의사결정과정이 시작된다.

⊙ 문제 인식의 과정에서 구매라는 의사결정 단계까지 넘어가기 위해서는 문제 인식의 크기 및 중요성이 문제를 해결하는 제반 비용보다 커야 한다.

⊙ 욕구가 동기로 전환되면 문제해결을 위한 행동이 발생한다.

② 문제의 인식에 투입되는 변수 ★★

내부요인	고객의 과거 경험, 고객의 특성(인구통계적, 라이프스타일, 개성 등), 고객의 동기 등과 같이 고객 내부에서 일어나는 자극에 의하여 발생하며, 배고픔이나 목마름 등의 생리적인 요인도 해당한다.
외부요인	보거나 듣거나 냄새를 맡음으로써 일어나는 자극과 같이 고객 외부에서 발생하는 요인을 말하는데, 이는 고객을 둘러싸고 있는 환경영향이나 신제품 출시 광고와 판매원의 촉진활동 등과 같은 기업의 마케팅 활동 등이 있다.
고객 심리 세트	고객이 가지는 제품의 물리적 혜택속성과 상표에 대한 신념, 평가, 행동경향으로 나타나는 상표에 대한 태도 등이 이 범주에 속한다.
자극노출	TV나 신문을 보거나 인터넷 등의 광고를 접하는 우연적 노출의 형태와 고객이 의도적으로 자신을 마케팅 자극에 노출시켜 현재의 상표에 대한 태도나 '지각'을 보강하는 선택적·의도적 노출을 말한다.
문제의 인식	사용 환경이 변한 경우, 재정적 여건이 변한 경우, 기업 마케팅 활동(신제품의 개발, 광고, 판매촉진활동 등)에 노출된 경우 문제의 인식이 발생한다.

(2) 정보 탐색

① 구매상황과 관련하여 고객은 내부에 저장되어 있는 경험적 정보를 회상하고 검토하는 과정인 내부 정보탐색을 시작한다. 경험을 통한 정보를 가장 신뢰하는 경향이 있다.

② 고객은 기업에서 제공한 정보보다 언론 매체를 통한 보도자료, 소비자원이나 정부기관의 발행물 등 중립적인 원천에서의 정보를 신뢰하며 구매의 정보를 평가한다.

③ 내부탐색만으로 문제가 해결되면 더 이상의 탐색은 일어나지 않으나, 내부탐색으로 문제가 해결되지 않을 때 외부출처로부터 정보를 찾는 외부탐색이 일어난다.

④ 정보출처에 의한 분류

내부탐색	• 문제를 해결할 수 있는 제품이나 서비스에 대한 정보를 소비자의 장기 기억에서 탐색하는 것 • 해결해야 할 문제의 유형에 따라 탐색 정도는 고관여와 저관여로 구분 • 고관여 탐색 : 문제가 광범위하여 정보를 장기기억에서 활발히 탐색 • 저관여 탐색 : 문제가 단순하여 내부탐색은 매우 제한적임
외부탐색	• 친구, 광고, 포장, 판매원, 인터넷 등과 같은 외부 출처로부터 정보를 획득하는 과정

⑤ 탐색목적에 의한 분류

구매 전 탐색	• 문제 인식 후에 특정한 구매에 대한 결정을 쉽게 하기 위해 정보를 찾는 과정 • 제품의 구매(선택)가 목적임
지속적 탐색	• 제품의 구매(선택)가 목적이 아닌, 제품에 대한 관심에 근거한 제품평가(판단)가 목적 • 특정한 소비제품 또는 활동과 관련 있는 취미를 가진 사람들에게서 발생 　예 여행, 컴퓨터, 화장품, 헤어, 자동차, 게임 등

(3) 대안 평가

① 수집된 정보를 바탕으로 고객이 가지고 있는 지식이나 믿음, 상황과 조건, 그리고 선호도 등을 기준으로 비교 · 분석 · 평가한다.

② 필요를 만족시키는 대안들이 얼마나 자신에게 가치 있고, 또 구입가격 이외에도 다양한 기회비용까지 포함하는지 등을 고려하여 평가한다.

③ 어느 정도 정리된 각각의 대안들을 서로 비교한다.

④ 자신의 기억으로부터 회상되거나 외부에서 수집된 정보를 통해 고려된 상품군을 '고려 상품군'이라 한다.

⑤ 고객은 여러 대안들의 '평가기준'과 '평가방식'을 결정하여 비교 · 평가한다. ★★⭐중요

    ㉠ 보완적 평가방식

    평가 시 몇 개의 기준을 중심으로 제품의 모든 중요한 속성을 고려 · 평가하고, 특정 평가기준에서 낮은 점수를 받았다 하더라도 다른 기준에서 높은 점수를 얻어 보완하여, 최종적으로 가장 높은 평가를 받은 제품을 선택하는 방식이다. 호텔을 그 예로 들어 설명하면 아래와 같다.

항목별 평가	매리어트 호텔, 하얏트 호텔, 힐튼 호텔 등과 같이 브랜드명을 기준으로 명성 등을 평가
속성별 평가	고급스러움, 인테리어, 친절도, 공항 연계성, 도심접근성 등 속성별로 평가

    ㉡ 비보완적 평가방식

    다른 기준들의 장점이 단점을 보완하지 않는 방식이다.

결합식 평가	모든 속성에 최소 기준을 마련하여 만족 여부로 평가
분리식 평가	고객이 정한 허용기준을 초과하는 항목이 하나라도 있으면 선택하는 평가
사전 편집식 평가	가장 중요한 평가기준을 순서로 차례로 대안들을 비교 · 평가하는 방법
순차적 제거식 평가	중요한 속성부터 순차적으로 허용수준을 설정하여 그 기준에 미치지 않는 선택을 제거하며 평가하고, 마지막까지 남는 상표 대안을 선택하는 방법

⑥ 대안평가 및 상품선택에 영향을 미치는 요인들 ★★⭐중요

후광효과	상품 평가 시 일부 속성에 의해 형성된 전반적 평가가 그 속성과는 직접적인 관련이 없는 다른 속성의 평가에 영향을 미치는 효과 예 치킨광고에 아이돌 모델 활용
유사성효과	새로운 상품 대안이 나타난 경우, 그와 유사한 성격의 기존 상품을 잠식할 확률이 높은 현상 예 국산육류 가격상승으로 수입육류 판매 증가
유인효과	고객이 기존 대안을 우월하게 평가하도록 유도하기 위해 열등한 대안을 내놓음으로써, 기존 대안을 상대적으로 돋보이게 하는 효과 예 최신 핸드폰과 이월 핸드폰 비교설명
프레이밍효과 (Framing Effect)	대안들의 분류나 기준을 재편집하여 평가를 달라지게 하는 효과 예 실패확률 30% = 성공확률 70%
심리적 반발효과	우리가 자유를 침해당하면 저항하려는 경향이 나타나는데, 소비자들이 제품을 확인할 수 없게 만들어 놓고 다만 호기심으로 유도하는 방법으로 사람들의 보고 싶은 자유를 억제하여 오히려 더 판매를 올리는 효과 예 금연을 강조하면 더 피우고 싶고, 공부를 하라고 하면 더 하기 싫은 현상

대비효과	어떤 것을 먼저 보여주느냐가 평가에 커다란 영향을 미치는 것으로서, 고가의 양복을 보여주고 와이셔츠와 넥타이를 권하면, 상대적으로 비싼 양복에 비해 저렴한 느낌에 구매하려는 경향
최고효과, 최초효과	한정(리미티드) 상품, 신상품 등이 구매에 영향을 미치는 효과

(4) 구 매

① 평가된 상품 중에서 가장 선호하는 상품을 구매하고자 하는 '구매의도'가 형성된다.

② 고객 구매행동 유형

복합 구매행동	관여도가 높고 사전 구매경험 없이 최초로 구매하는 경우
충성 구매행동	고관여 고객이 구매된 상표에 만족하면, 그 상표에 대해 충성도가 생겨 반복적인 구매행동을 하게 되는 경우
다양성 추구행동	저관여 고객이 여러 가지 상표를 시도하는 행동
관성적 구매행동	저관여 고객이 습관적으로 동일상표를 반복 구매하는 행동

③ 구매행동의 영향요인

사회적 환경	직접적으로 주변인이나 판매원에게 질문하여 구매행동에 영향을 받거나, 간접적으로는 타인을 관찰하여 영향을 받음
물리적 환경	판매사원, 제품, 상표, 상점위치, 실내디자인, 조명, 소음, 주차장, 놀이시설 등의 환경적 요인
소비상황	고객이 제품을 사용하는 과정상에 발생 가능한 여러 상황적 요인
구매상황	제품 구매 가능성, 가격변화, 경쟁 상표의 판매촉진 등 제품을 구매하게 되는 시점의 여러 가지 상황
커뮤니케이션 상황	고객 주변의 구전이나 광고, 점포 내 디스플레이, 인터넷 등을 통한 제품 정보가 노출되었을 때의 커뮤니케이션 상황

(5) 구매 후 행동

① 구매 후 소비자 행동과정

  ㉠ 구매 후 부조화 : 고객은 구매를 하고 나면 자신이 결정한 구매에 대하여 옳은 결정을 하였는가에 대한 심리적 갈등을 느끼게 된다.

  ㉡ 만족과 불만족의 형성 : 지각된 제품의 성과와 고객의 기대 차이에 따라 만족이나 불만족의 형태로 나타난다. 이 상황에서 고객만족은 기업이 서비스 실패에 대해 고객이 기대하는 것 이상의 노력을 보여줄 때만 고객을 만족시킬 수 있다.

  ㉢ 재구매 혹은 불평행동 : 원인(귀인 과정)을 찾아 인과추론을 한 후에 재구매나 불평행동을 하게 된다. 고객이 취할 수 있는 불평행동은 불만의 정도에 따라 동일 상표나 판매자를 회피하거나, 주변에 부정적인 구전활동을 하는 것 등이 있다. 심각성이 깊어질수록 판매자에게 문제를 해결하도록 방안을 모색하게 하거나, 외부 공공기관(한국소비자원 등)에 의뢰하는 방법을 취한다.

PART 03

> **Tip** ▶ **구매 후 부조화에 영향을 주는 요인**
> - 두 개 이상의 대안의 선호도가 유사하게 평가되었을 때
> - 외부요인 없이 고객 단독으로 구매결정을 했을 때
> - 구매결정을 취소할 수 없을 때
> - 구매에 대한 고관여
> - 선택하지 않은 대안이 선호될 때

② 기대 불일치 이론

    ㉠ 고객은 자신의 기대와 제품의 실제 성능을 비교하여 품질이 기대 이하이면 불만족, 기대 이상이면 만족을 경험하는 이론이다.

    ㉡ 기대 불일치는 기대에 영향을 주는 요인과 실제 성능에 대한 지각에 영향을 주는 요인으로 구분한다. 기대에 영향을 주는 요인으로는 제품의 특성, 촉진요인, 다른 제품 요인, 소비자 특성이 있다.

    ㉢ 고객은 자신의 기대와 실제 성과를 비교한다.

> - 부정적 불일치 : 성과 < 기대 → 불만족
> - 단순한 일치 : 성과 = 기대 → 만족
> - 긍정적 불일치 : 성과 > 기대 → 만족

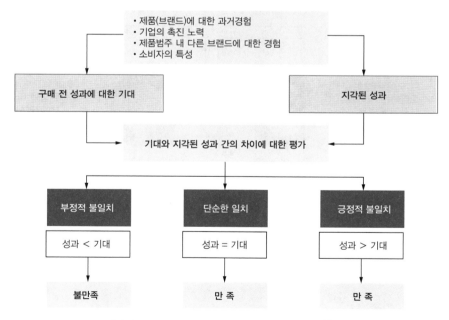

[기대와 지각된 성과 간의 차이에 대한 평가] ★★ ^{중요}

1 DISC 분석 ★★중요

(1) DISC 분석의 개념

① 미국 콜롬비아 대학 심리학 교수 윌리암 몰튼(William Moulton Marston) 박사에 의해 고안되었고, 일반적인 보통 사람의 행동패턴(Behavior Pattern) 또는 행동스타일(Behavior Style)의 경향성을 행동모델로 만들어 4가지의 유형으로 분류하였다.

② 인간은 환경을 어떻게 인식하고, 그 환경 속에서 자기 개인의 힘을 어떻게 인식하느냐에 따라 4가지의 형태로 행동을 하게 된다고 한다.

③ 자기주장의 표현 정도인 사고 개방도(Assertiveness)와 감정표현의 정도인 감정 개방도(Responsiveness)에 따라 각각 주도형, 사교형, 안정형, 신중형으로 구분하였다.

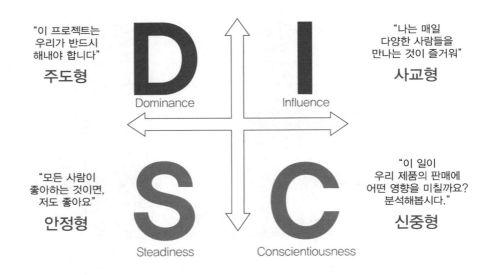

[DISC 분석의 행동유형]

DISC 진단지

1~24번 각 문항을 읽고 자신의 평소 행동패턴과 유사한 단어를 체크한 후, 세로로 체크 숫자를 더하여 큰 수를 중심으로 평소 자신의 행동이 먼저 드러나는 성향을 파악한다.

[DISC 분석 문항]

구 분	D	I	S	C
1	강력한	표현력 있는	절제하는	꼼꼼한
2	개척적인	흥미진진한	만족스러운	정확한
3	대담한	활기 있는	기꺼이하는	정교한
4	논쟁을 좋아하는	예측할 수 없는	주저하는	회의적인
5	무서움을 모르는	사교적인	참을성이 있는	공손한
6	독립심이 강한	설득력 있는	온화한	논리적인
7	과단성 있는	파티를 좋아하는	차분한	신중한
8	고집 있는	인기 있는	인심 좋은	완벽주의자
9	완고한	변화가 많은	느긋한	수줍음을 타는
10	의지가 강한	낙관적인	친절한	체계적인
11	엄격한	말주변이 좋은	상냥한	겸손한
12	규칙을 지키는	놀기 좋아하는	호의적인	빈틈없는
13	모험적인	참신한	신중한	절제된
14	공격적인	매력있는	성실한	참 는
15	단호한	열정적인	동정심이 많은	분석적인
16	지도력 있는	충동적인	느 린	비판적인
17	영향력 있는	생기 있는	느긋한	일관성 있는
18	독립적인	유력한	친절한	정돈된
19	솔직한	평판이 좋은	쾌활한	이상주의적인
20	참을성 없는	감성적인	미루는	진지한
21	경쟁심이 있는	자발적인	충성스러운	사려깊은
22	용기 있는	설득력 있는	이해심 많은	희생적인
23	밀어붙이는	변덕스러운	의존적인	절제력 있는
24	이끌어가는	사람을 부추기는	포용력 있는	전통적인
	( )개	( )개	( )개	( )개

(2) DISC 분석의 목적

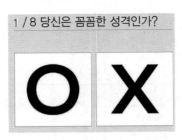

[DISC 분석문항]

간단한 설문으로 개인이 어떤 특정한 상황 하에 놓였을 때, 어떤 행동유형으로 반응하고 어떤 형태의 행동을 취하는가를 분석하기 위함이다.

(3) DISC 분석의 행동유형별 특징 ★★중요

유 형	행동특징	행동전략
Dominance (주도형)	• 자의식이 강하다. • 목표지향성이 강하다. • 도전에 의해서 동기부여된다. • 조직을 리드하려 한다.	• 다른 사람의 도움이 필요하다는 것을 이해한다. • 실제 경험에 근거한 기술을 이용한다. • 어떤 결정을 내린 이유에 대해 먼저 말로써 표현한다. • 일하는 속도를 조절하고 여유를 갖는다.
Influence (사교형)	• 상황을 낙관적으로 본다. • 사람을 중요하게 생각한다. • 사회적으로 인정받는 것으로 동기부여가 된다. • 자유로운 분위기에서 능률이 높다.	• D나 S가 중간선 아래에 있다면, 시간 관리에 신경을 쓴다. • 의사결정에서 객관성을 유지한다. • 타인을 보다 현실적으로 평가한다. • 우선순위와 마감일을 명확히 한다.
Conscientiousness (신중형)	• 분석적이고 세밀하다. • 일 중심적이다. • 정확성과 성과 보상에 동기부여가 된다. • 외부자극에 민감하고, 비판을 두려워한다.	• 주의 깊은 계획이 필요한 일을 맡는다. • 직무기술과 수행목표를 정확히 하는 일을 한다. • 업적성취만큼이나 사람들의 개인적 가치를 존중한다. • 갈등상황에 대해 인내심을 기른다.
Steadiness (안정형)	• 규정에 맞추어 업무를 수행한다. • 개인보다는 팀작업을 선호한다. • 현재 상태의 안정성이 동기부여가 된다. • 안정적인 상황을 좋아하고 변화를 두려워한다. • 외부자극이 있을 경우, 지나치게 남을 위해 양보한다.	• 변화를 우선적으로 고려한다. • 자신의 가치를 자각한다. • 자신이 전체에 어떤 기여도를 한다. • 자신과 유사한 능력과 성실함을 보이는 사람과 일한다. • 창의적인 면을 격려한다.

(4) 서비스 경영에 있어서의 DISC

① 소비자의 유형을 비교적 적은 4가지로 분류하는 방법으로서, 서비스 직무 종사자가 접점에서 고객을 만났을 때 가장 보편적으로 고객의 성향을 구분하는 지표로 DISC의 활용은 매우 높다.

② 고객의 성향을 빠르게 4가지 유형으로 파악하고 성향에 맞게 좋은 응대를 함으로써, 고객 만족을 높일 수 있는 중요한 분석방법이다.

2 교류분석 (TA)

(1) 교류분석(TA)의 개념

① TA(Transactional Analysis, 교류분석)은 1957년 미국의 정신과 의사인 에릭 번(Eric Berne)에 의해 창안된 인간의 교류나 행동에 관한 이론체계이자 동시에 효율적인 인간변화를 추구하는 분석이다.

② 교류분석(TA)은 인간 자신 또는 타인 그리고 관계의 교류를 분석하는 심리학으로서, 개인의 성장과 변화를 위한 체계적인 심리치료법이다.

③ 프로이트(S. Freud)의 정신분석학의 사고방식과 인간의 내적인 경험이나 의식을 연구대상에서 제외하고, 외부로부터 관찰 가능한 행동을 연구의 출발점으로 하고 있는 왓슨(G. B. Watson) 등의 행동주의(Behaviorism)를 기초로 하고 있다.

④ 교류분석은 정신분석이론과 인본주의적 가치를 지닌 긍정심리이론이다.

대상자

본인에 대해서 각 질문에 대한 대답을 아래의 기준에 따라 □칸에 기록하세요.

항상 그렇다	3
자주 그렇다	2
가끔 그렇다	1
전혀 그렇지 않다	0

※ 질문에 대해서 가장 먼저 떠오르는 응답을 즉시 적어 주세요.

1	자기의 손익을 생각하고 행동하는 편이다.			■		
2	자유롭게 행동하는 사람이라고 생각한다.				■	
3	남의 말을 가로 막고 자기 생각을 말하는 일이 있다.	■				
4	생각하고 있는 바를 말하지 못하는 성질이다.					■
5	다른 사람을 엄하게 비판하는 편이다.	■				
6	다른 사람에 대해 헤아려 주는 바가 강하다.				■	
7	상대방의 좋은 점을 잘 알아차리는 편이다.				■	
8	대화중에 감정적으로 되는 일은 적다.				■	
9	호기심이 강한 편이다.			■		
10	시간약속이나 돈 문제를 소홀히 하는 것을 싫어한다.	■				
11	사람들로부터 좋은 인상을 받고 싶어 한다.				■	
12	남의 부탁이라면 거절하지 못하는 편이다.				■	
13	양보심이 많으며 참는 편이다.					■
14	사회의 규칙, 윤리, 도덕 등을 중시한다.	■				
15	사물을 분석적으로 깊게 생각한 다음에 결정한다.			■		
16	싫은 일은 핑계를 달아 뒤로 미루는 경향이 있다.				■	
17	아이들이나 남의 일을 돌보아 주는 것을 좋아 한다.			■		
18	자기생각을 주장하기보다 타협하는 일이 많다.					■
19	감정보다는 이성적인 편이라고 생각한다.	■				
20	예절이나 규범에 까다로운 편이다.	■				
21	남의 의견은 찬반양론을 듣고 참고로 한다.			■		
22	놀이나 음식 등을 만족할 때까지 찾는 편이다.				■	
23	책임감을 남에게 강하게 요구한다.	■				
24	타인에 대해 융통성이 있는 편이다.		■			
25	남의 안색이나 말에 신경을 쓰게 된다.					■
26	괴로울 때는 참는 편이다.					■

[교류분석(TA) 문항]

(2) 교류분석(TA)의 목적

① 자신에 대한 지각을 깊게 함으로써 심신의 자기통제를 가능하게 하는 것이다.

② 자율성을 높임으로써 자신의 사고방식, 감정 및 행동에 대한 책임을 가지고 성장하기 위함이다.

③ 왜곡된 인간관계에 빠지지 않고 서로 친밀한 마음의 접촉을 경험할 수 있도록 자아상태를 점검하고 인간관계를 상대방에 맞추어 교류하는 방식이다.

④ 교류분석에서는 '지금-여기'에의 인간관계를 바꾸는 것을 생각하며, 그러기 위하여 자기와 타인의 자아상태 및 대화(교류)의 분석을 한다.

(3) 교류분석(TA)의 철학

① 인간은 긍정적인 존재이다.

TA의 가장 근본적인 가정이 '사람은 누구나 OK'라는 사실이다. 다시 말해, 사람이라면 누구나 태어나면서부터 가치 있는 존재이자, 존엄한 존재라고 본다. 비록 한 사람이 한 행동이 옳지 못하고 수용할 수 없다 하더라도, 그의 존재를 높이 평가하고 수용할 수 있어야 한다. 내가 상대방에게 한 수 위이거나 상대방이 나보다 한 수 위일 수가 없다. 우리는 누구나 인간으로서 동등하다.

② 인간은 합리성을 지닌 존재이다.

누구나 사고할 능력을 가지고 있다. 뇌에 심각한 손상을 가진 사람이 아니라면, 누구나 사고할 능력을 가지고 있다. 따라서 각자 자신의 인생에서 자신이 원하는 것을 결정할 능력을 가지고 있다. 따라서 자신의 결정에서 오는 결과에 대한 책임을 져야 한다.

③ 인간은 변화가능성을 지닌 존재이다.

사람은 자기 운명을 자기 스스로 결정하며, 또한 이러한 결정을 얼마든지 변화시킬 수 있다. 사람이라면 누구나 가치 있는 존재이다. 그러나 우리는 이따금 건설적이지 못한 행동을 하곤 한다. 우리가 이러한 행동을 할 때, 이것은 어릴 때 '결정'한 전략에 따르고 있는 것이다. 그런데 어릴 때 내린 유아기의 결정이 바람직하지 못한 결과를 초래한다면, 이러한 결정을 찾아 보다 새롭고 적절한 결정으로 바꿀 수 있다. 이와 같이 사람은 변화할 수 있다. 과거의 행동유형에 대한 단순한 통찰을 통해서가 아니라, 이러한 유형을 변화시키기로 적극적으로 결정함으로써 변화를 이룰 수 있다.

(4) 교류분석(TA)의 성격구조 분석 ★★🔺

TA 교류분석에서는 인간의 마음을 3개의 자아상태(P, A, C)로 구분하고, 구조에 따른 기능을 5가지 (CP, NP, A, FC, AC)로 세분화하고 있다.

구조	내용		
P(Parent) 부모자아	• 생후 5년간의 경험 즉, 주양육자를 모방학습(Modeling)하여 형성하게 되는 태도나 지각내용 및 행동 • 성장과정에서 의미를 부여하는 타인들, 즉 부모나 부모대리인들의 말과 행동을 보고 듣게 되면서, 관찰된 내용이 자아를 형성하고 그 내용들이 무의식적인 상태에서 내면화된 것 • 개인의 도덕성과 가치 판단의 모체를 내포 • 통제적 · 지배적 · 권위적 · 보호적 · 양육적 등의 비현실적	CP (Critical Parent) 비판적 어버이	• 자신의 가치관이나 사고방식이 옳다고 생각 • 타인에게 양보하지 않으려는 기능 • 도덕 · 질서 · 윤리 · 규율 · 규범을 지키려는 자아 • 지나치게 강하면 지배적인 태도와 명령적인 말투
		NP (Nurturing Parent) 양육적 어버이	• 관용적인 태도, 아이나 후배를 친절히 돌보고 격려 • 타인의 괴로움을 자신의 일처럼 느끼는 양육적인 태도 • 지나치게 강하면 독자적인 의사결정과 과보호적인 부작용이 발생
A(Adult) 어른자아	• 생후 10개월경부터 자각(自覺)과 독자적인 사고로 형성되는 정보와 자료들로 구성 • 컴퓨터와 같은 기능으로 외부의 자극들을 평가하고 정보를 수집하여, 미래의 행동 수행에서 참고자료로 사용할 수 있도록 경험에 의한 객관적인 자료들을 축적하고 저장 • 사고와 행동의 객관적인 기준을 제공하는 기능 • 이성적, 현실적, 객관적, 논리적, 합리적		
C(Child) 아이자아	• 생후 5년간 형성되는 충동이나 감정들로 구성 • 인생 초기인 어린아이의 경우, 주양육자와의 관계를 통한 느낌 차원의 감정적 반응체계가 내면화되어 형성 • 자연스러운 모든 충동과 감정들, 인생의 초기에서 경험한 외부자극에 의해 느끼게 된 감정과 그러한 감정에 대한 반응양식들로 구성	FC (Free Child) 자유로운 어린이	• 가장 천진한 자아 • 감정을 솔직히 표현 • 개방적, 충동적 • 지나치면 무책임한 행동
		AC (Adapted Child) 순응하는 어린이	• 감정을 억제하고 타협하며, 타인의 기대에 따르려는 노력 • 자유로운 어린이자아에 여러 가지 수정이 가해진 자아 • 싫은 것을 싫다고 말 못하고, 간단하게 타협해 버림 • 자발성 결여, 타인에게 의존, 눈치를 살핌, 걱정과 불안이 높음

(5) 교류분석(TA)에서의 감정활용

우리는 자신의 감정·생각·행동의 주체로서, 자기 감정동기화(Self Motivating)을 통해서 타인과 과거는 변하지 않음을 인식하고, 타인을 바꾸기보다는 자신을 바꿔서 타인의 변화를 유도할 수 있다.

자아 감정 인식 (Self-awareness)	자아 감정 관리 (Self-management)
타인 감정 인식 (Social-awareness) 감정 이입-공감 (Empathy)	타인 감정 관리 (Social-skill)

(6) 서비스 경영에 있어서의 교류분석(TA)

① 서비스종사자를 '감정노동자'라 부르며 '감정조절'의 필요성을 강조하고 있으므로, 교류분석(TA)의 기초 지식인 자신의 감정을 이해하고 조율하며, 타인의 감성을 이해하고 공감하는 능력을 기르는 기초 지식으로 활용된다.

② 5가지 유형을 기초로 고객의 성향을 빨리 이해하여, 그 성향에 맞는 알맞은 커뮤니케이션을 통해 보다 높은 질적 서비스 제공과 감정 활용을 통한 고객감동을 이끌 수 있다.

③ 서비스 접점에서 발생할 수 있는 여러 가지 '감정'들에 대한 이해를 높일 수 있으며, 고객감동을 위해 '감성지능'을 활발하게 활용할 수 있는 중요한 도구로 활용할 수 있다.

3 MBTI ★★추요

(1) MBTI 분석이란?

① MBTI(Myers-Briggs Type Indicator)는 마이어스(Myers)와 브릭스(Briggs)가 스위스의 정신분석학자인 칼 융(Carl Jung)의 심리유형론을 토대로 고안한 자기보고식 성격유형 검사도구이다.

② 검사결과 4가지 분류 기준에 따른 결과에 의해 16가지 심리유형 중 하나로 분류한다.

③ 4가지 분류 지표는 정신적 에너지의 방향성을 나타내는 외향-내향(E-I) 지표, 정보 수집을 포함한 인식의 기능을 나타내는 감각-직관(S-N) 지표, 수집한 정보를 토대로 합리적으로 판단하고 결정 내리는 사고-감정(T-F) 지표, 인식 기능과 판단 기능이 실생활에서 적용되어 나타난 생활양식을 보여 주는 판단-인식(J-P) 지표이다.

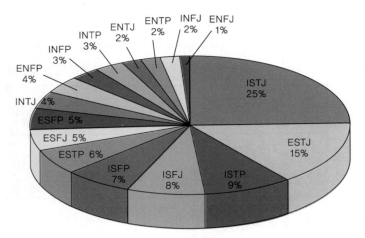

[한국인의 성격유형 분포]

MBTI 테스트

성격유형 검사 1 [E(외향)·I(내향)]
총 4페이지 중 첫번째 페이지입니다.

○ 나는 말하기를 좋아하여 실수를 할 때가 종종 있다.
◉ 나는 말이 없어 주변 사람들이 답답해 할 때가 있다.

○ 나는 새로운 사람을 만나도 어색하지 않다.
◉ 나는 모르는 사람을 만나는 일이 피곤하다.

○ 나는 말하면서 생각하고 대화 도중 결심할 때가 있다.
◉ 나는 의견을 말하기에 앞서 신중히 생각하는 편이다.

○ 나는 팀으로 일하는 것이 편하다.
◉ 나는 혼자 혹은 소수와 일하는 것이 편하다.

○ 나는 나의 견해를 사람들에게 표현하기를 좋아한다.
◉ 나는 대체로 나의 생각, 견해를 내 안에 간직하는 편이다.

○ 말을 할 때 제스처가 큰 편이다.
◉ 말을 할 때 제스처를 사용하면 어색한 편이다.

○ 오랜 시간 혼자 일을 하다보면 외롭고 지루한 편이다.
◉ 혼자 오랜 시간 일을 잘하는 편이다.

○ 일을 할 때 적막한 것보다는 어느 정도의 소리가 도움이 된다.
◉ 나는 소음이 있는 곳에서 일을 할 때 일하기가 힘들다.

○ 말이 빠른 편이다.
◉ 목소리가 작고 조용하게 천천히 말하는 편이다.

○ 나는 활동적인 편이다.
◉ 나는 집에 있는 것이 편하다.

다음 검사보기

[MBTI 검사지]

(2) MBTI 분석의 목적과 철학

① 일상생활에서 사용하고 있는 인식과 판단과정에서 나타나는 개인의 근본적인 선호성을 알아내고, 각자의 선호성이 개별적으로 또는 복합적으로 어떻게 작용하는지의 결과들을 예측하여 실생활에 도움을 얻기 위함이다.

② 인간관계는 상호작용 속에 있으므로 자신의 성격 특성을 파악하고 타인의 성격을 이해하면서 서로 다름을 깨닫고 성장하기 위함이다.

③ 개인과 타인의 성격을 단정하기 위함이 아니라, 특성을 이해하고 일처리 방식 등에 대한 상호이해를 높이기 위함이다.

(3) MBTI 분석개념

① 정신과 의사이자 분석심리학자인 칼 융(Carl Gustav Jung, M. D.)의 심리유형론을 바탕으로 각 개인이 외부로부터 정보를 수집하고(인식기능), 자신이 수집한 정보를 근거해서 행동을 위한 결정을 내리는 데(판단기능) 있어서 각 개인이 선호하는 방법이 근본적으로 다르다는 전제를 하고 있다.

② 인식을 감각(S ; Sensing)과 직관(N ; iNtution)으로 구분하고, 판단을 사고(T ; Thinking)와 감정(F ; Feeling)으로 구분하며, 이러한 인식과 판단 기능을 사용할 때 어떤 태도를 취하는가에 따라 외향(E ; Extraversion)과 내향(I ; Introversion), 판단(J ; Judging), 인식(P ; Perceiving)으로 구분하여 심리적으로 흐르는 에너지의 방향 및 생활양식들을 이해할 수 있도록 도와준다.

(4) MBTI 분석의 4가지 선호경향 척도

① 에너지(리비도, Libido)의 방향에 따른 분류 : 외향형-내향형

선호지표	외향형(Extraversion)	내향형(Introversion)
설 명	폭넓은 대인관계를 유지하며 사교적, 정열적이고 활동적이다.	깊이 있는 대인관계를 유지하며 조용하고 신중하며 이해한 다음에 경험한다.
특 징	• 자기 외부에 주의집중 • 외부활동과 적극성 • 정열적, 활동적 • 말로 표현 • 경험한 다음에 이해 • 쉽게 알려짐	• 자기 내부에 주의집중 • 내부활동과 집중력 • 조용하고 신중 • 글로 표현 • 이해한 다음에 경험 • 서서히 알려짐

② 정보수집 인식기능에 따른 분류 : 감각형-직관형

선호지표	감각형(Sensing)	직관형(iNtuition)
설 명	오감에 의존하여 실제의 경험을 중시하며, 지금, 현재에 초점을 맞추고 정확하고 철저하게 일을 처리한다.	육감 내지 영감에 의존하고, 미래지향적이고 가능성과 의미를 추구하며, 신속하고 비약적으로 일을 처리한다.
특 징	• 지금, 현재에 초점 • 실제의 경험 • 정확, 철저한 일처리 • 사실적 사건 묘사 • 나무를 보려는 경향 • 가꾸고 수확함	• 미래, 가능성에 초점 • 아이디어 • 신속, 비약적인 일처리 • 비유적, 암시적 묘사 • 숲을 보려는 경향 • 씨 뿌림

③ 판단과 결정기능에 따른 분류 : 사고형-감정형

선호지표	사고형(Thinking)	감정형(Feeling)
설 명	진실과 사실에 주 관심을 갖고, 논리적 · 분석적 · 객관적으로 판단한다.	사람과 관계에 주 관심을 갖고, 상황적이며 정상을 참작한 설명을 한다.
특 징	• 진실, 사실에 주 관심 • 원리와 원칙 • 논리적, 분석적 • 맞다, 틀리다 • 규범, 기준 중시 • 지적 논평	• 사람, 관계에 주 관심 • 의미와 영향 • 상황적, 포괄적 • 좋다, 나쁘다 • 나에게 주는 의미 중시 • 우호적 협조

④ 행동양식과 생활양식에 따른 분류 : 판단형−인식형

선호지표	판단형(Judging)	인식형(Perceiving)
설 명	분명한 목적과 방향이 있고 기한을 엄수하며, 철저히 사전계획하고 체계적이다.	목적과 방향은 변화가능하고 상황에 따라 일정이 달라지며, 자율적이고 융통성이 있다.
특 징	• 정리정돈과 계획 • 의지적 추진 • 신속한 결론 • 통제와 조정 • 분명한 목적의식과 방향감각 • 뚜렷한 기준과 자기 의사	• 상황에 맞추는 개방성 • 이해로 수용 • 유유자적한 과정 • 융통과 적응 • 목적 · 방향 변화가능의 개방성 • 재량에 따라 처리의 포용성

ISTJ 소금형 한번 시작한 일은 끝까지 해내는 성격	**ISFJ 권력형** 성실하고 온화하며 협조를 잘하는 사람	**ESTP 활동가형** 친구, 운동, 음식 등 다양함을 선호	**ESFP 사교형** 분위기를 고조시키는 우호적인 성격
INFJ 예언자형 사람에 관한 뛰어난 통찰력을 가진 사람	**INTJ 과학자형** 전체를 조합하여 비전을 제시하는 사람	**ENFP 스파크형** 열정적으로 새 관계를 만드는 사람	**ENTP 발명가형** 풍부한 상상력으로 새로운 것에 도전
ISTP 백과사전형 논리적이고 뛰어난 상황적응력	**ISFP 성인군자형** 따뜻한 감성을 가지고 있는 겸손한 사람	**ESTJ 사업가형** 사무적 · 실용적 · 현실적인 스타일	**ESFJ 친선도모형** 친절, 현실감을 바탕으로 타인에게 봉사
INFP 잔다르크형 이상적인 세상을 만들어가는 사람들	**INTP 아이디어형** 비평적인 관점을 가진 뛰어난 전략가	**ENFJ 언변능숙형** 타인의 성장을 도모하고 협동하는 사람	**ENTJ 지도자형** 비전을 갖고 타인을 활력적으로 인도

[MBTI 16가지 성격유형]

(5) 서비스 경영에 있어서의 MBTI

① 고객의 성격유형이 소비행동에 직접적인 영향을 미칠 것으로 보고, 성격 유형별 구매행동의 특성을 밝히는 것이다.

② 인식과 판단 과정에서 나타나는 사람들의 근본적인 선호성을 알아내고, 각자의 선호가 어떻게 작용하는지의 결과들을 예측하여 서비스 경영에 도움을 얻고자 한다.

③ 성격의 좋고 나쁨을 알기 위함이 아닌, 서로가 다름을 인정하는 검사도구로서, 다양한 성향의 고객을 이해함으로써 차별화된 고객응대의 필요성과 서비스의 질적 향상을 꾀하고자 한다.

④ 고객의 특성을 이해하고 서비스종사자로서 자신도 이해하여, 인간관계와 일처리 방식 등에서 나타나는 여러 가지 갈등요소를 현명하게 처리하는 데 도움이 된다.

- **고객의 정의** : 상품과 서비스를 제공받는 사람들로서, 기업의 상품을 습관적으로 구매하는 소비자부터 기업과 직·간접적으로 거래하고 관계를 맺는 모든 사람들을 의미함

- **환영기대심리** : 고객은 언제나 환영받기를 원하므로, 항상 밝은 미소로 환영하며 맞이해야 함

- **독점심리** : 고객은 모든 서비스에 대해서 독점하고 싶은 심리가 있음

- **우월심리** : 고객은 서비스 직원보다 우월하다는 심리를 갖고 있음

- **모방심리** : 고객은 다른 고객을 닮고 싶은 심리를 가지고 있음

- **보상심리** : 고객은 비용을 들인 만큼 서비스를 기대함

- **자기본위적 심리** : 고객은 각자 자신의 가치 기준을 가지고, 항상 자기 위주로 모든 상황을 판단하는 심리를 가지고 있음

- **존중기대심리** : 고객은 중요한 사람으로 인식되고 기억되기를 바람

- **잠재고객** : 현재 기업에 대해 인지하고 있지 않거나 인지하고 있어도 관심이 없는 고객으로서, 구매 경험은 없지만 향후 고객이 될 잠재력이 있는 고객

- **가망고객** : 현재 기업에 대한 인지를 하고 있고 관심을 보이며, 신규고객이 될 가능성이 있는 고객

- **신규고객** : 처음 기업과 거래를 시작하는 고객

- **기존고객** : 현재 기업에서 2회 이상 반복 구매를 하며, 어느 정도의 고객정보가 쌓여 효율적 마케팅이 가능하여 향후 다시 구매가 이루어질 수 있는 고객

- **충성고객** : 기업에 대한 충성도가 높아 제품이나 서비스를 반복적으로 구매하고, 강한 유대관계를 형성하고 있어 별도의 커뮤니케이션 없이도 구매가 이루어지는 고객. 입소문을 내주는 고객

- **소비자** : 물건, 서비스를 최종적으로 사용하는 고객

- **구매자** : 물건을 사는 고객

- **구매승인자** : 구매를 허락하고 승인하는 고객

- **구매영향자** : 구매 의사결정에 직·간접적으로 영향을 미치는 고객

- **외부고객** : 기업이 생각한 가치를 최종 소비하고 구매하는 고객

- **중간고객** : 기업과 최종 소비를 하는 고객 사이에서 그 가치를 전달하는 고객으로 소매상, 도매상, 중간상의 고객

- **내부고객** : 기업 내부 직원으로 동료, 직원 등 본인이 하는 일의 결과를 사용하고 가치생산에 직접 참여하는 고객. 기업 내부의 직원, 주주, 가족 고객

- **직접고객(1차 고객)** : 제품과 서비스를 직접 구매하는 고객

- **간접고객** : 최종 소비자 또는 2차 소비자

- **의사결정 고객** : 직접 고객의 선택에 큰 영향을 미치는 개인이나 집단으로서, 직접적으로 구입이나 금전적 지불을 하지 않는 고객

- **의견선도 고객** : 제품의 평판, 심사, 모니터링 등에 영향을 미치는 고객(소비자보호단체, 기자, 평론가, 전문가 집단 등)

- **경쟁자** : 전략이나 고객관리 등에 중요한 인식을 심어주는 고객

- **단골고객** : 직접 제품이나 서비스를 반복적·지속적으로 애용하고 있지만, 타인에게 추천할 정도의 충성도를 가지고 있지는 않은 고객

- **옹호고객** : 단골고객이고, 고객을 추천할 정도의 충성도를 가지고 있는 고객

- **한계고객** : 기업의 이익실현에 방해가 되고, 마케팅활동 등 여러 요소에 방해작용을 하는 고객으로서, 고객명단에서 제외하거나 해약을 유도하여 고객의 활동이나 가치를 중지하는 것이 좋은 고객

- **체리피커** : 특별이벤트 기간에 단기간 가입해서 혜택만을 취하고 바로 해약하거나, 잠시 사용할 목적으로 구매하여 반품하는 등의 자신의 실속만 차리고 기업에 피해를 주는 고객

- **경제적 고객(절약형 고객)** : 고객가치를 극대화하려는 고객. 고객이 투자한 시간·노력·돈에 대해서 최대한의 호용을 얻으려는 고객

- **윤리적 고객(도덕적 고객)** : 고객의 구매의사 결정에 있어 기업의 윤리성이 가장 큰 비중을 차지하는 고객. 윤리적인 기업의 고객이 되는 것을 고객의 책무라고 생각하는 고객

- **매슬로우의 욕구 5단계** : 미국의 산업심리학자 매슬로우가 1970년에 동기부여와 인간의 욕구를 5단계로 구분하여 인간의 동기가 작용하는 양상을 기본적으로 보편적으로 제시함

- **대안평가** : 수집된 정보를 바탕으로 고객이 가지고 있는 지식이나 믿음, 상황과 조건, 그리고 선호도 등을 기준으로 평가함

- **DISC** : 인간이 환경을 어떻게 인식하고 또한 그 환경 속에서 자기 개인의 힘을 어떻게 인식하느냐에 따라 4가지의 형태로 행동을 하게 된다고 함

- **교류분석** : 1957년 미국의 정신과 의사인 에릭 번(Eric Berne)에 의해 인간 자신 또는 타인 그리고 관계의 교류를 분석하는 심리학으로서 개인의 성장과 변화를 위한 체계적인 심리치료법

- **MBTI** : 마이어스(Myers)와 브릭스(Briggs)가 스위스의 정신분석학자인 칼 융(Carl Jung)의 심리유형론을 토대로 고안한 자기보고식 성격유형 검사도구. 4가지 분류 기준에 따른 결과에 의해 수검자를 16가지 심리유형 중에 하나로 분류함

📖 **일반형 문제**

01 고객의 구매결정 프로세스 중 AIDMA 모델로 전통적 구매결정에 대한 설명으로 옳지 않은 것은?

① 공유 – 구매한 제품에 대한 평가를 SNS를 통해 정보를 공유하는 단계
② 관심 – 제품에 대해 관심을 가지고 장·단점을 인지하는 단계
③ 주의 – 고객의 주의를 끌어 제품을 인지하는 단계
④ 욕구 – 판매촉진활동 등으로 제품에 대한 구매 욕구를 불러일으키는 단계
⑤ 기억 – 욕구의 단계를 넘어 제품에 대한 기억으로 구매의사를 결정짓는 단계

> **해설** 공유(Share)는 인터넷의 활성화로 인해 진화된 프로세스 모델인 AISAS(주의 – 관심 – 검색 – 행동 – 공유)에 해당하는 단계이다. 고객 구매결정 프로세스 모델 AIDMA의 과정은 '주의 – 관심 – 욕구 – 기억 – 행동(구매)'이다.

02 다음 중 고객의 기대에 대한 영향 요인 중 '고객의 상황적 요인'에 해당하는 것은?

① 개인적 욕구
② 고객의 정서적 상태
③ 타인과의 상호관계로 인한 사회적 상황
④ 서비스 의사결정에 영향을 미치는 촉진전략
⑤ 유통구조에 의한 편리성과 서비스 수준 기대

> **해설** ① 고객의 내적 요인, ③ 고객의 외적 요인, ④·⑤ 기업 요인

03 다음 중 고객의 주요 특징에 대한 설명으로 가장 적절한 것은?

① 고객의 불평을 들어줄수록 단골이 될 가능성은 멀어진다.
② 고객은 쉽게 변하지만 즉흥적인 특징을 지니는 것은 아니다.
③ 고객은 권리주장이 강하기 때문에 불만을 말할 때만 조심하면 된다.
④ 고객은 항상 옆에 있지만 그렇다고 고객이 왕이라고 하는 것은 무리이다.
⑤ 직원 1,000명 중 1명의 실수일지라도 고객의 입장에서는 100%의 실수이다.

① 고객은 불평을 들어주면 단골이 된다.
② 고객은 매사에 즉흥적이다.
③ 고객은 불만을 말하지 않을 때가 더 무섭다.
④ 고객은 왕이고 언제나 정당하다.

04 고객의 구매행동에 영향을 끼치는 요인을 설명한 것으로 가장 적절한 것은?

① 물리적 환경 – 타인의 관찰
② 사회적 환경 – 상표, 점포의 실내 디자인
③ 커뮤니케이션 상황 – 광고, 점포 내 디스플레이
④ 구매 상황 – 고객이 제품을 사용하는 과정상 발생 가능한 상황
⑤ 소비 상황 – 제품 구매 가능성, 가격 변화, 경쟁상품의 판매촉진 등 제품을 구매하게 되는 시점의 상황

① 사회적 환경, ② 물리적 환경, ④ 소비 상황, ⑤ 구매 상황

05 소비자가 구매 후 자신의 선택에 대해 느끼는 불안감을 구매 후 부조화라 한다. 기업이 고객의 부조화 감소를 통해 고객 만족을 높이는 방법에 대한 설명으로 적절하지 않은 것은?

① 실질적인 상품과 서비스 품질 향상을 위해 노력한다.
② 사후서비스(A / S), 불만관리 등 고객서비스를 강화한다.
③ 품질보증은 상품에 대한 신뢰를 감소시키므로 되도록 지양한다.
④ 구매 후 만족감을 표현하는 광고 등 대외적 커뮤니케이션을 강화한다.
⑤ 감사서신, 전화 등을 통해 고객의 선택을 지지하는 후속 서비스를 제공한다.

품질보증을 강화하여 고객의 불안감을 감소시키는 것이 필요하다.

06 고객의 기본 심리에 대한 설명으로 적절하지 않은 것은?

① 환영기대심리 – 고객은 언제나 환영받기를 원한다.
② 모방심리 – 고객은 다른 고객을 닮고 싶어 하는 심리를 갖고 있다.
③ 존중기대심리 – 중요한 사람으로 인식되고 기억해 주기를 바란다.
④ 독점심리 – 다른 고객과 비교해 손해를 보고 싶지 않은 심리를 갖고 있다.
⑤ 자기본위적 심리 – 고객은 항상 자신의 가치 기준을 가지고, 항상 자기 위주로 모든 상황을 판단하는 심리를 가지고 있다.

다른 고객과 비교하여 손해를 보고 싶지 않은 심리는 '보상심리'이다.

07 다음 중 고객 요구의 변화를 설명한 것으로 가장 적절한 것은?

① 의식의 고급화 – 고객의 요구가 많아짐에 따라 불만 발생도 많아지고 불만 행태도 다양해지고 있다.

② 의식의 다양화 – 소비자 선택의 폭이 확산됨에 따라 고객들은 자신의 가치에 합당한 서비스를 요구하고 있다.

③ 의식의 존중화 – 물자가 풍족해짐에 따라 서로 대등한 관계를 형성하려는 상황에서 많은 갈등이 발생하고 있다.

④ 의식의 개인화 – 본인만이 특별한 고객으로 대우 받으며, 나만 특별한 고객이라고 생각하는 경향이 높아졌다.

⑤ 의식의 대등화 – 최근 고객 트렌드는 인정에 대한 욕구가 많아지면서 누구나 자신을 최고로 우대해 주기를 원한다.

> **해설** ① 의식의 다양화, ② 의식의 고급화, ③ 의식의 대등화, ⑤ 의식의 존중화

08 고객 의사결정 과정의 순서를 가장 적절하게 배열한 것은?

① 문제인식 → 정보탐색 → 대안의 평가 → 구매 → 구매 후 행동(평가)
② 문제인식 → 대안의 평가 → 정보탐색 → 구매 → 구매 후 행동(평가)
③ 정보탐색 → 문제인식 → 대안의 평가 → 구매 → 구매 후 행동(평가)
④ 정보탐색 → 대안의 평가 → 문제인식 → 구매 → 구매 후 행동(평가)
⑤ 정보탐색 → 문제인식 → 구매 → 대안의 평가 → 구매 후 행동(평가)

09 서비스 기업이 더욱 중요하게 관리해야 하는 내부고객에 대한 설명으로 가장 적절하게 설명한 것은?

① 외부고객에 이어 2번째로 고려해야 할 고객이다.
② 기업의 상품과 서비스를 직접 구매하거나 이용한다.
③ 상품과 서비스를 제공받는 대가로 가격을 지불한다.
④ 외부고객을 만족시켜야 내부고객을 만족시킬 수 있다.
⑤ 외부고객이 원하는 것을 제공하는 중요한 일을 담당한다.

> **해설** ① 외부고객에게 직접 서비스를 제공하는 주체인 내부고객(직원)을 가장 먼저 고려해야 한다.
> ② 외부고객이 상품과 서비스를 직접 구매하고 이용한다.
> ③ 내부고객(회사직원)은 서비스를 제공하는 대가로 임금을 지급받는다.
> ④ 내부고객을 우선 만족시켜야 외부고객을 만족시킬 수 있다.

PART 03

10 고객의 선택에 영향을 미치는 다양한 심리적 효과에 대한 설명으로 옳지 않은 것은?

① 유인효과 – 평가의 기준이 되는 다른(열등한) 대안을 제시하여 현재의 대안이 우월해 보이도록 한다.
② 유사성효과 – 새로운 상품 대안이 나타나면, 그와 유사한 기존 상품을 잠식할 확률이 유사성 낮은 상품의 경우보다 낮아진다.
③ 프레이밍효과 – 고객이 선택하고자 하는 여러 대안도 어떻게 구성하느냐에 따라 이득으로 보이기도 하고 손실로 여겨지기도 한다.
④ 후광효과 – 상품 평가 시 일부 속성에 의해 형성된 전반적 평가가 그 속성과 직접 관련이 없는 다른 속성의 평가에 영향을 미친다.
⑤ 손실 회피 – 동일한 수준이 혜택과 손실이 발생하는 상황이면 손실에 더 민감하게 반응하여 이를 회피하는 선택을 하게 된다.

> **해설** 유사성효과는 새로운 상품 대안이 나타나면 그와 유사한 기존 상품을 잠식할 확률이 유사성 낮은 상품을 잠식할 확률보다 높아진다.

📖 O/×문제

11 고객의 구매행동 과정 중 대안평가는 수집된 정보를 바탕으로 고객이 가지고 있는 지식이나 믿음, 상황과 조건, 그리고 선호도 등의 기준으로 평가한다.

(① O ② X)

12 체리피커(Cherry Picker)란 신포도 대신 체리만 골라 먹는다고 해서 붙여진 명칭으로, 고객의 참여 관점에서 제품의 평판, 심사, 모니터링 등에 참여하여 직접 고객의 의사결정에 영향을 미치는 고객을 말한다.

(① O ② X)

> **해설** 체리피커란 기업의 상품이나 서비스를 구매하지 않으면서 자신의 실속을 차리기에만 관심을 두고 있는 고객을 말한다. 고객의 참여 관점에서 제품의 평판, 심사, 모니터링 등에 참여하여 직접 고객의 의사결정에 영향을 미치는 고객은 의견선도 고객이다.

13 조직 내외를 기준으로 한 고객 분류 중 내부고객은 기업과 최종 소비를 하는 고객 사이에서 그 가치를 전달하는 고객의 범주를 말한다.

(① O ② X)

> **해설** 조직 내외를 기준으로 한 고객 분류(외부고객, 중간고객, 내부고객) 중 내부고객은 기업 내부의 직원, 주주, 직원의 가족까지 포함하는 의미를 가진다.

14 유인효과는 대안평가 및 상품 선택에 관여하는 요인들 중 기존 대안보다 열등한 대안을 내놓음으로써 기존 대안을 상대적으로 돋보이게 하는 방법이다.

(① O ② X)

15 고객의 기대에 영향을 미치는 고객의 내적 요인으로는 타인과의 상호관계로 인한 사회적 상황이나 구전 커뮤니케이션 등이 있다.

(① O ② X)

> **해설** 타인과의 상호관계로 인한 사회적 상황이나 구전 커뮤니케이션 등은 고객의 기대에 영향을 미치는 외적 요인에 대한 설명이다.

11 O 12 X 13 X 14 O 15 X 정답

[16~20] 다음 아래의 설명에 알맞은 단어를 보기에서 각각 골라 넣으시오.

① 환영기대의 심리　② 자기본위적 심리　③ 한계고객　④ 경제적 고객　⑤ 단골고객

16 고객은 언제나 환영받기를 원하므로, 항상 밝은 미소로 환영하는 맞이인사를 통해 이 욕구를 채워 주어야 한다는 고객의 심리이다.

(　　　)

17 자신은 그 제품이나 가게를 매우 자주 이용하지만, 타인에게 추천은 하지 않는 정도의 충성도를 가진 고객을 말한다.

(　　　)

18 기업을 대상으로 손해를 끼치는 고객으로, 기업에서 거래를 중지하거나 해지를 시켜 손해를 줄이는 고객을 말한다.

(　　　)

19 자신이 투자한 시간, 노력 및 금전적인 것에 대하여 최대한의 효용을 얻으려는 고객을 말한다.

(　　　)

20 각자 자신의 가치판단 기준을 가지고, 항상 자기 위주로 모든 상황을 판단하려 하는 고객의 심리를 말한다.

(　　　)

📖 사례형 + 통합형

21 A 의류 매장에서 친구와 함께 온 고객이 옷을 입어보고 마음에 들어 구매하려고 하는 상황이다. 다음 보기의 상황에서 고객의 지각된 위험을 낮추고, 구매결정을 유도하기 위한 서비스 직원의 가장 적절한 안내는 무엇인가?

> A 의류 매장을 방문한 고객은 자기가 고른 옷이 친구가 어울리지 않는다고 하자, 실질적인 구매단계에서 발생하는 지각된 위험이 갑자기 증가하여 구매를 망설이게 되고 구매를 지연할 가능성이 높아지게 된 상태이다.

① 고객님께서 고른 옷이 제가 볼 땐 너무 잘 어울립니다. 지금 구매하세요.
② 구매한 옷에 문제가 생기면, 1년 동안 무료로 수선해 줍니다. 지금 구매하세요.
③ 구매 후 마음에 들지 않아 1주일 내에 가져오시면 100% 환불해 드립니다. 지금 구매하세요.
④ 이 옷은 이번 주까지 한정 판매하는 관계로 지금 아니면 구매가 어렵습니다. 지금 구매하세요.
⑤ 이 옷은 저희가 완벽히 품질을 보증하기 때문에 걱정하실 필요가 없습니다. 지금 구매하세요.

> **해설** ③ 100% 환불은 구매 후 옷을 잘못 샀다고 생각한 경우 돈을 다시 돌려받을 수 있기 때문에, 구매 시 느끼는 지각된 위험을 크게 낮춰준다.
> ① 친구가 어울리지 않는다는 의견을 제시했기 때문에 잘 어울린다는 직원의 이야기만으로 지각된 위험을 크게 낮추기는 어렵다.
> ② 옷이 어울리지 않을지 모른다는 의심(지각된 위험)이 커졌기 때문에, 무료로 수선을 해준다는 것으로는 이를 해소할 수 없다.
> ④ 한정 판매로 옷이 어울리지 않을지 모른다는 의심(지각된 위험)을 낮추기 어렵다.
> ⑤ 품질보증 역시 옷이 어울리지 않을지 모른다는 의심(지각된 위험)을 낮추기는 어렵다.

- 대학생 A양은 배가 고팠다. 비도 오고 점심식사 후에 미용실에 가야 해서 그녀의 친구들과 최근 리모델링한 학생회관에서 점심을 먹기로 했다. A양은 두 메뉴 다 먹어보지는 않지만, B샌드위치와 C햄버거 둘 중에 선택하고 싶었다. 그 때 친구 한 명이 B샌드위치의 사진이 더 맛있어 보인다고 하는 말을 듣고, A양은 B샌드위치를 먹었다. 그날따라 학생회관은 사람들로 붐비었는데, 아마도 그 날 비가 오고 있었기 때문이라고 생각했다.
- 점심식사 후 미용실에 가기 위해서 A양은 현금인출기에서 돈을 인출했다. 그리고 자주 가는 미용실에 전화를 걸어 지금 가면 얼마나 기다려야 하는지 물어봤다. 지금 방문하면 별로 기다리지 않아도 된다는 대답을 듣고 다행이라고 생각했다.
- 미용실을 방문한 지 얼마 되지 않아 샴푸를 한 후, 미용사가 평소와 약간 다른 스타일을 제안하였다. A양은 다른 사람의 평가에 민감한 편이어서, 갑작스런 변화를 좋아하지 않는다. 그래서 약간 짧은 헤어스타일에는 동의했지만, 한 번도 해본 적이 없는 좀더 밝은 색의 염색은 거부했다. A양은 결과에 만족하였고, 미용사에게 칭찬을 아끼지 않았다.

22 **A양이 샌드위치를 먹게 된 상황에 대한 설명으로 가장 적절하지 않은 것은?**

① 햄버거는 고려상품군에 포함되어 있었다.
② 샌드위치는 고려상품군에 포함되어 있었다.
③ 점심식사를 선택할 때의 상황은 관여도가 높았다.
④ 샌드위치를 선택할 때 평가한 속성은 탐색속성이다.
⑤ A양의 욕구 인식은 신체적 상태에 근거하여 발생하였다.

해설) A양의 관여도가 높다고 보기 어렵다. 시간이 없는 상황으로서 간단하게 먹어야 하고, 친구들과 함께 먹는 상황이므로 관여도가 낮은 상황이라고 할 수 있다.

23 **A양이 좀더 밝은 색으로 염색하는 것을 거부한 이유는?**

① 사회적 위험
② 감각적 위험
③ 기능적 위험
④ 재정적 위험
⑤ 시간적 위험

해설) 위의 다섯 가지 이유는 모두 지각된 위험이며, 이들 중 A양은 평소 남의 평가에 민감한 편이기에, 염색 후 다른 사람들의 평가를 걱정하면서 염색을 하지 않았을 것으로 유추되며, 다른 사람들의 평가에 따른 위험은 '사회적 위험'에 해당된다.

[24~25] 다음은 고객의 다양한 니즈를 서비스 현장에서 구체적으로 이해하고 적용할 수 있도록 세분화해 본 내용이다.

- 잠재니즈 – 인간의 기본적인 욕구에서 해석되는 니즈. 무의식적으로는 있었으면 좋겠다는 느낌이 있지만, 필요하다는 인식을 못하거나 어떤 장애요소로 인해 욕구가 발전하지 못한 상태
- 보유니즈 – 어떤 자극이나 정보에 의해 잠재니즈가 조금 구체화되어 표현된 상태. 구체적으로 니즈가 강화되지는 않았으며, 약간의 구매의욕과 필요성을 보유. 니즈의 개발의 유무에 따라 현재니즈로 성장 혹은 잠재니즈로 후퇴할 수 있음
- 핵심니즈 – 고객 개인의 특수한 상황으로 인해 특별히 집중되어 있는 특수한 니즈. 개별 고객의 특수한 상황을 해결하고자 하는 개별적인 니즈. 유연하고 다양한 니즈
- 현재니즈 – 필요를 인지하고 구체적인 결정의 과정에 있음. 니즈를 구체적으로 실현하고자 하는 실행의 단계에 있는 니즈
- 가치니즈 – 고객의 만족이 극대화된 단계에서의 니즈. 서비스 제공자와 고객이 함께 과정과 결과에 만족을 느끼는 가장 이상적인 고객니즈의 단계

24 ○○가구회사에서는 상기의 고객니즈 분류를 참고하여, 각 대리점이 보유한 고객 명단을 니즈에 따라 다음과 같이 분류해 보았다. 다음 중 분류가 잘못된 것은 어떤 것인가?

① 상담 후 구매 견적을 요청한 고객 – 잠재니즈
② 방문 후 특별한 상담은 하지 않고 돌아간 고객 – 잠재니즈
③ 전화 문의 후 방문을 예약한 고객 – 보유니즈 혹은 현재니즈
④ 매장 상담 후 자택 방문 실측이 예약되어 있는 고객 – 현재니즈
⑤ 구매 후 만족감을 표현하고 다른 고객을 소개하는 고객 – 가치니즈

> **해설** 구매 견적을 요청한 상태는 현재니즈에 해당한다(경우에 따라 보유니즈일 수도 있음).

25 고객의 서로 다른 니즈별 적절한 서비스 제공자의 역할에 대한 설명이다. 다음 중 서비스 품질의 차원에서 가장 적절하지 않은 것은?

① 잠재니즈 상태에서 서비스 제공자는 고객이 미처 인지하지 못하고 있는 고객의 욕구를 이해할 수 있도록 도와주어야 한다.
② 보유니즈 상태에서 서비스 제공자는 고객이 표현하는 니즈를 강화시키거나 잠재적인 장애요소 및 염려 사항을 주도적으로 해소시켜 주어 현재니즈로 강화할 수 있도록 한다.
③ 핵심니즈 상태에서 서비스 제공자는 고객의 상황과 서비스의 접점을 찾아 고객에게 가장 적합한 해결책을 제시해 줄 수 있어야 한다.
④ 현재니즈 상태에서 서비스 제공자는 고객이 의사결정을 내릴 수 있도록 여유를 가지고 기다려 줄 수 있어야 한다.
⑤ 가치니즈 상태를 위해 서비스 제공자는 서비스 제공에 따른 특정한 결과뿐만 아니라 과정상의 고객만족을 극대화하려는 목표와 최선의 노력이 필요하다.

26 다음 보기의 사례는 대학생 딸과 어머니의 '제품 구매과정'과 '구매 후 평가'에 대한 대화 내용이다. 둘의 대화를 의사결정 과정 5단계의 순서대로 올바르게 나타낸 것은?

> (가) 딸 : 어머니, 제 노트북 산 지 얼마나 되었는지 아세요? 5년이나 되어 고장이 자주 일어나고 있어요. 제 친구 유리는 지난달에 나온 최신 기종 노트북으로 바꿨어요. 저도 이번 기회에 바꿔주시면 안돼요?
> (나) 딸 : 지금까지 알아본 것 중에서 가격, 제조회사, 품질, A / S 등을 고려해 보면 저는 A사 것이 제일 좋아요.
> (다) 어머니 : 그래 이 참에 바꿔줄게. 그럼 네가 시간 내어 제품 정보를 수집해 가지고 와서 내게 설명해 줄래?
> (라) 딸 : 역시 노트북은 A사 제품이 제일 좋은 것 같아요. 친구들에게 A사 제품을 추천하고 싶어요.
> (마) 어머니 : 너의 생각처럼 나도 A사 제품이 맘에 든단다. 지금 인터넷으로 구매할게.

① 가 – 나 – 다 – 라 – 마   ② 다 – 가 – 나 – 라 – 마
③ 가 – 다 – 나 – 마 – 라   ④ 나 – 가 – 다 – 라 – 마
⑤ 가 – 다 – 나 – 라 – 마

27 다음 보기의 내용과 같은 유형의 고객에 대한 응대법으로 가장 적절한 것은?

> 지난 금요일 저녁에 그 식당에서 가족들과 함께 식사를 했는데, 식사를 하고 나서 아이가 조금이기는 하지만 설사를 했습니다. 저도 조금 배가 불편한 것 같기도 합니다. 제 생각에는 해산물의 신선도에 문제가 있었던 것 같은데요. 해산물의 관리는 어떤 방식으로 하고 계시나요? 오늘 오후에 병원에 다녀올 생각인데, 구체적인 병명이 나오면 다시 연락드리겠습니다. 문제가 있을 경우 어떻게 해야 하나요?

① 전문 용어보다 쉬운 용어를 활용한다.
② 다소 과장된 표정과 관심이 많다는 표현을 한다.
③ 따뜻한 표정으로 반기며, 시선을 부드럽게 처리한다.
④ 악센트를 너무 강조하기보다는 잔잔한 억양이 적절하다.
⑤ 핵심적인 내용에 대한 재확인을 자주하며, 예의 있는 말투와 표정이 중요하다.

- 홍길동은 평소 대중교통을 이용하여 출퇴근하는 평범한 회사원이다. 그러나 어느 날 특별한 이유 없이 차를 몰고 회사에 출근하고 있었다. 조심스럽게 운전하고 있는데, 갑자기 다른 차가 끼어들어 충돌이 발생하게 되었다. 차는 크게 망가졌지만, 상대방 운전자가 과실을 인정하여 보험처리가 가능한 상황이었다.
- 홍길동은 직영서비스센터에서 차를 수리하기로 결정하고 (A) 자신의 차가 사고 전처럼 100% 원상복구가 되면 얼마나 좋을까라고 생각하였다. 하지만 아무리 직영서비스센터에서 수리하더라도 현실적으로 원상복구되기는 어렵다는 걸 알고 있고, 자신의 차가 이미 타고 다닌 지 10년 쯤 된 차이기 때문에 '꿈은 그저 꿈일 뿐.'이라고 생각했다. 그래도 홍길동은 (B) 불만 없이 받아들일만한 서비스 수준, 즉 최소한의 허용가능한 수준의 수리를 기대하고 있다.

28 밑줄 친 (A)의 내용에 해당되는 서비스 기대 수준은?

① 허용 영역
② 희망 서비스 수준
③ 적정 서비스 수준
④ 예측된 서비스 수준
⑤ 이상적 서비스 수준

> 해설 이상적 서비스 수준은 고객이 원하는 서비스 수준, 즉 바람직한 서비스 수준을 말하며, 현실적으로 이루어지기 힘든 기대임을 고객도 잘 알고 있는 상황이다.

29 밑줄 친 (B)의 내용에 해당되는 서비스 기대 수준은?

① 허용 영역
② 희망 서비스 수준
③ 적정 서비스 수준
④ 예측된 서비스 수준
⑤ 이상적 서비스 수준

> 해설 고객은 이상적 서비스 수준을 가지고 있지만, 현실의 경험을 통해서 그러한 수준으로 서비스가 제공되기 어려움을 알고 있다. 이러한 지각에 근거하여 수용할 수 있는 성과의 최하수준을 설정하게 되는데, 이를 '적정 서비스 수준'이라고 한다.

30 다음 보기의 사례를 읽고 구매 결정에 이르게 하는 가장 주요한 사람은 누구인가?

> • 세일즈맨 : 안녕하세요. 박대리님, 제가 또 이렇게 방문했습니다. 잘 지내시지요?
> • 윤 대 리 : 아, 네! 자주 오시는 것은 좋습니다. 그런데 지난번 말씀하신 그 견적 건은 팀장님께서 임원회의 때마다 여러 번 안건으로 말씀하셨고, 여러 부서 팀장님들과도 상의하고 계신 데... 쉽게 결정하기 어려운 부분이신지 기다리라는 말씀만 계속하시네요.
> • 세일즈맨 : 네. 견적이 꽤 큰 건이니 신중하신 것은 당연하리라 생각합니다.
> • 윤 대 리 : 네. 다른 업체와 비교도 하시며 고심을 하시는 것 같습니다.
> • 세일즈맨 : 네. 그럼 결과가 나오게 되면 전달 부탁드리겠습니다.
> • 윤 대 리 : 결정이 되는 대로 바로 제가 연락을 드리겠습니다. 조금만 더 기다려 주십시오.

① 구매자(Buyer)
② 구매 영향자(Influencer)
③ 구매 결정권자(Decider)
④ 정보통제자(Gatekeeper)
⑤ 사용자(User)

해설) **구매 영향자(Influencer)**
조직에 있어 금액이 큰 구매의 경우, 구매 의사결정 과정에서 제품의 품질이나 기술 면에서 구매에 대해 영향을 주는 영향력자의 파워는 커지고, 주로 기술 개발부서, 설계부서, 연구소 등 관련 영향자들에 의해 결정된다.

많이 보고 많이 겪고 많이 공부하는 것은
배움의 세 기둥이다.

– 벤자민 디즈라엘리 –

PART 4

고객 커뮤니케이션

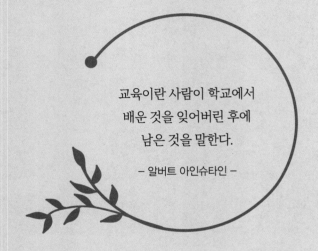

교육이란 사람이 학교에서
배운 것을 잊어버린 후에
남은 것을 말한다.

– 알버트 아인슈타인 –

끝까지 책임진다! SD에듀!

QR코드를 통해 도서 출간 이후에 발견되는 오류와 개정법령 등 변경된 시험 관련 정보, 최신기출문제, 도서 업
데이트 자료 등이 있는지 확인해보세요! **시대에듀 합격 스마트 앱**을 통해서도 알려 드리고 있으니 구글플레이나
앱스토어에서 다운 받아 사용하세요! 또한, 도서가 파본인 경우에는 구입하신 곳에서 교환해 드립니다.

저자 코멘트!

"지혜는 한 개인의 소유물이 아니며, 사람과 사람 사이를 끝없이 옮겨 다니는 '번영의 씨앗'과도 같다. 그래서 가치 있는 경험을 통해 깨달음을 얻은 사람은 기꺼이 그 지혜를 다른 이들과 나누고, 또 그들은 자신이 얻은 가치를 더 많은 사람들과 나눔으로써, 마침내 거대한 멘토링 사이클이 형성되는 것이다."

– 하워드의 선물 中 –

다른 사람과 더불어 살아가는 데 있어야 할 필수적인 것이 바로 '커뮤니케이션'이다. 커뮤니케이션은 개개인을 묶어 사회를 만들게 하는 접착제 역할을 하기 때문에, 사회생활을 해야만 하는 현대인에게 있어 좋은 비즈니스 커뮤니케이션을 하는 것은 생존을 위한 필연적인 수단이 된다.

나와는 다른 다양한 가치와 생각을 가지고 살아가는 이웃과의 커뮤니케이션뿐만 아니라 자신의 소비가치에 대해 충분한 만족감을 얻고자 하는 고객과의 커뮤니케이션을 훌륭히 해낼 수 있는 능력을 갖춘다는 것은, 개인의 성공에 가장 필요한 능력을 기르는 장이 될 것이라 확신한다. SMAT을 통해 사회에서 경험한 것들을 함께 나눌 수 있는 행복한 기회가 되길 바란다.

❶ 고객 커뮤니케이션에 대한 이해
- 커뮤니케이션의 개념
- 커뮤니케이션의 종류
- 커뮤니케이션 네트워크
- 커뮤니케이션의 오류의 원인
- 커뮤니케이션의 과정
- 조직차원의 커뮤니케이션
- 조직의 변화 커뮤니케이션 전략목적

❷ 효과적인 커뮤니케이션 기법 / 스킬
- 효과적인 커뮤니케이션 기본
- 경청 스킬
- 커뮤니케이션과 관련한 이론

❸ 감성 커뮤니케이션의 이해
- 감성지능(EQ)의 개념
- 감성지능(EQ)의 역할
- 감성지능(EQ)의 하위 요인
- 감성 커뮤니케이션

❹ 설득 및 협상 기법
- 설 득
- 협상(Negotiation)
- 협상과 설득과정

1 커뮤니케이션의 개념

(1) 커뮤니케이션의 정의

① 어원은 라틴어의 '나누다'를 의미하는 Communicare이다. 신(神)이 자신의 덕(德)을 인간에게 나누어 준다는 의미가 있지만, 어떤 사실을 타인에게 전하고 알리는 심리적인 전달의 뜻으로 쓰인다.

② 커뮤니케이션(Communication)은 '공통되는(Common)' 혹은 '공유한다(Share)'라는 뜻의 라틴어 Communis(파생단어 가운데에는 '공동체'를 의미하는 'Community'가 있음)에서 유래한다.

③ 하나 혹은 그 이상의 유기체 간에 서로 상징을 통해 의미를 주고받는 과정이다.

④ 사전적 의미로는 사람들끼리 서로 생각, 느낌 따위의 정보를 주고받는 일이며, 말이나 글, 그 밖의 소리, 표정, 몸짓 따위로 이루어지고 '의사소통', '의사전달'로 순화되어 명명한다.

⑤ 서로 다른 경험과 선호도, 이해의 정도, 사고방식, 교육적인 배경 등을 가진 두 사람 이상의 상호간에 어떤 특정한 사항에 대해 유사한 의미와 이해를 만들어 가는 과정이다.

(2) 커뮤니케이션의 의의

① 커뮤니케이션은 결코 혼자 하는 것이 아닌, 누군가와 나누는 것으로서 인간이 사회적 존재로 살아가는 가장 기초가 되는 도구이다.

② 인간의 모든 생각과 생활에 영향을 미치고 인간관계를 구성하는 근본요소이다.

③ 서비스 환경에 있어서는 접점의 직원이 커뮤니케이션을 어떻게 다루느냐에 따라 서비스 품질과 고객만족에 결정적인 영향을 미친다.

(3) 커뮤니케이션의 목적

자신과 타인 사이의 커뮤니케이션을 통해 감정이나 애정욕구, 소속욕구, 통제욕구 등을 표출하고 싶은 것이다.

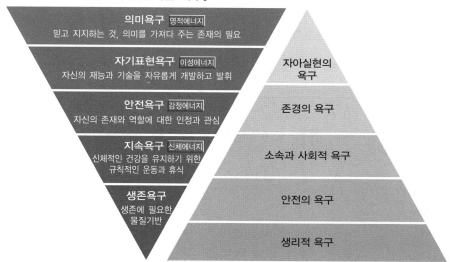

[인간의 기본적인 욕구]

[매슬로우의 욕구 5단계]

(4) 커뮤니케이션의 특징 ★★^{중요}

상징적 과정	• 커뮤니케이션을 위해 상징체계를 사용하는 것은 인간만이 지닌 고유한 특성이다. • 인간은 오랜 기간에 걸쳐 대상을 지칭하는 공통의 약속을 만들어 사용해 왔다. • 여러 가지 상징들이 일정하게 체계화되어 최초로 나타난 형태가 언어이다. • 서로 약속한 기호를 이용해서 의사소통하는 것을 뜻한다.
서로의 존재를 확인하는 과정	• 커뮤니케이션은 참여하는 사람들 간의 존재의 확인으로 시작된다. • 옆사람의 존재를 무시하고 먼 곳을 주시하면서 혼자 이야기한다면 커뮤니케이션이 성립될 수 없다.
개인별 해석 가능	• 커뮤니케이션을 통해 교환되는 메시지는 각자 다르게 해석될 수 있다. • 메시지의 의미를 모두가 동일하게 받아들이는 경우는 흔치 않다. • 본능적인 것들 예컨대, '아픔'이나 '배고픔' 등은 대부분 공통된 경험이기에 공통적으로 이해될 수 있지만, 생각과 느낌은 개개인에게 달리 해석될 수 있다.
상황의 영향	• 같은 주제를 놓고 커뮤니케이션을 한다고 해도, 어떤 상황에서 이루어지는가에 따라 다른 결과가 나타날 수 있다.

(5) 커뮤니케이션의 기능

① **정보제공** : 커뮤니케이션은 의사결정에 필요한 정보를 제공한다.

② **동기부여 강화** : 무엇을 해야 하는가를 명확하게 해줌으로써 동기부여를 강화한다.

③ **정서기능** : 감정표현과 사회적 욕구를 충족시켜 주는 기능을 제공한다.

④ **통제기능** : 구성원의 행동을 조정하고 통제한다.

2 커뮤니케이션의 과정

(1) 커뮤니케이션 과정의 기본요소 "SMCREF" ★★🔵

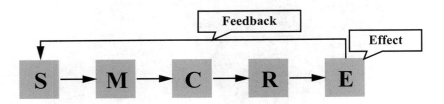

전달자(S)	Sender, Source	메시지를 주는 사람
메시지(M)	Message	전달하고자 하는 내용을 기호로 바꾼 것(언어, 몸짓, 문자 등)
채널(C)	Channel	메시지 전달의 통로나 매체
수신자(R)	Receiver	메시지를 받는 사람
효과(E)	Effect	커뮤니케이션의 결과
피드백(F)	Feedback	메시지를 수용한 수용자의 반응으로서 이 과정을 계속 반복, 순환하는 요소

Tip 기업 75% "채용 시 커뮤니케이션 능력 평가한다"

취업포털 사람인이 기업 305개를 대상으로 '채용 시 커뮤니케이션 능력을 평가에 반영하는지 여부'에 대해 조사한 결과, 75.1%가 '평가에 반영한다'고 답했다.

커뮤니케이션 능력을 평가에 반영하는 이유로는 '업무상 표현력, 전달능력이 필요해서'(69%, 복수응답)를 첫 번째로 꼽았다. 다음으로 '직장인의 기본 자질이라서'(41.9%), '대인관계 능력이 우수할 것 같아서'(34.5%), '일도 잘 할 것 같아서'(17%), '적극적인 성격일 것 같아서'(14%), '자신감이 있어 보여서'(12.2%) 등이 있었다.

그렇다면 면접관들은 지원자의 어떤 모습을 보고 커뮤니케이션 능력이 뛰어나다고 판단할까?

언어적 요소에서는 가장 많은 48.9%(복수응답)가 '명료함'이라고 답했다. 다음으로 '솔직함'(48%), '논리성'(44.1%), '설득력'(43.7%), '표현력'(42.8%), '간결함'(28.8%), '어휘, 문장력'(18.3%) 등을 선택하였다.

비언어적 요소는 '경청 태도'(61.6%, 복수응답)가 1순위였고, '자세'(60.3%)가 바로 뒤를 이었다. 이 밖에 '얼굴표정'(56.3%), '시선처리'(43.7%), '목소리'(24.5%), '말하는 속도'(18.3%), '발음'(17%) 등이 영향을 미치는 것으로 드러났다.

커뮤니케이션 능력을 평가하는 데 있어 '언어적 요소'와 '비언어적 요소'의 영향력 비중은 평균 53:47로, '언어적 요소'의 비중이 좀더 높았다.

(2) 커뮤니케이션의 과정의 에너지

① 역동성
② 순환성
③ 쌍방성
④ 계속성
⑤ 비선형성(비례관계가 없는, 예측불허)

3 커뮤니케이션의 종류

(1) 언어에 의한 커뮤니케이션

① 의 의
  ㉠ 커뮤니케이션의 가장 기본이 되는 것으로 정보와 의사전달에 있어 가장 빈번히 사용되는 방법이다.
  ㉡ 사람의 생각이나 느낌을 소리로 나타내는 수단이다.
  ㉢ 사회적 · 지역적 · 국가적으로 제정된 기호 체계가 있다.
  ㉣ 직접대면과 영상 및 전화에 의한 방법이 있다.

② 목 적
  ㉠ 의미의 전달과 표현을 목적으로 한다.
  ㉡ 언어를 통해 타인의 의사를 수신한다.
  ㉢ 기업의 마케팅 활동에 있어 기업의 신뢰 형성에 중요한 역할을 한다.

③ 커뮤니케이션 스킬
  ㉠ 수신자가 정확히 받아들일 수 있도록 언어적 메시지를 발송한다.
  ㉡ 조직적인 사고력과 분명하고 쉬운 어휘들을 사용한다.
  ㉢ 긍정적인 동조의 의미를 전달하려고 노력한다.
  ㉣ 제품과 서비스에 대해 이해하기 쉽고 명확하게 설명을 한다.
  ㉤ 질문과 재진술을 통해 의문을 던지고, 요점을 명확히 주고받으며 관계를 형성한다.

(2) 비언어적 커뮤니케이션의 유형

① 의 의

ⓐ 비언어적 커뮤니케이션은 구두 혹은 문서화된 언어를 사용하지 않고 메시지를 전달하는 커뮤니 케이션이다.

ⓑ 몸짓, 자세 등과 같은 신체언어(Body-Language), 제스처가 포함된다.

ⓒ 언어의 사용 없이 이루어지는 생각이나 감정소통의 커뮤니케이션이다.

② 비언어적 커뮤니케이션의 중요성 ★★^{중요}

ⓐ 커뮤니케이션의 93%가 비언어적 채널로 구성되어 의미전달에 많은 영향을 준다.

ⓑ 언어와 더불어 여러 가지 기능을 함께 수행한다.

ⓒ 정보가 전달되는 상황과 해석에 대한 중요한 단서를 제공한다.

ⓓ 무의식적으로 드러나는 경우가 대부분이라 신뢰성이 높은 의사전달 수단이 된다.

ⓔ 감정과 정서적, 심리적인 정보를 전달한다.

③ 비언어적 커뮤니케이션의 구분

ⓐ 신체언어

눈맞춤	대인관계의 질에 가장 중요한 역할을 한다.
얼굴표정	개인의 인상을 결정하는 중요한 요소이다.
고개 끄덕이기	경청하고 있음을 전달하는 수단이다.
몸의 움직임	커뮤니케이션의 표현을 도와주는 역할을 한다.
자 세	사람의 상태를 알 수 있는 단서로 작용한다.
제스처	말의 진실함이 잘 전달되도록 하는 역할을 한다.

ⓑ 신체적 외향

복 장	긍정적인 복장은 신뢰감을 전달한다.
두 발	사람의 태도와 마음가짐, 업무 수행상의 개성 등을 표현한다.
신체적 매력	우호적인 이미지 전달과 고객의 태도변화에 영향을 준다.

ⓒ 의사언어(구두 표현의 부수적 요소)

말 투	의미전달에 중요한 역할을 하며 신뢰를 만드는 데 도움을 준다.
음고 · 음량	적절한 표현은 의사표현을 정확히 하는 데 도움을 준다.
음조의 변화	다양한 메시지와 중요도, 느낌 등을 생생하게 전달하는 데 도움을 준다.
말의 속도	감정과 태도를 반영한다.
발 음	정확한 의사전달에 중요한 역할을 한다.

ⓔ 공간적 커뮤니케이션 ★★중요

거 리		의 미
0~45cm	친밀한 거리 (Intimate Distance)	• 가장 친밀한 거리로 가족, 부모, 연인, 자식, 가까운 친구, 친척 등 정서적으로 가까운 사람만이 그 안으로 들어가는 것이 허락된다.
45~120cm	개인적 거리 (Personal Distance)	• 개인적 거리로서, 손을 뻗으면 닿을 수 있는 정도의 공간에서 어느 정도 격식과 비격식의 관계를 넘나드는 공간이다. • 사교모임, 친구모임, 동아리 모임, 칵테일 파티 등과 같이 제한적 관계의 사람들에게 허락되는 거리이다.
120~360cm	사회적 거리 (Social Distance)	• 업무상 미팅이나 공식적인 상호작용을 필요로 하며, 이 공간에서는 제3자가 개입하더라도 부담스럽지 않다. • 여러 사람이 대화를 하거나 새로운 사람이 들어와도 허락되는 거리이다. • 일반적으로 택배기사, 가게 주인, 낯선 사람 등과 같이 어느 정도의 거리감이 오히려 안정감을 준다.
360cm 이상	대중적 거리 (Public Distance)	• 공공적 간격으로 대중 앞에 서서 편하게 연설할 수 있는 거리이다.

Tip SNS 심리적 거리 '0'cm

기술의 발달로 심리적 거리가 물리적 거리를 압도하는 상황이 되었다. 언제, 어디서, 무엇을 하고 있느냐에 상관없이 전파가 닿는 곳이라면 거리(0)를 만들어 낸다. 화상통화에서부터 데이터 전송까지 못하는 일이 없기 때문에 심리적으로 거리도 그만큼 줄어들었으나, 사이버 스페이스 또한 사람이 만나는 공간이기 때문에, 적당한 거리 유지를 제대로 하지 못하면 치명적인 결과를 가져올 수 있으므로 주의해야 한다.

4 조직차원의 커뮤니케이션

(1) 조직 커뮤니케이션의 이해

① 조직 커뮤니케이션은 조직의 신경조직과 같은 존재이며, 조직구성원들을 묶는 아교와 같은 역할을 한다.

② 조직의 목표 달성을 위해 조직구성원 간에 정보교환(합목적성)을 하는 상호작용적 행위이다.

③ 조직의 효율성을 달성하기 위한 중요한 수단이다.

④ 조직 커뮤니케이션을 조직변화의 중요한 전략적 요소로 간주하여야 한다.

> **커뮤니케이션의 유형**
> • 구두 의사소통 : 대화, 회의, 지시, 명령, 훈화 등
> • 문서 의사소통 : 보고서, 협조전, 편지, 사보, 간행물, 사보 등
> • 신체 의사소통 : 제스처, 얼굴표정, 목소리, 자세 등
> • 물리적 상징적 소통 : 업무장 환경, 주변 환경 등

(2) 조직의 다양한 측면에 미치는 조직 커뮤니케이션의 영향

① 커뮤니케이션 그 자체가 조직화의 기본이다.

② 조직 커뮤니케이션 이해는 경영에 대한 통찰력을 제공해 준다.

③ 효율적인 조직 커뮤니케이션을 위해서는 최고경영자의 의지와 적극적인 참여가 필수적이다.

④ 경영은 효율적인 커뮤니케이션 체계를 구축하고 유지하는 데 책임이 있다.

⑤ 조직원들의 커뮤니케이션에 대한 적절한 교육과 훈련을 통해 조직의 효율성을 증대시킬 수 있다.

⑥ 커뮤니케이션 체계는 정기적으로 모니터링되고 평가되어야 한다.

(3) 조직 커뮤니케이션의 중요성

① 조직 내에서 구성원 간의 의사전달시스템과 분위기를 조성한다.

② 조직 구성원 간의 신뢰감을 형성하고, 업무의 시너지 효과를 창출하여 직장 내 분위기를 긍정적으로 조성한다.

③ 구성원 각자가 의사소통의 필요성을 깨닫고, 참여의식과 스스로 노력하려는 마음을 갖는다.

④ 잘못 전달된 메시지로 인해 예상치 못한 결과를 초래하여 시간적 · 금전적 손실이 발생할 수도 있다.

⑤ 조직의 목표를 성공적으로 수행하기 위해서는 체계적으로 조직화된 커뮤니케이션이 필요하다.

> **Tip** 의료사고 원인 – 상당한 비율이 조직커뮤니케이션 문제로부터
>
> 만약 당신이 왼쪽 무릎 부상으로 수술실에 들어가기 전 간호원이 수술동의서를 받기 위하여 내주는 서류에 사인을 하려고 했을 때, 서류에는 수술해야 할 다리가 오른쪽 다리로 표시되었을 경우 아마 황당함을 넘어 분노를 느끼게 될 것이다. 이는 미국에서 의사 자신이 사고로 병원에 갔을 때 실제로 경험한 사례이다.
>
> 전 세계에서 가장 의료시스템이 잘 되어있다는 미국에서도 연간 백만 건의 의료사고가 발생한다고 한다. 이중 10%가 잘못된 의료기록으로 발생한다고 하니, 시간을 다투는 병원에서 환자와 의사, 의료기기 기사, 환자와 간호원 그리고 의사와 의사 사이의 커뮤니케이션 문제로 인한 의료사고의 비율은 그보다 훨씬 높을 수밖에 없을 것이다.
>
> 한국의 경우에도 의사들 간의 커뮤니케이션 문제로 인하여 오른쪽 폐 절제수술을 받아야 할 폐암환자가 왼쪽 폐를 절제 받아 고통을 받고 있다는 신문기사를 보니, 커뮤니케이션 문제로 인한 의료사고 비율이 미국보다 적다고 할 수 없을 것이다.
>
> ※ 출처 : 조직커뮤니케이션 중요성

(4) 조직 커뮤니케이션의 구분

① 공식적 커뮤니케이션

하향적 커뮤니케이션	• 조직의 위계나 명령에 따라 상급자로부터 하급자에게 전달되는 명령이나 지시를 포함하는 커뮤니케이션이다.
상향적 커뮤니케이션	• 하급자의 성과나 의견, 태도 등을 상위로 전달하는 과정으로서, 조직 내의 쌍방적 커뮤니케이션을 가능하게 한다. • 하향적 커뮤니케이션의 단점을 보완할 수 있다.
수평적 커뮤니케이션	• 조직 내에서의 위계수준이 같은 구성원이나 부서 간의 커뮤니케이션을 의미하는 것으로서, 상호작용적인 커뮤니케이션이다.

② 비공식적 커뮤니케이션

> **그레이프바인(Grapevine)**
> • 조직의 커뮤니케이션은 공식적인 커뮤니케이션 체계뿐만 아니라 자생적으로 형성된 비공식적 커뮤니케이션 체계도 존재한다. 이러한 비공식적 커뮤니케이션이 여러 방향으로 한없이 뻗어 나간다는 의미, 혹은 포도넝쿨처럼 얽혀 있다는 의미에서 '그레이프바인(Grapevine)'이라 칭한다.
> • 미국의 남북전쟁 당시 전신체제가 엉망이어서 정보의 전달과 수신 상태에 문제가 발생한 데에서 유래하였다.
> • 오늘날 모든 비공식적 커뮤니케이션을 지칭하는 의미로 사용한다.
> • 조직적 측면에서 비공식적 커뮤니케이션 체계를 흐르는 정보는 소문의 형태이고 왜곡될 소지가 있다 하여 소홀하게 다루었으나, 역기능을 줄이고 장점만을 이용하는 방안의 모색이 바람직하다고 할 수 있다.

(5) 조직 커뮤니케이션의 장애요인

정보의 과다	수신자의 능력을 초과하는 메시지의 양은 정보의 과다를 초래하여 커뮤니케이션의 장애가 된다.
메시지 복잡성	송신자가 관리자인 경우, 그는 메시지를 개인적으로 그리고 조직의 대표자로 커뮤니케이션을 하게 되므로, 수신자는 송신자가 어떤 입장에서 메시지를 보내는지를 알기가 어려워 장애가 된다.
메시지의 경쟁	수신자는 흔히 두 가지 이상의 경쟁을 요하는 메시지를 받는다. 예컨대, 보고서를 검토하면서 전화를 받는 경우이다. 이때 주의가 산만함으로 인해 커뮤니케이션은 성공적으로 이루어질 수 없게 된다.
상이한 직위와 과업지향성	사람들은 직위를 달리하거나 과업의 책임을 다르게 하는 조직 내·외의 다른 사람들과 커뮤니케이션 하기를 회피하는 경향이 있는데, 이와 같은 성향이 커뮤니케이션의 장애를 일으킨다.
신뢰의 부족	신뢰는 커뮤니케이션의 결정적인 구성요소이기 때문에 신뢰의 부족과 불신은 커뮤니케이션의 절대적인 장애요인이 된다.
커뮤니케이션을 위한 구조상의 권한	조직 내 커뮤니케이션은 누가 누구에게, 그리고 누가 의사결정의 권한을 갖고 있는가 등의 공식적인 제한에 따라 영향을 받고 있으므로, 조직구조가 어떻게 되어 있는가에 따라서는 커뮤니케이션의 장애요인이 될 수도 있다.

잘못된 매체의 선택	모든 매체가 주어진 커뮤니케이션 상황에 적합한 것이 아니므로, 매체의 선택을 잘못하면 메시지가 곡해되어 결과적으로 의도한 의미가 효과적으로 전달될 수 없다.
폐쇄된 커뮤니케이션의 분위기	개방적·긍정적·비위협적인 분위기는 커뮤니케이션의 효과를 증대시킬 수 있고, 그렇지 못한 분위기는 커뮤니케이션의 장애가 된다.
비윤리적인 커뮤니케이션	문서 또는 메모를 작성하는 등의 커뮤니케이션은 시간과 여러 가지 자원을 필요로 하는데, 커뮤니케이션 활동의 유익을 극대화하기 위해서는 시간과 자원이 능률적으로 동원되어야 한다.

(6) 조직 커뮤니케이션의 오류 시 발생하는 현상(2W2R)

① Waste(낭비) : 손실된 시간, 금전적 손실, 비효율적인 업무 등
② Workaround(업무장애) : 내부고객 만족을 이루지 못한 데서 오는 업무장애
③ Rework(재작업) : 재작업으로 인한 업무손실
④ Reject(거부) : 기대 수준에 미달되는 상담서비스 또는 태도

(7) 조직 커뮤니케이션의 개선 노력

전달자의 노력	• 분명하고 적절한 언어 사용 • 수용자 입장에서 사고 • 사후 검토와 피드백을 활용 • 병행경로(구두지시와 메모)를 반복 사용 • 사례를 들어 설명 • 물리적 환경을 효과적으로 활용(비공식 모임) : 분위기, 장소, 시간을 고려함
수용자의 노력	• 집중하여 경청함 • 수용자도 전달자의 입장이 되어 적극적으로 이해하려고 노력 • 전달 내용에 대해 편견을 가지지 말고 객관적으로 수용 • 전체를 완벽하게 알고자 하는 태도 • 패러프레이즈(Paraphrase) : 전달자가 전달한 메시지를 수용자가 자신의 언어로 재진술하여 명확화함
관리제도의 도입	• 조직구성원의 의견조사 • 고충처리제도 • 핫라인 설치 • 제안제도 • 매트릭스 미팅 : 부장과 평사원 간, 대리급과 평사원 간 등의 여러 가지 경우의 수에 맞추어 모임을 갖는 방법

(8) 조직 커뮤니케이션의 구조

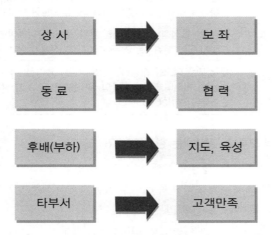

상 사	➡	보 좌
동 료	➡	협 력
후배(부하)	➡	지도, 육성
타부서	➡	고객만족

상사와의 커뮤니케이션 **(수직 커뮤니케이션)**	• 상사와의 소통에 있어 가장 중요한 것은 명령을 수령하고, 보고체계를 잘 지키는 것이다. • 상사의 행동양식, 업무처리 방식, 가치관, 생활태도, 명령, 소통 스타일을 미리 파악하고 대응한다. • 상사를 어렵게 생각하지 말고, 배우려는 자세로 작은 노력에서부터 시작한다. • 상사의 직급에서의 어려움도 이해하려고 노력한다.
동료와의 커뮤니케이션 **(수평 커뮤니케이션)**	• 평소에 동료의 상황에 관심을 가지고 서로간의 업무 연관성에 대해 숙지한다. • 더불어 성장함을 이해하고, 필요 시에 적극적으로 돕는 자세를 가진다. • 동료가 없는 곳에서 험담하지 않는다.
후배(부하)직원과의 **커뮤니케이션** **(수직 커뮤니케이션)**	• 지도 · 육성하는 리더십을 기른다. • 어려움을 들어주는 태도를 가지고, 노하우를 공유하도록 한다. • 직무와 관련한 정서적 지지를 통해 동기부여를 시킨다. • 후배들 앞에서 모범적인 모습을 보이려고 노력한다.
타부서 및 고객과의 **커뮤니케이션** **(전사적 커뮤니케이션)**	• 고객이라는 생각으로 자신의 일을 공유하고, 일의 결과를 사용하는 사람이라는 인식을 가진다. • 고객만족을 이루기 위해서는 눈높이를 맞추어 응대하고, 일상생활에서 화합의 방법들을 찾아 실천하도록 한다.

5 커뮤니케이션 네트워크 ★★🔢

(1) 쇠사슬형(체인형)

① 고리(체인)가 엮인 모양으로 관계성을 나타내며, '수직적 커뮤니케이션'과 '수평적 커뮤니케이션'의 두 가지로 구분한다.

② 수직적 커뮤니케이션 : 공식적인 계통과 수직적인 경로를 통해서 정보전달이 이루어지는 형태로, 조직의 라인이 대표적인 예라고 할 수 있다.

③ 수평적 커뮤니케이션 : 중간에 위치한 구성원이 중심적 역할을 하는 경우에 해당되며, 이 유형은 정보수집과 문제해결이 비교적 느리고, 중간에 위치한 구성원을 제외하고는 주변에 위치한 구성원들의 만족감이 비교적 낮다는 평가이다.

(2) 수레바퀴형

① 중심에 힘을 두고 둥글게 뻗어나간 유형으로, 집단구성원 간에 중심인물을 중심으로 파워를 행사하여 모든 커뮤니케이션의 중심이 되는 형태이다.

② 신속한 정보수집과 중심인물이 정보를 종합할 수 있으므로, 문제해결 시 정확한 상황파악과 신속한 문제해결이 이루어질 수 있는 장점을 지니고 있다.

③ 하지만 문제의 성격이 간단하고 일상적일 때만 유효하고, 문제가 복잡하고 어려운 때에는 그 유효성이 발휘되지 않는다.

(3) Y형

① 확고한 중심인물이 존재하지 않아도 대다수의 구성원을 대표하는 리더가 존재하는 경우에 나타나는 유형이다.

② 라인과 스탭이 혼합되어 있는 집단에서 흔히 나타난다.

③ 주로 세력집단의 리더가 커뮤니케이션의 중심 역할을 맡고, 비세력 또는 하위집단에도 연결되어 전체적인 커뮤니케이션 망을 형성하게 된다.

(4) 원 형

① 집단구성원 간에 뚜렷한 서열이 없는 경우에 나타나며 중심인물이 없는 상황에서 커뮤니케이션의 목적과 방향 없이 구성원들 사이에 정보가 전달된다.

② 일반적으로 정보전달 및 수집, 종합적인 상황 파악, 문제해결들이 가장 느리지만, 커뮤니케이션의 목적이 명백할 경우 구성원의 만족도는 비교적 높다.

(5) 상호연결형

    ① 상호연결형은 가장 바람직한 커뮤니케이션 유형으로서, 구성원들 사이의 정보교환이 완전히 이루어지는 유형이다.

    ② 구성원 모두 정보를 교환하기 때문에 수레바퀴형에 비하여 종합적인 상황파악과 실제 문제해결의 소요시간은 더 걸린다.

    ③ 하지만 상황판단의 정확성이 높고, 복잡하고 어려운 문제나 구성원의 창의성이 요구되는 문제에 가장 효과적이며, 구성원의 만족도가 가장 높게 나타난다.

[커뮤니케이션 네트워크]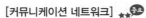

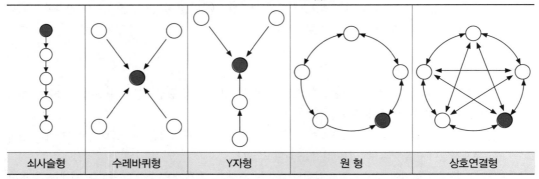

	쇠사슬형	수레바퀴형	Y자형	원 형	상호연결형

구 분	쇠사슬형	수레바퀴형	Y형	원 형	완전 연결형
커뮤니케이션 속도	중 간	단순과업 : 빠름 복잡과업 : 늦음	빠 름	모여있는 경우 : 빠름 떨어져 있는 경우 : 늦음	빠 름
커뮤니케이션 정확성	문서 : 높음 구두 : 낮음	단순과업 : 높음 복잡과업 : 낮음	높 음	모여있는 경우 : 높음 떨어져 있는 경우 : 낮음	중 간
구성원의 만족도	낮 음	낮 음	낮 음	높 음	높 음
구성원의 몰입정도	낮 음	중 간	낮 음	높 음	높 음

6 조직의 변화 커뮤니케이션 전략 목적

(1) 전략 목적

    ① 이해당사자들에게 변화의 필요성, 내용, 방향에 대한 이해를 증진시킨다.

    ② 변화에 대한 참여를 높이고, 변화에 동참할 수 있도록 한다.

    ③ 이해당사자들로 하여금 변화에 대한 주인의식을 불러일으킨다.

    ④ 이해당사자들 모두를 대상으로 변화에 필요한 정보와 지식 또는 기술을 습득하게 한다.

    ⑤ 변화에 동참할 수 있도록 한다.

(2) 변화 커뮤니케이션 목적달성 방법

① 기업의 비전과 목적 그리고 변화가 이해당사자들에게 무엇을 의미하는가를 명확하고 일관성 있게 전달한다.
② 기업의 정한 새로운 방향으로 이해당사자들을 이끌고 가기 위하여 이들을 동기화시킨다.
③ 변화에 대한 저항요소들을 발굴하여 이를 해소하기 위한 커뮤니케이션 방법을 모색한다.
④ 변화노력에 많은 기여를 한 당사자들의 사기를 높인다.
⑤ 오해와 루머의 원인을 찾아 이를 해소한다.
⑥ 변화에 필요한 적절한 정보와 교육을 제공한다.
⑦ 변화를 정착화하는 데 필요한 지속적인 커뮤니케이션 성과를 평가한다.

7 커뮤니케이션의 오류의 원인

(1) 전달자의 문제

미숙한 대인관계	충분한 인간관계적 상호작용을 경험하지 못하고, 상대방의 질문에 대답하지 않고 자신의 말만 반복하는 등 일방적인 대화의 문제
미숙한 메시지 전달능력	발음이나 말투, 화술의 부족으로 말하는 의도나 메시지가 제대로 전달되지 못하여 왜곡되는 문제
혼합 메시지의 사용	'혼합 메시지' 또는 '이중 메시지', '이면 교류' 등을 사용하여 말하는 내용과 의도가 불일치하여 생기는 문제
오해와 편견	전달자의 개인적 견해, 심리상태가 전달되어 메시지의 정확한 전달에 방해가 되는 문제

(2) 수신자의 문제

경청의 문제	공을 들여 경청하지 않고, (건성으로) 듣고자 하는 내용만 듣는 문제
부정확한 피드백	전달자의 의도를 정확히 파악하지 못하고, 임의로 해석하여 반응하거나 잘못 해석하고 반응하는 문제
왜곡된 인지와 감정적 반응	수신자 본인의 과거 경험에 따른 오해와 왜곡된 인지, 그릇된 지각 때문에 전달자의 메시지를 잘못 이해하고 수용하는 문제

(3) 상황과 수단의 장애요인

언어의 문제	부적절한 언어나 생소한 기술적 용어, 전문직 용어 등의 사용으로 해석의 오류 발생
지리적 거리	지리적 거리가 멀수록 잡음과 부작용이 생길 확률이 높음
정보의 과정	정보의 과정 단계가 많을수록 오해·오류의 가능성이 높음
구조적 요인	계층적 전문화(부서 간 경쟁, 전문가 선입견), 집권화
시간의 압박	급하게 전달되는 커뮤니케이션은 각자의 선택적 듣기에 의해 정확히 전달되기 어렵고 오류발생이 높음

1 효과적인 커뮤니케이션 기본

(1) **명확한 목표설정** : 전달하고자 하는 내용, 도달하고자 하는 목표를 명확히 설정한다.

(2) **적절한 커뮤니케이션 수단의 활용** : 직접적으로 의사표현, 언어적인 수단과 비언어적인 수단을 일치시킨다.

(3) **피드백의 활용** : 전달자는 자신의 메시지가 잘 전해지고 있는지 확인해야 한다.

(4) **공감적 관계 형성** : 상대방에게 내면적 의미까지 알고 이해하고 있다는 것을 전달한다.

(5) **부드럽고 명확한 전달** : 말끝을 흐리지 말고 자신감 있게 말한다. 숫자를 즐겨 사용하고 발음을 분명하게 한다.

2 경청 스킬

(1) 경청기법 ★★중요

경청 1, 2, 3 기법	• 자신은 1번 말하고, 상대의 말을 2번 들어주며, 대화중에 3번 맞장구를 치며 대화한다.
공감적 경청 B.M.W	• Body(자세) – 표정이나 눈빛, 자세나 움직임을 상대에게 기울인다. • Mood(분위기) – 말투나 음정, 음색, 말의 빠르기, 높낮이를 고려한다. • Word(말의 내용) – 상대를 존중하고 상대의 원하는 것이 무엇인지 집중하여 듣는다.
적극적 경청	• 감각, 태도, 신념, 감정, 직관을 말하는 사람을 중심으로 듣는다.
질문하며 경청	• 대화 도중 이해하지 못한 부분에 대해서 이해도를 높일 수 있고, 오해와 왜곡의 여지가 있는 부분은 질문을 통해 확인함으로써, 상호간에 신뢰를 쌓는 대화를 한다.

(2) 경청의 장애요인

사람들의 일반적인 경향은 서로 다른 생각, 상대의 잘못된 점에 대한 지적과 판단, 그리고 듣기보다는 말하기를 선호하거나 메시지 내용에 대한 무관심 등으로 경청을 방해한다.

부정확한 청취	• 매력 : 상대방이 너무 매력적이거나 그 반대인 경우 부정확하게 청취 • 편견이나 선입견 : 상대방을 만나기 전 들은 평판이나 근거 없는 편견, 자신의 선입견 등 • 컨디션(바이오 리듬) : 신체적으로 아프거나 피곤, 컨디션의 난조 • 관심사 : 상대방이 이야기할 때 긴박하거나 중요한 자신의 일에 정신이 팔려 있는 경우 • 집착 : 상대방의 특정한 주장, 생각, 이야기의 한 부분에 지나치게 민감하게 집착하는 경우 • 문제의 유사성 : 상대방이 이야기하고 있는 문제가 자기가 직면한 문제와 매우 유사할 때 자신의 문제를 토대로 해석하고 판단하는 경우 • 이질감 : 상대방과 지식, 경험, 환경이 너무 달라 해석과 이해의 토대가 크게 다른 경우
평가적인 청취	• 상대방의 말과 내용에 대해 스스로 상대를 평가하면서 듣는 경우 • 착하다 / 악질이다, 교양있다 / 무식하다, 옳다 / 그르다, 용납할 수 있다 / 없다, 좋다 / 싫다 등
왜곡된 청취	• 문화적 편견이 있을 때 : 특히, 선진국 사람이 후진국 사람에게, 부자가 가난한 사람에게 • 의사소통자의 편견 : 이야기하는 사람이 사상, 종교 등 어느 한 쪽으로 치우쳐 있는 경우 • 편파적인 지식 : 말하는 사람, 듣는 사람 모두 편파적인 지식을 갖고 있는 경우 • 상대방에 대한 동정심 : 듣는 사람이 말하는 사람에 대해 동정심을 갖게 되면 정확한 상황 판단을 그릇되게 하여 올바른 문제해결이 어려우므로, 동정이 아니라 이유 있는 공감이 필요함

(3) 효과적인 경청방법

① 상대방의 입장을 이해하면서 말을 듣는다. 상대방이 진정으로 하려고 하는 이야기의 요점을 정확하게 파악하며, 말하는 사람에게 최대한 동화되도록 노력한다.

② 상대방의 생각이나 주장, 요구를 일단 수용하고, 동의할 수 있는 부분을 찾아가며 듣고 난 후에 자신의 생각이나 주장을 요구한다.

③ 상대방의 이야기를 중도에 끊거나 가로채지 않는다.

④ 상대방이 이야기하고 있을 때 섣불리 지레짐작하거나 주관적인 판단을 하지 않는다.

⑤ 상대방의 이야기를 자신의 경험과 비교하며 듣지 않는다.

⑥ 상대방이 말하는 속도에 자신의 사고력과 이해를 맞추려고 노력한다.

⑦ 이해하지 못한 것은 질문을 통해 반드시 이해한다. 특히, 전문용어나 개념이 납득이 안 되면 설명을 부탁하거나 개념을 정의하면서 듣는다.

⑧ 귀뿐만 아니라 눈으로 듣는다. 말하는 상대방을 관찰하여 표정, 제스처, 태도, 행동 등의 비언어적 요소의 의미를 파악하려 노력하면서 듣는다.

Tip │ 당신이 먼저 들어라, 상대를 설득하려면!

상대를 설득할 수 있는 최선의 방법은 그의 주장에 '귀 기울이는 것'이다. 그의 주장에 귀를 기울인다면 그 사람을 알 수 있다. 아무리 물건을 판매하는 세일즈맨이라도 자기 물건을 판매하기 위해 상품 설명만 하다 보면 고객을 놓치기 마련이다. 대신 고객의 생각이나 주장에 귀를 기울여 줄 때, 설득을 위한 단계로 더 빨리 다가갈 수 있다.

세계적으로 성공한 사업가 빌게이츠(Bill Gates)는 항상 '내가 고객의 업무 환경을 좀더 편하게 만들어 줄 수 있는 방법은 없을까?'라고 고민하며 고객들의 불만 사항을 체크했다고 한다. 빌게이츠는 고객의 목소리를 귀 기울여 듣지 않고서는 보다 나은 서비스, 보다 나은 프로그램은 개발될 수 없을 것이라고 생각했다. 남들보다 많은 이야기를 듣기 위해 노력하는 것이 빌게이츠 사업 전략이었다.

---

(4) 말하기 스킬 – 화법 ★★ 중요

① 쿠션화법

고객이 불쾌감을 덜 느끼게 하면서 적극 처리해 드리겠다는 감정과 의사를 전달하는 표현으로서, 상대방에 대한 세심한 배려와 정성이 느껴지며 듣는 사람에게 신뢰감과 존중받는 느낌을 줄 수 있는 좋은 방법이다. 상대방이 원하는 것을 들어주지 못하거나 상대방에게 부탁을 해야 할 경우 기분 나빠지는 것을 최소화할 수 있다.

> • 실례합니다만~ 죄송합니다만~ 공교롭게도~
> • 바쁘시겠지만~ 번거로우시겠지만~ 괜찮으시다면~ 양해해주신다면~
> • 도움을 주셔서 잘 할 수 있었습니다.

② 신뢰화법

상대방에게 신뢰감을 줄 수 있는 대화는 말 어미의 선택에 따라 조금씩 달라질 수 있다.

> • 정중한 화법 70% : ~입니다. ~입니까? (다까체)
> • 부드러운 화법 30% : ~예요, ~죠? (요조체)
> • 다까체 70% + 요조체 30% = 가장 바람직한 화법

③ 의뢰형화법(레이어드)

사람은 "~이렇게 해"와 같은 명령조의 말을 들으면 반발심이나 거부감이 들기 쉽다. 의뢰나 질문 형식으로 바꿔 말하면 훨씬 더 부드러운 커뮤니케이션이 될 수 있다.

> • 명령형 ⇨ 의뢰형, 질문형
> • ~ 좀 해주시겠습니까? ~ 좀 부탁해도 될까요?

④ 맞장구화법

상대방의 호감을 살 수 있는 대화의 가장 기초적인 요령은 상대방이 하는 이야기를 관심 있게 귀담 아 들어주는 것이다.

> • 가벼운 맞장구 : "저런", "그렇습니까?"
> • 동의 맞장구 : "과연", "정말 그렇겠군요", "예, 그렇습니까?"
> • 정리 맞장구 : "그 말씀은 ~이라는 것이지요?"
> • 재촉 맞장구 : "그래서 어떻게 되었습니까?"
> • 몸짓 맞장구 : 고개 끄덕이기 / 갸우뚱 / 눈맞춤

⑤ 긍정화법

㉠ 부정적 표현보다 긍정적 표현으로 바꾸고, 같은 내용도 긍정적인 부분을 강조해서 말한다.

> • 기다리게 해서 죄송합니다(X) ⇨ 기다려 주셔서 감사합니다(O)
> • 이곳에서 담배를 피워서는 안 됩니다(X) ⇨ 건물 바깥에 흡연실이 있습니다(O)

㉡ 긍정적 내용과 부정적 내용을 함께 말해야 하는 경우는 부정적인 것을 먼저 이야기하고, 나중 에 긍정적인 내용을 이야기하는 것이 효과적이다. 이런 화법을 '아론슨화법'이라고 한다.

> • 고객님 이 제품의 가격은 비싸지만, 품질이 아주 뛰어납니다.
> • 지금은 부족하지만, 노력하겠습니다.

⑥ 나 전달법(I – Message) 사용

주어를 '나'로 하여 그 느낌을 가지게 된 책임이 상대방에게 있지 않고, 표현자 자신에게 있다는 것 을 전제로 하면서 자신의 느낌을 표현하는 것이다. 즉, 타인의 행동이 나에게 어떠한 영향을 주었 는지 이야기 하는 화법으로서, 표현하는 형식은 상황(상대방의 행동) – 결과(나에게 미친 영향) – 느낌(나의 느낌)이 된다.

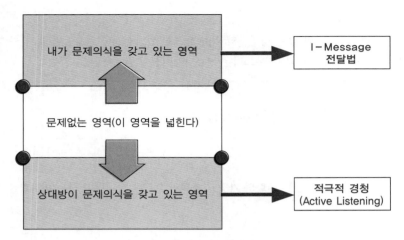

[I-message와 적극적 경청]

구 분	나 - 전달법		2인칭 전달법	
정 의	'나'를 주어로 하여, 상대방의 행동에 대한 생각이나 감정을 표현하는 대화 방식		'너'를 주어로 하여, 상대방의 행동을 표현하는 대화 방식	
표 현	"일이 자꾸 늦어서 걱정이구나."		"넌 왜 일을 빨리 못해"	
감 정	상 사	부하직원	상 사	부하직원
	일이 늦어서 초조함	'일이 늦어서 걱정하고 있구나.'	일이 늦어서 초조함	'나를 무능력하다고 생각하는군.'
결 과	• 상대방에게 나의 입장과 감정을 전달함으로써 상호 이해를 도울 수 있다. • 상대방에게 개방적이고 솔직하다는 느낌을 전달하게 된다. • 상대는 나의 느낌을 수용하고, 자발적으로 자신의 문제를 해결하고자 하는 의도를 지니게 된다.		• 상대에게 문제가 있다고 표현함으로써 상호 관계를 파괴하게 된다. • 상대방에게 일방적으로 강요 · 공격 · 비난하는 느낌을 전달하게 한다. • 상대는 변명하려 하거나 반감 · 저항 · 공격성을 보이게 된다.	

⑦ 개방적 화법

대화를 진행하면서 상대방의 이야기를 많이 듣기 위해 요령 있게 질문하는 화법이다. 즉, '예 또는 아니오'로만 대답할 수 있는 폐쇄적인 질문이 아닌, 상대방의 자유로운 대답을 들을 수 있는 개방적인 질문을 사용하는 것이 좋다.

> • "식사 하셨습니까?"(X) ⇨ "식사 어떠셨어요?"(O)

⑧ 청유형의 표현

상대방이 내 부탁을 듣고 스스로 결정 후 따라줄 수 있도록 상대방의 의견을 구하는 표현이다.

> • "조금만 기다려주세요."(X) ⇨ "조금만 기다려주시겠습니까?"(O)

3 커뮤니케이션과 관련한 이론 ★★^{중요}

(1) 피그말리온효과(Pygmalion Effect)

누군가에 대한 사람들의 믿음이나 기대, 예측이 그 대상에게 그대로 실현되는 경향으로서, 그리스 신화에서 유래하였다. 긍정적으로 기대하면 상대방은 기대에 부응하는 행동을 하면서 기대에 충족되는 결과가 나오게 되는 현상을 말한다.

그리스 신화에 등장하는 키프로스의 왕 피그말리온은 여성들의 결점을 너무 많이 알기 때문에 여성을 혐오했으며, 결혼을 하지 않고 한 평생 독신으로 살 것을 결심한다. 하지만 외로움과 여성에 대한 그리움 때문에 아무런 결점이 없는 완벽하고 아름다운 여인을 조각하여 함께 지내기로 하였다. 그는 이 조각상에게 옷을 입히고 목걸이를 걸어주며, 어루만지고 보듬으면서 마치 자신의 아내인 것처럼 대하며 온갖 정성을 다하였다.

어느 날 대답 없는 조각상에 괴로워하던 피그말리온은 아프로디테 제전에서 일을 마치고, 신들에게 자신의 조각상과 같은 여인을 아내로 맞이하도록 해달라고 기원했고, 여신이 피그말리온의 사랑에 감동하여 조각상을 사람으로 환생시켜 주었다.

(2) 로젠탈효과(Rosenthal Effect)

피그말리온효과를 교육학에 접목한 것을 로젠탈효과(Rosenthal Effect)라 하는데, 1968년 하버드대학교 로버트 로젠탈 사회심리학 교수 등이 초등학교 학생을 대상으로 실시한 실험에서 증명된 후, 교수의 이름을 따 명명되었다. 실험에서 초등학교 전교생을 대상으로 지능검사를 실시한 후 무작위로 선정한 20%의 학생들에게 'IQ가 높은 학생들'이라고 믿게 하였다. 8개월 후, 다시 실시한 검사에서 'IQ가 높은 학생들'이라고 선정된 아이들이 실제 다른 학생들보다 높은 점수를 보였고, 학업 성적도 향상되었다는 것이다. 즉, 로젠탈효과는 아이들을 학습시키는 데에 있어서 학생들을 능력 있는 학생으로 기대하고 인정해 주면 학생의 능력은 더욱 신장되며, 그와 반대로 능력이 없는 학생으로 기대하면 그들의 능력은 신장되지 못하는 현상을 말한다. 이는 교사가 학생 개개인을 어떤 관점에서 대해 주느냐에 따라 학생의 학업성취도가 달라진다는 것이다.

(3) 낙인효과(Stigma Effect)

피그말리온효과와는 반대로, 심리학에는 낙인효과라는 용어가 있다. 스티그마란 죄수나 노예, 또는 가축에게 찍던 낙인에서 유래한 말이다. 범죄학 이론 중에 낙인 이론이 있다. 1960년대 등장한 이론으로 어떤 특정인의 행동이 사회적 규범을 어겼을 경우 사람들이 일탈자로 낙인찍으면 결국에는 범죄자가 되고 만다는 이론이다. 이처럼 전과나 이혼, 사업실패 등과 같은 좋지 않은 과거 경력에 의해 나쁜 사람, 무능력한 사람으로 낙인 받으면 의식적 · 무의식적으로 그런 방향으로 행동하게 되는 것을 말한다. 주변 사람들에 의해 바보라고 낙인이 찍힌 아이는 점점 바보처럼 행동하게 되며, 학교에서 왕따로 낙인이 찍힌 학생은 점점 왕따처럼 행동하게 된다.

(4) 플라시보효과(Placebo Effect)

'위약효과'라고도 하며, 약효가 전혀 없는 거짓 약을 진짜 약으로 가장하여 환자에게 복용토록 했을 때 환자의 병세가 호전되는 효과를 말한다. '플라시보'란 말은 '마음에 들도록 한다'는 뜻의 라틴어로, 가짜 약을 의미한다. 만성질환이나 심리상태에 영향을 받기 쉬운 질환에서는 이 플라시보를 투여해도 효과를 보는 경우가 있는데, 이를 '플라시보효과'라고 한다. 긍정적인 심리적 믿음에 따라 긍정적인 결과를 가져오는 것을 의미한다.

(5) 노시보효과(Nocebo Effect)

플라시보효과의 반대 개념으로서, 진짜 약을 줘도 환자가 효과가 없다고 생각하면 약효가 나타나지 않은 현상을 말한다. 약효가 없는 가짜 약을 주었을 때 병세가 호전되는 플라시보효과(Placebo Effect)의 정반대 현상이다. 부정적인 심리적 믿음에 따른 부정적인 결과를 의미하는 효과이다.

(6) 호손효과(Hawthorne Effect)

실험대상이 된 피험자들은 자신이 실험과정에 참여함을 인식하는데, 이러한 인식이 실험결과에 미치는 효과이다. 사람들은 누군가 관심을 가지고 지켜보면 더 분발한다. 그런 현상은 할 수 있다고 믿으면 잘하는 피그말리온효과와도 비슷하지만, 여럿이 함께 일하면 생산성이 올라가는 사회적 촉진 현상과도 관련 있다. 그런 현상이 산업 장면에 적용되어 누군가 관심을 가지고 지켜볼 때 생산성이 향상되는 현상을 '호손효과'라고 한다.

호손효과

하버드대 교수 엘튼 메이요(Elton Mayo)를 중심으로 한 연구자들이 '호손 웍스' 공장에서 행한 실험에서 유래되었다. 1920년 전구를 생산하는 호손공장에서 '직원들의 생산성에 영향을 미치는 요소'를 알아보기 위해 연구자들은 작업시간, 휴식, 임금, 작업환경 등의 요소가 생산성에 영향을 미칠 것이라고 예상하였다.

그러나 결과는 예상과 달랐다. 이러한 요소들이 생산성에 아무런 영향도 미치지 않았던 것이다. 실험 중에는 생산성이 오르고 실험이 끝나면 생산성이 떨어지는 현상이 반복되었다. 즉, 노동자들이 자신들이 실험을 받고 있다는 것을 알고 있었기 때문에 그 실험에 적절한 대응을 한 것이다. 피실험자가 관찰자와 연구자의 개입을 의식하게 되면 결과가 전혀 다르게 나오는 데 기인한 효과이다.

03 감성 커뮤니케이션의 이해

1 감성지능(EQ)의 개념

① 감성이란 사전적 의미로는 '자신과 다른 사람의 감정을 이해하는 능력과 삶을 풍요롭게 하는 방향으로 감정을 통제할 줄 아는 능력'이라고 정의한다.

② 대니얼 골먼(Daniel Goleman)에 의해서 처음 제기되었으며, 감성지수는 지능지수(IQ)와는 질이 다른 지능으로서, '마음의 지능지수'라고 할 수 있다.

③ 자신의 진정한 기분을 자각하여 이를 존중하고 진심으로 납득할 수 있는 결단을 내릴 수 있는 능력이다.

④ 충동을 자제하고 불안이나 분노와 같은 스트레스의 원인이 되는 감정을 제어할 수 있는 능력이다.

⑤ 목표 추구에 실패했을 경우에도 좌절하지 않고, 자기 자신을 격려할 수 있는 능력이다.

⑥ 타인의 감정에 공감할 수 있는 공감능력이다.

⑦ 집단 내에서 조화를 유지하고 다른 사람들과 서로 협력할 수 있는 사회적 능력 등이 있다.

드림 소사이어티(Dream Society)

정보화 사회 다음에 오는 사회는 꿈과 감성을 파는 드림 소사이어티(Dream Society)가 될 것이다. 현재 우리 사회는 이성적 두뇌보다 감성적 마음을 중시해야 하는 시대. 지능(IQ)보다 감성지능(EQ ; Emotional Quotient)이 강조되는 사회가 되었다. 기업은 감성지능을 조직에서 상사나 동료, 부하직원들 간에 얼마나 원만한 관계를 유지하고 있는가를 평가하는 척도로 활용하고 있다.

일본 IBM은 감성지수를 바탕으로 직속상관뿐만 아니라 동료와 부하직원도 평가 작업에 참여하는 방식을 관리직의 인사고과에 반영하고 있다. 애니타 울리 카네기멜론 대학교수와 토머스 맬러니 MIT 경영대학원 교수가 2010년 과학잡지 '사이언스'에 게재했던 논문에 따르면. 상대방을 배려하고 소통한 그룹이 더 창조적인 결과물을 내놓는 것으로 나타났다.

2 감성지능(EQ)의 하위 요인 ★★^{중요}

(1) 제1요인 : 정서의 지각, 평가, 표현(Emotional Perception & Identification)

대상이나 예술작품, 이야기나 음악 등 다른 자극에서 유발되는 정서뿐만 아니라 자신과 타인의 정서를 지각하는 능력이다. 감정을 표정이나 몸짓으로 나타내는 것, 감정에 주의를 기울이는 것, 얼굴표정, 목소리 톤, 예술작품 등의 정서적 메시지를 지각하는 것을 포함한다. 가장 기본적이고 기초적인 감성반응으로서, 감정을 지각하고 표현하는 능력으로부터 시작되며, 이 능력이 없이 감성지능은 시작될 수 없다.

(2) 제2요인 : 정서의 사고촉진(Emotional Facilitating of Thought)

정서가 인지체계 안에 들어가서 감정을 의사소통하기 위해서 또는 인지과정에 사용하기 위해서 필요할 때 정서를 유발하고 사용하고 느낄 수 있는 능력이다. 정서에 사고 과정이 포함되어 정서 정보를 활용하여 사고의 우선순위를 정한다든지, 정서 정보를 활용하여 판단하고, 기억하여, 다양한 관점을 취하고 문제해결을 촉진하게 된다. 여기에서는 인지적 사고 과정을 촉진하기 위해서 정서 정보를 활용하게 되는데, 어떻게 정서가 인지체계 안으로 들어가서 사고를 돕고 인지에 영향을 주는지가 이 영역에서의 주된 관심이다.

(3) 제3요인 : 정서이해(Emotional Understanding)

정서 정보를 이해하고 어떻게 정서가 관계를 통해서, 혼합되고, 진행되고, 전이되는가, 시간에 따라 정서가 어떻게 변하는가를 이해하는 능력, 정서적 의미를 이해하는 능력이다. 정서를 이해하고 추론할 수 있으며, 이 능력을 통해 인간의 본질과 대인관계의 본질을 이해할 수 있다.

(4) 제4요인 : 정서조절(Emotional Management)

개인적인 성장과 이해를 증진시키기 위해서 자신과 타인의 감정에 개방적이며 이를 조절할 수 있는 능력이다. 이러한 반영적 정서조절 능력은 정서를 지각하는 능력이 바탕이 되고, 그 다음으로 정서의 변화를 사용하여 사고를 촉진하고 정서를 완전히 이해할 수 있는 능력이 획득된다. 정서를 완전히 이해할 수 있어야 도달할 수 있는 능력으로서 정서를 완전히 조절하고 다루는 데 필수적인 지식을 가지게 되는 것이다. 따라서 감성지능이 높은 사람은 불안정한 기분의 상태를 잘 조절할 수 있고, 기분에 대한 상당한 이해를 가지고 있다고 볼 수 있다.

3 감성지능(EQ)의 역할 ★★🔆

현대사회 = 서비스사회	
서비스사회 = 감정노동	
Self-awareness 자아인식	Self-management 자아관리
Social-awareness 타인인식 감정이입(Empathy)	Social-skill 타인관리

(1) 자기인식(Self-Awareness)

① 다른 사람들에 대한 자신의 영향뿐만 아니라 기분, 감성 및 동인(Drives)을 인지하고 이해하는 능력, 즉, 자신의 감성을 빨리 인식하고 알아차리는 능력, 자신의 감성에 빨리 인식하고 알아차리는 능력이다.

② 특질 : 자신감, 현실적인 자기평가, 자신의 중요성을 최소화하는 유머감(Self-deprecating Sense of Humor)

(2) 자기조절(Self-Regulation)

① 파괴적인 충동 및 기분을 통제하거나 방향을 바꾸는 능력으로서, 행동하기 전에 판단을 보류하는 성향이 있다.

② 감성조절은 자신의 감정에 따라 즉각적으로 행동을 하는 것을 자제하고 적합하게 표현할 수 있는 능력을 의미한다.

③ 특질 : 신뢰할 수 있음, 성실성, 모호함에의 편안함 마음(Comfort with Ambiguity), 변화에의 개방성

(3) 자기동기화(Motivation)

① 돈이나 지위를 초월한 이유로 일을 하는 열정으로서, 자신의 감정을 다스리고 자기 스스로 동기부여하는 능력이다.
② **특질** : 에너지와 인내를 갖고 목표를 추구하는 성향, 강한 성취욕구, 실패에 직면하여서도 낙관주의, 조직에의 헌신

(4) 감정이입(Empathy)

① 다른 사람들의 감성적 기질을 이해하는 능력이다.
② 사람들의 감성적 반응에 따라 그들을 대우하는 스킬이다.
③ **특질** : 재능을 구축 및 계속 보유하는 전문적 지식(기술), 서로 다른 문화 간의 민감성, 클라이언트 및 고객에의 서비스

(5) 대인관계기술(Social Skill)

① 관계를 관리하고 네트워크를 구축함에 있어서의 능숙한 스킬이다.
② 공통점을 발견하고 친근한 관계를 구축하는 능력이다.
③ **특질** : 변화 선도에 있어서의 유효성, 설득력, 팀 구축 및 리드하는 전문적 지식 / 기술

4 감성 커뮤니케이션

① 감성지능을 활용하여 대인관계 능력을 향상한다.
② 자신과 타인의 감성을 제대로 평가하고 변별하여 효과적으로 환경을 조율할 수 있다.
③ 효과적으로 감성을 조절하고 환경적 요구에 유연하게 대처할 수 있다.
④ 자신의 삶을 주도적으로 계획하고 성취해 나갈 수 있다.
⑤ 타인에 대해 공감하며, 희망적인 관계를 형성해 나갈 수 있다.
⑥ 좌절적인 상황에서도 개인을 동기화하고 자신을 지켜낼 수 있다.

감성지능(EQ)의 테스트

아직까지 학문적 검증을 거친 감성지수 테스트는 없다. 다음은 대니얼 골먼이 인터넷을 통해 비공식적으로 실시한 설문조사에서 사용한 질문들이다. 이를 통해 당신의 감성지능이 어떠한지 적어도 대략적으로는 알 수 있을 것이다.

1. 질 문
당신의 행동에 가장 근접하는 항목을 고르시오.

1) **당신은 지금 극심하게 흔들리는 비행기 안에 앉아 있다. 어떻게 행동할 것인가?**
   ① 대수롭게 생각하지 않고, 조용히 읽던 책을 계속해서 읽는다.
   ② 스튜어디스의 태도를 통해 상황의 심각성을 확인해 보는 한편, 신중을 기하기 위해 구명조끼를 한 번 만져 본다.
   ③ ①과 ②의 중간쯤
   ④ 모르겠다. 생각해 보지 않았다.

2) **당신은 딸을 데리고 몇몇 이웃 아이들과 함께 놀이터에 갔다. 갑자기 한 아이가 울기 시작하였다. 다른 아이들이 그 아이와 같이 놀려고 하지 않기 때문이다. 당신은 어떻게 행동할 것인가?**
   ① 간섭하지 않는다. 아이들끼리 해결해야 한다.
   ② '어떻게 하면 다른 아이들이 그 아이와 같이 놀아줄까'하고 우는 아이와 함께 골똘히 생각한다.
   ③ 그 아이에게 울지 말라고 친절하게 이야기한다.
   ④ 장난감을 가지고 우는 아이의 마음을 다른 곳으로 돌린다.

3) **당신은 좋은 성적을 기대했던 중간시험을 망쳤다. 어떤 반응을 보이게 될 것인가?**
   ① 다음번 시험에서 성적을 올리기 위해 학습계획을 세우고, 이 계획을 철저하게 지키려고 결심한다.
   ② 앞으로 더 열심히 노력하려고 결심한다.
   ③ 스스로에게 그 과목의 성적은 그렇게 중요하지 않다고 말하며, 그 대신 성적이 더 잘나온 과목에 집중한다.
   ④ 교수와 면담하고 성적을 다시 한번 생각해달라고 부탁한다.

4) **당신은 전화로 어떤 물건을 판매하는 일을 하고 있다. 그런데 당신이 접촉했던 15명의 고객이 당신의 전화에 퇴짜를 놓았다. 어떻게 행동할 것인가?**
   ① 오늘은 포기하고, 내일은 운이 좋아질 것이라고 기대한다.
   ② 성공하지 못한 원인이 무엇인가 골똘히 생각한다.
   ③ 다음번에 전화를 할 때에는 다른 방식으로 시도하고, 그렇게 빨리 포기해서는 안 된다고 자신을 타이른다.
   ④ 이것이 당신에게 옳은 직업인지 스스로에게 물어본다.

5) 자동차를 운전하던 당신의 여자친구는 위험스럽게도 바로 앞으로 끼어드는 다른 운전자 때문에 몹시 흥분해 있다. 그녀를 달래기 위해 당신은 어떻게 행동할 것인가?

① "잊어버려. 아무 일도 생기지 않았잖아."라고 말한다.
② 그녀의 마음을 돌리기 위해 그녀가 좋아하는 음악을 틀어 놓는다.
③ 그녀와의 연대감을 나타내기 위해 그녀의 욕설에 동조한다.
④ 당신도 최근 비슷한 경험을 한 일이 있는데, 알고 보니 그 차가 구급차였다고 이야기해 준다.

6) 당신과 당신 파트너 사이에 시비가 고조되었다. 둘은 매우 흥분한 상태이고, 사실이 아닌 비난으로 서로를 공격한다. 어떻게 행동할 것인가?

① 20분간의 휴식을 제의하고 그 뒤에 토론을 계속한다.
② 싸움을 중지하고 더 이상 아무 말도 하지 않는다.
③ 유감스럽다고 말하고 상대방에게 용서를 청한다.
④ 정신을 차리고 잠시 숙고한 후, 당신이 할 수 있는 범위에서 당신의 관점을 설명한다.

7) 당신의 3살 된 아들은 태어나면서부터 낯선 사람과 환경에 소심한 반응을 보이며 수줍음을 매우 많이 탄다. 어떻게 대처할 것인가?

① 그 아이가 선천적으로 수줍어한다는 사실을 인정하고, 그를 자극하는 상황으로부터 어떻게 하면 보호할 수 있을까 숙고한다.
② 아동심리학자와 상담한다.
③ 아이를 의도적으로 새로운 사람과 상황에 가능한 한 많이 직면하게 하여 불안을 떨치게 한다.
④ 아이에게 다른 사람과 많이 어울릴 수 있도록 용기를 주는 경험들을 하게 한다.

8) 당신은 어렸을 때 피아노를 배웠으나 오랫동안 치지 않았다. 이제 당신은 피아노를 다시 치려고 한다. 어떻게 하면 가장 빨리 배울 수 있을까?

① 일정한 시간에 매일 연습한다.
② 어렵지만 습득할 수 있는 곡을 선택하여 연습한다.
③ 실제로 피아노를 치고 싶을 때에만 연습한다.
④ 상당한 노력을 들여야만 칠 수 있는 매우 어려운 곡을 선택하여 연습한다.

2. 답 변

다음은 질문에 대한 각 항목별 점수이다.

질문 1 : ①= 20 ②= 20 ③= 20 ④= 0   질문 2 : ①= 0 ②= 20 ③= 0 ④= 0
질문 3 : ①= 20 ②= 0 ③= 0 ④= 0   질문 4 : ①= 0 ②= 0 ③= 20 ④= 0
질문 5 : ①= 0 ②= 5 ③= 5 ④= 0   질문 6 : ①= 20 ②= 0 ③= 0 ④= 0
질문 7 : ①= 0 ②= 5 ③= 0 ④= 20   질문 8 : ①= 0 ②= 20 ③= 0 ④= 0

* 기준 : 60점 이하, 60~120점, 120점 이상으로 나뉜다.

1 설득

(1) 설득의 의미

① 설득이란 타인의 태도와 행동의 변화라는 특정한 목적을 가진 주체가 대상에게 메시지를 전달하는 행위이다.

② 설득을 위한 말하기뿐만 아니라 내가 바라는 것을 이루고자 의사표현을 하고, 상대방의 이야기를 들으며 서로 의미를 공유하는 것이다.

③ 현장접점에서 고객의 태도와 행동의 변화를 이끌어내고 이해 조정을 통하여 당사자들이 원하는 것을 효과적으로 얻어내기 위한 설득과 협상은 매우 중요한 커뮤니케이션 방법이다.

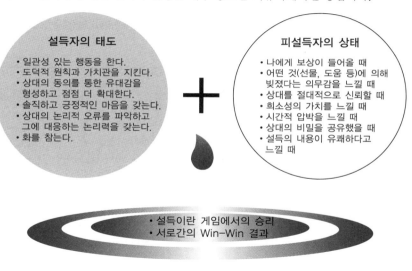

(2) 설득의 기본

① 긍정적인 언어와 Yes But 화법을 사용한다.

② 유대관계 형성을 위해 상대방이 좋아하는 것을 파악한다. 고객의 직업이나 취미 등의 기본정보를 파악하는 것이 좋다.

③ 대화를 지속하도록 동기를 지속적으로 유발시켜야 한다.

④ 대화의 목표를 분명하게 하고, 명확한 메시지를 전달하여 원하는 결과를 얻는다.

⑤ 경청으로 고객의 말에 귀를 기울인다.

⑥ 칭찬과 감사의 말로 호감을 이끌어 내고, 고객의 마음을 긍정적인 방향으로 움직인다.

(3) 설득의 기술 ★★🗨주요

이심전심	• 문자나 언어 없이 남을 깨닫게 한다. • 손짓, 미소, 표정, 자세 등의 비언어적 커뮤니케이션을 사용하여 메시지를 전달한다. • 시각에 호소하는 언어를 사용한다.
역지사지	• 다른 사람의 처지에서 생각한다. • 상대에 대한 따뜻한 배려로써 설득한다. • 비난하고 강요하기 전에 상대의 마음을 헤아리는 모습을 보여준다.
감성자극	• 객관적 자료보다는 다양한 채널로 접근하여 감성을 자극한다. • 이메일, 편지, 문자 등 감성에 호소하는 설득은 어떤 설득의 언어보다 강하다.
촌철살인	• 상대의 의도를 간파하는 짧은 한 마디는 상대의 마음을 한 순간에 무너뜨릴 수 있는 강력한 설득기법이다. • 감성에 호소하는 설득은 어떤 설득의 언어보다 강하다.
은근과 끈기	• 애정을 바탕으로 조금씩 마음이 열릴 시간적 여유를 주어야 한다. • 여러 번 설득의 기회를 갖는 것이 중요하다.
차분한 논리	• 나의 이야기에 반대하는 타인을 논리적으로 설득하려고 노력하는 것이다. • 숫자 등 구체적 자료를 제시한다. • 반론에 대한 데이터까지 준비한다.

> **Tip** ◀ 설득의 사례 – 핵심을 찌르는 오바마의 화법
>
> 버락 오바마 미국 대통령의 말은 단순하기 그지없다. 그래서 그의 말은 초등학교만 나온 사람도 다 알아듣는다. 그러니 그를 아는 사람이 많을 수밖에 없다. 정치인에게 자신을 널리 알리는 일은 대단히 중요한 일이다. 하지만 어렵고 전문가적인 견해를 담은 난해한 말을 늘어놓는다면, 누가 그를 알고 그를 따르며 지지하겠는가. 그는 미국이 변해야 한다는 것을 역설하면서 간단하게 말했다.
>
> ## "변해야 합니다!"
>
> 왜 변해야 하는지는 말이 없다. 하지만 그의 간단한 이 한 마디는 변화의 필요성을 느끼게 하는 메시지를 담고 있다. 프로는 간단하고 단순하게 말한다. 여기서 단순함이란, 경박함이나 부족함을 의미하는 것이 아니라 핵심을 말한다. 반면, 아마추어는 장문의 문장을 사용한다. 오바마의 연설을 들어보면 그는 단순하면서도 핵심적인 메시지만 던진다. "변하자!"는 것이 그것이다. 준비 없는 자는 말을 많이 하고, 제대로 된 설득전문가는 간단하고 정교한 말을 한다.

2 협상 (Negotiation)

(1) 협상의 의미

① '타결 의사를 가진 둘 또는 그 이상의 당사자 사이에 양방향 의사소통(Communication)을 통하여 상호 만족할 만한 수준으로의 합의(Agreement)에 이르는 과정'이라 정의한다.

② 협상은 상대방이 진정 원하는 것이 무엇이고, 왜 그런 생각을 하는 것인지를 충분히 분석하여 상대방과 나의 입장을 동시에 만족시킬 수 있는 다양한 대안을 만들기 위한 노력이다.

③ 협상의 핵심은 결국 '관계'이며, 서로에 대해 많이 알수록 협상 안건이 늘어나게 되고, 양측이 얻을 수 있는 것이 많아지므로 꼼꼼한 사전 조사는 필수적이다.

(2) 협상 전의 준비사항

① 목적 : 협상목적(무엇을 실현하려 하는지)을 명확히 한다.
② 전략 : 전체적인 계획을 세워 협상의 방향을 정한다.
③ 작전 : 구체적인 전개, 순서, 언제, 누구에게 어떤 전략을 취할 것인지 명확히 한다.
④ 정보 : 정보, 자료의 입수, 로비 등 협상의 토대를 만든다.
⑤ 전술 : 상대와 어떻게 공격하고 수비할 것인지 명확하게 한다.

(3) 협상의 5대 요소 ★★ 중요

명확한 목표설정 (Goal Setting)	• 구체적이고 명확한 목표를 설정한다. • 협상 목표를 높게 설정할수록 높은 협상 성과를 얻을 수 있다.
협상력 (Bargaining Power)	• 협상 상황에서 자신이 원하는 것을 얻어낼 수 있는 능력으로서, 협상 목표에 달성할 수 있는 힘이다.
관계 (Relationship)	• 협상자 간의 관계를 만들어가는 힘이다.
BATNA(바트나) 차선책	• 최선의 대안(Best Alternative To a Negotiated Agreement)의 약자이다. • 협상자가 합의에 도달하지 못할 경우 택할 수 있는 다른 좋은 대안 즉, 차선책을 말한다.
정보 (Infornation)	• 협상의 과정은 일종의 정보수집과 정보교환의 연속이므로, 가능한 한 많은 정보를 수집한다(정보의 양). • 신뢰할 수 있는 정보를 정보의 교환을 통해 협상전략으로 활용한다(정보의 질).

바트나(BATNA)의 개념

- 바트나에는 협상중단, 다른 협상 상대방으로의 전환, 법원판결에 호소, 파업의 감행, 다른 형태의 연합 또는 제휴형성 등이 포함될 수 있다.
- 협상이 결렬되었을 때 취할 수 있는 행동계획으로서 협상타결을 위한 필요조건이다.
- 바트나보다 나은 제안이라면 협상을 진행하는 것이 의미가 있지만, 바트나보다 못한 제안이 계속 제시되면 협상을 결렬시키는 것이 더 낫다는 판단을 할 수 있다.
- 바트나가 있으면 협상을 계속할 것인지 말 것인지, 그리고 양보를 하더라도 그 어느 선까지 양보를 할 것인지에 대한 객관적인 기준, 판단 근거가 생긴다는 좋은 점이 있다.
- 바트나는 주어지는 것이 아니다. 바트나가 없다면 바트나를 만들고, 바트나가 좋지 않을 때는 끊임없이 개선해 나가야지만 협상에서 좋은 결과를 기대할 수 있다.
- 상대방의 기분이 상하지 않는 범위 내에서 좀더 완곡하게 자신의 바트나를 알리는 것이 협상의 기술이지만, 보다 결정적인 순간에서는 자신의 바트나를 구체적으로 밝힐 필요도 있다. 반대로 자신의 바트나가 좋지 않을 때는 자신의 바트나가 좋지 않음을 가능한 한 숨겨야 한다.
- 상대방에 대한 압박전술로 활용하기도 하는데, 적절한 타이밍에 바트나를 슬쩍 내보이기도 하며, 우리 측이 가지고 있는 바트나가 상대방의 제안보다 좋은 내용이라면, 상대방은 압박감을 느끼고 새로운 제안을 고민하게 될 확률이 크다.

바트나의 예시

얼마 전에 백화점 상품권이 생겨서 자켓을 사러 가기로 친구와 약속을 했다. 물론 상품권이 있으므로 그 백화점에서 사는 것이 타당했으나, 시간이 좀 여유가 있어서 나란히 있는 그 옆 백화점 여성복 코너에 들렀다. 거기서 옷을 고르고 입어보기도 하면서 평소대로 흥정에 돌입했다. 결국 그 백화점에서는 20%의 할인을 해주기로 했다. 좀더 생각해보고 오겠다고 한 뒤, 원래 가기로 했던 백화점에 가서 같은 브랜드의 매장에서 같은 옷을 30% 할인해 달라고 요구했다. 물론 그 매장의 직원은 펄쩍 뛰면서 할인은 불가능하다고 했다. 이 옆에 있는 백화점에서는 20% 해주기로 했다고 말했더니 그럼 자기도 20% 할인을 적용해주겠다고 하길래, 그럼 '내가 같은 조건이면 거기서 사지 뭐하러 여기까지 오겠냐?'고 이야기 했더니, 결국 내가 제시한 30%를 현금으로 결제하는 조건으로 수용했다.

* 물론 상품권을 가지고 있으므로 이 백화점에서 사는 것이 가장 유리하다. 하지만 하나의 BATNA 를 확보함으로써 기대 이상의 결과를 얻을 수 있었다.

---

(4) 협상 관계의 5대 구성요소

① 신뢰(Trust)
② 공통점 발견(Commonality)
③ 존경(Respect)
④ 상호 관심(Mutual Concern)
⑤ 호의적 감정(Being Emotional)

(5) 효과적인 주장을 위한 AREA 법칙 ★★😊

① Assertion(주장) : 주장의 핵심부분으로 결론을 먼저 말한다.
② Reasoning(이유) : 그 이유를 설명한다.
③ Evidence(증거) : 이유와 주장에 관한 증거나 실례를 제시한다.
④ Assertion(주장) : 다시 한 번 주장함으로써 자신의 주장을 확고히 한다.

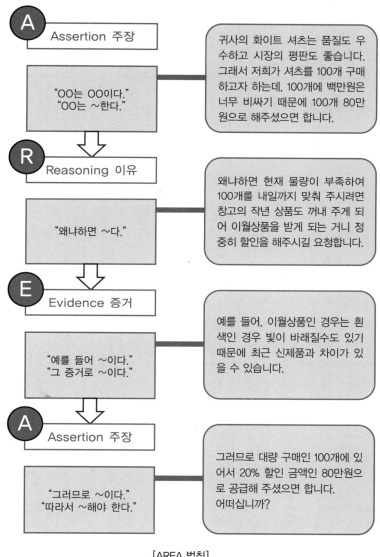

A Assertion 주장

"OO는 OO이다."
"OO는 ~한다."

귀사의 화이트 셔츠는 품질도 우수하고 시장의 평판도 좋습니다. 그래서 저희가 셔츠를 100개 구매하고자 하는데, 100개에 백만원은 너무 비싸기 때문에 100개 80만원으로 해주셨으면 합니다.

R Reasoning 이유

"왜냐하면 ~다."

왜냐하면 현재 물량이 부족하여 100개를 내일까지 맞춰 주시려면 창고의 작년 상품도 꺼내 주게 되어 이월상품을 받게 되는 거니 정중히 할인을 해주시길 요청합니다.

E Evidence 증거

"예를 들어 ~이다."
"그 증거로 ~이다."

예를 들어, 이월상품인 경우는 흰색인 경우 빛이 바래질수도 있기 때문에 최근 신제품과 차이가 있을 수 있습니다.

A Assertion 주장

"그러므로 ~이다."
"따라서 ~해야 한다."

그러므로 대량 구매인 100개에 있어서 20% 할인 금액인 80만원으로 공급해 주셨으면 합니다. 어떠십니까?

[AREA 법칙]

(6) 효과적으로 반론하는 방법 ★★^{중요}

말할 타이밍을 본다.	상대방의 말을 주의깊게 들으면서 내가 말해야 할 타이밍을 본다.
긍정적으로 시작한다.	우선 상대방의 주장 가운데 동의할 수 있는 부분에 대해 긍정적인 반응으로 시작한다.
반론내용을 명확히 한다.	상대방 주장의 허점이나 모호한 점, 모순점 등을 질문의 형태로 지적한다.
반대하는 이유를 설명한다.	상대방의 주장보다 나의 생각과 주장이 우월한 점을 설명하며, 상대방의 주장을 받아들일 수 없는 이유를 말한다.
반론을 요약해서 말한다.	논증이 끝나면 다시 한번 반론의 내용을 요약해서 되풀이하여 호소력 있게 말한다. 그러나 상대방이 나의 반론을 수락할 때까지 반복적으로 주장하는 것은 좋지 않다.

(7) Positive Sum 도출방법

① Positive Sum의 개념

  ㉠ Zero Sum Game과는 상이한 개념으로서, 행위자들 모두 이익을 볼 수 있는 상황과 관계를 말한다.

  ㉡ Positive Sum Game은 상호협조를 통하면 행위자들 모두 의미 있는 결과를 창출할 수 있다고 설명한다. 대개 Zero Sum Game은 현실주의자들이 논리를 펼칠 때 자주 사용하고, Positive Sum Game은 자유주의자들이 상호협조, 경제적 이익 등을 주장할 때 자주 사용한다.

② Positive Sum 도출방법

  기업이 추구해야 할 방향은 'Market Share → Brain Share → Mind Share → Heart Share'인 만큼 시장에서 서로 윈윈(Win-Win)할 수 있는 방법은 상대방이 원하는 것을 얻도록 도와주며, 나도 필요한 것을 얻는 것이 가장 이기는 방법일 것이다.

> **Tip ▶ Positive Sum Game**
> • 게임 참가자들의 효용의 총합이 양(+)이 되는 게임이다.
> • 이러한 게임이 윈윈 게임(Win-Win Game)이다.
>
> **Zero Sum Game**
> • 게임 참가자들의 효용의 총합이 '0'이 되는 게임이다.
> • 누군가가 게임에서 이득을 보면 다른 누군가는 반드시 손해를 보게 되며, 양자간의 효용의 총합은 '0'이다.
>
> **Negative Sum Game**
> • 게임 참가자들의 효용의 총합이 음(-)이 되는 게임이다.
> • 게임을 해봤자 양쪽 다 손해만 보는 게임이다.

3 협상과 설득과정

(1) 설득력의 요인

정보 발신자의 신뢰도	• 설득은 정보를 전달하는 사람이 누구냐에 따라 정보의 신뢰성이 달라진다. • 일반적으로 정보 발신자의 조직에서의 지위가 높을수록 정보의 신뢰도가 높아진다. • 정보 발신자의 지위뿐만 아니라 정보 발신자의 경력, 학력, 평판 등도 정보의 신뢰성에 지대한 영향을 미친다.
메시지의 내용	• 정보를 전달할 때 상대방의 관심을 끌고, 이해를 높이기 위해서는 상대방과의 입장 차이를 부각시켜 설득하는 것보다는 상대방과 공통점을 부각시켜 설득하면 더욱 효과적이다.
설득의 방법	• 동일한 내용이라도 어떤 방식으로 하느냐에 따라 설득의 정도는 달라진다. • 정보 전달자가 확신을 갖고 자신감 있게 정보를 전달하는가의 여부는 설득력에 지대한 영향을 미친다. • 협상자가 시간에 쫓겨 말을 너무 빨리하거나 핵심만 너무 간단하게 설명하면, 발표자의 의도가 제대로 전달되지 않는다. • 발표자의 목소리 톤이 설교조이면 상대방이 신뢰하지 않는다.

(2) 프레젠테이션(Presentation)

협상에서 협상 상대방의 이해를 도와 소기의 목적을 달성하기 위해 프레젠테이션을 하는 경우가 있다. 기본적으로 프레젠테이션과 리딩은 다르다. 프레젠테이션은 단순히 내용을 읽는 것이 아닌, 내용의 핵심을 알기 쉽게 요약하여 설명하고, 자신의 주장을 논리정연하게 설명하는 것이다.

① 프레젠테이션의 중요성

프레젠테이션은 효율적인 정보전달이 가능하여 설득과 협상을 극대화시킬 수 있으며, 현대사회에서 프레젠테이션 능력은 경쟁력이라고 할 수 있다.

② 프레젠테이션 시 음성전달 능력

프레젠테이션 발표는 음성으로 전달하는 요소와 자세, 표정, 시선과 같은 비언어적 요소가 적절하게 조화를 이루어야 하며, 청중이 잘 들을 수 있도록 하는 음성전달 능력은 중요한 원칙이기도 하다.
ⓐ 목소리의 6요소 : 빠르기(Rate), 크기(Volume), 높이(Pitch), 길이(Duration), 쉬기(Putch), 힘주기(Emphasis)

ⓛ 음성상태에 따른 표현

구 분	상 태	표 현
말의 속도	빠르다	긴장, 열정, 흥분
	느리다	주의, 강조
말의 강약	강하다	강조, 흥분
	약하다	주 의
말의 고저	높 다	강조, 흥분
	낮 다	중후, 엄숙

ⓒ 프레젠테이션의 3P

사 람 (People)	• 누구에게 프레젠테이션을 할 것인지 분석하는 것이다. • 청중의 연령, 교육수준, 참가이유, 규모 등 청중에 대한 전반적인 이해와 배경지식을 확보해야 한다.
목 적 (Purpose)	• 프레젠테이션을 왜 하는지에 대한 이유가 명확하게 정리되어 전달되어야 한다.
장 소 (Place)	• 진행하는 장소와 환경을 분석하는 것이다.

(3) 협상과 최종합의

① 합의의 본질

ⓐ 미국에서는 합의의 논리와 형식 그리고 정당성이 강조되고 있다. 이에 반해, 전통 문화권에서는 합의에 있어 논리와 형식보다는 가족 또는 정치적인 관계에 의해 합의가 이루어지는 경우가 많다.

ⓑ 합의 내용에 있어서도 북미인들은 합의에 예측 가능한 많은 내용을 담고자 한다. 이에 비해 중국인들은 일반 원칙만을 합의에 넣는 것을 선호한다. 특히 미국인과 일본인이 협상을 할 경우에는 미국인은 모든 것을 합의문에 명시하려고 할 것이고, 일본인은 이를 상당히 불편하고 어색하게 받아들일 것이다.

② 신의성실의 원칙

협상에서 합의단계는 협상 당사자들 간에 신의성실의 원칙에 입각하여 진실되고 신중하게 해야 한다. 무엇보다 합의단계는 상호간에 논의된 의제들을 열린 자세와 상호 양보를 주고받는 호혜주의에 따라 최종적으로 조정하여 결론을 도출하는 단계이다.

③ 합리성과 투명성의 원칙

협상 당사자들 간에 합의된 내용들이 구속력을 가지려면, 합의된 내용들을 단계별로 문서화하여 협상 상대방의 확인을 받아두는 것이 필요하다.

④ 협상결과의 보고와 최종승인

협상의 끝은 또 다른 비즈니스의 시작으로 볼 수 있다. 협상이 결렬되거나, 타결되든 간에 협상 팀은 협상이 끝난 후에도 보고나 사후관리를 위해서 일정 기간 유지되어야 한다.

[각 협상단계에서의 주요 협상기술]

구 분	분석능력	의사소통	상대에 대한 인식	전 략	설득력
사전단계	O	O			
실행단계	O	O	O	O	
협 상				O	O
진보된 협상	O	O	O	O	
협 정					O

> **Tip** 원하는 것을 얻는 협상 모델을 위한 열두 가지 전략
>
> • 목표에 집중하라.
> • 상대의 머릿속 그림을 그려라.
> • 감정에 신경써라.
> • 모든 상황은 제각기 다르다는 것을 인식하라.
> • 점진적으로 접근하라.
> • 가치가 다른 대상을 교환하라.
> • 상대방이 따르는 표준을 활용하라.
> • 절대 거짓말을 하지 마라.
> • 의사소통에 만전을 기하라.
> • 숨겨진 걸림돌을 찾아라.
> • 차이를 인정하라.
> • 협상에 필요한 모든 것을 목록으로 만들어라.

Part 04
Module A
서비스경영 전문가가 꼭 알고 있어야 하는 전문용어

- **커뮤니케이션** : 커뮤니케이션(Communication)은 '공통되는(Common)', 혹은 '공유하다(Share)'라는 뜻의 라틴어 Communis에서 유래함. 하나 혹은 그 이상의 유기체 간에 서로 상징을 통해 의미를 주고받는 과정

- **비언어적 커뮤니케이션** : 구두 혹은 문서화된 언어를 사용하지 않고 메시지를 전달하는 커뮤니케이션

- **그레이프바인(Grapevine)** : 조직의 커뮤니케이션은 공식적인 커뮤니케이션 체계뿐만 아니라 자생적으로 형성된 비공식적 커뮤니케이션 체계도 존재하는데, 이러한 비공식적 커뮤니케이션 체계를 포도넝쿨을 닮았다 하여 '그레이프바인(Grapevine)'이라 칭함

- **경청 1, 2, 3 기법** : 자신은 1번 말하고, 상대의 말을 2번 들어주며, 대화중에 3번 맞장구치며 대화함

- **공감적 경청 B.M.W** : Body(자세) – 표정이나 눈빛, 자세나 움직임을 상대에게 기울이며, Mood(분위기) – 말투나 음정, 음색, 말의 빠르기, 높낮이를 고려하여, Word(말의 내용) – 상대를 존중하고 상대의 원하는 것이 무엇인지 집중하여 듣는 공감적 경청

- **경청 FAMILY 법칙** : Friendly – 친절하게 경청, Attention – 집중하며 경청, Me, too – 공감하며 경청, Interest – 관심을 가지고 경청, Look – 바라보며 경청, You are centered – 상대를 중심으로 경청

- **적극적 경청** : 감각, 태도, 신념, 감정, 직관을 말하는 사람 중심으로 들음

- **쿠션화법** : 고객이 불쾌감을 덜 느끼게 하면서 적극 처리해 드리겠다는 감정과 의사를 전달하는 표현으로 쿠션의 완충 역할을 함

- **나 – 전달법** : 주어를 '나'로 하여 그 느낌을 가지게 된 책임이 상대방에게 있지 않고 표현자 자신에게 있다는 것을 전제로 하면서 자신의 느낌을 표현하는 것

- **피그말리온효과(Pygmalion Effect)** : 누군가에 대한 사람들의 믿음이나 기대, 예측이 그 대상에게 그대로 실현되는 경향. 로젠탈효과(Rosenthal Effect)라고도 함

- **로젠탈효과** : 피그말리온효과를 교육학에 접목한 것으로서, 1968년 하버드 대학교 로버트 로젠탈 사회심리학 교수 등이 초등학교 학생을 대상으로 실시한 실험에서 증명된 후, 교수의 이름을 따 명명됨

- **낙인효과** : 피그말리온효과와는 반대 용어로서, 좋지 않은 과거 경력에 의해 나쁜 사람, 무능력한 사람으로 낙인 받으면 의식적 · 무의식적으로 그런 방향으로 행동하게 되는 것

- **플라시보효과(Placebo Effect)** : '위약효과'라고도 하며, 긍정적인 심리적 믿음에 따라 긍정적인 결과를 가져오는 것을 의미

- **노시보효과(Nocebo Effect)** : 진짜 약을 줘도 환자가 효과가 없다고 생각하면 약효가 나타나지 않는 현상. 약효가 없는 가짜 약을 주었을 때 병세가 호전되는 플라시보효과의 정반대 현상으로서, 부정적인 심리적 믿음에 따른 부정적인 결과를 의미하는 효과

- **호손효과(Hawthorne Effect)** : 실험대상이 된 피험자들은 자신이 실험과정에 참여함을 인식하는데, 이러한 인식이 실험결과에 미치는 효과. 사람들은 누군가 관심을 가지고 지켜보면 더 분발하는데, 이는 할 수 있다고 믿으면 잘하는 피그말리온효과와도 비슷하지만, 여럿이 함께 일하면 생산성이 올라가는 사회적 촉진 현상과도 관련이 있음. 그런 현상이 산업 장면에 적용되어 누군가 관심을 가지고 지켜볼 때 생산성이 향상되는 현상

- **감성** : '자신과 다른 사람의 감정을 이해하는 능력과 삶을 풍요롭게 하는 방향으로 감정을 통제할 줄 아는 능력'이라고 정의

- **감성지수** : 대니얼 골먼에 의해서 처음 제기되었으며, 지능지수(IQ)와는 질이 다른 지능으로서 '마음의 지능지수'라고 함. 자신의 진정한 기분을 자각하여 이를 존중하고 진심으로 납득할 수 있는 결단을 내릴 수 있는 능력, 충동을 자제하고 불안이나 분노와 같은 스트레스의 원인이 되는 감정을 제어할 수 있는 능력, 목표 추구에 실패했을 경우에도 좌절하지 않고 자기 자신을 격려할 수 있는 능력, 타인의 감정에 공감할 수 있는 공감능력, 집단 내에서 조화를 유지하고 다른 사람들과 서로 협력할 수 있는 사회적 능력 등

- **자기규율(Self-regulation)** : 파괴적인 충동 및 기분을 통제하거나 방향을 바꾸는 능력으로, 행동하기 전에 생각하기 위하여 판단을 보류하는 성향

- **감정이입 / 공감(Empathy)** : 다른 사람들의 감성적 기질을 이해하는 능력

- **설득** : 설득을 위한 말하기만을 위한 것이 아니라 내가 바라는 것을 이루고자 의사표현을 하고, 상대방의 이야기를 들으면서 서로 의미를 공유하는 것

- **SCAF** : 설득의 4가지 유형. S형 – 표출형, C형 – 우호형, A형 – 성취형, F형 – 조사형

- **협상** : 타결의사를 가진 둘 또는 그 이상의 당사자 사이에 양방향 의사소통(Communication)을 통하여 상호 만족할 만한 수준으로의 합의(Agreement)에 이르는 과정

- **BATNA(바트나) 차선책** : 최선의 대안(Best Alternative To a Negotiated Agreement)의 약자로서, 협상자가 합의에 도달하지 못할 경우 택할 수 있는 다른 좋은 대안

- **AREA 법칙** : 주장의 핵심부분으로 결론을 먼저 말하고(Assertion ; 주장), 그 이유를 설명하고(Reasoning ; 이유), 이유와 주장에 관한 증거나 실례를 제시하며(Evidence ; 증거), 다시 한 번 주장함으로써(Assertion ; 주장) 자신의 주장을 확고히 하는 효과적인 주장법

- **Positive Sum** : Zero Sum Game과는 상이한 개념으로서, 행위자들 모두 이익을 볼 수 있는 상황과 관계

- **Zero Sum Game** : 게임 참가자들의 효용의 총합이 '0'이 되는 게임으로서, 누군가가 게임에서 이득을 보면 다른 누군가는 반드시 손해를 보게 됨으로 인해 양자간의 효용의 총합은 '0'

PART 04

출제유형문제

📃 일반형 문제

01 다음 보기의 내용은 효과적 주장을 위한 'AREA의 법칙'을 주장할 때 사용하는 예시 중 무엇에 속하는가?

> 예를 들어 ~이다.

① 안건(Agenda)
② 이유(Reasoning)
③ 증거(Evidence)
④ 주장(Assertion)
⑤ 반복(Repeat)

> **해설** 주장의 근거에 대한 증거나 실제 사례를 제시한다.

02 다음 중 커뮤니케이션에 대한 설명으로 옳지 않은 것은?

① 커뮤니케이션은 시작과 끝이 있는 선형적인 과정이다.
② 서비스 직원의 커뮤니케이션은 서비스 품질과 고객 만족에 결정적인 영향을 미친다.
③ 언어는 사람의 생각이나 느낌을 소리나 글자로 나타내는 수단이다.
④ 커뮤니케이션의 93%는 비언어적 채널로 구성되어 있으며 의미 전달에 큰 영향을 미친다.
⑤ 커뮤니케이션은 다른 이해와 의미를 가지고 있는 사람들이 공통적으로 이해할 수 있도록 상호 노력하는 과정이다.

> **해설** 커뮤니케이션은 순환적·역동적이며, 계속 이어지는 하나의 과정이다.

03 커뮤니케이션 오류의 원인 중 '수신자의 문제'에 해당하지 않는 내용은?

① 상대방의 이야기를 건성으로 듣거나 무성의한 태도를 보인다.
② 상대방의 이야기를 임의로 해석하여 자신에게 유리한 부분만 경청한다.
③ 상대방의 이야기를 전혀 신뢰하지 않아 커뮤니케이션의 왜곡이 발생한다.
④ 과거 경험에 따른 오해와 왜곡된 인지로 메시지를 잘못 이해하고 수용한다.
⑤ 충분한 인간관계적 상호작용을 경험하지 못하여 상대방의 질문에 대답하지 않고 자신의 말만 반복한다.

> **해설** 충분한 인간관계적 상호작용을 경험하지 못하여 상대방의 질문에 대답하지 않고 자신의 말만 반복하는 일방적인 대화의 문제가 발생하는 것은 전달자. 즉 말하는 사람의 문제이다.

04 다음 중 상호 가치창조를 위한 협상에 대한 내용으로 옳지 않은 것은?

① 상호 목표를 명확히 하여 진행한다.
② 전문용어를 최대한 활용하여 상대를 주도한다.
③ 협상대상이나 기업에 대해 자세하게 조사한다.
④ 상대방의 성격이나 대화법 등 협상스타일을 파악한다.
⑤ 협상장소는 홈그라운드와 같은 유리한 장소에서 한다.

> **해설** 상호 가치창조를 위한 협상을 위해서는 알기 쉬운 단어. 명확한 단어. 절제된 표현 등을 사용해야 한다.

05 다음 보기의 문장에서는 어떤 말하기 스킬을 활용하였는가?

> 식사하는 동안 즐거우셨습니까? → 식사하는 동안 어떠셨나요?

① 완곡한 표현
② 청유형의 표현
③ 개방적인 표현
④ 긍정적인 표현
⑤ 쿠션언어의 사용

> **해설** 개방적인 표현으로. '예 / 아니오' 이외의 대답을 할 수 있도록 유도하는 열린 질문이다.

06 다음 중 효과적인 반론 방법에 대한 설명으로 가장 적절한 것은?

① 시각에 호소하는 언어를 사용한다.
② 반대하는 내용에 대해서는 외면한다.
③ 이메일, 편지, 문자 등으로 감성에 호소하여 설득한다.
④ 상대방의 입장에서 생각하며 입장 및 마음을 헤아려준다.
⑤ 상대방 주장의 허점이나 모호한 점, 모순점 등을 질문의 형태로 묻는다.

> **해설** 효과적으로 반론하기 위해서는 긍정으로 시작하고 반론의 내용을 명확히 해야 한다. 또한, 반대 이유를 설명하고 반론은 요약해서 말한다.

07 감성커뮤니케이션 스킬에서 '자기감정 조절'의 방법으로 적합도가 낮은 것은?

① 심상법을 활용한다.
② 감정을 지혜롭게 표현한다.
③ 실패의 원인을 다른 관점에서 바라본다.
④ 자신을 흥분시키는 자극들에 대한 정보를 수집한다.
⑤ 감정을 표현할 때와 그러지 않아야 할 때를 인지해야 한다.

> **해설** ③ '자기동기화'의 방법에 해당된다. 자기감정 조절의 방법에는 ① · ② · ④ · ⑤ 이외에도 자신이 원하는 결과가 무엇인지를 확실하게 정리하고, 스트레스를 잘 관리한다 등의 방법이 있다.

08 다음 중 커뮤니케이션 과정의 기본요소에 대한 설명으로 적절하지 않은 것은?

① 효과(Effect)는 커뮤니케이션의 결과이다.
② 커뮤니케이션 과정의 기본요소에는 전달자(Source)와 수신자(Receiver)가 포함된다.
③ 메시지(Message)는 전달하고자 하는 내용을 언어, 문자, 몸짓 등 기호로 바꾼 것이다.
④ 피드백(Feedback)은 메시지를 수용한 전달자의 반응으로, 이 과정을 계속 반복 · 순환하게 하는 요소이다.
⑤ 채널(Channel)은 메시지를 전달하는 통로나 매체이며, 매스컴의 경우는 TV나 라디오, 인터넷 등이 있다.

> **해설** 피드백(Feedback)은 메시지를 수용한 수용자의 반응으로서, 이 과정을 계속 반복 · 순환하게 하는 요소이다.

09 다음 중 말하기 스킬에 대한 설명으로 적절하지 않은 것은?

① 대화를 진행하면서 상대방의 이야기를 제대로 듣기 위해서는 개방적인 질문이 필요하다.
② 긍정적인 내용과 부정적인 내용을 함께 말해야 할 때는 긍정적인 것을 먼저 이야기한다.
③ 상대방이 원하는 바를 들어 주지 못할 경우 상대가 기분 나쁘지 않도록 쿠션언어를 사용한다.
④ 상대방이 자신의 부탁을 듣고 스스로 결정해서 따라올 수 있도록 상대방의 의견을 구하는 표현을 사용한다.
⑤ 상대방이 기분 나쁘지 않게 자신의 행동을 반성하고 개선할 마음을 가지게 하기 위해서는 You-메시지를 사용한다.

> **해설**　② 긍정적인 내용과 부정적인 내용을 함께 말해야 할 때는 부정적인 것을 먼저 이야기한다.
> ⑤ 상대방에게 자신의 의사를 충분히 전달하면서도, 기분 나쁘지 않게 자신의 행동을 반성하고 개선할 마음을 가지게 하기 위해서는 I－메시지를 사용해야 한다.

10 다음 중 커뮤니케이션 오류의 원인에 대한 설명으로 가장 적절한 것은?

① '혼합 메시지'는 '이중 메시지'와는 정반대의 의미를 지닌다.
② 왜곡된 인지와 감정적 반응은 전달자보다는 수신자 측의 문제이다.
③ '혼합 메시지'는 언어적, 비언어적으로 일치하여 커뮤니케이션을 활성화하는 데 기여한다.
④ 경청의 문제, 부정확한 피드백의 문제는 수신자의 문제이기보다 전달자의 문제라고 할 수 있다.
⑤ 전달자의 심리상태와 주관적인 견해로 인한 오해와 편견으로 인해 메시지의 정확한 전달을 방해하는 문제가 발생하는 것을 '왜곡된 인지'와 '감정적 반응'이라고 한다.

> **해설**　① '혼합 메시지'는 '이중 메시지'라고도 한다.
> ③ '혼합 메시지'는 언어적, 비언어적으로 불일치하여 커뮤니케이션 오류를 야기하는 메시지이다.
> ④ 경청의 문제, 부정확한 피드백의 문제는 수신자의 문제이다.
> ⑤ 전달자의 심리상태와 주관적인 견해가 오해와 편견으로 인한 영향을 받아 메시지의 정확한 전달을 방해하는 문제가 발생하는 것은 '오해와 편견'이다.

11 다음 중 커뮤니케이션 과정의 기본 요소로 적절하지 않은 것은?

① 전달자
② 피드백
③ 메시지
④ 커뮤니케이션 채널
⑤ 커뮤니케이션 환경

> **해설** 커뮤니케이션 환경은 커뮤니케이션 과정의 기본 요소가 아니라, 커뮤니케이션을 구성하는 요소로 인식해야 한다. 커뮤니케이션 과정의 기본요소는 '전달자-메시지-채널-수신자-효과-피드백'이다.

12 다음 중 효과적인 커뮤니케이션에 대한 설명으로 가장 적절한 것은?

① 상대방의 호흡속도보다 조금 빠르게 응대한다.
② 효과적인 커뮤니케이션을 위해 간접화법을 사용한다.
③ 상대방에게 말하는 톤과 속도를 조금 빠르게 하여 응대한다.
④ 언어적인 수단과 비언어적인 수단의 일치를 항상 생각한다.
⑤ 전달자가 이야기한 내용을 수신자가 이해한 것으로 판단된다면 확인할 필요는 없다.

> **해설** 효과적인 커뮤니케이션을 위해 상대방과의 호흡속도, 말하는 톤과 속도를 조절해 주어야 한다. 그리고 전달자가 이야기한 것을 수신자가 이해했는지 확인하고, 직접적인 의사표현을 해야 오류를 방지할 수 있다.

13 다음 중 경청 스킬에 대한 설명으로 가장 적절한 것은?

① 상대의 말에 맞장구를 치는 것은 불쾌감을 심어줄 수 있다.
② 경청의 장애요인으로는 말하기보다 듣기를 선호하는 경향성이 있다.
③ 효과적인 경청을 위해서는 말하는 사람에게 동화(同化)되도록 노력하는 것이 필요하다.
④ 상대방의 메시지 내용 중 동의하기 힘든 부분을 우선적으로 찾아내려는 노력이 반드시 필요하다.
⑤ 상대방의 이야기를 들을 때는 머릿속으로 상대방의 이야기에서 잘못된 부분을 지적하고 판단하는 일에 집중하는 것이 효과적인 경청의 방법이다.

> **해설** ① 효과적인 경청을 위해서 온몸으로 맞장구를 치는 것은 좋은 방법이다.
> ② 상대방의 이야기를 들을 때, 머릿속으로 상대방의 이야기에서 잘못된 부분을 지적하고 판단하는 것에 열중하는 것은 경청의 장애요인이다.
> ④ 상대방의 메시지 내용 중 동의할 수 있는 부분을 찾아야 한다.
> ⑤ 듣기보다 말하기를 선호하는 경향이 있는 경우 경청의 장애요인이 된다.

14 다음 중 경청에 장애가 되는 행동이라고 볼 수 없는 것은?

① 메시지 내용에 대하여 관심이 없다.
② 듣기보다 말하기에 더 관심을 가지고 있다.
③ 메시지 내용 중에서 동의할 수 있는 부분을 찾는다.
④ 상대방의 말을 들으면서 머릿속으로는 엉뚱한 생각을 한다.
⑤ 머릿속으로 상대방의 이야기에서 잘못된 점을 지적하고 판단하는 것에 열중한다.

> **해설** 경청은 효과적인 커뮤니케이션을 위해 반드시 필요한 것임에도 불구하고, 잘 되고 있지 않는 것인 현실이다. 왜냐하면, 사람들은 ① · ② · ④ · ⑤ 등과 같은 경청의 장애가 되는 행동을 의외로 많이 하고 있기 때문이다. 경청을 잘하면 공감적 관계형성이 되어서 커뮤니케이션의 성과도 좋아지게 된다.

15 말하기 스킬 중 상대방에게 거절의 의사를 전달할 때 기분이 나빠지는 것을 최소화할 수 있는 표현법이며, 서비스 상황에서는 고객에게 불쾌감을 덜 주면서, 적극 처리를 해드리겠다는 감정과 의사를 전달하는 표현은?

① 긍정적인 화법으로 표현
② 완곡한 화법으로 표현
③ 레이어드화법으로 표현
④ 청유형화법으로 표현
⑤ 쿠션언어 사용

> **해설** 쿠션언어는 고객이 불쾌감을 덜 느끼게 하면서 적극 처리해 드리겠다는 감정과 의사를 전달하는 표현으로서, 상대방에 대한 세심한 배려와 정성이 느껴지며 듣는 사람에게 신뢰감과 존중받는 느낌을 줄 수 있는 좋은 방법이다.

16 서비스종사자의 커뮤니케이션 스킬 중 '쿠션화법'을 사용하는 것이 중요한데, '쿠션화법'은 대화 도중 화자와 청자 사이에 끼어들어 화제를 바꾸어 대화의 호흡을 바꾸는 화술을 의미한다.

(① O   ② X)

> 해설) 쿠션화법은 고객이 불쾌감을 덜 느끼게 하면서 적극 처리해 드리겠다는 감정과 의사를 전달하는 표현으로, 쿠션의 완충 역할을 한다.
> 예 실례합니다만~ 죄송합니다만~ 공교롭게도~ 번거로우시겠지만~ 괜찮으시다면~ 양해해주신다면~ 등

17 '나-전달법' 화법이란 주어를 '나'로 하여 그 느낌을 가지게 된 책임이 상대방에게 있지 않고, 표현자 자신에게 있음을 전제로 하면서 자신의 느낌을 표현하는 것이다.

(① O   ② X)

18 호손효과는 다른 사람들이 지켜보고 있다는 사실을 의식함으로써 그들의 전형적인 본성과는 다르게 행동하는 현상을 의미한다.

(① O   ② X)

19 협상에 있어서 바트나(BATNA)는 협상자가 합의에 도달하지 못했을 경우 택할 수 있는 마지막 선택을 의미한다.

(① O   ② X)

> 해설) 바트나(BATNA)는 합의에 도달하지 못했을 경우 택할 수 있는 최선의 차선책을 의미한다.

20 조직 내 커뮤니케이션을 활성화하기 위해서는 최고 경영진의 관심과 지원이 필요하고, 최고 경영자의 자유로운 의사소통을 위해서는 모든 사안을 보고하는 것이 바람직하다.

(① O   ② X)

> 해설) 모든 사안을 보고한다면 직원들의 심적 부담이나 업무에 있어서도 감시 · 감독을 받는 느낌이 더욱 클 수 있어 바람직하다고 보기 어렵다.

[21~25] 다음 설명에 알맞은 단어를 보기에서 각각 골라 넣으시오.

① 플라시보효과   ② 피그말리온효과   ③ 경청 1, 2, 3기법   ④ 협 상   ⑤ 비언어적 커뮤니케이션

21 긍정적인 심리적 믿음이 신체의 자연 치유력을 크게 높여줄 수 있다는 내용의 이론이다. 의학적으로는 효과가 없는 약을 환자에게 처방하며, 이 약을 복용하게 되면 병이 나을 것이라는 믿음을 주었을 때 환자가 긍정의 힘을 얻어서 신기하게도 병이 나은 실험결과를 근거로 하는 이론이다.

(   )

22 누군가에 대한 사람들의 믿음이나 기대, 예측이 그 대상에게 그대로 실현되는 경향을 말한다. 다른 사람으로부터 긍정적인 기대를 받으면 이 기대에 부응하기 위해 노력하고, 실제로 긍정적인 결과가 일어나는 현상이다.

(   )

23 몸짓이나 시각 또는 공간을 상징으로 하여 의사표현을 하는 커뮤니케이션 수단으로, 그 의미전달이 매우 중요하며 감정적 전달의 중요한 수단이 된다.

(   )

24 대화 시 자신의 말은 1번 하고, 상대의 말은 2번 들어주고, 대화 중에 3번 맞장구를 치며 적극적으로 소통하는 방법이다.

(   )

25 어떤 목적에 부합되는 결정을 하기 위하여 여럿이 서로 의논함에 있어 양방향 의사소통을 통하여 상호 만족할 만한 수준의 합의에 이르는 과정이다.

(   )

26 다음 보기의 대화 과정에서 사용되는 몇 가지 질문들에 대한 설명으로 옳은 것은?

> • A – 지난 번 미팅 때 '사무실 혁신'이란 말씀을 하셨는데요. 그 구체적인 뜻을 말씀해주시겠습니까?
> • B – '예산'이 관건이라고 하셨는데, 그에 관한 정보를 제게 알려주시겠습니까?
> • C – 전에 '할인'에 대해 관심이 많으셨던 것으로 압니다. 어느 정도의 할인율을 기대하시는지 여쭤봐도 되겠습니까?

① 위의 질문은 모두 '혼합 메시지'의 사용을 사전적으로 통제할 수 있는 질문이다.
② 위의 질문들은 커뮤니케이션 오류의 원인 중 미숙한 대인관계로 인한 문제점을 해결한다.
③ 수신자가 전달자의 의도를 정확하게 파악하지 못하고 임의로 해석하여 반응을 보내는 상황과는 무관하다.
④ 상대가 중시하는 키워드를 듣게 되었다고 해서 위의 질문과 같이 굳이 확인하려는 행동은 성급한 응대이다.
⑤ 동일한 키워드는 해당하는 키워드에 담긴 의미 역시 시간이 지나도 거의 다르지 않음을 고려해 볼 때 보기의 질문들은 적절하다.

해설 ② '혼합 메시지의 사용'에 따른 문제점을 해결한다.
③ 수신자가 전달자의 의도를 정확하게 파악하지 못해서 발생하는 문제점을 사전에 방지할 수 있다.
④ 상대가 중시하는 키워드를 듣게 되었다면 거기에 담긴 의미가 어떤 것인지 정확하게 질문해야 한다.
⑤ 동일한 키워드라 할지라도 거기에 담긴 의미는 어제와 오늘이 각각 다를 수 있다.

27 다음 보기의 내용과 같은 유형의 고객에 대한 응대법으로 적절한 것은?

> • A : 아까 전화했던 사람인데요. 깜빡 잊고 중요한 걸 안 여쭤봤네요. 그 물건은 언제까지 배송되는 건가요? 제가 토요일에 결혼식이 있어서 그러는데요. 조금 더 일찍 배송해주시면 안될까요? 그 옷을 꼭 입고 싶거든요. 친한 친구라 제가 특별히 도우미가 되어주기로 했는데, 꼭 부탁해요. 가능할까요?
> • B : 지갑을 좀 보러왔습니다. 이 제품은 새로 나왔나보군요. 예전에 못 보던 건데. 음, 무척 멋있군요. 이거 사람들이 많이 사나요? 남들이 많이 들고 다니는 건 왠지 좀 싫던데요. 어때요?

① 상세한 설명을 자제하고 결론부터 먼저 언급한다.
② 예의바른 맞장구보다 친근한 진심의 맞장구를 자주한다.
③ '다까체'로 말투가 적절하며 가볍게 보이지 않도록 한다.
④ 상대를 존중해준다는 표정을 지으며, 시선은 계속 고정한다.
⑤ 핵심내용을 재진술하지 말고, 간단하게 맞장구를 하는 것이 적절하다.

해설 ②를 제외한 나머지 응대는 '지배형' 고객에게 적합한 응대법이다. '대화형' 고객은 묻지 않아도 본인의 상황을 스스로 말하며, 한 번에 모두 묻지 않고 두 번 이상 재질문하는 경우가 많다.

28 다음은 협상의 4단계 과정인 '시작–탐색–진전–합의' 단계를 적절히 표현한 내용이다. 이 중에서 '진전 단계'에 해당하는 내용은 무엇인가?

- 가 – 김대리, 협상은 첫인상이 중요하니 좋은 이미지를 줄 수 있도록 신경 좀 써.
- 나 – 협상은 정보 싸움이야. 그러니 정신 바짝 차리고 수집한 정보가 정확한지 조심스럽게 살펴보도록 해.
- 다 – 당초 제시한 가격에서 5% 인하해 드리겠습니다.
- 라 – 지금까지 합의된 결과를 제가 다시 한 번 정리하여 말씀드리고 계약서를 작성하겠습니다.
- 마 – 오늘 날씨가 구름 한 점 없고 시원해서 아마도 좋은 결과가 있을 것 같습니다.

① 가 ② 나 ③ 다 ④ 라 ⑤ 마

해설 협상의 '시작 단계'에서는 상대방과의 우호적인 관계를 구축하고, '탐색 단계'에서는 상대방에 대한 정보와 파악 정도를 확인하며, '진전 단계'에서는 거래조건을 제시하면서 필요한 사항을 최대한 확보하고, '합의 단계'에서는 협상 성립을 알리고 내용에 따라 계약서 등의 문서를 작성한다.

PART 04

29 다음 보기의 사례에서 직원의 바람직한 상담방법으로 적절한 것은?

- 직원 : 반갑습니다. 무엇을 도와드릴까요?
- 고객 : ○○ 헤어에센스 하나만 주세요.
- 직원 : 네, ○○ 헤어에센스 말씀이세요? 지금 재고가 있는지 모르겠습니다. 지난주에 매진이 된 상태라.. 혹시 △△△ 제품은 어떠신가요? ○○ 제품보다 훨씬 저렴하고, 사용해 보신 분들의 상품평이 좋은 제품입니다.
- 고객 : 아, 그래요? 담당 디자이너께서 ○○ 제품만 권해 주셨는데...
- 직원 : ○○ 제품은 우수한 품질로 꾸준히 판매된 베스트 제품이 맞습니다만, 말씀드린 △△△도 최근에 반응이 좋은 상품입니다. 일단 재고가 남아 있는지 확인해 보겠습니다.

〈재고 확인 후〉
- 직원 : 고객님 죄송합니다. 확인해 보니 현재 △△△도 재고가 남아 있지 않습니다. ㉠ 담당자가 다음 주 월요일에 입고될 예정이라고 하는데, 다음 주에 오시면 구매가 가능하실 겁니다.

① 방금 전 매진되었음을 알리며, 고객에게 인기가 많은 제품임을 넌지시 전달하는 설득 스킬은 적절한 방법이다.
② 재고가 없다면 "없습니다"라고 분명히 공지해야 한다.
③ 고객이 찾는 상품이 없다면 대체 상품을 권하지 않는 것이 좋다.
④ 재고량은 상품 입출고 담당자의 업무이므로 판매자가 정확히 알고 있지 않아도 된다.
⑤ ㉠과 같이 응답하면 고객의 구매 욕구를 더욱 불러일으킬 가능성이 크다.

해설 평판을 통해 구매 자극을 돕는다.

30 다음 보기의 사례에서 효과적인 판매 권유를 위한 'AREA' 법칙을 순서대로 올바르게 나타낸 것은?

> (가) 참고로 △△△ 제품은 염색 모발의 색상 유지에 탁월한 ☆☆ 성분이 기존의 제품들보다 훨씬 많이 들어 있어서, 사용해 보신 분들의 상품평이 정말 좋습니다.
> (나) 왜냐하면 ○○ 제품과 비슷한 전성분으로 만들어졌지만 훨씬 저렴하기 때문입니다.
> (다) 고객님, 전에 ○○ 헤어에센스를 사용하셔서 제가 따로 조언을 드릴 점이 없지만, △△△을 추천해 드립니다.
> (라) 따라서 모발 손상도 방지하고 오랫동안 멋진 컬러유지가 가능한 △△△ 제품이 제가 가장 추천해 드리고 싶은 제품입니다. 고객님, 어떻습니까?

① (가)-(라)-(나)-(다) ② (다)-(라)-(가)-(나)
③ (가)-(나)-(라)-(다) ④ (가)-(라)-(나)-(다)
⑤ (다)-(나)-(가)-(라)

해설 효과적인 주장을 위한 'AREA의 법칙'은 우선 주장의 핵심을 먼저 말하고 주장의 근거를 설명한 후, 주장의 근거에 관한 증거나 실례를 제시하며, 다시 한 번 주장을 되풀이하는 과정으로 협상을 이끈다.

31 다음 보기의 내용은 한 가구점에서 고객과 점원이 대화를 하는 장면이다. 이를 설명한 내용으로 가장 옳은 것은?

> • 고객 : 초록색 의자보다 노란색 의자가 더 마음에 들어요.
> • 점원 : 재고가 있는지 모르겠네요. 가장 인기 있는 제품으로 지난주에 매진됐거든요. 게다가 그 가격이라면 손님들도 곧바로 가져가시고 싶어 하지요. 괜히 기대감을 드리기 전에 재고가 있는지 한번 확인하겠습니다.

① 재고가 없다면 '없다'고 단호하게 말해야 한다.
② '나중에는 불가능할지도 모른다.'는 뉘앙스를 고객에게 느끼게 해서는 곤란하다.
③ 사례와 같은 응답 방식은 고객으로 하여금 노란색 의자를 구매하겠다는 의지를 감소시킬 수 있다.
④ "다음 주에 오셔도 저희가 물건을 충분히 가지고 있을 겁니다."라는 말은 고객의 구매 욕구를 더욱 불러일으킬 가능성이 크다.
⑤ 지난주에 매진되었던 제품임을 알리며, 고객에게 인기가 많은 제품임을 인식시켜 구매 욕구를 높일 수 있다.

① 재고가 없더라도 완곡한 표현을 사용할 수 있어야 한다. 예 "제가 일단 알아봐 드리겠습니다."
② 나중에는 구매가 불가능할지도 모름을 고객이 느끼게 해야 한다.
③ 고객의 구매 욕구를 일으켰을 것이다.
④ '지금이 적기(適期)'임을 알려야 한다.

[32~33] 다음 보기의 내용을 읽고 물음에 답하시오.

- 직원 : 손님 죄송하지만, 이곳에서 담배를 피우시면 안 됩니다. 옆 상점 사장님께서 담배 냄새로 불만이 많으셔서요.
- 손님 : (매우 화가 난 표정으로) 그럼 어디에서 피우라고 하는 것입니까?
- 직원 : 손님 죄송합니다만, 뒤쪽으로 저희 옥상에 별도의 흡연공간을 마련해 놓았습니다. 그 곳에서 편하게 담배를 피우실 수 있으시니, 그 곳을 이용해 주시겠습니까?
- 손님 : 그래요. 그런데 옥상에 흡연공간이 있다고 별도의 안내표시가 없네요. 표시 좀 해놓으세요.
- 직원 : 네, 손님 감사드립니다. 표기를 해놓긴 했는데, 너무 작아서 보시지 못한 것 같습니다. 빠른 시간 내에 조치를 취하겠습니다.

(흡연을 하고 다시 식사를 한 손님이 계산을 하고 나가며)

- 직원 : 맛있게 드셨습니까?
- 손님 : 네, 잘 먹었습니다.
- 직원 : 불편한 점은 없으셨고요?
- 손님 : 네, 괜찮았습니다.
- 직원 : 감사드립니다. 다음에 다시 찾아 주실 때는 흡연공간에 대한 표기를 다시 해놓겠습니다. 이용해 주셔서 감사드립니다. 좋은 저녁 되십시오.

---

32 다음 보기의 커뮤니케이션 상황에서 직원이 사용한 커뮤니케이션 스킬이 아닌 것은?

① I - 메시지 사용
② 긍정적 표현
③ 청유형 표현
④ 개방적 표현
⑤ 쿠션언어 사용

해설

- 직원 : 손님 죄송하지만, 이곳에서 담배를 피우시면 안 됩니다. 옆 상점 사장님께서 담배 냄새로 불만이 많으셔서요. (▶ 부정적 표현)
- 손님 : (매우 화가 난 표정으로) 그럼 어디에서 피우라고 하는 것입니까?
- 직원 : 손님 죄송합니다만, 뒤쪽으로 저희 옥상에 별도의 흡연공간을 마련해 놓았습니다. 그 곳에서 편하게 담배를 피우실 수 있으시니, 그 곳을 이용해 주시겠습니까?
- 손님 : 그래요. 그런데 옥상에 흡연공간이 있다고 별도의 안내표시가 없네요. 표시 좀 해놓으세요.
- 직원 : 네, 손님 감사드립니다. 표기를 해놓긴 했는데, 너무 작아서 보시지 못한 것 같습니다. 빠른 시간 내에 조치를 취하겠습니다. (▶ 긍정적 표현)

(흡연을 하고 다시 식사를 한 손님이 계산을 하고 나가며)

- 직원 : 맛있게 드셨습니까?
- 손님 : 네, 잘 먹었습니다.
- 직원 : 불편한 점은 없으셨나요? (▶ 개방적인 표현)
- 손님 : 네, 괜찮았습니다.
- 직원 : 감사드립니다. 다음에 다시 찾아 주실 때는 흡연공간에 대한 표기를 다시 해놓겠습니다. 이용해 주셔서 감사드립니다. 좋은 저녁 되십시오. (▶ 긍정적 표현)

33 위의 커뮤니케이션 상황에서 직원이 손님을 설득하기 위해 사용한 설득의 기술은?

① 이심전심
② 감성자극
③ 역지사지
④ 촌철살인
⑤ 은근과 끈기

해설 역지사지(易地思之)는 상대방에 대해 비난하거나 강요하기 전에 자신을 먼저 낮추고 상대의 마음을 헤아리는 모습을 보여준다. 처음에는 직원이 손님에게 담배를 피우지 않을 것을 강요하였으나, 손님의 반응을 감지하고 바로 자신을 낮추는 자세로 바꾸어 대응을 하였다. 결론적으로 손님의 마음을 열게 하였고, 손님이 음식점을 나갈 때에는 만족감을 가질 수 있도록 하였다.

34 다음 보기의 내용은 고객불만 응대상황에 관한 장면이다. 대화에 관한 내용을 설명한 것으로 가장 적절한 것은?

> • 고 객 : 교환해주는 데 한 달이나 걸리나요?
> • 상담자 : (   ).

① 상담자가 고객에게 "한 달이나 걸린다니 답답하시죠."와 같이 불필요하게 감정을 반영하면서 대화를 이끌어서는 곤란하다.
② "빨리 제품을 받을 수 없다니 실망스러우시죠."와 같이 응대하는 방법이, 제대로 상담자의 감정을 반영한 바람직한 고객 커뮤니케이션 스킬이다.
③ 고객의 문의 태도로 볼 때 고객은 예의바른 사람임이 분명하다. 이런 유형의 고객과는 짧게 응대하여 고객의 심층감정에 휘둘리지 않도록 해야 한다.
④ "~ 때문에 ~하게 느끼셨군요.", "~하였더니 ~하겠네요." 등 고객의 말을 다시 한 번 요약하고 말하는 대화법은 괜한 오해를 살 수 있으므로 사용해서는 안 된다.
⑤ 상담자는 상대방의 감정이나 생각을 공감한 후, 이것을 말로 표현해서 다시 되돌려주는 방식으로 대화를 진행해야 한다. "네, 저희 이용약관의 규정에 따라 한 달이 걸립니다."라고 응대하는 편이 바람직하다.

해설) ① "한 달이나 걸린다니 답답하시죠." 등 상대의 마음을 콕 짚어주는 대화의 기술은 권장된다.
③ 고객의 심층 감정까지 주목하고 있어야 한다.
④ 대화의 앞부분에서는 상대방의 말을 요약하고, 뒷부분에선 그 안에 담긴 감정을 짚어주는 대화법을 사용해야 한다.
⑤ 사무적으로 대해서는 곤란하며 고객입장에서 감정을 느껴본 후 느껴진 감정을 말로 표현할 수 있어야 한다.

35 호텔에 투숙한 고객이 한밤중에 프런트에 전화를 걸었다. 이에 대한 프런트 담당자의 응대로 가장 적절한 것은?

> • 고객 : 옆 방 사람들이 너무 떠들어요. 지금이 몇 신데. 참나.
> • 프런트 담당자 : (   ).

① 진정하세요, 흥분하지 마시구요. 곧 조용해질 겁니다.

② 죄송합니다. 원하신다면 다른 방으로 옮겨 드리겠습니다.

③ 늦은 시간인데 불편하시겠어요, 제가 화가 다 납니다. 그 방으로 곧장 연락을 취해서 해결해드리도록 하겠습니다.

④ 옆방이라면 몇 호를 말씀하시는 거죠? 문제가 되는 방의 번호를 먼저 알려주셔야 저희가 바로 조치할 수 있습니다.

⑤ 아, 그 방은 유명한 정치인들이 묵고 있는 관계로 시끄러울 수 있습니다. 아마 행사가 늦게 끝난 것 같은데, 십 분 정도만 양해 부탁드려도 될까요?

해설 사실보다 고객의 감정에 먼저 반응하는 것이 고객 커뮤니케이션의 기본이다.

PART 5

회의기획과 의전실무

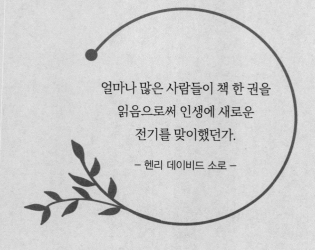

얼마나 많은 사람들이 책 한 권을
읽음으로써 인생에 새로운
전기를 맞이했던가.

– 헨리 데이비드 소로 –

▶ 무료 동영상 강의가 있는 SMAT Module A 비즈니스 커뮤니케이션

저자 코멘트!

비즈니스 상황에서 거래 관계에 있는 사람들과의 만남을 우리는 '회의', '미팅'이라 한다. 기본적으로 간단명료하게 필요한 사항을 서로 잘 전하고 전달받으며, 서로를 이해하고 대화의 목적을 달성해 가는 과정을 배워 비즈니스 환경에 대처해야 한다.

거래관계에 있는 대상을 존중하고 격을 높여 응대하는 행위를 '의전'이라 하며, 나의 의전은 낮추지만 상대를 높임으로써 거래에 품격을 높이는 방법을 배우고 실천하는 장이 되도록 한다.

회의, 행사, 의전을 모두 포함한 관광산업을 'MICE 산업'이라 한다. 우리나라의 성장 산업의 하나이며 국제회의, 포상관광, 컨벤션, 전시와 이벤트 등은 각 산업분야와 모두 연결되어 있는 산업이므로, 사람과 사람을 연결하는 중요한 역할을 배우는 것은 서비스분야 종사자에게 필수 공부가 될 것이다.

❶ 회의운영 기획
- 회의 개요
- 회의진행의 일반적 순서
- 회의참석자의 역할
- 회의의 원칙
- 회의진행과 리더의 역할
- 토론회의

❷ 회의운영 실무
- 회의운영 실무
- 회의 준비사항
- 회의 당일과 개최 중, 종료 업무

❸ 의전운영 기획
- 의전 개요
- 공식의전의 준비
- 선물 의전
- 의전의 기본정신 5R
- 의전 서열

❹ 의전운영 실무
- 행사 의전의 기본계획 수립
- 의전관의 요건
- 진행순서
- 좌석배치기준

❺ 프레젠테이션
- 프리젠테이션의 이해
- 프레젠테이션의 유형과 목적
- 프레젠터의 요건
- 프레젠테이션의 종류
- 3P분석
- 프레젠테이션의 기획

❻ MICE 산업의 이해
- MICE 산업의 이해
- MICE 4대 산업
- MICE 산업의 특징
- MICE 실무

1 회의 개요

(1) 회의의 개념

① 2명 이상의 다수인이 모여서 어떤 안건을 의논하고 교섭하는 행위로서, 일정한 형식과 규칙을 준수하면서 다수결의 원리 하에 개별의제를 능률적으로 결정해 나가는 진행 절차이다.

② 모든 구성원의 참여를 요건으로 하고, 의견과 정보교환을 통하여 최선의 시책을 강구하는 것으로서, 인간이 집단생활을 시작했을 때부터 발생하여 집단이 특히 그 노동에 있어서 통일된 행동이 요구되면서 회의형식이 생겨났다.

③ 협력적 · 우호적인 분위기 속에서 멤버 전원이 자기의 의견을 자유롭게 서로 발표하고 비판하며, 최선이라고 믿는 견해를 발견하고 채택 · 결정하는 회합을 말한다.

④ 사회성원의 공통된 의사를 형성시키는 일은 그 사회 유지 발전의 기본이 되고, 회의토론은 사람들의 서로 다른 의견을 걸러내어 공통의 의사를 형성시키는 과정이므로, 회의는 민주주의 발전의 기본 요소가 된다.

(2) 회의의 목적

회의는 2인 이상의 집단 및 조직에서 필요한 목적달성의 과정이며, 개인의 문제를 다루는 것이 아니므로, 아무리 작은 목적이라 해도 그 집단 및 조직에 있어서는 매우 중요한 사안이라 할 수 있다.

목 적	설 명
정보의 공유	회의를 통해 기업의 활동, 동향 등의 정보를 보다 집중적이고 집단적으로 공유할 수 있다.
업무 진행상황 점검	현재 진행 중인 사안들의 활동, 진행정도 등을 일목요연하게 점검이 가능하다.
아이디어 및 의견교류	많은 사람의 의견을 모아 함께 회의하며, 인간관계의 육성과 아이디어의 발굴이 가능하다.
문제해결과 신사업 기획	회의를 통해 현재 또는 중 · 장기적으로 발생한 문제에 대한 해결방안을 찾아 미래를 준비하고 예측할 수 있다.
사안검토 및 집단의식 고취	다각적인 방법으로 사안에 대해 검토가 가능하며, 참여를 통해 집단의식을 고취한다.

(3) 회의의 기능 ★★🗣

고객이 변하고 시장이 변화하고 있는 상황에 따라, 회의의 기능이 제대로 이루어져야 한다. 회사의 전략이나 사업아이템이 아무리 좋아도, 지속적으로 경쟁에서 살아남기 위해서는 회의를 통하여 조직 구성원들의 열정과 잠재능력을 이끌어 가는 조직문화가 필요하다.

기 능	성 격
문제 해결 (Problem Solving)	업무에 대한 종합적인 기획을 할 때, 회의를 통해 견해의 차이를 없애고 각 분야의 전문지식, 기술 및 연구 성과를 통합해서 미래 전략 구축과 구체적인 실행 계획을 세울 수 있다. 예 전략회의, 생산회의, 임원회의 등
자문 (Consulting)	업무의 범위가 넓거나 권한을 가진 사람이 일방적으로 결정하기에는 그 의사결정의 영향이 클 때, 회의를 통해 전문가와 직접 이해관계가 되는 사람들의 자문을 얻어 결정에 이를 수 있다. 예 공청회, 협의회 등
의사소통 (Communication)	조직의 목표 달성을 위한 협력의 전제는 부서 간, 직위 간의 원활한 의사소통이다. 회의를 통해 저마다 다른 직무의 활동과 방침을 알리고, 각자의 역할을 이해하도록 도우며, 전체 그림을 볼 수 있는 소통의 기능이 있다.
교육훈련 (Education & Training)	회의는 사람들로 하여금 생각하게 하고, 다른 사람의 경험을 자신의 경험으로 삼게 하는 유·무형의 교육효과를 준다. 예 연수회의, 세미나 등

(4) 회의의 조건

조 건	내 용
목적과 토의	회의 개최에 대한 명확한 이유나 근거가 있어야 하며, 어떤 견해를 서로 승인하거나 납득이 가는 결론을 내기 위해 충분한 의견의 교환이나 응답이 있어야 한다.
한 장소에의 집결	회의는 여러 사람이 한 장소에 모여 개인 간 또는 개인과 집단 간의 상호작용을 이룬다. 화상회의인 경우는 화상회의 장소에 모이는 것도 마찬가지이다. 회의 참석자들이 회의내용에 집중력을 높일 수 있도록 장소를 고심할 필요가 있다.
지식이나 경험, 의견의 교환	자기의 견해를 당당히 전개하며, 상대방의 의견은 세심한 주의를 기울여 듣는다. 납득이 안 가는 점은 설명을 구하고, 다방면의 정보를 수집하는 동시에 다각적인 토의 및 검토를 할 수 있으므로 건설적인 중지(衆智)를 모은다.
목적 달성을 위한 노력	회의는 결론이나 결정을 얻고, 그것을 실행하는 점에 그 의의가 있다.
회의 진행자(리더)의 역할	회의의 계획과 준비에 따라 효율적으로 회의를 리드하고, 소기의 목적 달성 및 최선의 결과를 도출하기 위한 리더나 사회자가 필요하다.

PART 05

(5) 회의의 종류 ★★중요

분류	종류	내용
성격별 분류	정기회의	• 회칙이나 규약에서 정한 바에 따라, 그 시기가 되면 반드시 소집해야 되는 회의로서, 그 단체의 여러 가지 문제를 처리할 수 있다.
	임시회의	• 소집권이 있는 의장(회장이나 집행위원장)이 필요하다고 인정할 때 또는 일정 수의 원칙이 원칙에 따라 정식으로 이를 요구할 때, 특정의 의안만을 심의하기 위해 소집하는 회의이다.
참석자별 분류	총회	• 최고의 의결기관으로서 소규모의 단체에서는 의장단과 의원들로 이루어지며, 대규모의 단체에서는 의장단과 대의원으로 구성된다. • 임원선거나 전년도 결산의 승인, 금년도 예산의 결정이나 원칙의 변경 등 모든 중요한 사항을 처리한다. • 총회는 회칙에 의한 '정기총회'나 긴급한 문제를 처리할 때 소집되는 '임시총회'가 있다.
	임원회의 (중역회의)	• 회장이 소집하여 임원 전부가 참석하는 회의이다.
	위원회	• 총회 밑에 속하는 전문기관으로서, 어떠한 특정 문제를 조사 또는 심의하기 위하여 의원 가운데에서 적임자를 선임하여 구성된 기관이다. • 위원장이 소집하고 소속위원이 참석하는 회의이다.
	부장·팀장 회의	• 중간 관리자급에서 부서 간의 협력 증대 및 회사의 사업계획을 실행에 옮기기 위한 구체화 작업이 이루어지는 회의이다. • 일반적으로 특정 요일에 정기적으로 열린다.
	기타회의	• 조례(朝禮)나 월요 회의처럼 하루 혹은 일주일을 시작하면서 모든 직원을 대상으로 통지한다. • 훈시 목적으로 열리는 회의, 불시에 생긴 업무에 대한 해결방안을 도출하기 위한 긴급회의 등 다양한 형태의 회의가 있다.

(6) 회의의 형태

형태	내용
정보전달회의	대부분의 참석자가 지니고 있지 않은 정보나 지식을 전문적으로 알고 있는 인물이 일방적으로 전달하는 회의방식으로 '설명회'라고도 한다.
토의회의	참석자가 지니고 있는 지식과 경험을 토대로 서로의 의사가 교환되는 회의방식이다.
문제해결회의 (원탁회의)	문제를 해결하기 위해 참석자 전원이 어떤 격식이나 상하관계를 떠나서, 모두가 똑같은 동등한 입장에서 탁자에 둘러 앉아 동의하고, 전원이 납득할 수 있는 결론을 찾아내는 회의방식이다.
조정회의	전원에 의한 납득이 얻어질 수 없는 특별한 경우, 서로 이해가 엇갈리는 상반된 두 개의 그룹으로 나누어 자신의 주장을 내세우면서 상대방과 타협이 가능한 최소한의 선을 발견하여 서로 양보하여 해결점을 찾아내는 회의방식이다.
훈련회의	이미 결정이 내려져 있는 문제에 대한 내용을 납득하고 문제를 해결하기 위해 절차나 방법을 실행으로 옮겨 훈련을 통해 개선의 단계로 이끄는 회의방식이다.

(7) 회의의 구성원

조직에서의 회의는 매우 빈번하게 이루어지지만, 이러한 회의가 매번 성공적으로 이루어지는 것은 아니다. 회의가 성공적으로 이루어지기 위해서는 회의 구성원들 개개인이 회의의 필요성을 깨닫고, 회의 전 충분한 사전준비를 한 상태에서 임하여야 한다.

① 회의의 지도자(리더, 사회자, 의장 등)
② 회원(참석자, 의원)
③ 관찰자, 방청석
④ 강사(조언자) 또는 기록원(서기)

(8) 회의록 작성

회의록이란 회의의 진행 과정이나 내용, 결과 따위를 적은 기록이다. 이러한 회의록에는 회의결과를 통해 도출된 주요 결정사항과 진행사항이 잘 정리되어야 하며, 관련 부서에 전달하거나 상부에 보고할 수 있도록 체계적인 작성과 관리가 필요하다.

① 회의록 작성요령

회의록은 해당 회의에 대한 정식 증거가 되므로, 다음 사항들을 꼼꼼히 기록해야 한다.

> • 단체의 이름과 회의의 종류
> • 회의 일시와 장소
> • 회의에 참석한 회원의 범위와 수
> • 개회 시각과 폐회 시각
> • 의사일정
> • 제안자와 제안설명 내용
> • 질문자와 질문내용 및 답변자와 답변내용
> • 토론 참가자와 토론내용
> • 결정된 안건과 그 내용
> • 표결 처리한 결과
> • 회의 지도자, 임원 및 서기의 서명
> • 기타 필요한 사항

② 기록상 유의점

㉠ 회의록에는 중요한 내용은 모두 적어야 하지만, 간단하고 정확하게 써야 한다.
㉡ 회의록에는 반드시 끝에 의장과 회의 지도자의 서명날인을 해야 한다.
㉢ 동의, 개의, 재개의 등은 그 내용을 구분하여 적고, 표결 결과도 기입해야 한다.

2 회의의 원칙 ★★중요

회의가 능률적으로 그 목적을 달성하기 위해서는 회의진행상 기본이 되는 원칙이 있다.

회의공개의 원칙	• 민주주의 원칙에 따라 회의는 공개된 가운데 행해져야 한다. • 회의의 질서유지를 위하여 방청의 자유를 제한할 수 있다. • 회의는 공개를 원칙으로 하지만, 긴급의결이 있거나 징계 등의 사유인 경우에 비공개 회의를 진행할 수 있다.
정족수의 원칙	• 회의에 있어 의제를 심의하고 의결하기 위해서는 일정한 수의 참석자가 필요하다는 원칙이다. 이때, 참석자 수를 '정족수'라고 한다. • 회의를 할 수 있는 정족수를 '의사정족수'라 하고, 표결을 할 수 있는 정족수를 '의결정족수'라고 한다.
일의제(一議題)의 원칙	• 회의에서는 언제나 한 번에 한 의제만을 차례차례로 다루어 나가야 한다는 원칙이다. • 단, 수정동의는 원안과 같이 토의하게 되고, 같은 종류 또는 원안관련 의안이거나 제안자가 같을 때는 몇 가지 의안을 같이 심의할 수 있다. 그러나 표결을 할 때에는 따로 하나씩 해야 한다.
발언자유의 원칙	• 회의를 진행함에 있어 발언은 자유로이 행사되어야 한다는 원칙이다. • 언론의 자유는 헌법에 보장하는 기본적인 인권에 속한다. 따라서 모든 회의에 있어서 발언의 자유가 보장되어야 함은 상식에 속하는 문제이다. • 이것을 악용 또는 남용해서 의사의 진행을 방해하는 행위가 있어서는 안 된다.
비폭력의 원칙	• 폭력은 어떠한 경우에도 배제되어야 한다는 원칙이다. • 이성을 잃은 행동은 회의를 망치게 된다. 따라서 폭력으로 어떠한 의안이 채택되거나 또는 부결될 수 없다. • 폭력은 자기 부정적 행위이며, 집단윤리의 파괴를 의미한다.
참석자평등의 원칙	• 남녀노소 빈부귀천을 가리지 않고, 일단 그 집단의 일원인 이상 누구나 평등하며, 아무런 차별도 있을 수 없다는 것이 참석자평등의 원칙이다.
다수결의 원칙	• 표결에 의하여 문제의 가부를 결정하는 데는 과반수의 찬성이나 혹은 다수의 찬성으로 가결함이 원칙이다. • 다수결의 원칙을 '과반수의 원칙'이라고도 한다.
소수존중의 원칙	• 다수결의 원칙은 소수의 의견을 존중한다는 정신이 선행되어야 비로소 힘을 발휘할 수 있다. • 소수의 의견일지라도 아량을 가지고 받아들여 주는 양식을 각 회원이 간직함으로써 민주적인 회의를 원만히 진행시킬 수 있다.
일사부재의 (一事不再議)의 원칙	• 회의에서 일단 가결 또는 부결된 의안은 같은 회의에 다시 제출할 수 없다는 원칙이다. • 일단 의결이 끝나면 같은 회기에서는 그 문제를 다시 토의할 수 없다. 결정된 문제를 다시 토론하게 되면 한 가지 문제 결정에 많은 시일을 보내게 된다.

3 회의진행의 일반적 순서

(1) 개회

① 참석자 수 확인 : 개회시간이 되면 서기나 총무는 참석자 수를 진행자에게 보고한다.
② 개회 선언 : "지금부터 ○○회의를 시작하겠습니다."

(2) 국민의례

① 의식 순서는 국기에 대한 경례, 애국가 제창, 필요에 따라 묵념 순으로 진행한다.
② 의식의 진행은 사회자가 담당할 수도 있다.
③ 회의 진행자는 참가자들과 그들의 일에 대해 알리고 인사를 한다.

(3) 보고사항

업무보고	전 회의와 이번 회의 사이에 접수된 모든 서류나 통신 등 회원에 알릴 필요가 있거나 승인받아야 할 일이 있을 때까지며, 보고는 업무 책임자가 한다.
회계보고	재정에 관한 보고이며, 재정 보고서는 회의의 승인을 받아서 보관해두거나 감사에게 회부한다. 이때, 재정 보고는 회계가 한다.
각 부서별 보고	각 부서의 장은 부서에 위임되어 처리된 사항이나 부서에서 의결된 사항을 보고한다. 각 부서장은 보고 내용에서 자신의 개인적인 의견을 곁들여 말해서는 안 된다.

(4) 회의 안건보고 및 채택

① 회의에서 처리할 안건을 보고하거나 새 안건을 채택하는 순서이다.
② 회의의 가장 중요한 부분으로 처리과정은 아래와 같다.

> ㉠ 발언권 요청
> ㉡ 동의(動議) 제안(원동의)
> ㉢ 동의지지(재청)
> ㉣ 동의성립 선언(안건의 상정) : 안건으로 확정하여 토론에 들어간다.
> ㉤ 제안 설명 : 동의를 제출한 사람으로 하여금 안건에 대한 자세한 설명을 하게 한다.
> ㉥ 질 의
> ㉦ 토론 : 안건에 대해 반대 측에 발언권을 먼저 주고, 찬성 측에 다음 발언권을 준다.
> ㉧ 토론 종결
> ㉨ 표결에 붙이기 : 표결 방법에는 거수, 기립, 투표, 발성, 박수 등이 있다. 표결의 순서는 찬성, 반대, 기권 순으로 한다. 회의 진행자는 표결 결과를 발표한다.

(5) **기타토의** : 기타 토의할 건에 대한 토의를 진행한다.

(6) **공지사항** : 회의 후 일정이나 특별 사항에 대하여 공지한다.

(7) 폐회 : 일정이 모두 끝났을 때나 회의시간이 다 되었을 때, 참석자들로부터 회의시간을 연장하자는 동의가 없는 한 회의의 장이 폐회 동의와 재청을 받아 폐회를 선언한다.

Tip ▶ 회의진행법 예시

1. 개 회
- 리더 : "조용히 해 주시고 자리를 정돈하여 주십시오. 곧 회의를 시작하겠습니다."
    (총무가 회의에 참석한 인원을 점검한다)
- 총무 : "총인원 20명 중 12명이 참석하여 성원이 되었습니다."
- 리더 : "지금부터 20○○년도 ○월 정기월례회를 시작하겠습니다."

2. 국민의례
- 총무 : "다음은 국민의례가 있겠습니다. 모두 자리에서 일어나 국기를 향해 서 주시기 바랍니다. 국기에 대하여 경례! 바로."
- 총무 : "○○○ 사원의 선창에 따라 우리 회사의 사명을 외치겠습니다."(후) "모두 자리에 앉아 주시기 바랍니다."

3. 회의의 인사
- 총무 : "다음은 사장님께서 인사 말씀을 하시겠습니다."

4. 전월활동 사항 보고
- 총무 : "전월 사업보고를 하겠습니다."(전월 사업보고를 한다)
- 리더 : "의문사항이나 잘못된 점이 있으면 말씀하여 주시고, 이의 없으면 승인하여 주시기 바랍니다."
    (동의와 재청으로 통과함)
- 총무 : "다음은 회계보고 순서입니다."(총무 또는 재무가 회계보고를 한다)
- 리더 : "의문사항이나 잘못된 점은 말씀하여 주시고, 이의가 없으면 승인하여 주시기 바랍니다."
    (동의와 재청으로 통과함) "이의가 없으므로 다음으로 넘어가겠습니다."

5. 협의사항 토의
- 리더 : "다음은 협의사항 토의에 들어가겠습니다. 월례회 통지문에 알려드린 안건을 참조하시고, 더 다루어야 할 안건이 있으면 추가해 주십시오."
- 참석자 1 : "이의가 없으므로 원안대로 채택할 것에 동의합니다."
- 리더 : "참석자 1께서 원안대로 채택할 것에 동의하셨습니다. 재청 있습니까?"
- 참석자 2 : "재청합니다."
- 의장 : 상정된 안건이 모두 다루어졌으므로, 협의사항 토의는 이것으로 모두 마치겠습니다."

6. 기타사항
- 리더 : "다음은 기타사항 순서입니다. 회원들께서 기타 토의할 사항이 있으면 말씀하여 주십시오."
    (기타사항에 대한 의견을 나눈다)

7. 공지사항
- 리더 : "다음은 공지사항입니다. 총무님께서는 공지사항을 말씀하여 주시기 바랍니다."

4 회의진행과 리더의 역할

(1) 역할의 이해

① 회의에서 리더(주최자)의 기본적 임무는 참석자들의 가장 좋은 분위기 속에서 서로의 의견을 적극적으로 소통하여, 가장 명료하고 구체성 있는 결론에 도달할 수 있도록 이끄는 것이다.

② 조정자의 역할로서, 발언권은 여러 사람에게 골고루 주어야 한다.

③ 남의 의견을 사회자의 주관대로 고쳐서 설명하거나 사회자의 발언 비중이 커져서는 안 된다.

④ 어떤 내용의 발언을 하더라도 무안을 주지 않게 기술적으로 재치 있게 처리하고, 화를 내거나 강제로 중단시켜서는 안 된다.

(2) 회의준비

① 회의주제와 참석자를 선정해서 통지한다.

② 회의주제를 사전에 분석하여 토의 범위를 확정하고, 토의 지도를 위한 자료를 작성한다.

③ 회의장을 준비하여 물적인 설비를 갖추고 필요한 준비물을 마련한다.

④ 참석자들로 하여금 집단의식을 갖도록 책임감을 높여 준다.

(3) 리더가 지녀야 할 기본적 태도와 주의사항 ★★🔊

① 리더는 회의 진행에 관한 지식이 풍부해야 하며, 예의와 절차에 밝아야 한다.

② 리더는 회의 참석자에 대한 대우를 공정하게 하고, 위엄 있는 태도로 임해야 한다.

③ 리더는 참석자의 생각을 지배하거나 편파적으로 진행해서는 안 된다. 또한, 자신의 능력을 과시하는 행동을 하는 일이 없도록 한다.

④ 리더는 회의를 정시에 시작할 수 있어야 하고, 회의 진행 시 설명을 간단명료하게 할 수 있어야 한다.

⑤ 리더는 각종 선언을 할 때에는 일어서야 한다.

(4) 리더의 임무 ★★🔊

① 리더는 회의 안건의 범위를 조절할 수 있어야 하고, 회의가 안건의 범위를 벗어나지 못하도록 해야 한다.

② 리더는 기본적으로 발언권을 주는 순서를 정할 수 있어야 한다.

> • 안건의 제출자에게 제안 설명을 시키기 위하여 발언권 부여
> • 한 번도 발언하지 않았던 참석자에게 우선적으로 발언권 부여
> • 바로 전에 발언한 내용과 반대되는 의견을 가진 참석자에게 발언권 부여 등

③ 리더는 선포 내용을 분명히 하여야 한다.

(5) 리더의 직권 ★★🔊

① 불법 및 부당한 제안을 거절하는 권한
② 발언중지 명령을 할 수 있는 권한
③ 퇴장을 명령할 수 있는 권한
④ 토론 종료를 선언할 수 있는 권한
⑤ 회의장이 매우 혼란에 빠졌을 때, 폐회선언을 할 수 있는 권한
⑥ 가부동수일 경우의 결정권
⑦ 회의 중 휴식, 휴회 선언의 권한

5 회의참석자의 역할

(1) 참석자가 갖추어야 할 요건 ★★🔊

① 회의참석자는 회의의 목적과 이념을 이해하고, 회의규칙과 회의진행법을 알아야 한다.

② 참석자들은 자기의 발언에 대해 책임을 져야 하며, 안건에 대해서 명확한 판단과 분명한 태도를 취하여야 한다. 따라서 회의에서 논의될 안건에 대하여 미리 조사·연구하는 것이 좋다.

③ 남의 의견을 부정해서 자기의 의견을 정당화하려는 태도보다, 더 좋은 의견을 제시하려는 태도를 가져야 한다.

④ 의견을 발표할 때에는 예의에 어긋나지 않게 하며 요령 있게 발표한다. 또한, 자기 의견의 잘못이나 부족함이 지적당하게 되더라도, 상대방을 이해하고 수용할 수 있는 여유가 필요하다.

⑤ 회의 시작과 회의 도중에는 시간을 엄수하도록 한다. 또한, 부득이한 경우를 제외하고는 회의 도중 자리를 비우지 않도록 하는 것이 예의이며, 회의와 관계없는 물품은 되도록 휴대하지 않는다.

(2) 참석자의 발언 요령 ★★중요

① 발언할 때 주의할 점

㉠ 참석자가 발언하고자 할 때에는 회의진행 리더로부터 허가를 받아야 하며, 다른 사람이 발언중일 때에는 발언해서는 안 된다.

㉡ 발언할 기회를 독점해서는 안 되며, 너무 긴 시간 또는 자주 발언하지 않는다.

㉢ 자기와 다른 생각이나 행동에 대하여 너그럽게 이해하고 개인의 비밀 사항은 간섭하지 않아야 한다.

㉣ 다른 사람이 발표하기 때문에 자기도 무엇인가 발표해야겠다는 경쟁심과 의무감 때문에 배타적이고 독선적인 의견을 제시해서는 안 된다.

㉤ 참석자는 자기 의견에 신념을 가지고 발언해야 하나, 반대 입장도 충분히 이해하는 아량이 있어야 한다. 반대 발언하는 참석자나 이를 듣는 참석자는 서로 감정을 억제하면서 감정적인 말을 쓰지 않도록 주의해야 한다.

② 의견을 발표할 때의 요령

㉠ 전원이 모두 들을 수 있도록 의견을 진술한다. 질문을 받으면 질문에 적합한 대답만을 한다. 반대를 위한 반대를 하거나, 한 사람만을 위한 발언을 하는 것은 지양해야 한다.

㉡ 발언을 함에 있어서 결론부터 말하고, 그 이유를 설명해 나가는 방법이 효과적이다. 즉, "나는 지금 제안에 반대합니다. 이유는 첫째로 …때문이고, 둘째로는 …때문이며, 셋째로는 …한 까닭입니다."와 같이 발언하는 것이 좋다.

㉢ 참석한 참가자 전체에 대해서 발언을 하는 것이지만, 발언을 할 때는 회의진행 리더를 향해서 발언해야 하며, 감정에 좌우되지 말아야 한다.

㉣ 다른 참석자의 발언 내용에 유의하면서 요점을 잘 파악하며 들어야 한다. 메모를 하면서 다른 참석자의 의견을 들으면 그 내용을 파악하기 쉽고, 본인이 발언할 때도 실수 없이 말할 수 있다.

PART 05

6 토론회의

(1) 토론의 목적과 성격

① 토론의 목적

㉠ 참석자의 지식, 기능, 태도 등을 기르기 위한 인지적인 목적

㉡ 토론과정의 경험 그 자체에서 생겨나는 동기유발과 개인적인 만족을 기르기 위한 정의적 목적

② 토론의 성격

㉠ 토론은 상호 작용의 형태를 지닌다.

㉡ 토론에서 참석자의 역할은 상황에 따라 다양하게 나타난다.

㉢ 집단크기와 구성원들의 특성에 따라 토론의 성격이 좌우된다.

㉣ 토론 집단의 물리적 조건들이 정비되어야 한다.

(2) 토론회의의 유형 ★★🔵

① 열린토의(자유토의)

유 형	내 용
브레인스토밍 (Brainstorming)	• 여러 사람이 개개인의 아이디어와 의견을 내어놓고, 그 자극 작용에 의해 보다 나은 아이디어나 결론을 이끌어 내는 회의이다. • 개인적으로 한계가 있는 아이디어를 집단의 집중적 토론에 의해 한 단계 높은 사고로 발전시키려는 목적으로 사용한다. • 발표하는 모습을 옥수수 튀기는 모습에 비유해 일명 Popcorn 회의라고도 한다.
버즈(Buzz)토론	• 3~6명으로 구성되는 소집단 토론 방식으로, 한 주제에 대하여 6명씩으로 구성된 각 그룹이 6분가량 토론한다는 뜻으로 '6·6법'이라고 한다. • 회의 분위기가 침체되었을 때나 주제가 너무 단조로운 경우, 또는 인원이 너무 많을 경우 소집단으로 나누어 토론하는 방법이다. • 토의과정이 벌집을 쑤셔놓은 것처럼 소란스러워 Buzz라는 이름이 붙었고, 우리말로는 '와글와글 토론'이라고도 한다.
워크숍 (Workshop)	• 큰 집단의 참여도를 높이기 위하여 몇 개의 소집단으로 나누어 소집단마다 진행자를 정해 주어진 의제에 대한 토론을 하게 하여 결론을 내는 방식이다.

② 덜열린토의(반통제된 토의)

유 형	내 용
원탁토론 (Round Table Discussion)	• 토의의 가장 기본적인 형태로서, 참가인원은 보통 5~10명 정도로 소규모 집단 구성, 참가자 전원이 서로 대등한 관계 속에서 정해진 주제에 대해 자유롭게 서로의 의견을 교환하는 좌담형식이다. • 충분한 경험을 지닌 사회자와 기록자, 그리고 전문 지식을 지닌 청중들 또는 관찰자와 함께 대화하는 비형식적 집단의 성격을 띠며, 참가자 모두가 발언할 수 있도록 기회를 제공하고 분위기를 조성한다.
공개토론 (Forum)	• 고대 로마시대에 재판이나 공공 문제에 대하여 공개토론을 했던 광장의 의미에서 유래한다. • 서로 상충되는 입장에서 논의가 시작되며, 청중과 토론자의 질의·응답을 통하여 현안 문제에 대한 인식을 넓히고 해결책을 모색하는 데 의의를 둔다. • 1~3인 정도의 전문가나 자원인사가 10~20분간 공개적인 연설을 한 다음, 이를 중심으로 청중과 질의·응답하는 방식으로 진행한다.
자유토의 (Free Discussion)	• 자유로운 분위기에서 토론 참여자가 각자의 의견을 자유로이 발표하고, 상대의 발표 또한 제한된 시각이 아닌, 열린 시각으로 받아들이며 진행하는 토의이다.

③ 닫힌토의(통제된 토의)

유 형	내 용
배심토론 (Panel Discussion)	• 어느 특정 주제에 대해 상반된 견해를 대표하는 몇몇 사람들이 사회자의 진행에 따라 토의하는 형태이며 4~6명의 배심원(패널)과 청중, 그리고 사회자로 구성되는데, 배심원은 반드시 관련주제의 전문가일 필요는 없다. • 배심토론은 찬반의 명백한 규명보다는 서로 다른 의견을 수렴·조정하는 수단으로 많이 사용한다.
단상토론 (Symposium)	• 심포지엄이란 고대 그리스, 로마에서 비롯된 담화 또는 좌담형식의 토론으로서, 어떤 주제에 대해 학문적으로 이야기를 나누는 교양인의 모임이라는 뜻이다. • 토론주제에 대해 권위 있는 전문가 몇 명이 각기 다른 의견을 공식 발표한 후, 이를 중심으로 회의의 리더나 사회자가 토론을 진행시키는 방법이다. • 가장 큰 특징은 참가한 전문가와 사회자, 청중 모두가 특정 주제에 관한 전문적인 지식이나 정보, 경험 등을 공유하고 있다는 점이며, 한 주제를 다양한 측면에서 깊이 있게 다룰 수 있다.

(3) 토론의 사전준비

① 사전 준비

목적 설정	• 토론을 통해 얻고자 하는 목적을 분명하고도 구체적으로 설정한다. • 목적 지향적인 토론이 될 수 있도록 준비해야 한다.
토론방식의 선택	• 토론 주제에 적합한 방식을 선택하여야 한다. • 토론의 목적과 대상 집단의 수준을 고려하여 결정한다.
기타 사전준비	• 참여자들에게 토론 시간과 장소 등을 알려준다. • 필요한 토론 사항들을 잘 정리해 둔다. • 사전 토론에서 얻어진 결과를 토론 절차에 넣는다. • 관찰해야 할 것을 기본 규칙으로 세워놓는다.

② 시간계획

㉠ 대상 집단구성원들이 충분히 토론할 수 있도록 시간을 배려해야 한다.

㉡ 토의에 참가하고 싶은 동기가 유발될 수 있고, 주제에 대한 흥미를 느낄 수 있도록 넉넉한 시간계획을 마련해야 한다.

③ 자료준비
    ㉠ 토론주제와 관련된 인쇄물과 특정 프로그램이나 게임 등을 사전에 점검해야 한다.
    ㉡ 토의의 흐름을 나타내는 상황 차트 등도 작성해 두는 것이 필요하다.

④ 집단 크기의 규정
    토론의 질은 집단 크기에 많은 영향을 받기 때문에 토론 주제와 방식에 비추어서 집단 크기를 결정해야 한다.

⑤ 상황배치
    ㉠ 친밀감을 느낄 정도의 방의 크기와 분위기가 요구된다.
    ㉡ 모두가 다른 사람의 얼굴을 볼 수 있도록 좌석을 배치한다.
    ㉢ 의자는 안락해야 하며, 원형이나 편자 형태로 놓는다.

⑥ 어려운 상황에 대한 통제
    ㉠ 너무 말을 많이 해서 토론시간을 독점하는 사람과 적극적으로 참여하지 않는 사람, 그리고 갈등하는 사람들이 있을 경우에 적절히 통제하고 관리해야 한다.
    ㉡ 질문의 형태나 수준에 관계없이 긍정적으로 받아들이고 신중하게 반응해야 한다.
    ㉢ 엉뚱하다고 생각되는 의견도 소홀히 취급하지 말아야 한다.
    ㉣ 밝고 열기 띤 토의 분위기를 조성해야 한다.

(4) 토론의 절차

주제 설정	주제와 관련된 다양한 요소를 고려하여, 의문형 형식의 문장으로 구성한 후, 부가질문과 후속 질문들을 파악한다.
주제 및 토론방법 제시	주최측은 토의의 주목적과 내용, 토론의 규칙 및 방법에 관하여 구체적으로 제시한다.
주제에 대한 검토	교수자는 참가자들이 토론주제에 대한 질문에 집중하도록 도와주어야 하며, '이 문제에 대해 아는 것은 무엇인가?', '이 문제는 우리에게 어떤 의미가 있는가?'를 검토한다.
주제에 대한 의사교환	주최측, 진행자 공동의 의사교환으로서, 토론의 모범을 제시하면서 토론을 유지시켜야 한다. 성급하게 토론주제에 대하여 답하기보다는 참가자들의 자발적인 참여를 기다려야 한다.

(5) 토론 진행자와 참가자의 책임과 역할

구 분		내 용
주최측, 진행자 (토의지도자)	책 임	• 제반여건을 정비한다. • 토의의 목표와 절차를 설명한다. • 토의를 시작하게 하고 흐름을 유지한다. • 어려운 상황을 다룬다. • 토의를 요약하거나 어떤 사람이 요약하도록 권한다.
	역 할	• 시작 : 주제를 간결하고 자연스럽게 제시하고, 토의 내용과 목적을 분명히 한다. • 과정 : 잘못된 사실이나 판단을 지적하고, 시간을 적절히 분배하며, 목적을 상기시킨다. • 마무리 : 참가자의 아이디어를 모두 연결하여 결론도출 및 일반화한다.
토론 참가자	책임과 역할	• 공동의 이익을 고려한다. • 집단의 책임을 나누어져야 함을 전제한다. • 말하기 전에 너무 오래 생각하지 않는다. • 객관적으로 발언한다. • 주의 깊게 듣고 이해한다.

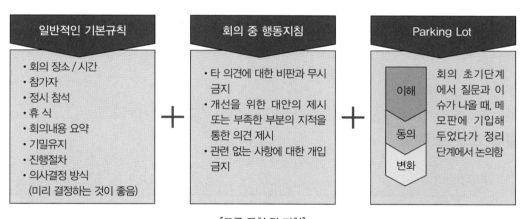

[토론 규칙 및 지침]

1 회의운영 실무

① 기획과 계획 : 기획과 계획은 통상 혼용되어 사용되고 있다. 회의 실무는 회의 진행을 기획하여 실제 회의장에서 진행되기까지 일정한 계획에 맞추어 프로세스화된다.

기획(Planning)	가능한 복수의 대안 중에서 단일 대안을 선택해 가는 연속적인 활동과정이다.
계획(Plan)	기획의 결과로 나타난 최종산물(Output)을 말한다.

② 회의 성격에 따라 실천 사항을 기획하고 진행사항을 계획하여, 회의에 필요한 준비사항을 실무에 활용할 수 있는 체크리스트를 작성한다.

③ 회의 당일 초청자가 있는 경우는 미리 초청자를 섭외하고 연락하며, 회의 당일 참석하도록 안내한다.

④ 회의 순서에 맞게 사회자나 진행자의 배치를 미리하고, 회의 진행에 있어 각자가 맡은 임무를 숙지하도록 하며, 필요한 물품은 미리미리 준비하여 진행에 차질이 없도록 순서에 맞게 제공되어야 한다.

⑤ 회의 진행에 있어 참여자의 맞이에서부터 회의 서류와 필기도구 등의 구비, 참가자의 자리 배정 (상석의 위치), 진행에 있어서의 필요한 각종 도구(프레젠테이션 환경 등), 음료의 준비 및 배웅까지 세밀하게 미리 준비하고 실무에 적용하도록 한다.

2 회의 준비사항

(1) 회의장 준비

장소선정	• 회의에 출석할 대략의 인원수, 회의의 목적, 종류, 내용, 격식, 시간 등을 고려하여 내부에서 할 것인지 외부에서 할 것인지를 결정한다. • 회의실 기자재의 사용 여부, 참석자의 교통편 등을 고려하여 장소를 선정한다.
좌석배치	• 회의의 형식과 내용을 잘 이해하여 회의가 가장 능률적으로 진행될 수 있도록 좌석을 배치한다. • 일반적으로 의장의 좌석은 의사 진행을 하기 좋은 중앙에 배치하고, 내빈과 주최측 대표는 될 수 있는 대로 상석에 배치하며, 주최측의 회의운영 관련자는 입구에 가까운 곳에 배치한다.

회의종류별 좌석배치

좌석배치는 많은 경험과 지식이 있는 전문가들에게도 매우 힘든 분야이다. 좌석배치의 혼란은 영접기준 등 의전예우 문제까지 직결되는 매우 중요한 부분이다. 회의기획에서부터 의전문제가 소홀하게 되면 타이밍을 놓치게 되어 바로잡기 힘들다.

1. 일반회의 시

① 일반형(Conventional)

연사 또는 주빈석 쪽을 향해 정면으로 좌석을 배열하는 방법이다. 발표자를 중심으로 참가자의 좌석을 배치하기 때문에 주의를 집중시킬 수 있는 장점이 있으며, 정숙한 분위기를 연출해 준다.

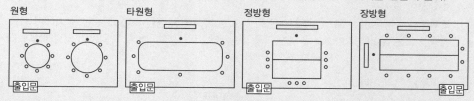

② 반원형(Semicircular with Center Aisle) 및 반원날개형(Semicircular with Center Block and Curved Wings)

의회의 회의장에 적합한 형태로서 강연자 및 강연내용에 집중할 수 있는 분위기를 조성해주는 회의장 배열이다. 반원형은 공간을 충분히 활용할 수 없는 단점이 있어 변형된 형태의 반원날개형을 사용하는데, 이는 한국의 국회의사당의 형태와 흡사하며, 중앙을 중심으로 반원형으로 펼쳐져 있어서 참가자들이 연사의 강연내용에 집중할 수 있다.

③ V자형

V자형은 중앙통로를 중심으로 30°각도로 V자형으로 테이블을 배치하는 형태인데, 2차 대전 당시 승리 "V"를 상징하는 의미에서 많이 사용했으나, 지금은 거의 사용하지 않고 있다.

④ T자형

참석자가 많지 않고 모두 초청인사이며, 주빈석에도 다수 인원이 착석해야 할 경우에 주로 활용되는 배열이다. T자형으로 좌석을 배치하면 주빈석을 구분시킬 수 있다는 장점이 있으며, 넓은 공간을 효율적으로 이용할 수 있다.

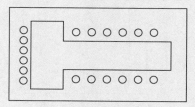

⑤ 이사회형(Board of Directors)

20명 내외의 소수가 참석하는 회의에 적합한 형태로서, 좌석 간의 간격은 24인치로 배치하는 것이 적당하다.

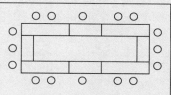

⑥ 교실형(Schoolroom / Classroom)

교실형은 보편적인 형태의 회의장 배치로서 학술세미나 등에 적합하다. 회의실 중앙통로를 중심으로 양옆에 테이블 2~3개를 붙여 정면의 주빈석과 마주보게 배열하고, 테이블당 좌석을 3개로 배치한다. 장시간의 강의청취와 노트필기에 적합한 배치 형태이다.

⑦ 원탁(Round Table)

원탁은 사회자와 토론자가 동등한 입장에서 회의를 진행할 수 있는 분위기를 조성해 준다. 원탁 즉, 원형은 그 자리에서 그룹토의를 진행할 수 있고 오찬, 만찬 등의 행사에도 쓸 수 있다.

2. 국제회의 시

국제행사에 참석하는 대표 간의 서열은 각 대표 간에 특별히 정한 바가 없는 한, 행사에서 사용되는 주 공용어 또는 영어의 알파벳순에 의한 각국의 순서에 따라 결정하는 것이 일반적인 관례이다. 국제행사에서의 좌석배열을 몇 가지 예시하면 아래와 같다.

① 2개국 간의 회의

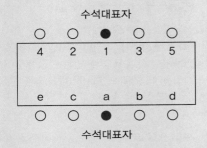

② 다수 국가 간 회의

의장석이나 대표석은 전면에 별도로 만들고, 기타 참가대표석은 참가국의 알파벳 순 등으로 하되, U자형의 순으로 배치한다.

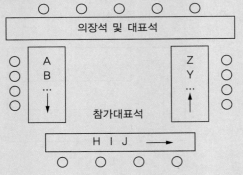

3. 기타 배치

극장식 배치 : 가장 많은 인원을 배치할 수 있는 장점과 중앙 무대를 중심에 두고 둥글게 둘러싸는 좌석 배치로, 참가자 전원이 무대에 집중할 수 있으며 참가자 상호간에 마주할 수 있어 소통이 자유로운 배치형태이다.

(2) 외부연사 초대

① 미리 연락을 취해 일정을 확인하고, 회의진행자는 연사를 소개할 때 필요한 이력, 약력 사항을 미리 알아둔다. 단, 이력이 많을 경우는 연사에게 직접 확인하여 요약한다.

② 연사에게 필요한 기자재를 미리 알려 달라고 요청하고, 회의 및 행사 당일에 배포할 자료가 있다면 미리 받아 참석자 인원수대로 복사하여 나눠줄 수 있도록 한다.

③ 외부 연사에게 아래와 같은 사항들은 미리 연락을 취해 알려주어야 한다.

　ㄱ 회의날짜와 시각, 장소

　ㄴ 회의의 목적과 성격

　ㄷ 참석자의 수와 연령층, 남녀비율, 직급 분포, 참석자의 배경 등 청중의 정보

　ㄹ 좌석의 배치상태, 사용가능한 기자재, 대기실 및 휴게실 등의 정보

　ㅁ 교통편이나 그 밖의 편의 제공 여부 등

④ 외부연사 초청을 자주하는 경우는 연사초청의뢰서 및 강의의뢰서 등의 양식을 개발해서 쓰도록 하고, 강연료 관련 사항은 강사와 지불방법에 대해 미리 의논한다. 또한, 강연료 및 강의료 지급과 관련된 영수증 양식을 외부 연사가 작성해야 할 경우는 정중하게 요청하도록 한다.

⑤ 외부연사에게 1~2일 후, 상사의 서명날인된 감사편지를 보내거나 이메일을 발송한다.

(3) 회의의 통지 – 통지서의 발송

① 회의 소집 통지서는 적어도 10일 전에 상대방에게 도착하도록 하는 것이 예의이며, 혹시 급히 개최되는 회의라면 이메일이나 팩스로라도 미리 연락한다.

② 소규모의 사내 회의는 전화나 인트라넷 또는 이메일로 알리도록 한다.

③ 회의통지는 간단하고 명확하게 작성하고, 필요사항을 빠뜨리지 않도록 주의한다.

④ 기본적인 회의통지 사항은 회의명, 의제, 회의일시, 회의장소, 참석여부와 회신마감일, 담당자연락처, 진행순서 및 프로그램, 기타사항 등이다.

(4) 참석자의 확인

① 참석자 명부를 미리 작성해 두고 회신이 올 때마다 표시한다.

② 회의준비를 위해 정확한 참석자수를 파악해야 한다면 전화로 참석여부를 확인한다.

③ 참석이 확인된 사람부터 명찰을 준비한다. 필요한 경우 명패 또한 준비한다.

명찰	• 명찰에 기재되는 이름, 직위, 소속 등 인적사항에 오류가 없도록 정확히 기재해야 하며, 라벨 프로그램을 이용하면 편리하게 제작할 수 있다. • 명찰은 투명 플라스틱이나 비닐로 제작된 커버의 속지 내용을 바꾸어 비품을 재활용할 수 있도록 한다.
명패	• 참석자들의 좌석을 미리 정해 놓을 경우에는 탁자 위에 명패를 비치한다. 특히, 참석자끼리 서로 이름을 모르는 경우는 명패 비치가 좋다. • 투명 플라스틱으로 제작하여 회의 때마다 참가자의 인적사항을 교체하여 사용하는 것이 편리하다.

(5) 회의 자료와 비품 준비

① 자료의 준비

    ㉠ 사전에 고려할 사안이나 자료를 미리 배부할 필요가 있는 경우에는 자료를 첨부한 후 '출석 전에 반드시 읽어 주십시오.'라는 글을 써서 통지서에 동봉한다.

    ㉡ 회의에 필요한 자료는 미리 프린트하거나 인쇄를 의뢰하여 준비하되, 항상 여분을 준비한다.

    ㉢ 자료의 종류는 본자료, 부속자료, 그 외 기타 자료로 나눈다.

본자료	회의 심의내용과 관련된 준비자료로서, 의제관련 자료로는 보고서, 조사서, 통계도표, 관계법규, 기타 정보 등이 있다.	
부속자료	본자료와 분리, 별도로 작성하거나 별첨형식으로 하는 것이 좋다. 특히, 정례적이거나 몇 번에 걸쳐 토의중일 경우는 과거회의록을 별첨해야 한다.	
그 외 자료	다음 회의에 대한 안내, 예정표, 기타 권고사항 등은 프린트하여 준비한다.	
	프로그램 리플렛	프로그램 리플렛은 회의의 전 일정을 소개하고 그 날의 행동지침을 알려준다.
	참가자 명부	참가자 명부는 성명뿐만 아니라 가능한 많은 정보가 수록될 수 있도록 하는 것이 좋으며, 최소한 국적·주소·투숙호텔은 기재하는 것이 좋다.
	발표문 초록	발표문 초록은 공용어로 전부 번역되어야 하며, 각 요약문에 발표될 분과회의장의 명칭을 기재하는 것이 좋다.
	관련행사 설명자료	사교행사, 동반자, 관광프로그램 일정, 내용 및 신청방법을 기재한다.
	관계처 전화번호	회의의 성격상 관련 있는 곳의 전화번호 주소, 교통수단, 외국어를 할 수 있는 담당자의 일람표를 작성한다.
	전시 안내서	한국어와 영어(필요에 따라 다른 외국어)로 전시기업의 소개와 전시기업의 설명을 기재하며, 전시관 내의 레이아웃도 필요에 따라 게재한다.

② 비품의 준비

    ㉠ 회의용 비품이나 기자재, 소도구류는 회의의 내용을 검토하여 빠짐없이 준비한다.

    ㉡ 회의준비부터 회의 종료까지의 모든 준비사항을 정리하여 문서화 해두면 업무를 훨씬 효율적으로 처리할 수 있다.

    ㉢ 회의 물품 체크리스트를 작성하여 세심하게 챙겨야 한다.

3 회의 당일과 개최 중, 종료 업무

구 분	내 용
당일 업무	[회의시설 점검] • 회의 전에 반드시 동선에 따라 출입문, 복도 입구, 엘리베이터 문, 엘리베이터 안, 회의실 입구 등에 안내문을 부착하여 방문객이 회의장을 쉽게 찾아오도록 하고, 기타 회의자료와 기자재를 점검한다. [접수업무] • 등록부 또는 방명록에 사인을 받으며, 가나다 순으로 정리된 참석자의 명찰을 본인에게 배부한다. • 현장 참석자를 위해 즉시 명찰을 제작, 출력할 수 있는 노트북, 프린터를 준비한다. • 참가비나 회비를 받는 경우는 영수증에 미리 직인을 날인해 둔 후, 바로 발급할 수 있도록 한다. • 식사 순서가 있는 경우는 식사 여부를 확인하여 정확한 인원을 담당자에게 통보한다. • 참석자의 인적 사항이 변경되었는지 확인한다. • 회의용 자료나 회의일정표, 기념품, 사은품 등은 미리 준비해 두고 배부한다. • 참석자들의 필요에 따라 소지품을 보관한다[호텔에서 개최하면 호텔의 휴대품보관소 (Cloakroom) 서비스를 이용한다]. • 개회 시작이 다가오면 출석 상황을 진행자에게 보고하고, 회의가 정시에 개최될 수 있도록 노력한다.
회의 중 업무	• 회의 진행의 흐름을 방해하는 요소가 발생하지 않는지 점검하고, 연사의 필요를 가능한 빨리 거들도록 하며, 회의 참가자들의 요구사항에 대응하기 위해 대기한다. • 회의장 주변에 소음이 발생하지 않도록 출입구는 하나만 사용하도록 하고, '회의중'이라는 표지판을 붙여 관련자 외 출입을 통제한다. • 회의장 밖에서 대기할 경우는 늦게 도착하는 참석자를 조용히 장내로 안내하고, 도중에 나오는 사람 또한 안내할 수 있도록 한다. • 회의 중의 조명상태, 냉ㆍ난방 상태, 음료의 교체, 기타 준비물에 대해서도 수시로 점검한다.
회의종료 후 업무	• 주차권을 배부하거나 주차요금 정산법 등을 안내한다. • 참석자가 회의 전에 맡긴 물건을 찾아가도록 안내하고, 혹시 잃어버리고 간 물건이 있는 경우는 보관한다. • 회의장 책상, 의자, 비품, 창문, 출입문 등을 정돈하고, 쓰레기가 발생한 경우는 잘 치우도록 한다. • 명찰을 회수하고, 대여했거나 회수받을 물품은 받도록 한다. • 회의장을 관리하는 부서에 회의의 종료를 알린다.

1 의전 개요

(1) 의전의 유래

① 의전은 기원전 11세기 즈음 예(禮)를 중요시하는 중국 주나라 때부터 백성들과 제후들을 다스리는 통치원리로 중요하게 다루어졌다.

② 서양에서는 나폴레옹 전쟁 후 전후처리를 위해 열린 1815년 '비엔나 회의'에서 국제관계에서의 의전에 관한 원칙이 처음 논의되었다.

③ '비엔나 회의' 이후 '외교관계에 관한 비엔나 협정'이 채택되어 오늘날과 같은 의전 관행이 전 세계에서 통용되기 시작했다.

(2) 의전의 의미 ★★중요

① 의전을 뜻하는 '프로토콜'의 어원은 그리스어 'Protokollen'으로 '맨 처음(Proto)'이라는 의미와 '붙이다(Kollen)'의 합성어이다. 'Protocol'은 원래 공중문서에 효력을 부여하기 위해 맨 앞장에 붙이는 용지를 의미하는 것에서 출발하였다. 특히 외교관계를 담당하는 정부부서의 공식문서 또는 외교문서의 양식을 의미하기도 한다.

② 사전적 의미로는 국가 간의 관계에서 가장 기본이 되는 예법, 지켜야 하는 예법이라는 의미를 담고 있다.

③ 개인 간의 관계에서 지켜야하는 기본 예의범절을 에티켓(Etiquette)이라고 한다면, 의전은 국가 간의 관계 또는 국가가 관여하는 공식행사에 지켜야 하는 규범(A Set of Rules)을 의미한다.

	개인 간에는 "예절(Etiquette)"		조직과 국가, 국가 간에는 "의전(Protocol)"

(3) 의전의 범위와 종류

의전의 대상자는 국가원수, 초청 VIP, 초청연사, 행사참가 NGO단체 등으로서, 각 행사의 성격과 종류에 맞는 의전이 필요하다.

구 분	범위와 종류
국제의전	국가 간 외교행사에 있어 행해지는 의전 및 외교사절의 파견과 접수 등의 의전이다. 예 아시안게임 개최식 및 폐막식, 아 · 태경제협력(APEC) 회의, 남북정상회담, 국빈방문 환영식, G20 정상회의 등
국가의전	국가행사에 따른 의전이다. 예 대통령 취임식, 국경일기념식(3 · 1절, 제헌절, 광복절, 개천절, 한글날), 각종 국가기념일 등
지자체의전	지자체행사에 따른 의전이다. 예 지자체장 이 · 취임식, 시무식 및 종무식, 각종 기념식 등
기업의전	기업 임원 및 사외이사 등 VIP에게 행해지는 공식 의전이다. 예 대표이사 취임식, 신년하례식, 창립기념식, MOU 업무협약식, 각종 오픈식, 착공식, 준공식 등

2 의전의 기본정신 5R ★★🗨️중요

5R 요소	내 용
상대에 대한 존중 (Respect)	• 의전의 바탕은 상대 문화 및 상대방에 대한 존중과 배려에서 출발한다. 지구상의 190여 개의 국가의 다양한 문화, 다양한 생활방식을 인정하고, 다른 문화를 존중하고 배려하는 것이 가장 중요한 정신이다. • 술을 마시지 않는 나라에서 온 손님에게 술대접은 자제하고, 이슬람 국가 손님에게 돼지 고기의 접대는 삼가야 한다.
문화의 반영 (Reflecting Culture)	• 의전은 곧 '문화의 이해'라고 할 수 있는데, 특정 지역 · 특정 문화를 이해하고, 그 품위를 높일 수 있도록 하는 정신이다. • 중동지역의 국가의전인 경우 여성의 동반이 드물지만, 서구 문화에서는 여성에 대한 우대(Lady First)가 특별하다.
상호주의 원칙 (Reciprocity)	• 의전은 '상호주의'를 원칙으로 한다. 상호주의는 내가 배려한 만큼 상대방으로부터 배려를 기대하는 것으로서, 국력에 관계없이 1:1의 동등한 대우를 기본으로 한다. • 의전에 소홀함이 있다면, 외교의 경로를 통해 불만을 표시하거나 그에 상응하는 조치를 검토하기도 한다.
서열 (Rank)	• 의전 행사에 있어 가장 기본이 되는 예법으로 참석자 간의 서열을 지키는 정신이다. • 서열을 무시하게 되면 상대 국가나 상대 조직에 대한 모욕으로 비춰질 수 있으므로, 서열에 맞는 의전을 하도록 한다. • 서열을 정하기 어려운 경우는 알파벳 순으로 서열을 정하여 오해가 없도록 해야 한다.
오른쪽 상석 (Right)	• 영어의 Right가 '오른쪽'이라는 뜻과 '옳다'는 뜻을 모두 가진 것처럼, 문화와 종교적으로 왼쪽을 불경한 것으로 여기는 전통 때문에 생긴 원칙이다. 행사 주최측은 손님에게 오른쪽을 양보하는 것이 기본이다. • 정상회담 때는 방문국 정상에게 오른쪽을 양보한다. 그러나 국기에 대해서는 주최측이 손님에게 상석을 양보하지 않는다.

1. 1999년 4월 모하마드 하타미 이란 대통령은 이란 최고지도자로서는 20년 만에 프랑스를 방문하려던 계획을 돌연 연기했다. 양국 정부가 공식발표한 표면상의 이유는 '양국 간의 일정을 합의하지 못해서'였지만, 실제로는 이란 측에서 금주를 규정한 이슬람 율법을 내세워 만찬석상에 포도주가 오를 경우 자리를 함께할 수 없다는 주장을 굽히지 않았기 때문이었던 것으로 알려졌다.

2. 버락 오바마 대통령이 2009년 11월 일본을 방문했을 때, 일왕에게 90도 절한 것에 대해 과공 여부를 두고 국제사회에서 논란이 많았지만, 일본 문화에 대한 이해와 존중을 절로써 표현한 오바마 대통령의 행동은 일본인의 마음을 사로잡는 데 성공했다고 할 수 있다.

3. 중국 후진타오 주석이 2006년 4월 미국을 방문했을 당시 백악관 환영식장에서 중국의 국가 명칭을 'People's Republic of China'가 아닌 'Republic of China'로 부르는 실수를 범하였다. 그 다음 정상회의 후에 공동 기자회견 때에 파룬궁 여성의 돌발 시위가 있었는데, 미국 정부가 이를 막지 못한 것에 대해 중국은 심한 불만을 나타내었고, 미국은 이를 해명하느라 상당한 시간적 노력을 기울인 것으로 알려졌다. 의전상의 결례가 불가피한 경우에는 사전·사후에 충분한 설명을 통해 상대의 이해를 구하는 것이 매우 중요하다.

의전 서열 ★★^{중요}

일반적으로 의전 서열은 국왕 등 국가를 대표하는 국가수반, 대통령 등 정부 수반, IMF 등 국제기구 대표 순으로 매겨진다. 우리나라의 경우는 대통령이 서열 1번이지만, 사우디아라비아와 같은 나라는 국왕이 국가를 대표한다. 국가정상의 행사인 경우, 동일 그룹 내에선 취임일자 순으로 의전 서열을 정한다. 취임일자가 같다면 연장자를 우선으로 한다. 국제기구의 경우는 유엔이 다른 기구들보다 높은 의전 서열을 가지며, 나머지 기구들은 설립연도 순으로 의전 서열을 정한다.

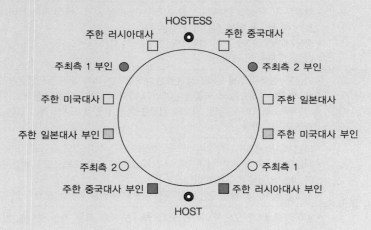

3 공식의전의 준비

(1) 사전정보 확인

    ① 상대방의 직급과 이름, 기호, 선호 음식, 음료, 흡연여부, 건강상태, 운동종목 등을 확인

    ② 방문예정 및 소요일정, 일별 · 시간대별 스케줄 확인

    ③ 방문지 이동에 따른 사전 정보 확인

    ④ 통역이 필요한 경우 통역자 확인

    ⑤ 경호가 필요한 경우 경호원(경호차량 등) 확인

    ⑥ 차량 탑승자 및 차량 이동경로 확인

(2) 공항에서의 영접

    ① 공항 VIP 라운지 예약

    ② 환영인사 대상과 인원수 확인

    ③ 카메라 기사 동반 확인

    ④ 탑승 이동차량 확인

(3) 호 텔

    ① 호텔 측 관계자와의 사전 협의

    ② 객실의 종류 및 이용객실 수 확인

    ③ 엘리베이터(VIP전용) 대기상태 및 이동경로 확인

    ④ 객실 내 노트북, 사무기기, 팩스 설치 여부

    ⑤ Express Check In 확인

    ⑥ 객실 환영인사 카드, 꽃다발, 과일바구니 등 확인

(4) 환영 리셉션과 환송 리셉션

    ① 오프닝 시간 확인

    ② 리셉션 홀의 준비상황 확인

    ③ 테이블 세팅 확인

    ④ 전체 강연시간 조율

    ⑤ 좌석 안내도 및 연회 시의 서열 확인

    ⑥ 좌석의 명패 확인

    ⑦ 메뉴판 확인

    ⑧ 클록룸(옷 보관소) 확인

    ⑨ 선물 준비 및 여흥 삽입 여부 확인

(5) 식 당

① 메뉴준비 및 선호 메뉴, 식사량, 선호 음료준비 확인

② 초청 문구 확인

③ 날짜별 메뉴 확인

④ Place Card 및 통역의 위치 확인

(6) 기타 사항

① 환송 후 선물, 사진첩 등 확인

② 의전결과 체크

③ 의전 기간 중의 특이사항 및 History Card 작성

Tip ▶ 기사읽기 – 프란치스코 교황 환영식, 특별한 이벤트 없었다!

'가난한 자의 아버지'로 불리는 프란치스코 1세 교황이 14일 박근혜 대통령의 영접을 받으며, 4박 5일간의 일정으로 한국 땅을 밟았다. 영접식에서는 화동의 꽃다발 증정과 의장대 사열, 21발의 예포 발사 외에는 특별한 환영식이 열리지 않았다. 국가수반에 예를 갖춘 의전을 원치 않는 교황의 뜻에 따른 것이다. 지난 1984년 5월 3일 역대 교황으로는 처음 한국을 찾은 성 요한 바오로 2세는 김포공항에서 "순교자의 땅"이라며 땅에 입을 맞추기도 했지만, 프란치스코 1세 교황은 특별한 이벤트 없이 조용하게 환영행사를 마쳤다.

민경욱 청와대 대변인은 브리핑에서 "1984년, 1989년 (요한 바오로 2세) 교황 환영식은 성대하게 치러졌지만, 오늘은 청와대에서 공식 환영식을 하기 때문에 공항에선 환영식이 크게 열리지 않았다"고 설명했으나, 청와대 공식 환영식 역시 다른 국빈급 인사를 맞이할 때보다 간소하게 치러질 가능성이 큰 것으로 알려졌다. 프란치스코 교황은 공항 환영식을 마친 후 기아차의 소형차 '쏘울'을 타고 숙소인 서울 궁정동 주한교황청대사관으로 이동하며 특유의 인품을 드러냈다. 광화문 일대에 환영을 나온 국민들을 향해 교황은 친근하게 손을 흔들어 환영에 보답했다. 11시간이 넘는 긴 비행에도 프란치스코 교황은 환영행사 내내 따뜻하고 인자한 미소를 보여 방송을 지켜 본 모든 국민들의 눈길을 끌었다. 한편 교황은 서울공항에 영접나온 세월호 참사 유가족에게 "마음속 깊이 간직하고 있다"며 위로를 건네기도 했다. 교황의 방한 동영상은 동행한 각국의 기자들에 의해 전세계로 교황의 한국방문을 타전했다.

※ 출처 : 중앙뉴스 news@ejanews.co.kr

4 의전 서열

(1) 공식 서열 ★★중요

한국	대통령 → 국회의장 → 대법원장 → 국무총리 → 국회부의장 → 감사원장 → 부총리 → 외교부장관 → 외국특명전권대사, 국무위원, 국회상임위원장, 대법원판사 → 3부장관급, 국회의원, 검찰총장, 합참의장, 3군참모총장 → 차관, 차관급
미국	대통령 → 부통령 → 하원의장 → 대법원장 → 전직 대통령 → 국무장관 → 유엔 사무총장 → 외국대사 → 전직대통령 미망인 → 공사급 외국 공관장 → 대법관 → 각료 → 연방예산국장 → 주UN미국대표 → 상원의원
영국	여왕 → 귀족 → 컨터베리 대주교 → 대법관 → 요크 대주교 → 수상 → 하원의원 → 옥새 상서 → 각국대사 → 시종장관 → 대법원장

(2) 관례상의 서열

관례상 서열은 관례적으로 행해오는 기준을 근거로 사람과 장소에 따라 정해진다.

① 기본적 관례상의 서열의 기준 ★★중요

> ⊙ 연령이 중요 서열의 기준
> ⓛ 높은 직위가 서열의 상위 기준
> ⓒ 여성이 남성의 상위 기준. 단, 대표로 참석한 남성의 경우는 예외
> ⓔ 부부 동반의 경우, 부인의 서열은 남편의 서열과 동급 기준
> ⓜ 외국인이 서열의 상위 기준
> ⓗ 주요 내빈이 서열의 상위 기준

② 관례상의 서열을 따르는 사람 ★★중요

> ⊙ 공식 서열의 지위를 정할 수 없는 사람 : 정당의 당수, 임원 등
> ⓛ 사회적·문화적 지위를 가진 사람 : 실업가, 문인 등
> ⓒ 집회의 성격에 따라 높은 지위를 가진 사람 : 국제단체의장, 국제협회장 등
> ⓔ 공식 서열보다 전통 서열을 인정하는 사람 : 옛 왕족 등

5 선물 의전

(1) 선물의 규정 ★★😊

① 상당수의 국가에서는 선물관련 법령 혹은 지침을 마련하여 공무원이 직무와 관련된 사유로 선물을 수령할 수 없도록 제한하고 있으며, 비영리 목적으로 선물을 수령하더라도 선물가격이 미화 약 100 불에서 200불 사이를 초과하지 않도록 규정하고 있다.

② 만약 상한액을 초과하는 경우, 초과금액을 국가에 지불한 후 개인이 소장하거나 또는 수령 선물을 국가에 귀속시키도록 하기 때문에, 대부분의 국가에서는 외국 정상 등 귀빈을 위한 선물을 준비할 때 고가의 선물보다는 자국을 상징할 수 있는 선물을 마련하는 것을 선호한다.

(2) 선물의 의미

① 국가 의전에 있어서 선물은 그 나라의 문화와 상징을 교환하는 의미를 가진다.

② 외국 정상에게 주는 선물은 통상 그 나라의 전시관에 보관되는 경우가 많아 선물을 홍보하는 효과도 누릴 수 있다.

③ 선물은 국가 간, 비즈니스 간의 관계를 이어주는 중요한 매개체 역할을 한다.

(3) 선물의 5원칙

① 선물이 받는 사람의 문화에 적합한 품목인가?

② 행사 성격과 회사와 부서의 정책에 부합하는가?

③ 선물의 전달 시기가 적절한가?

④ 선물의 가격이 적절한가?

⑤ 선물 자체를 주는 것이 적당한가?

(4) 적합한 선물

① 자국을 상징할 수 있는 전통공예품, 특산품, 소개 책자 등

② 특유의 유서 깊은 문화와 예술이 잘 드러나는 예술작품

③ 양질의 문방구류

④ 고급 커피, 차, 초콜릿, 과일바구니 등

⑤ 수첩, 캘린더

⑥ 간단한 전자제품

> **Tip** 한국의 선물 의전 추세
> 최근 아시아, 중남미, 동유럽 지역의 일부 국가들은 한국 전통공예품 선물보다 한국의 최첨단 IT제품을 선호하는 추세이다. IT기술과 전통공예기술을 조화시킨 선물을 개발하기 위해 노력하는 중이다.

(5) 국가별 선물 에티켓

국 가	좋은 선물	유의사항 및 금기선물
미 국	• 초콜릿 • 차(Tea) • 쿠키 바구니	• 백합은 죽음을 의미하므로 선물하지 않는다. • 선물 받은 것은 바로 그 자리에서 풀어본다. • 여러 가지 꽃을 섞는 것을 좋아하지 않는다. • 금기선물 : 백합
중 국	• 담배와 코냑 • 넥타이 • 사무용품 • 필기도구 • 붉은색(복을 상징) • 황금색(숭고함을 상징) 으로 포장	• 중국문화는 선물을 받기 전 세 번 정도 거절하므로, 거듭 여러 번 권한다. • 우산은 '산' 발음이 흩어진다는 '싼'과 동일한 발음으로 복이 흩어진다고 여긴다. • 시계는 '시계를 선물하다'와 '임종을 지키다'가 동음이라 기피한다. • 거북의 발음 '궤이'가 '귀신', '나쁜놈'을 의미하는 글자와 동일하여 기피한다. • 배는 이별을 뜻하는 '리'와 같아 기피한다. • 공무원에게 선물은 법으로 금지되어 있다. • 금기선물 : 죽음과 관련된 것(짚신과 시계), 우산, 거북무늬 들어간 물건, 배, 손수건(슬픔과 눈물 상징)
일 본	작은 조각이 담긴 케이크세트(화려한)	• 짝수를 이루고 있는 선물을 하지 않는다. • 숫자 4는 죽음, 9는 고통을 의미하므로 기피한다. • 16개의 꽃잎이 달린 국화는 황실 전용 꽃이다. • 백색과 흑색 포장지는 사용하지 않는다. • 선물 이외에 카드도 함께 보낸다. • 공무원에게 1만엔 이상은 뇌물로 간주한다. • 금기선물 : 흰색 꽃, 4와 관련된 선물, 4송이와 9송이 꽃, 16개 꽃잎이 달린 국화, 1만엔 이상(공무원)

04 의전운영 실무

1 행사 의전의 기본계획 수립

(1) 기본계획

의전을 하기 전에는 의전담당자들의 세밀하고 정확한 계획이 필요하므로, 원활한 커뮤니케이션을 통해 관련사항들을 의논하고 효율적으로 업무를 분담하도록 한다.

추진방향	• 행사 본연의 의의를 높일 수 있는 뚜렷한 목표를 설정한다. • 행사규모와 일시 · 장소 · 초청인사 · 진행 등에 관한 기본사항을 수립한다.
행사일시	• 법령이나 관례적으로 정해진 경우는 그 일자에, 공휴일이면 전일에 개최한다. • 사전에 통보할 수 있는 시간적 여유를 확보한다.
초청범위	• 초청인사는 행사성격에 따라 결정하되, 행사와 무관한 과다한 인원초청은 지양한다. • 단, 행사와 직접 관련된 인사는 소외 없이 고루 초청한다.
단상 및 주요인사	• 꼭 필요한 경우를 제외하고 가급적 단상좌석의 설치는 지양한다(단, 내빈좌석 필히 확보). • 주요인사는 객석 전열에 배치하여 참석인사의 공감대를 형성한다.
행사내용	• 식전행사, 본 행사, 식후행사, 연회, 공연, 다과회 등 행사과정별 계획을 수립한다.
행사장 배치도 및 주차계획	• 전체적인 행사장을 파악할 수 있도록 배치도 작성 시 초청인사의 좌석을 표시한다. 예 좌석에는 가급적 주요인사, 관련인사, 공공부분, 민간부분 등으로 표시한다. • 주차는 행사장 근거리의 주차장을 이용한다.
기타 협조사항	• 주빈에 대한 의전 선도 담당자를 선정한다. • 행사장 교통정리 및 주차장 안내를 준비한다. • 숙박업소 방법대책을 세운다. • 경호, 경비 대책, 응급차, 소방차 배치 등을 체크한다.

(2) 초청 및 행사장 준비

초 청	• 초청인사 결정 및 명부 작성 : 언제든지 초청대상자를 알 수 있도록 명부를 작성한다. • 초청장 작성 : 초청내용에는 행사의 명칭("○○주년 창립기념식" 등)과, 일시 그리고 장소를 눈에 잘 띄게 인쇄한다. • 초청장 발송 : 초청장은 10일 전에 발송하여 사전에 고지할 수 있도록 하고, 우편발송의 경우에는 주소 · 성명을 기입 후 필요 시 주차증을 동봉한다. 좌석을 지정할 경우는 사전에 참석여부를 확인한다.

행사장 준비	• 식장 : 행사장은 보유하고 있는 회의실이나 강당을 활용하되, 보유시설이 없는 경우는 편리한 위치의 타 시설을 활용한다. • 식단 : 옥외행사의 경우 단상은 식사 · 치사를 위한 것으로 간소하게 하고, 참석자들의 일체감 조성을 위해 좌석 배치는 단상을 바라보도록 한다. • 행사표시물 : 안내판이나 현판 등의 행사표시물은 식장 내 · 외에만 설치하도록 하고, 준 · 기공식 등 옥외행사의 경우는 행사장의 위치를 잘 알려줄 수 있는 장소를 선정하여 설치한다. • 다과회장 : 건물의 상태, 수용능력, 냉 · 난방 및 환기상태를 고려하여 다수 인원의 출입과 준비물의 운반이 용이한 곳으로 선정하고, 다과회장의 준비는 테이블 배치, 실내장식 및 꽃 · 얼음장식 등 세밀한 주의를 기울인다. • 기타 방송 및 음향시설 : 행사참석자들이 행사의 내용과 진행과정을 잘 알 수 있도록 방송화면이나 음향시설을 사전에 점검한다.

(3) 행사 진행 준비

시나리오 작성	• 모든 행사계획이 확정되면 반드시 시나리오를 작성하되 진행 시나리오는 행사를 진행하는 사회자가 할 말과 행사 역할자의 행동을 작성한다.
초청인사 입장 및 안내	• 식장에는 안내원을 필히 배치하여, 좌석이 지정되어 있을 경우에는 지정된 좌석까지 안내하고, 지정되지 않았을 경우에는 적절한 좌석 위치로 안내한다. • 행사 시 방명록을 비치하여 성함에 따라 안내에 참고한다. • 다른 행사장으로 이동해야 할 경우 안내원과 차량을 배치한다.
식전안내	• 사회자는 행사 시작 전에 행사의 전체적인 진행순서와 이동사항, 주빈의 환영방법 등을 안내하여 행사 중의 행동요령과 행사흐름을 인식하게 한다. • 일반 초청인사의 대기시간의 무료함을 해소하기 위하여 경음악 연주 등 식전 행사를 준비한다. • 주요 행사 시에는 원만한 행사진행을 위해 예행연습 및 리허설 등이 필요한 경우도 있다.

2 진행순서

각종 행사에 있어서 식순은 그 행사의 목적과 성격을 가장 잘 나타내는 것으로서, 각 행사마다 그 취지나 목적, 행사의 성격에 따라 식순이 달라진다.

행사안내 및 내빈소개	• 행사진행자가 행사에 앞서 오프닝 인사말, 행사식순 소개, 협조사항 및 내빈소개 등을 진행한다. • 내빈소개 시 가급적 개식선언 전 실시하고, 귀빈의 서열 순으로 소개한다.
개식선언	• 개식선언을 통해 행사가 시작되었음을 알린다.
국민의례	• 국기에 대한 경례(국기에 대한 맹세 포함)를 한다. • 정부의식 및 공식행사에는 애국가 제창(1~4절), 단, 회의나 간담회, 기공식, 준공식 등 약식행사나 행사장의 상황, 여건 등 애국가 제창이 부적절하다고 판단될 때는 약식 국민의례로 실시한다. • 순국선열 및 호국영령에 대한 묵념 시, 주악이 없으면 약 30초 이상 지난 후 '바로' 구령에 따라 묵념을 끝낸다.

낭 독	• 필요 시 행사 성격에 부합되는 헌장을 낭독한다. 　예 공무원윤리헌장, 시민헌장, 자연보호헌장 등
경과보고	• 경과보고는 행사의 직접적인 관련인사가 목적·동기·경과 및 추진사항을 3분 내외로 간략하게 보고한다.
포 상	• 필요 시 시상보조자를 단상에 지정 배치하여 표창장 및 부상품을 시상자에게 부상 순으로 전달한다. • 시상자와 수상자가 정위치에 서서 표창장을 펴서 들었을 때에 맞추어 낭독하되, 시상자 명의가 아닌 표창장을 타인이 전수하는 경우에는 표창장 낭독 후 '대독'이라고 멘트한다. • 사회단체 행사 시 내빈으로 참석한 기관장 및 단체장의 표창이 있을 경우에는 주관 단체장 시상 이후 내빈 소개 시의 순서에 의거 해당 기관장 및 단체장이 시상하도록 한다.
식 사	• 식사는 행사를 직접 주관하여 거행하는 단체의 장이 하는 것이 원칙이나, 부득이한 경우 차하위자가 할 수 있다. • 식사는 사전에 준비하여 5분 내외로 내빈이 지루하지 않게 한다.
축 사	• 치사, 경축사, 기념사, 추념사 등이 있다. • 축사를 할 대상과 인원의 결정은 행사의 비중을 감안하여 행사주관처에서 결정한다(2~3명 이내). • 축사 순서는 내빈소개 순서를 감안하여 결정한다.
식가제창	• 필요 시 행사 성격에 부합하는 식가 등을 제창한다.
폐 식	• 행사가 끝남을 알린다.
식후안내	• 식후 다과회 등이 있을 경우 이동을 알린다.

행사 시나리오

- 사회자는 행사 진행에 필요한 행사요령과 간단한 주의사항을 알려주어야 한다.
- 식순에 의한 진행 시나리오를 반드시 작성하여 원만한 사회가 되도록 한다.
- 수상자 참석여부와 표창장이 순서대로 정리되었는지 여부를 반드시 사전에 확인한다.
- 사회자 옆에는 1~2명의 행사 보조인원 배치하여 연락체계를 유지해야 한다.

[행사 시나리오 예시]

■ 식전안내

- ○○회사 ○○과 ○○담당 ○○○입니다.
  내빈 여러분께 잠시 안내 말씀드리겠습니다. 바쁘신 중에도 불구하고 ○○식 행사에 참석해 주신 내빈 여러분께 진심으로 감사드리며, 오늘 행사진행 순서를 간단히 말씀드리겠습니다.
- 잠시 후 거행될 ○○ 식순은
  - 국민의례, ○○○문 낭독, 경과보고
  - 그리고 ○○○ 대한 포상 및 치사(식사, 격려사, 축사 등)
  - 이어서 ○○○ 노래 제창 순으로 약 ○○간 진행되겠습니다.
- 아울러 ○○식 진행과 관련하여 내빈 여러분께서 협조해 주실 사항을 몇 가지 말씀드리겠습니다.
  - "국기에 대한 경례"시에는 정면에 있는 국기를 향해 경례하여 주시고,
  - "애국가"는 녹음반주(합창단)에 맞추어 힘차게 불러 주시기 바랍니다.
  - ○○○식이 끝나면 휴식시간 없이 바로 ○○공연이 약 ○○분간 있겠습니다.
  - 공연내용은 안내 팜플렛을 참고하시기 바라며,
  - 내빈 여러분께서는 다함께 ○○을 감상하여 주시기 바랍니다.
- 끝으로 내빈 여러분께서는 행사 진행 중에는 무선호출기나 핸드폰을 사용하실 수 없으니, 지금 바로 전원을 꺼주시기 바랍니다.
- 곧 ○○식이 시작될 예정이오니 잠시 기다려 주시기 바랍니다. 감사합니다.

■ 내빈소개

- 그럼, 개회에 앞서 오늘 행사를 빛내 주시기 위해 참석하여 주신 내빈을 소개드리겠습니다(○○님 참석하셨습니다. 등).
- 이외에 소개해 드릴 분이 많으나, 시간 관계상 생략함을 널리 양해하여 주시기 바랍니다.

■ 개식선언

- 지금부터 제○○주년 ○○○○기념식을 거행하겠습니다.

■ 국민의례

- 먼저, 국민의례가 있겠습니다.
- 모두 일어나셔서 정면 국기를 향해 주시기 바랍니다.
- 국기에 대하여 경례! (주악중 국기에 대한 맹세문 낭독)
- 바로!
- 다음은 애국가 제창이 있겠습니다.
- 녹음 반주에 맞추어(지휘에 따라) 4절까지 불러 주시기 바랍니다(1절만 부를 경우에는 "애국가 1절을 불러 주시기 바랍니다"로 사회 멘트).
- 다음은 순국선열 및 호국영령에 대한 묵념이 있겠습니다.
- 일동 묵념! (주악 후) 바로!
- 다음은 ○○○께서 ○○○○헌장을 낭독하겠습니다.

■ 경과보고

- 다음은 ○○○께서 ○○○○ 추진 경과를 보고 드리겠습니다.

■ 표창장 포상

- 다음은 ○○○께서 ○○○○○유공자에 대하여 표창장을 수여하시겠습니다.
- 호명되신 유공자께서는 단상으로 나와 주시기 바랍니다.
- ○○○동 ○○○님(직위가 있을 경우 직위 존칭) (대상자가 많아 진행이 어렵다고 판단될 때에는 부분별로 대표자만 시상하고, 나머지는 앉은 자리에서 기립시키는 방법을 택할 수 있음)
- 표창장 ○○○동 ○○○ 이하 표창내용과 부상은 같습니다(먼저 표창장과 내용이 같을 경우).

■ 식사(대회사)

- 다음은 ○○○○ ○○○님과의 식사가 있겠습니다.

■ 축사(치사, 경축사, 기념사, 추념사, 격려사, 조사 등)

- 다음은 ○○○○ ○○○님께서 축사가 있으시겠습니다. (축사 후)
- 다음은 ○○○○ ○○○님께서 축사가 있으시겠습니다.

■ 행사성격에 부합하는 식가(애향가, 3 · 1절 노래, 광복절노래, 단체가 등) 제창

- 모두 일어나 주시기 바랍니다.
- 다음은 ○○○○ 노래 제창이 있겠습니다.
- 녹음반주(합창단)에 맞추어 ○절을 불러 주시기 바랍니다.

■ 폐 식

- 이상으로 제○○주년 ○○○○기념식을 모두 마치겠습니다.

■ 식후안내

- 이어서 ○○에서 다과회가 있으니, 내빈 여러분께서는 한 분도 빠짐없이 참석하여 주시기 바랍니다.

3 의전관의 요건

(1) 의전관은 행사와 의전에 대한 사전 지식을 습득하고 있고 실행 능력까지 겸비해야 한다. 국가의 의전인 경우는 외국관의 입장으로, 기업의 의전인 경우는 대변인 입장에서 의전에 책임을 다하여야 한다.

진실성 ＋ 정확성 ＋ 침착성 ＋ 인내심 ＋ 관 용 ＋ 겸손함 ＋ 충성심

(2) 의전관의 행동요령

① 모든 예상 가능한 상황들과 행사진행 과정들을 늘 시각화해두어야 한다.
② 행사의 주인공이 드러나도록 의전관은 카메라를 피해 숨은 주역이 되어야 하며, 동선의 위치, 적시 차량탑승, 적시 식사 등 전체의 흐름을 보며 세심한 과정을 체크해야 한다.
③ 끊임없이 움직이고 자신이 있어야 할 자리를 찾아야 하며, 의전담당자가 행사의 구경꾼이 되어서는 안 된다.
④ 만약의 사태에 대비한 상황을 미리 예측하고 있어야 하며, 예기치 못한 상황하에서도 극도의 침착성을 보일 수 있도록 훈련을 게을리하지 않아야 한다.
⑤ 시각 · 청각 · 후각 · 촉각 · 미각 · 직감 등 모든 감각기관을 활용하여 상황을 판단한다.
⑥ 의전관은 행사진행에 집중하여 긴장감을 늦추지 않아야 하고, 모시는 분의 이미지를 고려하여 자기감정조절을 통해 긍정적이고 밝은 표정을 유지할 수 있어야 하며, 고도의 매너 있는 태도와 자세가 필요하다.

4 좌석배치기준 ★★🔥

(1) 단상좌석 배치(단하에서 단상을 바라볼 경우)

① 일반적 배치

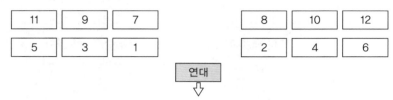

② 양분할 경우

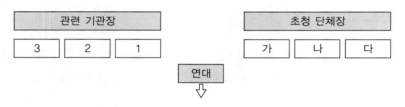

(2) 단하좌석 배치

① 일반적 배치

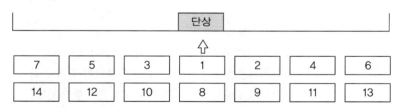

② 양분할 경우

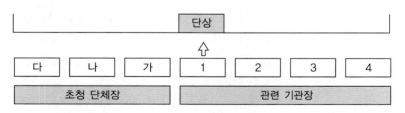

※ 주요인사 참석을 감안 연단을 중심으로 중앙부분의 2~3줄을 확보 배치
※ 단상좌석 배치방법과 같으나, 일반 참석자와 다른 의자를 배치하지 않음

(3) 원탁 테이블 배치

① 내부 행사 직위(급)별 배치

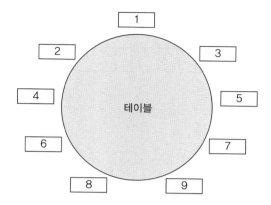

② 외부기관 초청 배치(초청자는 출입문 안쪽으로 배치하는 예우)

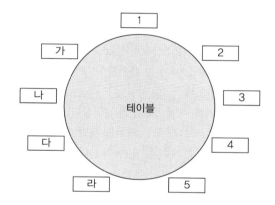

(4) 사각 테이블 배치

① 내부 행사 직위(급)별 배치

21	20	19	18	17	16	15	14	13	12

1	테이블

2	3	4	5	6	7	8	9	10	11

② 외부기관 초청 배치(초청자는 출입문 안쪽으로 배치하는 예우)

차	아	바	라	나	가	다	마	사	자

테이블

9	7	5	3	1	2	4	6	8	10

05 프레젠테이션

1 프레젠테이션의 이해

① 컴퓨터나 기타 멀티미디어를 이용하여 그 안에 담겨 있는 각종 정보를 사용자 또는 대상자에게 전달하는 행위를 말하며, 투영기(OHP ; Over Head Projector)를 이용한 학술 발표나 컴퓨터로 작성된 화면을 영사기와 연결하여 보여 주는 행위들이 그 예이다. 프레젠테이션 기능은 대부분의 문서 처리 프로그램에 포함되어 있다.

② 어떤 주제에 대해 근거와 논리를 바탕으로 청자, 즉 상대방에게 정보를 전달하고 궁극적으로 설득 또는 주제에 대한 이해를 목적으로 한 모든 행위를 뜻한다.

③ 제한된 장소와 시간 내에 사실, 통계수치, 또는 자신의 의견이나 아이디어, 경험, 노하우 등을 시청각 자료 등을 활용하여 언어표현으로 전달함으로써, 진행자의 의도대로 의사결정이 되도록 동기 부여하는 의사소통의 한 형태이다.

④ 일상생활의 대화나 상담, 각종 판매행위, 대학 및 입사 면접을 위한 인터뷰 행위, 대중연설, 설교, 투자설명회, 기업IR, PR 등 모두가 프레젠테이션에 속한다.

2 프레젠테이션의 종류

종 류	내 용
일반적 프레젠테이션	발표자가 자신의 생각과 경험을 주어진 시간 안에 정확하게 전달하여, 발표하는 사람이 원하는 방향으로 상대방의 의사를 결정할 수 있도록 청중을 설득하는 커뮤니케이션 방법을 지칭한다.
비즈니스 프레젠테이션	신제품 발표회, 투자설명회 등의 비즈니스 현장과 학술발표회 등에서 '발표자가 청중에게 자신의 의사를 전달하기 위한 체계적인 행위'를 말한다.

3 프레젠테이션의 유형과 목적

유 형		목적과 방법
설득형 프레젠테이션	목 적	• 새로운 사업, 신상품에 대한 정보를 논리적으로 또는 매력적으로 설명하고, 궁극적으로 상대회사, 상사, 또는 영향력 있는 사람을 설득하여 판매나 사업권을 획득하기 위한 프레젠테이션이다.
	방 법	• 다양한 정보와 근거를 제공한다. • 감성적 스토리텔링 기법이나 추상적 가치와 명분을 활용하여 구성한다.
정보제공형 프레젠테이션	목 적	• 이미 결정된 사업안에 대한 설명이나 또는 설득형 프레젠테이션을 준비하는 과정에서 투입될 자료를 분석하는 데 사용한다.
	방 법	• 시작, 내용발표, 끝맺음의 순서에 맞게 제공한다. • 해당 주제에 대한 정보를 정확하고 자세하게 전달하는 것이 중요하다. • 청자의 눈높이에 맞춘 언어를 선택하고 설명이 효과적으로 전달되도록 적절한 시각적 자료를 활용하여 구성한다.
교육형 프레젠테이션	목 적	• 정보제공과 유사한 부분이 있으나, 지식전달과 더불어 적절한 사례나 정보를 제공하여 긍정적 감정을 일으킴으로써 동기를 부여하고 긍정적인 행동으로 유도하는 목적을 지닌 프레젠테이션이다.
	방 법	• 적절한 눈높이에 맞춘 언어를 선택하고 시청각 자료를 준비하여 구성한다. • 해당 주제에 대한 스토리텔링이나 멘토링 정도의 시청각 자료 등을 다양하게 활용한다.

4 3P분석

(1) 목적(Purpose) 분석

요 소	내 용
프레젠테이션의 목적	왜 프레젠테이션을 해야 하는가?
청중의 목적	청중의 요구는 무엇인가?
나의 목적	청중으로부터 최종적으로 무엇을 얻고 싶은가?

(2) 장소(Place) 분석

회의장의 명칭, 주소, 전화번호, 담당자, 약도, 목적지까지의 소요시간, 교통사정 등을 충분히 확인하고 선정하며, 장소의 규모(수용인원), 구조, 조명, 테이블 레이아웃 등도 확인한다.

(3) 청중(People) 분석

① 청중에 따라 내용은 물론, 목적, 구성, 용어도 달라지게 되므로, 청중 가운데 핵심인물과 문제인물을 사전에 분석하여 진행 속도와 상세함의 정도를 조절하여 진행하도록 한다.

② 청중의 공감을 일으킬 수 있는 설득력 있는 사례나 예시를 준비하도록 하고, 청중의 눈높이에 맞는 언어와 자료를 선정한다.

청중의 속성	집단의 성격, 연령, 성별, 학력, 경력, 지위, 전공 등
청중의 지식	발표내용의 주제와 내용에 대해 알고 있는 정도
청중의 태도	발표 참여의 자원 여부, 흥미나 관심사, 가치관이나 판단기준, 주제에 대한 관여도, 주제에 대한 태도와 견해 등

5 프레젠터의 요건

요 건	내 용
내용 전문성	내용에 대해 폭 넓은 지식과 명확한 이해가 있어야 한다. 내용을 제대로 소화하지 못하고 청중 앞에 나서면, 모든 면에서 불안한 프레젠테이션이 된다. 청중의 눈을 외면하고 스크린이나 원고에 시선을 의존하게 되며, 갑작스런 질문에 당황하게 된다.
자신감	프레젠터의 말에 설득력이 있으려면 내용도 중요하지만, 청중의 눈에 비쳐지는 프레젠터의 표정, 눈빛, 목소리, 자세 등에서 자신감이 살아 있어야 한다.
단정한 외모와 매너	깔끔한 외모와 풍기는 인상이 프레젠터의 신뢰성에 영향을 준다. 따라서 프레젠터는 외모도 최상의 상태로 유지해야 하며 일거수일투족에 신경을 써야 한다.
풍부한 경험	경험이 많을수록 안정감이 있고, 상황 대처능력이 향상된다.
일치성	프레젠터의 행동이 주제와 일치할수록 신뢰성이 증대된다. 예 피부가 거친 사람이 피부가 좋아지는 화장품을 프레젠테이션한다면 설득력이 떨어질 것이다.

6 프레젠테이션의 기획

(1) 기 획

① 프레젠테이션의 목적에 맞는 콘셉트를 기획한다.
② 메세지의 내용을 구성한다.
③ 프레젠테이션 도구를 결정한다.

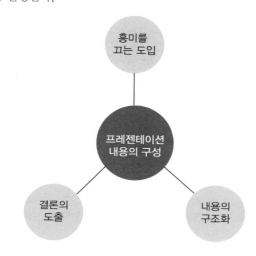

(2) 계 획

서 론	• 목적에 대한 주의를 집중시키도록 한다. • 제목을 통해 명확한 메시지의 핵심을 전달한다. • 본론 내용에 대한 핵심 요소를 예고한다. • 신뢰감을 조성한다.
본 론	• 요점을 논리적으로 구성한다. • 주요 요점은 3가지 정도로 구조화하여 뒷받침하는 자료를 준비한다. • 시청각 자료의 활용을 극대화한다.
결 론	• 주요 요점을 요약하여 재점검한다. • 서론과 본론의 내용을 강조하면서 호소력 있는 강조로 마감한다.

(3) 시청각 자료의 사용

① 목적과 내용에 맞는 시청각 자료를 사용하도록 한다.
② 시청각 자료는 어디까지나 발표자의 내용을 뒷받침하는 역할을 하는 도구로 활용하도록 하고, 전달 기술(Skill)을 반드시 숙지하고 활용한다.
③ 청중의 눈높이에 맞춘 컬러, 글자 크기, 슬라이드 화면구성 등 애니메이션이나 멀티미디어 등도 활용할 수 있다.
④ 시청각 자료의 종류는 OHP, 파워포인트, 동영상, 플래시, 디렉터, 3D, 캐릭터, 실물 등이 있다.
⑤ 시청각 자료 제작 시 고려사항으로는 자료의 적합성과 일관성, 효과적인 색채와 디자인 등이 있다.

1 MICE 산업의 이해 ★★🔊

① 마이스(MICE) 산업은 기업회의(Meetings), 포상관광(Incentives), 컨벤션(Conventions), 전시 · 이벤트(Exhibitions & Events)를 융합한 산업을 말한다.

Meetings (기업회의)	• 아이디어 교환, 사회적 네트워크 형성, 토론, 정보교환, 사업 등 MICE 목적으로 설립된 유료시설을 사용하는 모든 회의를 말한다.
Incentives (포상관광)	• 회사에서 비용의 전체 또는 일부를 부담하는 조직원들의 성과에 대한 보상 및 동기를 부여하기 위한 순수 포상여행을 말한다.
Conventions (컨벤션)	• 아이디어 교환, 사회적 네트워크 형성, 토론, 정보교환, 사업 등 MICE 목적으로 설립된 유료시설을 사용하는 회의로서, UIA(Union of International Association) 기준에 부합하는 정부 / 공공, 협회 / 학회, 기업회의를 말한다. • Meetings보다 규모가 크며, 국제적 성격을 띤 회의를 말한다.
Exhibitions / Events (전시 / 이벤트)	• 제품, 기술, 서비스를 특정 장소인 전문 전시시설에서 판매, 홍보, 마케팅 등의 활동을 함으로써 유통업자, 무역업자, 소비자, 관련 종사자 및 전문가, 일반인 등을 대상으로 해당 기업 및 관련 기관들이 정보를 교환하거나 거래 및 마케팅 활동을 하는 각종 전시를 말한다.

② 좁은 의미에서는 국제회의 자체를 뜻하는 컨벤션과 회의 · 인센티브 관광 · 각종 전시 · 박람회 등 복합적인 산업의 의미로 해석되면서 생겨난 개념이다.

③ 줄여서는 비즈니스 관광(BT ; Business Trip)이라고도 하며, 일반 관광산업과 다르게 기업을 대상으로 하기 때문에 일반 관광산업보다 그 부가가치가 훨씬 높다. 따라서 일반 관광산업은 B2C(Business to Customer) 산업으로 보지만, MICE 산업은 B2B(Business to Business) 산업으로 볼 수 있다.

④ MICE 산업은 대표적인 서비스 산업으로서, MICE 산업 자체의 산업뿐만 아니라 숙박과 식 · 음료, 교통 · 통신과 관광 등 다양한 산업이 연관되어 발생하며, 관광업과 마찬가지로 외화를 직접 벌어들이고 있으며 고용창출 효과가 크다.

⑤ 'MICE'라는 용어는 싱가포르, 홍콩, 일본, 한국 등 동남아시아권에서 좀 더 많이 사용되는 용어이다.

2 MICE 산업의 특징

공공성	• 개최에 있어 정부와 지역사회의 적극적인 참여가 필요하다. • 컨벤션 센터의 경우 이를 건립하는 데 막대한 비용이 필요하며, 건립 이후에도 꾸준한 지원이 필요하다. • MICE 산업을 활성화시킬 수 있는 교통이나 통신, 법적인 지원 등이 필요하다.
지역성	• 지역의 고유한 관광, 문화, 자연 자원 등의 특성을 바탕으로 지역의 다른 산업들과의 연계를 통하여 이루어짐을 의미한다. • 독특한 문화적 이미지와 브랜드를 창출한다. • 지방정부가 MICE 산업을 지역 홍보수단으로 사용한다.
경제성	• 경제적으로 높은 파급효과를 가져온다. • 관광비수기 타개책으로 활용이 가능하다. • 관련 시설의 건설과 투자, 생산 및 고용 유발 등의 효과가 있다. • 고용 및 소득 증대, 지역의 세수 증대 등 지역 경제를 활성화한다.
관광연계성	• 일반 관광객에 비하여 경제력이 높은 참가자들이 관광을 하면서 관광관련 산업의 수익창출과 활성화를 일으킨다는 것을 의미한다. • MICE 산업 참가자들이 행사 중간이나 이후에 관심 있는 관광 프로그램에 참가한다.

3 MICE 4대 산업

(1) Meetings(기업회의)

① 아이디어 교환, 사회적 네트워크 형성, 토론, 정보교환, 사업 등 MICE 목적으로 설립된 유료시설을 사용하는 회의를 말한다.

② 최소 참가자를 10인 이상으로 하며, 최소 반일(4시간) 이상 진행되는 회의이다.

분 류	내 용
주최 및 주요 참가자에 따른 분류	• 협회 / 학회회의 : 협회 / 학회가 주최하는 회의 • 정부 / 공공기관 회의 : 정부 / 공공기관이 주최하는 회의 • 기업회의 : 기업회의에는 기업 포상회의(Corporate Incentives Meetings)도 포함 • 기타 회의 : 위의 범주에 속하지 않는 기타 회의
참가자의 국적 및 참가국 수에 따른 분류	• 국제회의 : 외국인 10명 이상이 참가하는 Meetings • 국내회의 : 외국인 10명 미만이 참가하는 Meetings

③ 기업회의의 종류

컨퍼런스	새로운 지식 습득이나 특정 분야의 연구를 위한 회의로서, 컨벤션에 비해 토론회가 많고, 참가자에게 토론 기회가 주어진다.
포 럼	제시된 주제에 대해 상반된 견해를 가진 동일 분야의 전문가들이 사회자들의 주도하에 청중 앞에서 벌이는 공개토론회이다.
패널토론	2명 또는 그 이상의 강연자를 초청하여 전문 분야의 지식과 관점을 청취하는 형태의 회의이다.
세미나	참가자 중 1인의 주도하에 특정 분야에 대한 각자의 지식이나 경험을 발표하고 토의하는 회의이다.
워크숍	30명 내외 소규모 인원이 특정 이슈에 대해 지식을 공유하는 회의로서, 회사에서 주어진 프로젝트나 과업, 부서의 운영 등에 대해 토론한다.

(2) Incentives(포상여행)

① 포상여행(Incentives)은 회사에서 비용의 전체 또는 일부를 부담하는 조직원들의 성과에 대한 보상 및 동기를 부여하기 위한 순수 포상여행을 말하며, 상업용 숙박시설에 1박 이상 체류하는 것을 말한다.

② 인센티브 여행자협회(SITE ; Society of Incentive Travel Executives)는 인센티브 여행을 "목적이나 목표를 달성한 종사원(특히 판매직), 거래상인, 고객들에게 여행이라는 형태로 보상을 함으로써 그 동기를 진작시키기 위한 경영도구"라고 정의하고 있다.

③ 인센티브 여행은 기업이나 단체의 인센티브 여행 전담부서에서 별도로 기획·제작한 프로그램에 의해 구성되며, 회사가 기획하고 조직하여 포상기회의 참가와 획득방법을 홍보하기 때문에, 본질적인 동기로 실시하는 개인여행이나 레크리에이션과는 다르다.

④ 인센티브 여행의 효과

새로운 도전에 대한 해결책 제시	• 경제적 여건이 변화된 시점에서 인센티브는 새로운 도전에 대한 해결책을 제시해 줄 수 있다. • 판매의 증가, 생산성 향상, 시장점유율 증가, 이직률 감소, 품질향상, 사기양양, 팀워크 강화, 작업습관 개선, 안전성 보장, 결근 감소 등의 효과를 가져 올 수 있다.
구체적인 보상과 욕구 충족	• 인센티브는 사람들 모두가 그것을 원하기 때문에 효과가 있는 것인데, 업무를 효과적으로 수행한 점에 대해 구체적인 보상을 줌으로써 회사의 경영목표를 확인하고자 하는 욕구를 충족시켜 준다.
사기 및 영업실적 향상	• 여행의 즐거움, 새로운 경험 및 지식의 습득, 함께 여행하는 동료나 상관과의 상호 이해 등은 회사의 분위기 쇄신, 사기 향상, 영업실적 향상 등 여타의 포상방법(상여금 지급 포함)보다도 효과가 높은 것으로 밝혀졌다.

⑤ 인센티브 여행 프로그램의 종류

종류	내용
순수 포상여행	• 필요과업을 달성한 직원이 업무를 성취한 대가로 기업으로부터 휴가와 보상을 받는 것이다.
판매 포상여행	• 업무와 휴가를 겸한 여행으로서, 이러한 여행은 신상품의 소개, 신기술의 견학, 새로운 생산설비의 견학 등 일련의 회의에 참여하는 것을 포함한다.
시찰 초대여행	• 관광사업체, 새로운 도시에 신항로를 개설한 항공회사, 새로운 지역에서 체인을 건설한 호텔 등은 임직원들이 직접 그 인기와 퍼블리시티를 유발하기 위해서 시찰 초대여행을 자주 이용한다.
거래상 대상여행, 판매직원 대상여행	• 거래상 대상여행(Dealer Trips)은 비교적 기간이 길고 원거리 여행을 하며 업무적 성격이 거의 가미되지 않고 위락 및 휴식기회를 제공하기 위해 흥미 위주로 한다. • 판매직원 대상여행(Sales Force Trips)은 국내 유명지역으로 비교적 단기간에 걸쳐 업무적 성격의 프로그램이 다소 가미되는 경향이 있다.
사원 인센티브 여행	• 이너(Inner) 인센티브 여행, 사내 인센티브 여행이라고도 불리는 사원 인센티브 여행은, 사원육성, 동기부여, 사은, 보상, 위로, 정착화 등의 촉진과 함께 대외적인 기업이미지 향상을 꾀한다. • 일반적으로 성적 우수자를 대상으로 행하는 여행이나, 전사원 대상의 직장여행, 장기근속여행, 재충전 휴가로도 활용되고 있다. 　예 종업원 위안여행, 영업성적 보상여행, 장기근속 표창여행, 업무정근 표창여행, 정년퇴직 기념여행, 단신부임 위로여행, 내조공로 표창여행, 우수기획입안 표창여행, 창립 · 주년여행
소비자 인센티브 여행	• 유저(User) 인센티브 여행이라고도 불리며, 상품 공지나 확대판매, 상표이미지 향상, 고객확보 등을 목적으로 한다. • 신상품 발표에 따른 광고 선전에 대한 반응조사, 상품의 인지도 향상, 혹은 사은이나 판매캠페인, 경품증정 등 매상증대에의 직접적 동기부여, 고객관리 등으로 기업이미지, 상표이미지 향상으로도 이어지고 있다.

(3) Conventions(컨벤션) ★★중요

① 컨벤션 산업은 국제회의, 박람회, 전시회, 이벤트 관광으로 구성된 집합체 등 각종 국제행사를 유치함으로써 각종 부가이익을 창출하는 산업을 말하며, 어원은 "Con"= With, Together, "Vene"= Meet → "Convene"= Convention(함께 만나다)의 의미를 지니고 있다.

② 1차적으로 컨벤션과 관련된 센터운영, 설비 서비스 관련 산업을 가리키지만 관광 · 숙박 · 레저 · 유흥 · 식음료 · 교통 · 통신 등 관련 산업까지 강한 영향을 미치며 지식과 정보의 생산과 유통을 촉진하고 국내 이미지를 높이고 홍보할 수 있는 지식기반 산업이자 환경비용이 거의 들지 않는 고부가가치 산업이다.

③ 서비스 산업으로서 고용을 창출하고 지역경제 활성화와 함께 외화획득에 기여하는 무공해산업이라는 순기능을 하며, 산업구조 측면에서는 국제회의 용역업, 호텔, 항공사, 여행사, 회의관련 기타 산업 등 서비스를 주된 상품으로 하는 3차 산업의 발달을 가져올 수 있다.

④ 컨벤션 관광객의 경우 일반 관광객보다 체재기간이 1.3배나 많으며 지출액도 2.2배에 달하기 때문에, 컨벤션 산업은 '굴뚝 없는 황금산업', '서비스산업의 꽃'으로 불린다. 이에 더해, 컨벤션 참가자들로 인해 유입되는 금전과 같은 유형적 효과보다 무형적인 가치가 큰 산업이다.

⑤ 미국에서는 컨벤션(Convention)으로 표현되고 미국형 컨벤션은 기업 및 단체의 대회나 집회 '미팅'을 주류로 한다. 유럽에서는 컨그레스(Congress), 멧세(Messe)로 표현되며, 유럽형 멧세는 국제기관에 의한 공식적인 회의 및 전시회를 주류로 한다.

구 분	분 류
주최 및 주요 참가자에 따른 분류	• 협회 / 학회 컨벤션 : 협회 / 학회가 주최하는 컨벤션 • 정부 / 공공 컨벤션 : 정부 / 공공기관이 주최하는 컨벤션 • 기업 컨벤션 : 기업이 주최하는 컨벤션 • 기타 컨벤션 : 위의 범주에 속하지 않는 기타 컨벤션

⑥ 국제회의 · 컨벤션의 발전과정

　㉠ 근대적인 국제회의의 효시는 1814년 9월에서 1815년 6월 사이에 개최된 빈 회의(Congress of Wien)이다.

　㉡ 제 1, 2차 세계 대전을 거치는 동안 국제동맹, 국제연합과 같은 국제적 조직이 설립되면서 정치, 경제, 사회, 문화, 학술, 스포츠, 관광 등 전 분야에 걸쳐 교류가 활성화되었다.

　㉢ 약 30여 년 전 PCO(Professional Conference Organizer)라는 용어가 이 시기에 유럽에서 생겨났다.

　㉣ 우리나라의 경우 1986년 아시안 게임과 1988년 서울 올림픽의 성공적인 개최를 계기로 세계 속에 한국의 지명도가 높아졌으며, 이 영향으로 국제회의 산업은 날로 성장하고 있다.

　㉤ 국제회의가 빈번해진 오늘날에는 종래의 양국간 외교와 다른 '회의외교(會議外交, Diplomacy by Conference)'가 중요한 역할을 담당하게 되었다.

> **J. 카우프만은 이런 국제회의를 기능적으로 크게 셋으로 나누어 분석하였다.**
> • 심의적 회의(審議的會議 : 특정한 의제에 대하여 토의와 의견교환을 한다)
> • 입법적 회의(立法的會議 : 정부를 구속하는 권고 또는 결정을 한다)
> • 정보교환적 회의(情報交換的會議 : 특정 문제에 관한 정보교환을 한다)

⑥ 컨벤션의 파급효과

　　㉠ 주최자적인 측면 : 정보교환 촉진, 주최자의 입지 강화, 인적 교류 증진

　　㉡ 관련분야 및 종사자적인 측면 : 최신정보 및 기술습득, 지식과 정보의 공유

　　㉢ 국가적인 측면 : 국가홍보, 외화획득, 고용창출, 지역경제발전

경제적 효과	• 컨벤션주최자의 소비지출에 의한 직·간접적인 경제승수효과 • 컨벤션참가자의 직접 소비에 의한 경제승수효과 • 개최도시 및 개최국가의 세수 증대 • 선진국의 기술이나 노하우의 벤치마킹으로 국제경쟁력 강화 • 각종 시설물의 정비, 교통망 확충, 환경 및 조경 개선, 고용증대 등 산업 전반의 발전에 영향
사회문화적 효과	• 도시화, 근대화 등의 지역 문화 발전 • 고유문화의 세계 진출 기회와 국가 이미지 향상의 기회 • 세계화와 질적 수준의 향상
정치적 효과	• 개최국의 국제 지위 향상 • 문화 및 외국 교류의 확대 • 국가 홍보의 극대화
관광산업 발전 효과	• 관광 비수기 타개 • 대량 관광객 유치 및 양질의 관광객 유치 효과 • 관광 홍보

⑦ 국제회의 개최지 및 개최시설의 선정

　　㉠ 국제회의 개최 시 개최지를 선정할 때는 여러 가지를 고려해야 한다. 고려사항으로는 개최장소의 적합성, 숙박시설의 적절성, 전시장의 이용가능성, 공항에의 접근성, 교통의 편의성, 인적자원의 전문성, 개최시기의 날씨 등을 고려해야 한다.

ⓛ 개최시설의 선정과 종류

회의실을 선정할 때는 회의실의 규모와 수용능력, 회의실 유형별 배치와 기능, 전시장 활용성, 회의실 임대료, 서비스종사원의 능력, 위치 및 접근성 등을 고려하여 선정한다.

시 설	설 명
호텔회의장	• 호텔회의장은 호텔의 본래 기능에 컨벤션 기능을 추가하여, 숙박시설, 회의장, 식음료 서비스가 같은 장소에서 이뤄진다는 장점이 있다. • 숙박시설이 국제회의시설로서 갖는 의미는 국제회의 참가자를 집합시키고 국제회의에 출석하기 위한 근거지가 된다는 것이다.
컨벤션센터	• 대단위 컨벤션센터는 같은 건물에서 회의와 전시를 모두 개최할 수 있도록 설계된 공공 집회장소라고 할 수 있다. 그러므로 대부분 연회, 식음료, 구내 서비스 등을 제공하는 설비를 갖추고 있다. • 컨벤션센터는 산업계의 전시회를 개최하기 위해 대규모로 유연성 있는 공간을 제공하는 것은 물론이고 연회, 회의 그리고 협회의 리셉션 등을 위한 소규모 공간도 제공한다.
대학시설	• 대학시설은 참가자에 대한 비용절감과 함께 대학캠퍼스 안에서 다시 배운다는 심리적 영향이 가장 큰 이점이라고 할 수 있다. • 기술적이거나 과학적인 성격의 회의는 대학의 실험실을 이용할 수 있기 때문에 대학에서 회의를 개최하여야 하는 주요 이유가 되기도 한다.
리조트	• 현대의 회의가 업무와 오락의 병행에 중점을 두는 경향이 늘어나면서부터 많은 회의단체들은 회의, 박람회 등을 리조트에서 개최하는 것을 긍정적으로 고려하고 있다. • 리조트산업은 회의 및 박람회와 관련된 편의시설을 제공하는 것뿐만 아니라 휴가시설도 동시에 제공한다.
기타 회의시설	• 전문적인 회의시설로 공공집합시설(PAF ; Public Assembly Facilities)을 이용하는 경우가 있는데, 이러한 시설은 회의를 포함하는 다목적 공간으로 건설되어져 극장, 강당, 스타디움, 전시홀 등을 보유하고 있다. • 기타 크루즈, 문화센터홀, 일반 숙박시설에서 회의를 개최하는 경우도 있다.

⑧ 등록 관리

등록신청서 관리	• 참가자의 국적, 소속, 지위, 성명 등 인적사항과 연락처, 참가목적 등의 정보를 관리한다. • 주최 측의 본부 보관용, 조직위원회의 사무국 보관용, 참가자의 등록 보관용으로 구분한다. • 등록자 명단, 참가자 숙박정보 등을 데이터베이스로 구축한다.
등록 절차 방법	• 사전등록 : 회의 전 규모를 예측할 수 있고, 당일 접수 및 본인 확인의 시간을 절약할 수 있다. • 현장등록 : 현장에서 등록하고 참석하는 것으로서, 참가자가 몰리게 되면 혼잡해지는 시간이 낭비되는 단점이 있다. 따라서 동선의 확보가 쉬운 곳에 등록 데스크를 설치하여야 한다.

⑨ 숙박 관리

　　㉠ 행사 참가자의 특성과 분류에 따라 적정한 숙박 장소의 선정이 필요하다.

　　㉡ 숙박 장소는 성공적인 컨벤션 행사의 근본이 되는 구성요소이다.

　　㉢ 비용의 소요를 최소화하면서 효율성은 극대화할 수 있는 계획이 필요하다.

Tip　숙박 장소 선정 시 고려사항

- 컨벤션 회의장과의 편리한 접근성
- 참가자들의 수준에 적합한 숙박 장소 선정
- 충분한 부대시설의 확보
- 교통의 편리성 확보
- 안전관리체계 확립
- 컨벤션 개최에 관한 업무 노하우 확보
- 행사 진행을 위한 인적자원의 적정 수준 확보

---

⑩ 국제회의 서비스 제공자

　　㉠ 통역, 번역업

　　　　• 참가자들의 의사소통을 원활하게 할 수 있도록 순차통역 및 동시통역 등을 활용한다.

　　　　• 국제회의 통역사는 보통 연사의 옆이나 회의장 뒷쪽에 위치하여 회의진행상황과 발표자의 표정 그리고 움직임을 잘 확인할 수 있어야 한다. 그러나 참가자들의 통행에 지장을 주지 않도록 한다.

　　㉡ A/V장비 임대업체 : 컨벤션은 음향영상 설비를 필요로 하므로, 동시통역기, 빔프로젝터, 실물투사기, LCD, VCR, 멀티큐브, 각종 음향기기 등의 서비스를 활용한다.

　　㉢ 시설매니저 : 호텔 및 컨벤션 관리자들로, 장소 내 모든 행사를 관리 및 감독하여 개최지에 대한 전반적인 지역정보를 제공받도록 한다.

　　㉣ 기타 서비스 : 장식 및 간판업, 전시부스 시공업, 인쇄 및 출판업, 기념품제조업, 사진 및 영상업, 행사의상대여업, 운송업, 통신업, 청소대행업 등 다양한 업무서비스와 긴밀히 협조한다.

(4) Exhibitions & Events(전시 & 이벤트)

형태에 따른 분류	• 무역전시회(Trade Show) : 순수한 상거래와 무역을 목적으로 한 바이어, 업계종사자 위주의 전시회 • 일반전시회(Public Show) : 일반인(General Public)을 대상으로 한 제품소개, 홍보활동 위주의 전시회 • 무역 / 일반전시회(Combined Show) : 무역전시회와 일반전시회의 특성이 혼합된 전시회
참가업체 및 참관객에 따른 분류	• 국제 Exhibitions : 「전시산업발전법」에 의한 전시회로 100명 이상의 외국인 구매자가 참가 등록한 무역전시회, 소비자전시회 및 혼합전시회(1일 이상) • 국내 Exhibitions : 「전시산업발전법」에 의한 전시회로 100명 미만의 외국인 구매자가 참가 등록한 무역전시회, 소비자전시회 및 혼합전시회(1일 이상)

① 전시는, 특정한 물건을 벌여 차려 놓고 일반에게 참고가 되게 하는 모임이라는 사전적 의미를 가지고 있으며, 상품 및 서비스 판매업자들의 대규모 상품진열을 의미하는 것으로서 회의를 수반하기도 한다.

② 국제 박람회란 일종의 전시회로서, 교육효과를 주요 목적으로 삼고, 인간의 모든 역량을 면밀히 조사하여 진보의 욕구를 충족시키며, 한 분야의 인간 활동에서 이루어진 진보사례나 미래의 전망을 제시해 보이는 것이라 할 수 있다. 따라서 전시는, 한 시대가 이룩한 성과를 확인하고 미래를 전망하는 산업의 한 분야라고 정의한다.

③ 특정상품이나 기술, 서비스를 특정장소에서 일정한 기간 동안 홍보함으로써 관람객(즉, 구매자나 무역업자, 전문가, 관계자, 관련종사자, 일반인 등)에게 경제적 목적을 달성시키는 활동이다. 이렇듯 기업을 알리고 제품과 기술을 홍보하여 거래를 성사시킬 수 있기 때문에 광고와 마케팅이 최고도로 집약, 발전된 첨단산업이다.

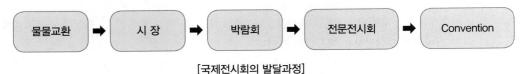

[국제전시회의 발달과정]

④ 전시회의 목적

신상품 조사 및 개발	목표 참가자들은 대체로 전시회에 관해 많은 지식을 가지고 있는 경우가 많다. 참가자의 10%는 특정 제품이나 업체에 관심을 가지고, 방문객의 50%가 신상품 조사·개발을 목적으로 참가한다.
대량거래	제조업체와 유통업체는 일정 기간에 전시회에 참가함으로써 고객이 연중 특별 기간에 대량구매를 하도록 여건을 조성한다.
거래시기 공유	전시회는 관련 산업의 구매 시기를 정한다.
홍보마케팅	전시회는 즉각적인 신상품 소개로 시간에 민감한 환경에 획기적인 신상품을 소개하는 데 가장 편리한 수단이다.

⑤ 전시회의 구성원

시설분야	• 컨벤션센터, 전시장, 컨퍼런스 센터, 호텔, 리조트 등
전시주최자	• 개별 전시회 주최자, 각 산업분야 진흥협회·단체, 쇼 프로듀서, 매니저 등은 전시회를 기획하고 운영하는 역할을 함 • 전문 전시전문가를 PEO(Professional Exhibition Organizer)라 함
전시회 출품자	• 상품과 서비스의 판매를 목적으로 하는 자
용역 / 하청업체	• 전시회 광고 / 홍보회사, 출장요리와 식음료서비스 등의 업체
전시회 참관자	• 최신 상품이나 전시회를 참관하여 구매를 목적으로 하는 국내외 바이어

4 MICE 실무

(1) MICE 기획운영

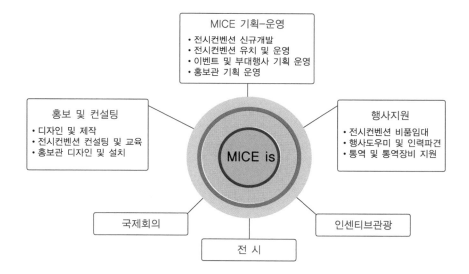

① 행사의 기획 : 행사의 목적과 기대하는 결과를 중심으로 기획서를 작성한다.

> **Tip 기획서 내용**
>
> **Ⅰ. 사업 개요**
>   1. 행사 개요   2. 제안 개요   3. 행사의 차별화
>
> **Ⅱ. 제안업체 일반**
>   1. 일반 현황   2. 주요 임직원 경력 사항   3. 조직도
>   4. 주요 사업내용   5. 주요 사업실적
>
> **Ⅲ. 행사기획**
>   1. 행사 컨셉   2. 행사 구성   3. 개막식
>   4. 부대행사   5. 이벤트   6. 행사운영 계획
>
> **Ⅳ. 홍보 및 마케팅**
>
> **Ⅴ. 추진방향**
>   1. 행사운영(숙박, 홍보계획, 예산계획)
>   2. 추진 조직
>   3. 추진 일정

② 행사 세부계획 내용

- 회의 정보(회의주제, 개최일자, 개최장소, 주최단체, 후원단체)
- 대회장 및 조직위원장, 주요인사 초청
- 조직위원회 이사회 및 사무국
- 초청 연사 및 회의참석자 정보
- 등록 방법 및 등록비
- 숙박 정보 및 숙박비
- 사교프로그램
- 등록 / 숙박 / 관광 신청 양식
- 동반자 프로그램
- 관광프로그램
- 전시프로그램
- 관광지, 기후, 비자 및 환율
- 논문 제출 지침서 및 Call for Paper
- 스폰서 관련 자료(Prospectus)
- 교통(공항–회의장), 수송관련 정보
- 개최시설 위치 및 지도
- 기타(식사, 은행, 우편 서비스 등)
- 사무국 및 담당자

(2) MICE 개최홍보

① 컨벤션 개최홍보

㉠ 예상 참가자를 대상으로 컨벤션 내용과 참가의 이점을 홍보한다.

㉡ 홍보매체에 광고, 기사를 게재하여 컨벤션과 주최기관에 대한 이미지를 형성한다.

㉢ 컨벤션 개최에 대한 의의, 사회적 의의 등의 홍보를 실시한다.

② 컨벤션 내용홍보

㉠ 홍보물은 주제와 컨셉을 개최목적에 맞게 정확히 설정한다.

㉡ 홍보문안 및 개요 작성 시 표현의 정확성을 위하여 구체적인 표현을 사용한다.

㉢ 전문용어의 사용은 자제하고, 가급적 형용사나 부사형 어구를 절제하여 기재한다.

㉣ 통일된 디자인 활용 및 심벌마크, 서체 등에서 신뢰감을 표현한다.

㉤ 테마의 반복 사용으로 잠재적 흥미 제고 및 브랜드이미지를 홍보한다.

> **Tip ▶ 대언론관계**
> - 보도자료 작성 활용(개최 2~3개월 전부터 제공)
> - 뉴스가치, 홍보성이 가장 중요
> - 언론사 데스크 입장에서 작성, 제작 배포
> - Press Room 설치 운영, 언론 브리핑 실시
> - Press Kit 제작, 배포(공용어와 한글 사용)
> - 협조공문, 보도자료, 주요 인쇄물 및 자료, 주요 발표자 약력 및 사진 슬라이드 사진, 프로그램 내용안내, 초대장 등

③ 홍보물 발송

㉠ 참가권유는 주로 DM방식을 활용하되, e-mail, TM 등 다른 촉진수단 등도 순차적으로 활용하여 홍보 효과를 촉진시킨다.

㉡ 홍보물 내용은 프로그램 제목, 일시, 장소관련 내용, 후원, 목적, 연사 및 참가자, 프로그램 일정, 비용과 그 혜택, 특별행사, 숙박정보, 교통편 등을 기재하고, 참가자에게 컨벤션의 가치를 인식하게 하여 즉각적인 반응을 유도하도록 한다.

㉢ MICE 프로그램은 시기가 중요하다. 참석자가 가장 많고, 관심도 최고조를 이룰 적절한 시기를 잘 맞추어 홍보물을 발송하도록 한다. 특히, 참가자 사전등록 마감일 이전에 실시해야 한다.

㉣ 홍보물은 2~3회 단계적으로 발송하되, 소요예산을 고려한다. 또한, Mailing List를 작성하여 목표고객에 대한 관리를 체계적으로 하고, 과거 참가자 및 유사단체 회원 등 통계 DB를 구축해 두어야 한다.

④ 컨벤션 단계별 홍보실행

First Announcement

• 초기단계에 관계자에게 개최사실 통지(컨벤션명, 일시 및 장소 등 홍보)
• 참가의향, 논문제출 예정 등 참가인원 파악 예비자료 활용
• 인터넷 홈페이지 활용, 편리성 제공

1. 개최 일시	6. 연사 프로필(정해진 경우)
2. 개최 장소	7. 사무국 / 조직위 정보(향후 정보를 구할 수 있는 곳)
3. 개최지 정보	8. 홈페이지 주소
4. 회의의 목적 및 주요 테마	9. 회신 카드
5. 관광 프로그램 및 개최지 소개	10. 동반자 카드

2nd Announcement / Circular

• 참가 가능성이 있는 사람 대상으로 참가권유 팜플렛

1. 대회장 / 조직위원장 초청인사	8. 등록 / 숙박 / 관광 신청 양식
2. 조직위원회	9. 동반자 프로그램
3. 일반정보(회의주제, 개최일자, 개최장소, 주최단체, 후원단체)	10. 관광프로그램
	11. 전 시
4. 임시회의 스케줄(Program Draft)	12. 관광지, 기후, 비자 및 환율
5. 등록방법 및 등록비	13. 논문 제출 지침서를 수록한 Call for Paper
6. 숙박정보 및 숙박비	14. 스폰서 관련 자료(Prospectus)
7. 사교 프로그램	15. 사무국 및 담당자

* First Circular : 1년, 1년 반 전에 참가등록신청서 동봉하여 발송(참가권유 및 Call for Paper 동시 실시)
* Second Circular : 참가 내정자를 대상으로 프로그램 전반의 내용 통보
* Final Circular : 최종 결정사항 통보

Final Program

• 초기단계에 관계자에게 개최사실 통지(컨벤션 명, 일시 및 장소 등 홍보)
• 참가의향, 논문제출 예정 등 참가인원 파악 예비자료 활용
• 인터넷 홈페이지 활용, 편리성 제공

1. 대회장 / 조직위원장 초청인사	
2. 조직위원회, 이사회 및 사무국	
3. 회의 정보	6. 사교 프로그램
4. 회의장 Floor plan	7. 동반자 프로그램
5. 회의 스케줄	8. 관광 프로그램
– Keynote Speaker	9. 개최시설 지도
– Plenary Session Speaker	10. 수송 관련 정보
– Invited Speaker, 발표주제 및 회의장	11. 일반사항(식사, 은행, 우편서비스 등)
– Scientific Session, 발표주제 및 회의장	

⑤ 기타 매체 홍보방법

인터넷 매체 홍보	홍보 및 참가자 등록기능 부여
인쇄물 홍보	리플렛, 서큘러 레터, 팜플렛, 포스터 등을 이용하여 관련기관, 조직, 회원 대상으로 배포하여 홍보
옥외매체 홍보	현수막, 조형물, 배너, 유도사인 등 활용
홍보이벤트 실시	환영파티, 민속공연, 홍보 영상물 상영
광고 실시	국내외 전문매체 등 언론방송 매체 활용
스폰서 유치	관련기관이나 업체 대상으로 스폰서 유치
기념우표 등 발매	제작 소요기간 활용

⑥ 컨벤션 종료 후 홍보

　㉠ 감사서신 발송 : 참가자 및 발표자, 스폰서, 언론기관, 후원 기관 단체 대상

　㉡ 결과보고서 작성 및 배포 : 행사 전반의 내용분석, 결과보고서 작성, 관련자에게 송부

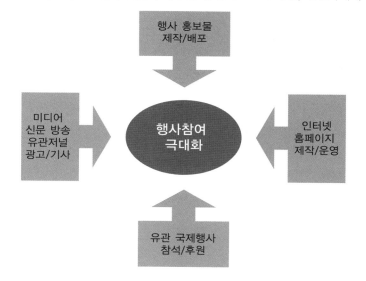

(3) 행사지원

① 전시컨벤션 비품 임대

② 행사 도우미 및 인력 파견

③ 통역 및 통역장비 지원

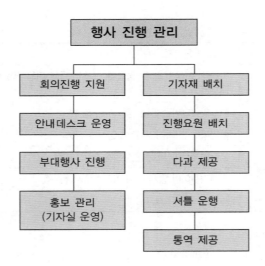

(4) 현장 운영

① 업무 분장별 최종 점검

② VIP 의전 및 주요 동선별 역할(조우) 대상자 확인

③ 퍼포먼스, 연출 포인트 및 시스템 점검(음향, 특수효과, 영상 등)

④ 사회자 및 통역사, 주 진행 인원 점검

⑤ 기타 운영 점검(사전등록, 현장등록 상황별 준비)

⑥ 참가자 지원과 관리사항 점검(귀빈석, 지정석, 명패 등)

⑦ 홍보기자단 및 홍보 관련 사항 점검

⑧ 예외상황에 대한 대비(날씨, 항공기 결항, 교통상황, 시위단 등)

배우기만 하고 생각하지 않으면 얻는 것이 없고,
생각만 하고 배우지 않으면 위태롭다.

– 공자 –

서비스경영 전문가가 꼭 알고 있어야 하는 전문용어

- **회의** : 2명 이상의 다수인이 모여서 어떤 안건을 의논·교섭하는 행위

- **정기회의** : 회칙이나 규약에서 정한 바에 따라 그 시기가 되면 반드시 소집해야 되는 회의로서, 그 단체의 여러 가지 문제를 처리할 수 있음

- **총회** : 최고의 의결기관으로서 소규모의 단체에서는 의장단과 의원들로, 대규모의 단체에서는 의장단과 대의원으로 구성되며, 임원선거나 전년도 결산의 승인, 금년도 예산의 결정이나 원칙의 변경 등 모든 중요한 사항을 처리함. 총회는 회칙에 의한 정기 총회나 긴급한 문제를 처리할 때 소집되는 임시 총회가 있음

- **토의회의** : 참석자가 지니고 있는 지식과 경험을 토대로 서로의 의사가 교환되는 회의

- **조정회의** : 전원에 의한 납득이 얻어질 수 없는 특별한 경우, 서로 이해가 엇갈리는 상반된 두 개의 그룹으로 나누어 자신의 주장을 내세우면서 상대방과 타협 가능한 최소한의 선을 발견하여 서로 양보하여 해결점을 찾아내는 회의방식

- **일의제(一議題)의 원칙** : 회의에서는 언제나 한 번에 한 의제만을 차례차례로 다루어나가야 한다는 원칙

- **브레인스토밍(Brainstorming)** : 여러 사람이 개개인의 아이디어와 의견을 내어놓고, 그 자극 작용에 의해 보다 나은 아이디어나 결론을 이끌어 내는 회의

- **원탁토론(Round Table Discussion)** : 토의의 가장 기본적인 형태로서, 참가인원은 보통 5~10명 정도로 소규모 집단 구성을 이룸

- **버즈(Buzz)토론** : 토의과정이 벌집을 쑤셔놓은 것처럼 소란스러워 Buzz라는 이름이 붙었으며, 우리말로는 '와글와글 토론'이라고도 함

- **배심토론(Panel Discussion)** : 특정 주제에 대해 상반된 견해를 대표하는 몇몇 사람들이 사회자의 진행에 따라 토의하는 형태로서, 4~6명의 배심원(패널)과 청중, 사회자로 구성됨. 배심원은 반드시 관련 주제의 전문가일 필요는 없음

- **단상토론(Symposium)** : 고대 그리스, 로마에서의 담화 또는 좌담형식의 토론으로서, 어떤 주제에 대해 학문적으로 이야기를 나누는 교양인의 모임이라는 뜻

- **세미나(Seminar)** : 참가자 모두가 토론 주제 분야에 권위 있는 전문가나 연구가들로 구성된 소수집단 형태

- **워크숍(Workshop)** : 전문적인 기술 또는 아이디어를 시험적으로 실시하면서 검토하는 연구회 및 세미나. 본디 '일터'나 '작업장'을 뜻하는 말이었으나. 지금은 '공동 수련', '공동 연수' 등의 의미로 쓰임

- **교실형 배치** : 장시간의 강의 청취와 노트필기에 적합한 배치형태

- **극장식 배치** : 가장 많은 인원을 배치할 수 있는 장점과 중앙 무대를 중심에 두고 둥글게 둘러싸는 좌석 배치로, 참가자 전원이 무대에 집중할 수 있음

- **의전** : 국가 간의 관계 또는 국가가 관여하는 공식행사에서 지켜야 하는 규범(A Set of Rules)

- **마이스 산업** : 기업회의(Meeting), 포상여행(Incentives), 컨벤션(Convention), 전시(Exhibition)를 융합한 새로운 산업으로서, 좁은 의미에서는 국제회의 자체를 뜻하는 컨벤션과 회의 · 인센티브 여행 · 각종 전시 · 박람회 등 복합적인 산업의 의미로 해석되면서 생겨난 개념

- **기업회의** : 아이디어 교환, 사회적 네트워크 형성, 토론, 정보교환, 사업 등 MICE 목적으로 설립된 유료시설을 사용하는 회의로서 최소 참가자 10인 이상, 최소 반일(4시간) 이상 진행되는 모든 회의

- **포상여행** : 회사에서 비용의 전체 또는 일부를 부담하여, 조직원들의 성과에 대한 보상 및 동기를 부여하기 위한 순수 포상여행을 말하며, 상업용 숙박시설에 1박 이상 체류하는 것

- **컨벤션** : 아이디어 교환, 사회적 네트워크 형성, 토론, 정보교환, 사업 등 MICE 목적으로 설립된 유료 시설을 사용하는 회의로서, UIA 기준에 부합하는 정부 / 공공, 협회 / 학회, 기업회의를 말하며, 기업회의보다 규모가 크고 국제적 성격을 띤 회의

- **전시회, 박람회** : 제품, 기술, 서비스를 특정 장소인 전문 전시시설에서 1일 이상 판매, 홍보, 마케팅 등의 활동을 함으로써 유통업자, 무역업자, 소비자, 관련 종사자 및 전문가, 일반인 등을 대상으로 해당 기업 및 관련 기관들이 정보를 교환하거나 거래 및 마케팅 활동을 하는 각종 전시

- **CVB** : 컨벤션 전담기구인 CVB(Convention & Visitors' Bureau)는 비영리를 목적으로 운영되고 회의개최 기구의 우산역할을 하며, 회의유치나 도시에 대한 서비스 제공과 마케팅을 담당

- **국제회의 기획업(PCO ; Professional Convention Organizer)** : 대규모 관광수요를 유발하는 국제회의의 기획 · 준비 · 진행 등의 업무를 행사주최자로부터 위탁받아 대행하는 업

- **CIQ 지역** : 세관(Customs)검사, 출입국관리(Immigration), 검역(Quarantine) 등이 이루어지며, 귀빈실을 사용하는 VIP에 대한 영접(Greeting)도 이 지역에서 이루어짐

출제유형문제

📖 일반형 문제

01 다음 중 우리나라의 의전 서열을 높은 순서대로 나열한 것은?

① 대통령 – 국회의장 – 국무총리 – 대법원장 – 검찰총장
② 대통령 – 국회의장 – 국회의원 – 국무총리 – 감사원장
③ 대통령 – 국회의장 – 국무총리 – 감사원장 – 국회의원
④ 대통령 – 국무총리 – 국회의장 – 대법원장 – 검찰총장
⑤ 대통령 – 국무총리 – 대법원장 – 국회의장 – 검찰총장

> **해설** 대통령 – 국회의장 – 대법원장 – 국무총리 – 감사원장 – 국회의원, 검찰총장

02 다음 중 의전의 5R에 해당하지 않는 내용은?

① 상호존중(Reciprocity)
② 서열타파(Rank Free)
③ 상대방에 대한 존중(Respect)
④ 오른쪽 상석(Right)
⑤ 현지문화의 반영(Reflecting Culture)

> **해설** 의전의 5R
> • 상대방에 대한 존중(Respect)
> • 상호주의(Reciprocity)
> • 현지문화의 반영(Reflecting Culture)
> • 서열존중(Rank)
> • 오른쪽 상석(Right)

03 다음 중 국제행사 의전 시 '상석'에 관한 기준에 대한 설명으로 옳지 않은 것은?

① 출입구 기준 거리 – 출입구에서 가까운 곳이 상석이다.
② 높은 곳과 낮은 곳 – 높은 곳이 상석이다.
③ 편안한 곳과 불편한 곳 – 편안한 곳이 상석이다.
④ 중앙과 주변 – 중앙이 상석이다.
⑤ 자동차 도로와 나란히 있는 보행로 – 도로에서 멀리 떨어진 쪽이 상석이다.

> **해설** 출입구에서 먼 곳이 상석이다.

04 다음 중 의전의 의미에 대한 설명으로 옳지 않은 것은?

① 의전은 개인 간의 관계에서 지켜야 할 기본 예의범절을 뜻한다.
② 기업의 경우는 대내외적으로 공식적인 높은 규범을 필요로 하는 행사에 적용한다.
③ 외교관계를 담당하는 정부부서의 공식문서 또는 외교문서의 양식을 의미하기도 한다.
④ 국가의 경우는 국가의 행사, 외교 행사 등에 행해지는 모든 국제적 예의규범을 뜻한다.
⑤ 의전을 뜻하는 '프로토콜'의 어원은 'Protokollen'으로, 그리스어 'Proto(맨 처음)'과 'Kollen(붙이다)'의 합성어이다.

> **해설** 개인 간의 관계에서 지켜야 하는 기본 예의범절은 '에티켓'이라고 한다.

05 MICE 영역 중 Meetings에 대한 설명으로 가장 적절하지 않은 것은?

① Meetings의 목적은 교육, 정보교환, 토론 등으로 다양하다.
② 회의의 주최에 따라 협회, 학회, 정부, 공공기관, 기업회의 등으로 구분한다.
③ 한 번에 대규모의 관광단이 이동한다는 점에서 수익이 보장되는 상품이다.
④ 국제적 기업회의라 함은 외국인이 10명 이상 참가해야 한다고 정의한다.
⑤ '기업회의'를 의미하며, 10명 이상의 참가자가 참여하여 4시간 이상 진행되는 회의이다.

> **해설** ③ 포상관광(Incentives)에 대한 설명이다.

PART 05

06 회의(Convention) 목표수립 시 반드시 고려해야 할 사항은?

① 인력투입 규모
② 예산의 풍부함
③ 개최 자치단체장의 선호
④ 주최기관 대표자의 영향력
⑤ 정량적 · 정성적 목표 및 평가방법

> 해설) 회의목표 수립 시 정량적 · 정성적 평가의 항목과 평가방법을 기획단계에서 명시하지 않으면 객관적인 평가가 이루어질 수 없다.

07 다음 보기의 컨벤션 개최지 선정과정을 가장 적절한 순서대로 나열한 것은?

> A. 회의에 필요한 물리적 요구사항 결정
> B. 참가자의 관심과 기대 정의
> C. 평가 및 선정
> D. 일반적 장소와 시설의 종류 선택
> E. 회의 목적 및 목표 확인
> F. 회의의 형태 및 형식 개발

① A → B → C → D → E → F
② E → F → B → A → C → D
③ D → E → B → C → A → F
④ E → F → A → B → D → C
⑤ A → F → C → D → E → B

> 해설) **컨벤션 개최지 선정과정**
> 1. 회의의 목적설정 및 확인
> 2. 회의의 형태 및 형식 개발
> 3. 회의에 필요한 물리적 요구사항 결정
> 4. 참가자의 관심과 기대 정의
> 5. 일반적 장소와 시설의 종류 선택
> 6. 평가 및 선정 등

08 다음 중 이동 시 '상석'에 관한 기준으로 옳지 않은 것은?

① 열차의 좌석 – 열차의 진행 방향으로 있는 창가 좌석이 상석이다.
② 자동차 도로와 나란히 있는 보행로 – 도로에서 멀리 떨어진 쪽이 상석이다.
③ 비행기 이코노미 클래스 좌석 – 창가 좌석이 상석이다.
④ 운전기사가 운전하는 업무용 차량 – 운전기사의 뒷자리가 최상석이다.
⑤ 비행기 퍼스트 클래스 좌석 – 가장 넓은 중앙 자리가 상석이다.

해설 운전기사의 대각선 자리가 최상석이다.

09 프레젠테이션을 할 때 언어와 음성에 대한 설명으로 적절하지 않은 것은?

① 목소리가 굵으면 설득력이 약화된다.
② 목소리의 6요소는 빠르기(Rate), 크기(Volume), 높이(Pitch), 길이(Duration), 쉬기(Pause), 그리고 힘주기(Emphasis)이다.
③ 말의 속도가 너무 빠르면 긴장과 흥분이 전달된다.
④ 쉬운 어휘를 사용하고 불필요한 단어는 사용하지 않으며, 단어를 주의깊게 선택한다.
⑤ 강조하려는 곳에서는 천천히 말하는 것이 효과적이다.

해설 일반적으로 목소리가 굵으면 설득력이 약화되지 않고, 오히려 상대방에게 신뢰감을 주어 설득력이 높아지는 것으로 알려져 있다.

10 큰 집단의 참여도를 높이기 위하여 몇 개의 소집단으로 나누어, 소집단마다 진행자를 정해 주어진 의제에 대한 토론을 하게 하여 결론을 내는 방식의 회의를 무엇이라 하는가?

① 포 럼
② 워크숍
③ 세미나
④ 클리닉
⑤ 컨퍼런스

11 MICE 산업은 Meeting(회의), Incentive Tour(포상관광), Country Tour(국토순례), Event(행사)가 포함된 포괄적인 관광사업이다.

(① O ② X)

> 해설) MICE 산업은 Meeting(회의), Incentive Tour(포상관광), Convention(컨벤션), Exhibition or Event(전시 또는 이벤트)를 의미하는 산업이다.

12 부부 동반의 경우, 부인의 서열은 남편보다 한 단계 낮다.

(① O ② X)

> 해설) 의전 관례상 부부 동반의 경우, 부인의 서열은 남편과 '동급'이다.

13 단상토론(심포지엄)은 고대 그리스 로마에서 비롯된 담화 또는 좌담형식의 토론으로, 어떤 주제에 대해 학문적인 이야기를 나누는 교양인의 모임이라는 뜻을 가진다.

(① O ② X)

14 의전의 기본 정신인 5R은 상대에 대한 존중(Respect), 문화의 반영(Reflecting Culture), 상호주의 원칙(Reciprocity), 서열(Rank), 오른쪽 상석(Right)을 의미한다.

(① O ② X)

15 CVB(컨벤션 뷰로)는 컨벤션을 유치·운영함으로써 그 도시를 판매하는 것을 주 목적으로 한다.

(① O ② X)

[16~20] 다음 설명에 알맞은 단어를 보기에서 각각 골라 넣으시오.

① 브레인스토밍   ② 기 획   ③ 포 럼   ④ PCO   ⑤ 극장식 배치형 회의장

16 여러 사람이 개개인의 아이디어와 의견을 내어 놓고 그 자극 작용에 의해 보다 나은 아이디어나 결론을 이끌어 내는 회의를 말한다.

(   )

17 하나의 주제에 대해 상반된 견해를 가진 동일 분야의 전문가들이 사회자의 주도하에 청중 앞에서 벌이는 공개토론회로서, 청중의 참여도가 높은 회의이다.

(   )

18 대규모 관광수요를 유발하는 국제회의의 기획, 준비, 진행 등의 업무를 행사 주최자로부터 위탁을 받아 대행하는 영리 업체이다.

(   )

19 회의 진행에 있어 '보다 나은 수단으로 목표를 달성하기 위해 장래의 행동에 관한 일단의 결정을 준비하는 과정'이라고 정의하고 있다.

(   )

20 가장 많은 참가자를 수용할 수 있으며 연사 또는 주빈석 쪽을 정면으로 위치하고 일반 참가자들이 바라보이도록 배치하는 형태의 회의장이다.

(   )

21 다음 보기의 내용은 '소속과 근무형태에 따른 회의 기획가'의 구분에 관한 서술이다. 어떤 영역의 회의 기획가인가?

> A군과 저는 ***KOREA라는 회사의 마케팅부서의 행사팀에 소속되어 있습니다. 저희 팀원 5명과 팀장은 ***KOREA의 연간 마케팅 계획에 따라 수립된 신제품 발표회, 딜러컨벤션, 우수고객대상 이벤트 등을 계획하고 운영하며, 일정기간 단위로 그 성과를 분석하는 업무 등을 수행하고 있습니다.

① 협회회의 기획가
② 기업회의 기획가
③ 정부회의 기획가
④ 독립회의 기획가
⑤ PCO(Professional Convention Organizer)

해설 기업회의 기획가의 주요 업무를 서술하고 있다.

22 다음 보기의 사례는 컨벤션을 유치할 때 추진하는 활동이다. 다음 컨벤션 유치활동 중 무엇에 관한 설명인가?

> • 컨벤션센터나 시설에 대한 시설 운영계획 정보를 미리 제공할 필요가 있다.
> • 유치 경쟁국에 대한 정보를 파악하고, 이전 개최지와의 유사성보다는 개최지로서의 독특함을 강조하는 것이 필요하다.
> • 전문가가 수행하여 지리, 역사, 문화는 물론, 개최도시에 대한 광범위한 정보를 제공하고 질문에 응답한다.
> • 컨벤션센터 직원, 컨벤션뷰로 대표, 호텔 관계자, 기술자 등이 현장답사에 동행하여 관련 사항에 대해 상세하게 설명한다.

① 실사단 현장답사
② 컨벤션 유치제안서 작성
③ 컨벤션 개최의향서 제출
④ 컨벤션 유치신청서 제출
⑤ 컨벤션 유치 프레젠테이션

해설 컨벤션 유치활동 중 현장답사(Site Inspection)에 대한 설명이다.

23 다음 보기의 내용은 의전의 5R과 관련하여 임의로 서술된 사례들이다. 의전 원칙에 적합하지 않게 표현된 것은?

- 사례 1 : 200x년 미국 대통령 방한 시, 대통령 주최 오찬에서 요청에 따라 대통령 잔에 샴페인 대신 사과주스를, 레드와인 대신 포도주스를 서브하였다.
- 사례 2 : 200x년 이라크 총리 방한 시, 이라크 측은 술 대신 사전에 준비한 사과주스도 건배하는 모습이 사진에는 술로 비춰질 수 있으므로, 자국 내 보수적인 이슬람교도들에게 비판거리가 될 것을 염려하여 건배가 어렵다는 문제제기를 하였으나, 만찬의 통상적인 의례에 따라 건배가 진행되었다.
- 사례 3 : 우리 대통령이 독일 방문 시 받은 환대에 대하여, 우리도 독일 총리의 방문 시 이와 유사한 의전상의 예우를 최대한 제공하였다.

① 사례 1
② 사례 2
③ 사례 3
④ 사례 1과 사례 2
⑤ 사례 1, 2, 3 모두 적합함

해설) 사례 2는 의전의 5원칙(5R)중 상대 문화 및 상대방 존중(Respect)에 위배되는 사례 제시이며, 실제로는 이라크 측의 요청을 받아들여 '건배 없이' 만찬을 진행하였다.

[24~25] 다음 보기의 사진을 보고 물음에 답하시오.

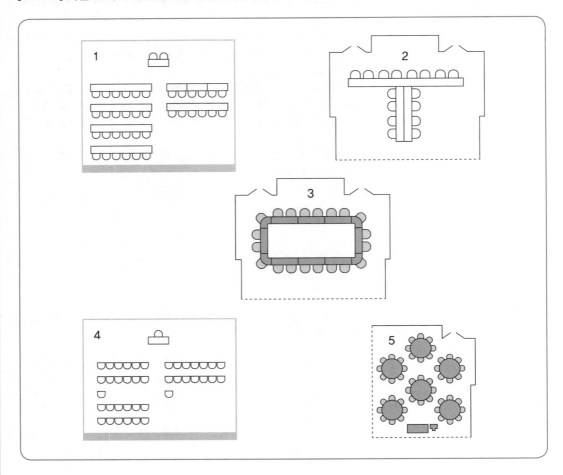

24 필기작업 등이 필요한 장시간 회의 참가자들을 배려한 회의장 배치는?

① 1번

② 2번

③ 3번

④ 4번

⑤ 5번

> **해설** 장시간 이루어지는 회의 참가자에게는 책상이 있는 교실형 배치가 필요하다.

25 참가자가 착석한 상태에서 서빙을 받는 연회행사에 가장 적합한 좌석 세팅은?

① 1번
② 2번
③ 3번
④ 4번
⑤ 5번

해설 참가자가 착석한 상태에서 서빙을 받는 형태의 연회행사에서는 보통 원탁형 배치를 사용한다.

26 다음 그림은 인천공항의 귀빈전용 통로로 '더블도어'라 한다. 이 문을 통과하는 대상으로 적합한 귀빈은?

[공항 더블도어]

① 유엔 사무총장
② 항공기 이코노미 승객
③ 항공기 승무원
④ 귀빈 수행요원
⑤ 청소 관리자

해설 국빈. 의전 대상자만이 출입가능하다.

27 한국의 한 PCO(국제회의 전문용역업체) 직원이 컨퍼런스에 참석하여 다른 국가 참석자들과 나눈 대화의 일부이다. 다음 보기의 대화에 관한 내용 중 MICE 용어에 대한 설명으로 적절한 것은?

> • 한국참가자 : 한국은 중앙정부가 적극 나서서 지식 기반 서비스 산업을 육성하기 위한 정책을 입안하고 지원을 아끼지 않고 있습니다. 그중 가장 대표적인 분야가 MICE 산업 분야라 할 수 있습니다.
> • 외국참가자 : MICE 산업이라 하면, 구체적으로 어떤 산업 분야를 의미하나요?
> • 한국참가자 : MICE 산업을 아직 모르시나요? 저런 이 분야에 일하신 지 그리 오래 되지는 않으신 가봅니다.

① MICE는 전 세계적으로 학문 분야에서 주로 사용되어 온 전문용어이다.
② MICE는 싱가포르, 홍콩, 일본, 한국 등 동남아시아권에서 통용되는 용어이다.
③ 미국, 캐나다 등 북미 지역에서 주로 사용되고, 유럽 참가자라면 낯설 수 있다.
④ 유럽에서 광범위하게 사용되지만, 다른 대륙의 참가자라면 낯설 수 있다.
⑤ 전 세계에서 회의, 컨벤션 산업을 통칭하는 용어이다.

> **해설** 'MICE'라는 용어는 주로 동남아시아 지역에서 Meeting(회의), Incentive Tour(포상관광), Convention(컨벤션), Exhibition and Event(전시와 이벤트)를 다루는 산업을 지칭하는 용어로서, 미주 지역에서는 주로 Events라는 용어가 더 통용되고, 유럽 지역에서는 Conference라는 용어로 더 많이 불리고 있다.

[28~29] 다국적 기업 ○○○회사가 본사 임원의 한국지사 방문 시 이동계획의 일부 내용이다. 다음 보기의 내용을 읽고 문제에 대한 답을 고르시오.

> AM 10:00 : 본사 임원 인천공항 도착
> 　11:00 : 한국지사 회장 공항 맞이 및 한국지사장의 자가운전 차량으로 지사로 이동
> 　12:00 : 한국지사 도착
> * 지사장의 직급 또한 본사 임원과 동일

28 한국지사장의 자가운전 차량을 이용하여 본사 임원이 한국지사로 이동 시, 본사 임원의 승용차 좌석의 적절한 위치에 대하여 옳은 것은?

① 뒷좌석 가운데
② 운전석 바로 뒷자리
③ 운전석 바로 옆자리
④ 운전석 대각선 뒷자리
⑤ 임원이 원하는 자리

해설） 한국지사장의 직급이 동일한 임원급이므로 지사장의 운전석 옆자리가 의전에 적합하다 할 수 있다.

29 한국지사에 도착하여 의전실로 이동 시 안내 의전에 관한 설명으로 적절한 것은?

① 한국지사장과 동등한 임원급이므로 별도의 의전은 필요하지 않다.
② 이동 시, 엘리베이터 탑승을 하거나 방향전환 시 구두로 이동 위치 등을 미리 설명한다.
③ 본사 임원이 앞에서 걷고, 뒤에서 바짝 붙어 수행하여 이동한다.
④ 이동 시 귀빈의 등장을 알리며, 직원들의 이동을 멈추게 한다.
⑤ 이동 시 혼자 편하게 걷도록 옆에서 상당히 떨어진 위치에서 걷는다.

해설） 서너 걸음 앞에서 사선걸음으로 이동 안내하며, 다른 이동자들을 배려하여 한쪽 방향으로 안내하고, 낯선 곳을 방문한 손님에게 환대의 의전을 하도록 한다. 이동 시 미리 예측이 가능하도록 방향전환 시 또는 이동의 모든 경우에 미리 설명을 하도록 한다.

우리가 해야 할 일은 끊임없이 호기심을 갖고
새로운 생각을 시험해보고 새로운 인상을 받는 것이다.
- 월터 페이터 -

부 록

고공행진 모의고사

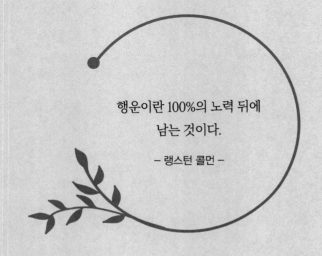

행운이란 100%의 노력 뒤에
남는 것이다.

– 랭스턴 콜먼 –

제**1**회 **고득점 공략 행진 모의고사**

🕐 응시시간 : 70분   📋 문항 수 : 50문항

📰 일반형 24문항

01 **매너의 개념에 대한 설명으로 가장 옳지 않은 것은?**

① 매너의 기본은 상대방을 존중하는 데 있다.

② 매너는 에티켓을 외적으로 표현하는 것이다.

③ 매너는 타인을 향한 배려의 언행을 형식화한 것이다.

❹ 에티켓을 지키지 않는 사람에게도 매너를 기대할 수 있다.

⑤ 매너는 사람이 수행해야 하는 일을 위해 행동하는 구체적인 방식이다.

> **해설** 에티켓은 매너의 기본단계로서, 에티켓도 지키지 않는 사람에게 매너를 기대할 수 없다.

02 **다음 중 올바른 명함 수수법으로 가장 적절한 것은?**

❶ 명함은 고객의 입장에서 바로 볼 수 있도록 건넨다.

② 명함은 한 손으로 건네도 예의에 어긋나지 않는다.

③ 명함을 동시에 주고받을 때에는 왼손으로 주고 오른손으로 받는다.

④ 앉아서 대화를 나누다가 명함을 교환할 때는 그대로 건네는 것이 원칙이다.

⑤ 앉아서 대화를 나누는 동안 받은 명함을 테이블 위에 놓고 대화하는 것은 실례이다.

> **해설** ② 명함은 두 손으로 건넨다.
> ③ 명함을 동시에 주고받을 때에는 오른손으로 주고 왼손으로 받는다.
> ④ 앉아서 대화를 나누다가도 명함을 교환할 때는 일어서서 건네는 것이 원칙이다.
> ⑤ 앉아서 대화를 나누는 동안 받은 명함을 테이블 위에 놓고 이야기하는 것은 상대방을 정확히 인지하는 데
> 도움이 된다.

03 **조문할 때 올바른 조문 매너는?**

❶ 향에 불을 붙이고, 왼손으로 가볍게 흔들어 끈다.

② 향을 꽂은 후 영정 앞에 일어서서 잠깐 묵념 후 한 번 절한다.

③ 조의금은 문상을 마친 후 직접 상주에게 전하는 것이 예의이다.

④ 정신적으로 힘든 유족에게는 말을 많이 시키고 위로하는 것이 좋다.

⑤ 영정 앞에 절할 때 남자는 왼손이 위로, 여자는 오른손이 위로 가게 한다.

> **해설** ② 향을 꽂은 후 영정 앞에 일어서서 잠깐 묵념 후 두 번 절한다.
> ③ 조의금은 문상을 마친 후 호상소에 접수하거나 부의함에 직접 넣는 것이 예의이다.
> ④ 정신적으로 힘든 유족에게 말을 너무 많이 시키지 않는다.
> ⑤ 영정 앞에 절할 때 남자는 오른손이 위로, 여자는 왼손이 위로 가야 한다.

04 **고객을 안내할 때 올바른 접객매너는?**

① 고객을 배웅할 때는 회의석상에서 배웅하는 것이 기본이다.

② 안내할 때는 고객보다 2~3보 가량 비스듬히 뒤에서 안내한다.

③ 엘리베이터 승무원이 없을 경우 고객보다 늦게 타고 고객보다 먼저 내린다.

❹ 고객이 남성이면 한두 계단을 뒤에서 올라가고, 내려올 때는 한두 계단 앞서 내려온다.

⑤ 당겨서 여는 문일 경우에는 당겨서 문을 열고 들어가고 고객이 나중에 통과하도록 한다.

> **해설** ① 고객을 배웅할 때는 엘리베이터 앞에서 배웅하거나 현관입구까지 내려가 배웅하는 것이 예의이다.
> ② 안내할 때는 고객보다 2~3보 가량 비스듬히 앞서서 안내한다.
> ③ 엘리베이터 승무원이 없을 경우에는 고객보다 먼저 타고, 내릴 때는 고객보다 나중에 내린다.
> ⑤ 당겨서 여는 문일 경우에는 당겨서 문을 열고 고객이 먼저 통과하도록 안내한다.

05 **다음 중 의전 업무에 대한 설명으로 옳지 않은 것은?**

① VIP 고객에 있어서는 사전예약과 사후관리에 보다 세밀한 응대가 필요하다.

② 의전은 의식을 갖추고 예(禮)를 갖추어야 하므로, 보다 높은 강도의 매너를 필요로 한다.

③ 때에 따라서는 VIP 고객을 위해 주차장에서부터 의전 서비스를 제공하고, 전문 직원이 밀착서비스를 제공할 수도 있다.

④ 행사 중 의전 업무에 있어 서로 이해관계가 있는 VIP 고객은 자리 배석과 공간적 거리를 염두에 두고 사전 행사 준비를 하는 것이 좋다.

❺ 의전(儀典)은 의식과 의례를 갖춘 행사를 의미하므로 절대로 규칙에서 벗어나지 않도록 하며, VIP 고객에게도 행사규칙을 따르도록 강요해야 한다.

> **해설** 의전(儀典)은 의식과 의례를 갖춘 행사를 의미하지만, VIP 고객의 사정과 전체 의식의 규칙을 잘 조율하며, 균형을 이루어 진행하여야 한다.

06 다음 중 이미지의 개념 및 속성에 대한 설명으로 옳지 않은 것은?

❶ 이미지는 실체의 한 부분이지만 대표성을 갖는다.

② 이미지는 마음속에 그려지는 사물의 감각적 영상 또는 심상이다.

③ 이미지는 객관적인 것이라기보다는 주관적인 것이라고 할 수 있다.

④ 이미지에는 시각적인 요소 이외에 수많은 감각에 의한 이미지도 포함된다.

⑤ 이미지는 인식체계와 행동의 동기유인 측면에 있어 매우 중요한 역할을 한다.

해설 이미지는 그 대상이 지닌 다양한 속성의 부분적인 것으로서, 전체를 표현하기에는 한계를 갖는다.

07 서비스전문가로서 자신을 연출할 때 피해야 하는 상황을 고른 것은?

① 서비스전문가는 가능하면 앞머리로 이마나 눈을 가리지 않는 헤어스타일이 좋다.

② 머리는 빗질을 하거나 헤어 제품을 사용하여 흘러내리는 머리가 없도록 고정하고, 단정한 모양을 유지하는 것이 좋다.

③ 옷과 구두의 색상과 조화를 이루는 것이 좋으며, 스타킹도 무난한 것으로 고르되 무늬나 화려한 색상의 것은 피하는 것이 좋다.

④ 유니폼이나 개인슈트를 입더라도 흰색 양말보다 양복 색과 같은 양말을 착용하여 구두 끝까지 전체흐름을 같이하는 것이 좋다.

❺ 트렌드에 민감해야 하는 것이 서비스전문가이므로, 제복이나 유니폼을 입더라도 트렌드에 맞게 액세서리 등으로 개인의 개성을 연출하는 것이 좋다.

해설 유니폼이나 제복을 입을 경우, 지정된 색상에서 벗어나지 않는 것이 전체 이미지에 좋은 영향을 주며, 같은 유니폼을 입은 직원들과의 통일성을 고객에게 제공하는 것이 무엇보다 중요하다. 개인의 개성을 드러내는 화장, 액세서리, 다른 도구의 연출은 자제하도록 한다.

08 다음 중 표정 이미지에 대한 설명으로 옳지 않은 것은?

① 표정은 곧 마음의 메시지를 나타내는 것이다.
② 시선은 완만한 각도로 상대방의 정면을 응시한다.
③ 상대방이 등을 돌려 돌아설 때까지 미소를 유지한다.
❹ 고개를 한 쪽으로 기울여 경청하고 있음을 보여준다.
⑤ 개인적인 감정을 이겨내고 서비스인으로서의 공적인 표정을 익힌다.

해설 고개를 한 쪽으로 기울이지 않도록 한다.

09 다음 중 물건 수수 자세에 대한 설명으로 가장 옳지 않은 것은?

① 물건은 양손으로 건네는 것이 예의이다.
② 물건을 전달할 때에는 받는 사람이 보기 편하도록 건넨다.
③ 물건을 건넬 때에는 밝게 웃으며 상대방의 시선을 바라본다.
④ 물건을 건넬 때에는 가슴과 허리 사이 위치에서 주고받도록 한다.
❺ 물건이 작아 두 손으로 건네기 힘든 경우에는 양해를 구하고 한 손으로 건넨다.

해설 작은 물건을 주고받을 때에는 한 손을 다른 한 손으로 받쳐서 공손히 건네도록 한다.

10 우량고객 중에서도 최상위의 고객을 로열고객(Loyal Customer) 혹은 충성고객이라고 하는 바, 이들의 특징으로서 적절하지 않은 것은?

① 관대함
② 교차구매
③ 구전활동
④ 반복구매
❺ 하강구매

해설 **충성고객의 특징**
• 반복구매 : 반복적인 구매행동
• 교차구매 : 현재 사용하고 있는 상품을 생산하는 기업의 다른 상품구매
• 상승구매 : 동일한 기업의 상위 제품을 구매
• 구전활동 : 고객 스스로 지인을 통해 소개하는 활동
• 관대함 : 기업 / 브랜드에 대한 애착심으로 가격상승까지도 수용

11 그레고리 스톤(Gregory Stone)이 분류한 바에 의하면, 쇼핑상품 구매고객은 '절약형 고객, 윤리적 고객, 개별화추구 고객, 편의성추구 고객' 등 네 가지로 나뉜다. 이 중에서 개별화추구 고객의 특징으로 적절한 것은?

① 가정으로 실시간 배달해 주는 마트의 시스템을 선호한다.

② 사회적으로 신뢰할 수 있는 기업의 단골이 되는 것을 선호한다.

❸ 고객에게 친밀하게 인사하는 태도를 보이는 종업원의 서비스에 만족한다.

④ 입원어린이 환자가정을 위한 기업의 사회공헌 프로그램에 대해 만족해한다.

⑤ 자신이 사용한 시간, 노력, 금전으로부터 획득할 수 있는 가치를 극대화하려 한다.

> **해설** ① 편의성추구 고객, ② · ④ 윤리적 고객, ⑤ 절약형 고객

12 다음 보기의 설명은 어떤 효과를 설명한 것인가?

> 우수한 세일즈맨은 본능적으로 먼저 비싼 정장을 판매한 다음에 와이셔츠를 판매한다. 왜냐하면 와이셔츠가 아무리 비싸도 정장에 비해 싸게 느껴지기 때문이다.

① 최초효과

② 최후효과

❸ 대비효과

④ 과다정당화효과

⑤ 로미오와 줄리엣효과

> **해설** 동일한 자극이 주변 자극이 어떤 것이냐에 따라 다르게 지각되는 현상으로서, 비교 대상에 따라 다른 느낌을 받게 되는 것을 말한다.

13 존중과 인정에 대한 욕구가 많아지면서 고객들은 누구나 자신을 최고로 우대해 주기를 원한다. 이에 해당하는 고객요구의 변화의 특징으로 적절한 것은?

① 의식의 고급화

② 의식의 복잡화

③ 의식의 개인화

④ 의식의 대등화

❺ 의식의 존중화

> **해설** 존중과 인정에 대한 욕구가 많아지면서 요즘 고객들은 누구나 자신을 최고로 우대해 주기를 바란다.

14 대안평가 및 상품선택에 관여하는 요인들 중 고객이 기존 대안을 우월하게 평가하도록 기존 대안보다 열등한 대안을 내놓음으로써 기존 대안을 상대적으로 돋보이게 하는 방법은?

① 후광효과

② 빈발효과

❸ 유인효과

④ 프레이밍효과

⑤ 유사성효과

해설 ① 상품 평가 시 일부 속성에 의해 형성된 전반적 평가가 그 속성과는 직접적 관련이 없는 다른 속성의 평가에 영향을 미치는 효과이다.

② 첫인상이 좋지 않게 형성되었다고 할지라도 반복해서 제시되는 행동이나 태도가 첫인상과는 달리 진지하고 솔직하게 되면 점차 좋은 인상으로 바뀌게 되는 현상이다.

④ 대안들의 준거점에 따라 평가가 달라지는 효과이다.

⑤ 새로운 상품 대안이 나타난 경우, 그와 유사한 성격의 기존 상품을 잠식할 확률이 다른 경쟁 상품을 잠식할 확률보다 높은 현상이다.

15 커뮤니케이션의 기능으로 적절하지 않은 것은?

① 감정표출 기능

② 동기부여 기능

③ 정보소통 기능

❹ 타인평가 기능

⑤ 지시, 통제 기능

해설 커뮤니케이션을 통해서 자신의 감정을 표출하고 필요한 정보를 소통할 수 있다. 아울러 타인에 대한 동기부여와 지시, 통제의 수단으로 활용된다. 하지만 커뮤니케이션을 통해서 타인을 평가하는 것은 바람직하지 않으며, 커뮤니케이션의 기능이라고 할 수 없다.

16 **고객과의 효과적인 커뮤니케이션을 위한 '반응적 피드백'의 예에 해당하는 것은?**

① 대화 중 상대의 반응을 요구한다.

② 대화 중 미소를 띠며 이야기한다.

③ 대화 중 손짓을 하면서 이야기한다.

❹ 대화 중 상대방의 말에 고개를 끄덕인다.

⑤ 대화 중 상대방이 알아들을 수 있는 쉬운 용어를 사용한다.

> 해설 반응적 피드백은 커뮤니케이션 발신자가 아니라 수신자의 행동이다.
> ① · ② · ③ · ⑤ 커뮤니케이션 발신자의 행동

17 **효과적인 경청 방법으로 가장 적절하지 않은 것은?**

① 질문한다.

② 온몸으로 맞장구를 친다.

③ 말하는 사람과 동화되도록 노력한다.

④ 전달하는 메시지의 요점에 관심을 둔다.

❺ 상대방의 이야기를 자신의 경험과 비교하며 듣는다.

> 해설 사람들은 다른 사람의 이야기를 들으면서 자신과 비교하거나 판단을 내리느라 전적으로 집중하지 못한다.

18 **다음 중 커뮤니케이션의 기능에 대한 설명이 아닌 것은?**

❶ 커뮤니케이션은 조직구조를 결정한다.

② 커뮤니케이션은 의사결정에 필요한 정보를 제공하는 기능을 한다.

③ 커뮤니케이션은 감정표현과 사회적 욕구 충족을 위한 표출구를 제공한다.

④ 조직은 직원들이 따라야 할 권력구조와 공식 지침이 있고, 다양한 커뮤니케이션이 이를 통제한다.

⑤ 커뮤니케이션은 무엇을 해야 하는가를 명확하게 해줌으로써 조직 구성원에게 동기부여를 강화하는 기능을 한다.

> 해설 **커뮤니케이션의 기능**
> • 구성원의 행동을 통제
> • 의사결정에 필요한 정보를 제공
> • 감정표현과 사회적 욕구 충족을 위한 표출구를 제공
> • 무엇을 해야 하는가를 명확하게 해줌으로써 구성원에게 동기부여를 강화

19 감성지능과 조직성과의 관계에 대한 설명으로 적절하지 않은 것은?

① 감성은 동료와 상사 간의 높은 신뢰를 형성하여 조직의 효율성을 극대화한다.

② 감성은 업무수행에 대한 동기를 유발시켜 직무에 대한 헌신과 몰입을 하게 한다.

③ 직장에서 느끼는 개인의 긍정적인 감성은 업무를 향상시켜 직무에 대한 만족도를 높인다.

④ 긍정적인 감성은 구성원의 자발적인 이타행동을 증가시키며, 구성원들에 대한 리더십을 발휘하게 한다.

❺ 감성은 어려움을 찾아내고 자신의 성취를 위해 노력하며, 자신의 감정을 다스리고 스스로 동기를 부여하는 능력이다.

해설 자기동기화에 대한 설명이다.

20 경청의 장애요인에 대한 설명으로 적절하지 않은 것은?

① 메시지 내용에 대한 무관심

② 듣기보다는 말하기를 선호하는 경향

❸ 메시지 내용 중 동의할 수 있는 부분을 찾음

④ 상대방의 말을 들으면서 머릿속으로 다른 생각을 하는 행위

⑤ 상대방의 말을 들으면서 잘못된 점을 지적하고 판단하는 것에 열중하는 행위

해설 효과적인 경청을 위한 방법 중의 하나이다.

경청의 장애요인
- 상대방의 말을 들으면서 머릿속으로 엉뚱한 생각을 하는 행위
- 듣기보다는 말하기를 선호하는 경향
- 지시 내용에 대한 무관심
- 상대방의 이야기를 들으면서 머릿속으로는 이야기에서 잘못된 점을 지적하고 판단하는 것에 열중하는 행위

21 회의의 종류와 그 정의에 대한 설명으로 옳지 않은 것은?

① 컨벤션(Convention) - 가장 일반적으로 사용되는 회의용어로서, 대회의장에서 개최되는 일반 단체 회의를 뜻한다.

② 컨퍼런스(Conference) - 과학기술, 학술분야 등 새로운 지식 공유 및 특정 문제점이나 전문적 인 내용을 다루는 회의이다.

❸ 패널토의(Panel Discussion) - 훈련 목적의 소규모 회의로서, 특정 문제나 과제에 대한 생각 과 지식, 아이디어를 서로 교환한다.

④ 포럼(Forum) - 상반된 견해를 가진 동일 분야 전문가들이 한 가지 주제를 가지고 사회자의 주 도하에 청중 앞에서 벌이는 공개토론회를 말한다.

⑤ 세미나(Seminar) - 주로 교육목적을 띤 회의로서 30명 이하의 참가자가 강사나 교수 등의 지 도하에 특정 분야에 대한 각자의 경험과 지식을 발표하고 토론한다.

> 해설 워크숍(Workshop)에 해당하는 내용이다. 패널토의(Panel Discussion)는 청중이 모인 가운데 2~8명의 전문 가가 사회자의 주도하에 서로 다른 분야의 전문가적 견해를 발표하는 공개토론회이다.

22 다음 중 컨벤션 산업이 주는 효과로 옳지 않은 것은?

① 컨벤션 산업과 관광지의 서비스 결합으로 이어지면서 관광산업을 활성화시키는 효과가 있다.

② 국제 행사가 열리게 됨으로써 고용증대가 일어나고, 도로 · 항만 · 통신시설 등 사회간접시설이 확충된다.

③ 국제 컨벤션은 참가자들이 다양한 문화적 · 언어적 배경을 가지고 있기 때문에 문화적 파급효 과를 갖는다.

④ 통상 수십 개국의 대표나 사회적 지위가 높은 인사들이 참석하기 때문에 국가 차원의 홍보 효 과를 얻을 수 있다.

❺ 컨벤션 산업은 참석하는 인사들을 통해 유입되는 금전과 같은 유형적 효과가 무형적인 가치보 다 큰 산업이다.

> 해설 컨벤션 산업은 무형의 홍보 효과 및 관광산업과의 결합 등 유형적 가치보다 부수적으로 유입되는 무형적 가 치가 더 큰 산업이다.

23 MICE 산업에 대한 설명으로 가장 적절한 것을 고른 것은?

① 일반적으로 관광 목적의 여행자들은 마이스 방문객보다 더 많은 금액을 지출한다.

❷ 국제회의 참가자는 자연스럽게 홍보대사 역할을 하여 국가 이미지 향상에 보탬이 된다.

③ 기존 관광이 B2B(Business to Business)라면, 마이스 산업은 B2C(Business to Consumer)의 형태를 이룬다.

④ 다양한 비정부 기구(NGO)의 활동은 정부 단체의 국제행사 등을 방해하여 MICE 산업의 성장을 저해하고 있다.

⑤ 컨벤션이란 다국적이면서 500명 이상이고, 외국인이 50% 이상, 참가국 수가 8개국 이상, 회의기간 3일 이상의 조건을 갖춘 회의이다.

> 해설 ① 일반적으로 마이스 방문객들이 더 많은 금액을 소비한다.
> ③ 관광산업은 B2C, 마이스 산업은 기업을 대상으로 하여 B2B로 일어난다.
> ④ 비정부 기구의 활동증대는 MICE 산업을 확산시키는 요인으로 작용한다.
> ⑤ 300명 이상, 외국인 50% 이상, 참가국 수 5개국 이상, 회의기간 3일 이상의 조건을 갖춘 회의를 컨벤션이라고 부른다.

24 다음 중 기업 회의의 종류로서 적절하지 않은 것은?

① 주주 총회

② 교육훈련 회의

③ 신상품 설명회

❹ 정보제공 회의

⑤ 기술 및 교육 회의

> 해설 정보제공 회의는 일반 학계 등에서 진행하는 회의이다.

25 공수자세는 평상시에는 남자가 왼손이 위로, 여자는 오른손이 위로 가도록 두 손을 포개어 잡는 것을 말한다. 집안의 제사는 흉사이므로 반대로 손을 잡는 것이 예법에 맞다.

(① O **❷ X**)

> 해설 집안의 제사는 흉사가 아니므로 평상시대로 한다.
> ※ 흉사 : 상갓집에서의 예법, 초우, 재우, 삼우제까지의 기간

26 표정 이미지 메이킹에 있어 시선의 처리는 눈을 빤히 오래 집중해서 상대방을 보게 되면 불편함을 느끼므로 눈과 미간, 코 사이를 번갈아 보며 대화를 자연스럽게 이어가는 것이 좋다.

(**❶ O** ② X)

> 해설 현장접점에서 고객 응대 시 올바른 시선의 처리는 매우 중요하다. 고객의 눈을 오래 집중해서 보게 되면 어색함을 느끼게 되므로, 눈과 미간, 코 사이를 번갈아 보며 대화를 유지하는 것이 좋다.

27 효과적인 커뮤니케이션을 위해 경청 스킬이 필요한데, '경청 1, 2, 3 기법'은 자신은 1번 말하고, 상대방의 말을 2번 들어주며, 대화 중에 3번 맞장구를 치면 효과적인 커뮤니케이션이 이루어진다는 것이다.

(**❶ O** ② X)

> 해설 경청 1, 2, 3 기법은 서비스 직원은 1번 말하고, 고객의 말을 2번 경청하고, 대화 중에 3번 맞장구를 치는 것이 효과적인 커뮤니케이션을 이끌어 낸다는 것이다.

28 서비스종사자에게 있어 커뮤니케이션은 무엇보다도 중요한 경영 수단인데 이 어원을 살펴보면, 라틴어 '나누다'를 의미하고, 신이 자신의 덕을 인간에게 나누어 준다는 의미로 공동체에서는 의미 있는 전달을 커뮤니케이션이라 한다.

(❶ O   ② X)

해설 어원은 라틴어의 '나누다'를 의미하는 'Communicare'이다. 어떤 사실을 타인에게 전하고 알리는 심리적인 전달의 뜻으로 쓰인다.

29 MICE 산업은 Meeting(회의), Incentive(포상휴가), Country Tour(국토순례), Exhibition(전시회)가 포함된 포괄적인 관광산업이다.

(① O   ❷ X)

해설 마이스(MICE) 산업은 기업회의(Meeting), 포상여행(Incentives), 컨벤션(Convention), 전시(Exhibition)를 융합한 새로운 산업을 말한다.

[30~34] 다음 설명에 알맞은 단어를 보기에서 각각 골라 넣으시오.

① 단골고객   ② 충성고객   ③ 체리피커   ④ 한계고객   ⑤ 잠재고객

30 기업의 제품을 구매하지 않은 사람들 중에서 향후 고객이 될 가능성이 높은 집단이나 아직 기업에 관심이 없는 고객

(   )

> 해설 ⑤ 상품 또는 서비스를 구매할 가능성이 있는 고객들로 구매 직전의 고객을 말한다.

31 기업의 제품이나 서비스는 반복적·지속적으로 애용하는 고객이지만, 타인에게 추천할 정도로 적극적이지는 않은 고객

(   )

> 해설 ① 지속적으로 특정 상품 서비스를 이용한다는 면에서는 충성고객과 동일하나, 단골고객은 타인에게 추천할 정도로 적극적이지는 않다.

32 제품이나 서비스를 반복적으로 구매하고 기업과 강한 유대관계를 형성하며, 타인에게 추천할 의향을 가진 고객

(   )

> 해설 ② 특정 회사의 상품이나 브랜드, 서비스 등을 반복적으로 재구매하거나 이탈하지 않고, 지속적으로 이용하는 고객을 말한다. 여기까지는 단골고객과 크게 다르지 않다. 그러나 충성고객은 여기서 그치지 않고, 주변 사람들에게 추천하거나 적극적으로 추천할 의향을 가진 고객을 말한다.

33 기업의 상품이나 서비스를 구매하지 않으면서 자신의 실속을 차리는 데만 관심을 두는 고객

(   )

> 해설 ③ 상품이나 서비스를 잠깐 동안 사용하기 위해 구매하다가 반품하는 등의 행동을 하는 고객을 말한다.

34 기업의 이익실현에 방해가 되어 손해를 주는 고객으로서, 오히려 고객이 되지 않도록 유도해야 하는 고객

(   )

> 해설 ④ 고객명단에서 제외하고 해약유도를 통해 고객의 활동이나 가치 자체를 중지시켜야 하는 고객을 말한다.

35 고객유치를 위해 K통신사에서는 신규가입자에 한해서 상품권을 증정하는 Promotion을 시행하고 있다. 접점에서 가져야 하는 Service Communication은 어떤 모습이어야 하는가?

> • 치열한 경쟁을 하고 있는 이동통신 업계에서는 가장 흔하게 추진하고 있는 대고객 Promotion으로 상품권 증정을 택하고 있다.
> • 통신사에서도 타사고객을 끌어들이기 위해 신규고객으로 등록하게 되면 백화점 상품권을 주는 홍보 활동을 펼치고 있다.
> • 신규가입한 지 1개월이 넘도록 상품권이 배송되지 않고 있음을 제기하는 고객에게 무작정 기다려 달라고 요청할 만한 명분이 없음을 인지했다.
> • 이때 고객에게 먼저 다가가며 펼쳐보여야 하는 현장의 Service Model은 어떻게 보여져야 하는가?

① 불만이 있으시면 고객센터에 직접 항의하시기 바랍니다.
❷ 1시간 내로 전개 상황을 있는 그대로 알려드리도록 하겠습니다.
③ 모바일로 전달되니까 혹시 누락됐는지 먼저 살펴봐주시지요.
④ 지점에서는 권한이 없으니 본점 담당부서로 문의해보시기 바랍니다.
⑤ 약속한 상품권은 분명히 전달될 예정이니까 조금만 더 기다려 주십시오.

해설 고객이라면 약속한 혜택이 이행되고 있는지 궁금해 하는 것은 당연하다. 계약이 완료되었기 때문에 그 후에 발생하는 문제들에 대해 나 몰라라 하는 경우가 상당히 많은 것이 사실이다. Real Time으로 펼쳐지고 있는 정황을 소상히 알려주려고 노력하는 모습이 진정한 서비스임을 주지해야 한다.

36 서울에 위치한 L백화점 본점과 K지점에서 동일한 제품의 가격이 상이하게 팔리고 있음을 알게 된 A고객이 항의할 경우 백화점이 취한 전략을 보고, 고객 불만을 잠재우기 위해 적절한 현장 서비스 전략은 무엇인가?

> • 고객은 정가 제품이 아닌 세일제품이었지만, 넥타이가 본점과 지점에서 다른 가격으로 팔리고 있음을 우연히 알게 되었다.
> • 고객은 다른 모든 고객들을 기만하는 행위일 수도 있음을 강력하게 항의하고, 대고객 서비스 차원에서 문제를 해결하도록 요구하였다.
> • 서비스 직원은 장소에 따라 가격을 달리하는 정책은 백화점 고유 권한임을 내세워 특별히 잘못하고 있지 않음을 합리화하려고 하고 있다.
> • 차후에 이런 문제가 재발하지 않도록 신경을 써보겠다는 극히 피상적이고 형식적인 태도를 보이고 있다.

① 규정대로 이행하였기 때문에 물러설 이유가 없다.
② 고객의 대응 강도에 따라 차별화된 서비스로 다가간다.
③ 문제를 제기한 고객에게 차액을 돌려주고 마무리짓는다.
④ 경쟁업체 및 동종업계의 관행에 따라 그에 적합한 서비스를 제공한다.
❺ 모든 고객에게 알리고 사과문을 게시함과 동시에 명확한 보상처리를 행한다.

해설 서비스의 시작은 잘못된 부분을 인정하고 모두에게 알리는 용기에서부터 출발함을 인지해야 한다. 보상보다 자성이 훨씬 더 강력한 서비스 전략임을 알아야 한다.

37 다음 대화는 세일즈맨이 고객을 만나기 위하여 전화를 걸어 방문약속을 잡으려 했으나 실패한 대표적인 사례이다. 다음 중 방문약속이 실패할 가능성이 많은 것은 무엇인가?

> • 세일즈맨 : 안녕하십니까? 김대리님! 전화로 인사드려 죄송합니다. 저는 갑을엔지니어링 박춘식 대리라고 합니다. 새로운 신제품을 가지고 귀사를 방문하려는데, 오늘 시간이 되시겠습니까?
> • 고　　객 : 죄송합니다만, 오늘은 시간이 안 되겠는데요.
> • 세일즈맨 : 그래도 꼭 뵙고 저희 제품을 소개하고 싶은데요.
> • 고　　객 : 오늘 선약도 있고 회의도 있고 해서 도저히 불가능합니다.
> • 세일즈맨 : 그럼 언제 찾아뵙는 것이 좋겠습니까?
> • 고　　객 : 쉽게 시간이 나지 않아 약속하기가 어렵겠습니다. 꼭 귀사 제품을 소개하기를 원하신다면, 카탈로그나 제안서를 우편으로 보내주시기 바랍니다.
> • 세일즈맨 : 아, 알겠습니다. 그렇게 하겠습니다. 감사합니다.

① 세일즈맨이 분명하고 자신에 찬 어조로 고객을 주도하고 이끌어야 한다.
② 약속시간은 세일즈맨이 정하되 시간 단위보다 분 단위로 약속 시간을 제안한다.
③ 신제품이 고객사에게 어떤 이익과 혜택을 줄 수 있는지를 간단히 소개해야 한다.
④ 카탈로그나 제안서를 직접 전해주고 제품 설명을 해야 한다고 설득해야 한다.
❺ 고객이 편한 시간에 약속을 정하게 하고, 고객의 입장에 무조건 따라야 한다.

해설　고객과의 방문약속은 고객의 입장에서 접근하기보다는, 세일즈맨의 입장에서 주도권을 가지고 시간 약속을 정해야 한다. 자신의 시간계획에 맞게 방문시간을 조율하는 능력이 필요하다.

38 강남호텔의 판촉부장인 김부장은 협상의 달인이라고 해도 과언이 아닐 정도로 협상을 잘하기로 소문이 나 있다. 그가 어떻게 협상을 하는지 협상테이블 옆에서 지켜보았더니, 특히 반론을 제기하는 것이 인상적이어서 그 내용을 정리해 보았다. 다음 중 효과적으로 반론을 하기 위한 순서를 올바르게 나열한 것은?

> 가. 지금까지의 상대방 주장 가운데 우선 동의할 수 있는 점과 일치점이 무엇이 있는지 찾아내어 말하면서 긍정적으로 시작한다.
> 나. 상대방의 주장과 김부장 자신의 의견을 대비시켜 상대방의 주장보다 더 나은 점을 차근차근 설명하여 반대이유를 분명히 한다.
> 다. 김부장 자신이 생각하기에 상대방 주장의 허점이나 모순점이라고 생각되는 것에 대한 반론내용을 명확히 질문한다.
> 라. 협상을 하면서 김부장 자신이 반론을 제기해도 상대방이 감정적으로 반발하지 않을 만한 절호의 기회를 탐색한다.
> 마. 논증이 끝나면 다시 한 번 반론내용을 요약해서 간략히 말함으로써 호소력이 커지게 한다.

① 라 – 나 – 마 – 다 – 가
❷ 라 – 가 – 다 – 나 – 마
③ 라 – 나 – 다 – 가 – 마
④ 다 – 가 – 마 – 라 – 나
⑤ 다 – 나 – 가 – 라 – 마

해설 협상에서 반론의 제기는 상당한 스킬이 요구된다. 협상이 잘 진행되다가도 반론 제기를 잘못해서 일을 그르치게 되는 경우가 의외로 많다. 효과적으로 반론을 하기 위해서는 반론기회 탐색, 긍정적으로 시작하기, 반론내용 질문, 반대이유 설명, 반론내용 요약해서 말하기 등의 순서로 하는 것이 좋다.

39 다음은 상황에 따른 고객과의 전화통화 내용이다. 대화에 관한 내용 중 옳지 않은 것은?

〈 ① 전화를 바꾸어 줄 때 〉
- 잠시만 기다려 주시겠습니까?
- 고객님! 죄송하지만 통화가 길어지는 것 같은데요!
- 제가 메모해서 전화가 끝나는 대로 연락드리도록 하겠습니다.

〈 ② 전화가 들리지 않을 때 〉
- 죄송하지만, 잘 들리지 않습니다.
- 고객님! 죄송하지만 목소리가 작아서 잘 들리지 않는데 좀 크게 말씀해 주시겠습니까?

〈 ③ 전화가 잘못 걸려왔을 때 〉
- 실례하지만 몇 번으로 전화하셨습니까?
- 어쩌지요? 이곳은 구매부가 아니라 자재부입니다. 제가 구매부로 돌려드리겠습니다.

〈 ④ 항의전화인 경우 〉
- 고객님! 정말 죄송합니다. 착오가 있었던 것 같습니다.
- 불편을 드려 죄송합니다. 당장 조사하고 신속히 답변을 드리겠습니다.
- 감사합니다.

〈 ⑤ 잠시 통화를 중단할 때 〉
- 네! 확인해 드리겠습니다. 죄송하지만 잠시만 기다려 주시겠습니까?
- 기다리게 해서 죄송합니다. 네! 오랫동안 기다리셨습니다.

① 전화를 바꾸어 줄 때
❷ 전화가 들리지 않을 때
③ 전화가 잘못 걸려왔을 때
④ 항의전화인 경우
⑤ 잠시 통화를 중단할 때

해설   전화가 들리지 않을 때는 아래처럼 응답해야 한다.
예 "죄송합니다. 잘 들리지 않습니다. 번거롭지만 제 옆 번호(○○○○)로 다시 한 번 전화해 주시겠습니까?
지금 제가 먼저 전화를 끊겠습니다."

40 다음 사례를 보고 옳지 못한 명함교환 방법을 고른 것은?

> • 세일즈맨 : 안녕하세요, 반갑습니다. 저는 갑을상사의 홍길동이라고 합니다.
> (미리 준비한 명함을 상대방이 볼 수 있도록 두 손으로 공손히 건넨다)
> • 잠재고객 : (잠시 후) 저는 동아물산의 박영호 대리라고 합니다. 제 명함입니다.
> • 세일즈맨 : 아! 박영호 대리님! 시간을 내어 주셔서 감사합니다.
> (일어서서 두 손으로 공손히 받고 상대방 직함과 이름을 불러준다)
> • 잠재고객 : 그럼 편하게 앉으셔서 용건을 말씀해 보세요!
> • 세일즈맨 : (편하게 앉은 후 바로 받은 명함에 면담일시를 기록하고 테이블 앞에 가지런히 놓은 후에)
> 박영호 대리님! 이름을 보니 저의 아버님 이름과 같아 매우 반갑네요! 오래 기억할 것 같습니다.

① 명함을 받을 때는 반드시 일어서서 두 손으로 받는다.
② 명함을 받자마자 바로 자신의 명함집에 집어넣은 것은 실례이다.
③ 명함을 건넬 때에는 자신의 이름과 회사를 소개하며 건네야 한다.
④ 명함을 받으면 반드시 상대방 이름과 직책을 반가운 모습으로 불러준다.
❺ 명함을 받으면 받은 즉시 상대방 명함 오른쪽 위에 면담일시를 기록해 놓는 것이 예의이다.

> 해설   받은 명함을 상대가 보는 앞에서 명함에 낙서하거나 훼손하는 행위는 절대로 하지 말아야 한다.

41 세일즈맨이 고객과의 상담약속에서부터 상담까지의 과정 중 예의와 매너에 어긋나는 것은?

> 나는 오늘 아침 새로운 고객발굴을 위해 선정한 잠재고객을 만나기 위해 자신감을 가지고 잠재고객사에 전화를 걸었다. 오늘 언제 시간이 나는지 잠재고객에게 먼저 물어보지 않고, 나의 하루 방문 일정대로 고객의 업무시간이 비교적 한가한 오후 2시 40분에 만나면 어떻겠냐고 정중히 물었다. 잠재고객은 흔쾌히 약속을 잡아 주었고, 나는 약속시간 20분 전에 가방에 상담에 필요한 자료들을 준비하고 잠재고객사의 상담실에 미리 도착하여, 상담실 입구에서 가장 먼 테이블보다 가까운 테이블을 확보하였다. 그리고 상담실 입구가 바라보는 쪽을 나의 좌석으로 정하고 고객은 전망이 보이는 나의 앞좌석을 정했다. 상담에 앞서 필요한 명함과 제안서, 샘플 등을 준비하고 고객응대를 준비하였다.

① 고객이 앉을 좌석은 전망이 보이고 비교적 조용한 곳이 좋다.
❷ 상담테이블은 입구에서 가장 가까운 쪽으로 정하는 것이 예의이다.
③ 상담시간 20분 전에 도착하여 상담준비를 철저히 하는 것이 예의이다.
④ 고객방문 시에는 반드시 가방에 제안서, 샘플, 카탈로그, 명함 등을 지참하고 방문하여야 한다.
⑤ 상담시간은 고객에게 맡기기보다는 내가 분단위로 약속시간을 정하고 정중히 물어보는 것이 효과적이다.

> 해설   상석은 상담실 입구에서 대각선으로 가장 먼 곳이 상석이다. 이는 소음이 적고 심리적으로 안정을 줄 수 있어서 상담이 효과적으로 이루어지기 때문이다.

42 다음 사례를 읽고 매슬로우(Maslow)의 욕구 5단계 이론 중에 서비스 욕구의 관점에서 가장 적절한 단계를 고른 것은?

- 세일즈맨 : 안녕하세요, 김과장님! 오랜만에 오셨네요! 그동안 평안하셨어요? 얼굴이 아주 좋아 보이시네요!
- 고　　객 : 아! 어떻게 내 얼굴을 기억하세요?
- 세일즈맨 : 무슨 말씀을요? 김과장님은 우리 회사의 핵심 고객이십니다. 항상 기억하고 있고 건강하시길 기도한답니다.
- 고　　객 : 정말요? 감사합니다. 그리고 요즘 새로 나온 신제품 있어요?
- 세일즈맨 : 그럼요! 김과장님이 꼭 필요할 것 같아 항상 준비하고 있답니다. 어떻습니까? 기능은 물론 디자인도 멋지지요?
- 고　　객 : 멋지네요! 가격은 얼마예요?
- 세일즈맨 : 김과장님에게는 특별히 최저 가격에 모시겠습니다. 언제든 사용하시다 불편하면 연락주세요! 즉시 해결해 드리겠습니다. 항상 저의 제품을 이용해 주셔서 감사합니다.

---

① 생리적 욕구

② 안전의 욕구

③ 사회적 욕구

④ 존경의 욕구

❺ 자아실현의 욕구

해설　서비스 욕구의 관점에서는 종업원이 나를 알아주는가, 차별화 서비스를 제공해 주는가를 최상의 욕구로 본다.

43 다음은 결혼을 앞둔 예비부부의 대화 내용이다. 이 사례는 고객의 의사결정과정 5단계 중 어느 단계에 해당하는 내용인가?

> • 여자 : "예식장 정하는 것이 이렇게 어려운 일인지 몰랐어."
> • 남자 : "그래, 남들이 결혼하는 걸 보면 쉽게 하는 것 같은데, 막상 우리가 정하려고 하니까 참 어렵네."
> • 여자 : "그 사람들도 우리처럼 이런 과정을 다 거쳤을 거야. 오늘은 결정해서 예약해야 하는데…"
> • 남자 : "그래, 여기 저기 더 알아보는 것은 시간 낭비지. 지금까지 열 군데는 알아본 것 같은데, 그 중에서 우리 마음에 든 두 개 중 하나를 결정하자."
> • 여자 : "두 개 중에서 나는 양재역 근처에 있는 예식장이 마음에 들어. 개장한 지 얼마 안 되어서 인테리어가 고급스럽고 분위기도 좋고, 역세권이라 교통도 편리해서 손님들이 오기도 좋지. 다만 가격이 다른 곳보다 조금 더 비싼 것이 흠이긴 하지만 말이야."
> • 남자 : "나도 그렇게 생각해. 우리가 알아본 것 중에서는 거기만한 곳이 없지. 그곳으로 정하자. 계약은 이따 오후에 가서 하면 될 거야."
> • 여자 : "계약은 아직 안 했지만, 일단 결정을 하니까 속이 후련하네."

① 특정 제품 및 서비스를 획득하는 구매의 단계
② 의사결정과 관련된 정보를 습득하는 정보탐색의 단계
③ 획득 후 기대에 부합하는지를 평가하는 구매 후 행동단계
④ 제품 및 서비스의 필요성을 느끼고 지각하는 문제인식의 단계
❺ 여러 대안 중 평가요인에 의해 선택의 폭을 좁히는 대안평가의 단계

해설   정보탐색 후 여러 평가요인을 가지고 어느 하나를 선택하려는 '대안평가의 단계'에 있는 대화내용이다. 계약 이전의 상황이니 '구매의 단계'로 볼 수 없다.

44 다음 사례를 읽고 조직구매 행동의 요인이 어떤 구매의사결정 집단에 영향을 받았는지 적절한 답을 고르시오.

- 세일즈맨 : 안녕하세요, 이대리님! 자주 방문 드려 죄송합니다. 그 동안 잘 지내셨죠?
- 고   객 : 물론이죠! 지난번 견적 건에 대해 궁금해서 오셨지요?
- 세일즈맨 : 그렇습니다. 윗분이 견적 결과에 대해 궁금해 하셔서요. 염치를 무릅쓰고 찾아뵈었습니다.
- 고   객 : 임원이 바쁘셔서 팀장님이 여러 번 결재를 받으려 했지만, 아직도 구매결정을 못하였습니다.
  조금 더 기다리셔야 될 것 같아요! 걱정 마시고 돌아가세요! 좋은 결과 있을 겁니다.
- 세일즈맨 : 이대리님만 믿겠습니다. 좋은 소식 기다리겠습니다.

〈3일 후 고객에게로 전화〉

- 세일즈맨 : 안녕하세요, 이대리님! 지난 번 견적 건 때문에 전화 드렸습니다.
- 고   객 : 대단히 죄송합니다. 그렇지 않아도 전화 드리려 했는데, 결재 과정에서 품질수준과 성능 면에서 문제가 있어 다른 업체로 발주가 되었습니다. 죄송합니다.
- 세일즈맨 : 잘 알겠습니다. 부족한 부분은 보완해서 다시 찾아뵙겠습니다. 감사합니다.

---

① 구매자(Buyer)
② 사용자(User)
❸ 구매영향력자(Influencer)
④ 구매결정권자(Decider)
⑤ 정보통제자(Gatekeeper)

해설 **구매영향력자(Influencer)**
조직구매의 경우 구매의사결정 과정에서 제품의 품질이나 기술 면에서 구매에 영향을 주는 영향력자로 주로 기술개발부서, 설계부서, 연구소 등이 해당된다.

[45~46] 다음은 화장품 매장에서 고객의 첫 방문 시에 판매의 진행에 따라 구사될 수 있는 다양한 응대 화법이다. 다음을 읽고 문제에 답하시오.

A : 안녕하세요? 많이 더우시죠? 여기 시원한 물과 음료수가 준비되어 있으니 천천히 둘러 보시고 도움이 필요하시면 말씀해 주세요.

B : 요즘은 화장품 종류들이 정말 다양합니다. 그렇지요? 혹시 고객님께서는 화장품을 고르 시는 특별한 기준이 있으신지요?

C : 네. 고객님께서는 브랜드를 중요하게 생각하고 계시네요. 그 밖에 또 특별히 궁금하시거 나 고민되시는 부분은 어떤 것이 있으신가요?

D : 화장품을 제조한 기업의 신뢰도가 궁금하시군요? 그렇습니다. 과연 내가 비용을 투자한 만큼의 효과를 중요하게 생각하시기 때문일 것입니다. 그래서 화장품을 고르실 때에는 충분한 정보와 상담이 필요합니다.

E : ○○ 화장품에 대해서는 알고 계시나요? 화장품에 세포과학을 접목해서 최근 많은 호응 을 얻고 있는 회사입니다. 화장품의 기능과 효능에 집중하여 투자하고 있죠.

F : 저는 20여 년간 화장품 업계에서 전문적으로 고객님들께 '아름다움'을 권해드리는 일을 하고 있습니다.

G : 고객님께서 원하시고 또 필요로 하시는 제품을 잘 구매하실 수 있게 도와드리는 것이 제 역할입니다. 충분한 정보와 함께 고객님께 잘 맞는 상품으로 도와드리니 편안하게 물어보 시고 상담 받으시면 됩니다. 피부가 건강해 보이시는데 혹시 특별히 염려되시는 점이 있으 신지요?

45 A~G의 각 화법의 역할을 표현한 것이다. 다음 중 화법과 역할의 연결이 적절하지 않은 것은?

❶ B – 구매를 강요함

② D – 상담의 필요성 부각

③ E – 회사소개를 통한 신뢰감 형성

④ F – 판매자의 자기소개를 통해 전문가 이미지 부각

⑤ G – 본격적인 상담으로의 진입

해설 기본적인 인사이면서 좋은 분위기를 형성하고 고객을 편안하게 해 주는 목적이다.
첫 대면 구성 : 인사 / 밝은 분위기 조성 / 회사소개 / 자기소개 / 상담. 판매의 철학 / 상담의 목적

46 화법 A는 고객을 맞이하기 위해 전개되는 첫 인사이다. 화법 A를 다른 화법으로 바꿔보려 할 때, 가장 효과적이지 않은 화법은 무엇인가?

① 어서오세요. 세포 과학을 접목한 ○○ 화장품입니다.

❷ 안녕하세요? ○○ 화장품입니다. 어떤 제품을 찾으시나요?

③ ○○ 화장품입니다. 반갑습니다. 천천히 둘러보시면 안내해드리겠습니다.

④ 안녕하세요? 햇볕이 많이 뜨겁습니다. 여기 수분미스트 한번 뿌리시고 천천히 둘러보세요.

⑤ 어서 오세요. 저희 매장은 왼쪽에는 기초, 중앙에는 색조, 오른쪽에는 세안, 바디제품들로 구성되어 있습니다. 천천히 둘러보시면 도움을 드리겠습니다.

해설 고객을 맞이하기 전에 바로 판매상담으로 진입하게 되면, 고객은 구매에 대한 압박으로 판단하게 되어 부담을 많이 갖게 되는 전형적인 오류이다.

주부 김영희씨는 여름이 다가오자 작년에 망설이다가 사지 못한 제습기를 알아보려 매장을 방문했다. 망설이다 들어간 첫 번째 매장에서의 상담 내용이다.

- 판매원 1 : 제습기를 알아보게 된 계기가 있으세요?

  - 고객 : 친구가 작년에 제습기를 샀는데 정말 좋다고 하더라고요. 진작 살 걸 그랬다고 굉장히 만족하던데요.

- 판매원 1 : 그럼요. 성능이 얼마나 좋은데요. 좀 지나면 없어서 못 사실 거예요. 이번 기회에 하나 장만하세요.

가격을 알아보고 그래도 망설여진 영희씨는 좀 더 알아보겠다고 다음 매장을 들어갔다.

- 판매원 2 : 주변에 제습기 사용하시는 분 이야기 들어 보셨나요?

  - 고객 : 네. 친구가 작년에 사서 썼는데 정말 좋다고 하더라고요. 그래서 저도 관심이 생겼고요.

- 판매원 2 : 그러시군요. 대체로 사용하고 계신 분들의 추천을 듣고 알아보러 오시는 분들이 많으십니다. 그 친구 분은 구체적으로 어떤 점이 좋다고 하시던가요?

  - 고객 : 제습기 성능에 깜짝 놀랐다고 하더라고요. 곰팡이도 없어지고 건강도 좋아질 것 같다고요. 빨래도 금방 마르고 더위도 덜 느낀다고 자랑하던데요.

- 판매원 2 : (?   )

47 상기 사례에서 두 판매원의 차이점에 대한 설명으로 옳지 않은 것은?

① 두 판매원 모두 적절한 질문으로 상담을 시작하였다.

❷ 판매원 2는 계속하여 질문을 이어감으로써 경청의 기회를 놓치고 있다.

③ 판매원 2는 적절한 질문으로 고객이 스스로 더 많은 이야기를 하게끔 유도하였다.

④ 판매원 1은 고객의 이야기를 듣고 판매 권유로 바로 이어져서 고객의 이야기를 더 이상 들을 수 없게 되었다.

⑤ 판매원 2는 제습기를 알아보러 온 고객들의 일반적인 상황을 사전에 이해하고 있어, 이를 적절한 질문의 형태로 제시하여 상담의 효과를 높였다.

> **해설** 경청은 효과적인 질문을 통해 더욱 강화된다. 판매원 2의 질문은 고객의 이야기를 더 듣고자 하는 적극적 경청의 일환이다.

48 다음은 판매원 1, 2의 상담을 통해 고객인 주부 김영희씨가 느끼는 감정과 판매 과정상에서의 만족감을 설명하고 있다. 가장 적절한 설명은 무엇인가?

① 판매원 1의 구매 권유는 고객의 빠른 의사결정을 지원해주었다.

② 판매원 1의 구매 권유로 고객은 가격에 대해 좀 더 깊이 생각하는 기회가 되었다.

③ 판매원 2의 두 번째 질문으로 고객은 귀찮은 마음과 함께 구매결정을 미루게 되었다.

④ 판매원 1, 2의 첫 번째 질문을 통해 고객은 제습기에 대해 생각해 보는 기회를 가졌다.

❺ 판매원 2의 두 번째 질문으로 고객은 스스로 제습기 구매에 따른 장점을 구체적으로 생각하여 정리하게 되었다.

> **해설** 고객이 구매에 따른 장점을 스스로 확인하여 의사결정에 긍정적인 만족감을 가질 수 있게 된다.

[49~50] 건강검진 예약 및 상담 과정에서 발생한 상황이다. 다음을 읽고 문제에 답하시오.

- 고객 : 건강검진을 하긴 해야 하는데 사실 좀 귀찮아요.

  - 상담원 (A) : 귀찮으시더라도 건강을 위해 체크하시는 건데 하셔야죠.

- 고객 : 바빠서 시간을 내기에도 어려운데... 예약을 해야 되는 거죠?

  - 상담원 (B) : 네. 예약을 하셔야 진행이 가능합니다.

- 고객 : 내시경은 수면으로 하나요? 조금 위험하다던데...

  - 상담원 (C) : 위험하진 않습니다만, 사전에 일어날 수 있는 경우에 대해 안내드립니다.
    원하시면 일반 내시경으로 하시면 됩니다.

- 고객 : 하긴 해야 되는데...

  - 상담원 : 건강검진이 얼마나 중요한데요... 40대에는 필수적으로 챙겨서 하셔야 돼요.
    어디 아프시면 어떻게 합니까? 날짜는 언제로 예약해 드릴까요?

49 상기 상담원의 대응을 '공감적 커뮤니케이션'의 측면에서 해석할 때, 가장 적절한 것은?

① 핵심적인 메시지 전달에 집중하여 간결하고 정확한 커뮤니케이션이 가능하였다.

② 고객이 궁금한 사항에 대해 적절히 대답을 하지 못해 공감적 경청에 실패하였다.

③ 고객 건강검진 예약이라는 상담의 목적을 달성하지 못해 커뮤니케이션에 실패한 것이다.

④ 고객의 상황에 대한 객관적이고 냉정한 반응으로 고객의 문제점을 밝혀냄으로써 커뮤니케이션의 목적을 달성하였다.

❺ 고객의 염려나 장애요소를 적극적으로 경청하지 못하였으며, 효과적인 질문도 활용하지 못해 공감적 커뮤니케이션에 실패하였다.

> **해설** ① 공감적 커뮤니케이션에 실패하였다. 공감적 커뮤니케이션은 간결함이 목적이 아니다.
> ② 공감적 경청은 고객의 이야기에 적절한 응대와 호응, 정리 및 효과적 질문 등으로 이루어진다.
> ③ 상담의 목적 달성은 공감적 커뮤니케이션의 목적과 다르다.
> ④ 냉정한 반응으로는 공감대 형성을 할 수 없고, 커뮤니케이션의 목적에 부합하지 않는다.

50 고객의 이야기에 대한 상담원의 응대를 다음과 같이 변경해 보았다. 공감적 경청의 측면으로 볼 때 가장 적절하지 않은 것은?

① A - 네. 사실 귀찮은 일이긴 하죠. 하지만 그래도 해야겠다고 생각하시는 이유가 있으시죠?

② B - 네. 바쁘시기 때문에 예약을 하시면 실행에 옮기시는 데에도 도움이 되실 겁니다. 예약을 하지 않으시면 바쁘셔서 자꾸 미루게 되시지 않을까요?

③ B - 네. 예약을 하셔야 합니다. 예약을 하셔야 바쁘시더라도 실행에 옮기실 수 있을 것이라고 생각되는데, 어떠신지요? 이번 기회에 꼭 검진을 받으셔야겠다 생각되시면 예약을 하시는 게 좋지 않을까요?

❹ C - 한 번도 해보지 않으셔서 걱정되시는 겁니다. 걱정되시면 일반 내시경도 가능합니다.

⑤ C - 수면 내시경이 위험하다고 생각하셔서 염려되시는군요. 그런 부분을 걱정하시는 고객분도 계십니다. 내시경은 수면과 일반으로 결정하실 수 있습니다. 예약을 진행하시게 되면 제가 상세히 안내해 드릴테니 잘 선택하셔서 진행하시면 됩니다.

> **해설** 고객의 염려를 이해해 주는 공감적 경청의 태도는 아니다.

📠 **일반형 24문항**

01 커뮤니케이션 과정의 기본요소 'SMCREF'에 해당하지 않는 것은?

① S(Sender) - 전달자로 메시지를 주는 사람

❷ M(Manner) - 상대방을 배려하는 감정, 행동을 형식화한 매너

③ C(Channel) - 메시지 전달의 통로나 매체

④ R(Receiver) - 메시지를 받는 사람

⑤ E(Effect) - 커뮤니케이션의 결과

해설   M(Message) : 전달하고자 하는 내용을 기호(언어, 몸짓, 문자 등)로 바꾼 것이다.

02 다음 악수 예절에 대한 설명으로 가장 옳지 않은 것은?

① 할아버지가 처음 만난 사촌조카에게 악수를 청한다.

❷ 아파트 앞에서 형이 의문의 여성에게 악수를 청하는 것을 보았다.

③ 동아리의 막내 격인 후배가 군대를 가게 되어, 철수선배가 아쉬움을 뒤로한 채 악수를 청했다.

④ 나의 어린 아내가 나보다 2살이나 많은 친구의 약혼을 축하한다며 악수를 청하는데 기분이 이상하다.

⑤ 김사장님께서 새로 입사한 정대리에게 악수를 청하는 모습을 보니 작년 입사 때의 내 모습이 떠올랐다.

해설   ② 여성이 남성에게 악수를 청한다.
　　① 손윗사람이 손아랫사람에게 악수를 청한다.
　　③ 선배가 후배에게 악수를 청한다.
　　④ 기혼자가 미혼자에게 악수를 청한다.
　　⑤ 상급자가 하급자에게 악수를 청한다.

03 **다음 중 여러 이동수단의 이용에 있어서의 매너로 가장 옳은 것은?**

① 이동 시 고객이나 상급자, 여성, 연장자는 길 바깥쪽으로 안내하며, 안내자는 안쪽에 서서 가이드를 하며 이동한다.

② 업무용 차량에 탑승 시 운전기사의 옆자리가 최상석이다.

③ 상급자가 운전을 하는 경우, 뒷좌석 운전자의 대각선 위치가 말석에 해당한다.

❹ 열차 이용 시에 열차의 진행 방향으로 창가 좌석이 상석이다.

⑤ 비행기에서는 이동이 용이한 통로 쪽 좌석이 상석이다.

> **해설** ① 이동 시 고객이나 상급자, 여성, 연장자는 길 안쪽으로 안내하며, 안내자는 바깥쪽에 서서 가이드를 하며 이동한다.
> ② 업무용 차량에 탑승 시, 뒷좌석 운전자의 대각선 위치가 최상석이고, 상석의 옆자리가 그 다음 차상석이며, 운전기사의 옆자리는 말석이다.
> ③ 상급자가 운전하는 경우에, 상급자의 옆자리가 최상석이며, 다음 상석은 뒷좌석 운전자의 대각선 위치가 차상석이고, 그 운전자의 뒷자리가 말석에 해당한다.
> ⑤ 비행기에서는 밖을 볼 수 있는 창가 좌석이 상석이며, 이동이 용이한 통로 쪽 좌석이 차상석이고, 가운데 좌석이 말석이다.

04 **이미지 형성에 대한 여러 가지 효과에 대한 설명으로 옳지 않은 것은?**

① 초두효과 – 어떤 사람에 대한 초기의 정보가 나중의 정보보다 그 사람에 대한 인상 형성에 더 큰 비중을 차지하는 효과

② 최근효과 – 초두효과와 반대되는 개념으로 타인에 대한 정보 중 나중에 들어온 정보가 먼저 들어온 정보보다 인상 형성에 더 중요하게 영향을 미치는 효과

❸ 맥락효과 – 같은 그룹의 사람들은 이미지가 판단되는 전반적인 맥락을 제공하여 해당 그룹의 사람들에 대한 인상 형성에 영향을 주는 효과

④ 부정성효과 – 부정적인 특징이 긍정적인 특징보다 인상 형성에 더 강력하게 작용하는 효과

⑤ 후광효과 – 대상에 대한 일반적인 견해가 그 대상의 구체적인 특성을 평가하는 데 영향을 미치는 현상

> **해설** 맥락효과
> 처음 인지된 이미지가 이후 형성되는 이미지의 판단기준이 되고, 전반적인 맥락을 제공하여 인상 형성에 영향을 주는 효과이다.

05 서비스종사자로서 이미지 연출을 위한 표정이나 태도 등으로 가장 적절하지 않은 설명은?

① 시선은 자연스럽고 부드러운 상태로 우호적인 느낌으로 상대방을 바라본다.

❷ 고객은 최대한 존중해야 하므로 고객이 말하고 있을 때는 눈을 직접 마주치지 않도록 주의한다.

③ 첫인상은 처음 한 번에 전달되고 각인되어 변화되지 않는 일회성을 지니고 있으므로, 첫인상 관리에 주의한다.

④ 눈과 입이 함께 웃는 모습을 만들기 위해 눈과 입에 미소 띤 얼굴 연출을 반복하여 연습한다.

⑤ 자신 있는 표정과 함께 긍정적인 표정연출을 위해 마인드 컨트롤을 하도록 한다.

> 해설 상대방의 눈을 보지 않는 것은 대화에 집중하지 않는 것처럼 보이며, 상대방에게 불안감을 갖게 하므로 피해야 한다. 눈을 빤히 오래 집중해서 보면 상대방이 불편할 수 있으므로 이때는 눈과 미간, 코 사이를 번갈아 보는 것이 좋다.

06 사회 환경의 변화와 더불어 고객의 요구도 변하고 있다. 다음 중 고객 의식에 대한 설명으로 가장 적절하지 않은 것은?

① 고객은 삶의 질적 향상과 양적 증가로 인하여 서비스 의식의 고급화를 지향하게 되었다.

② 고객의 욕구가 '존중과 인정'에 대한 심리적 욕구로 진화되어 누구나 자신을 최고의 대우로 응대해주기를 기대한다.

③ 고객은 본인만이 특별한 고객으로 인정받고 대우받아야 한다고 생각하는 경향이 늘어났다.

④ 경제성장 및 물자의 풍족으로 서로에 대한 존경, 신뢰가 떨어지면서 대등한 관계를 형성하려는 상황에서 많은 갈등이 발생하고 있다.

❺ 복잡해진 사회환경으로 인해 고객은 이제 덜 생각하고 덜 고민하기를 바라고 있으므로 고객의 요구 또한 단순해지고 있다.

> 해설 고객의 유형이 다양하고 복잡해짐에 따라 그들의 요구 또한 다양하고 복잡해지고 있다.

07 다음은 에티켓과 매너에 대한 사례이다. 구분이 다른 하나는?

① 대화 도중 기침이 나올 때 손으로 입을 가리고 한다.
② 길가다가 껌을 뱉을 때에는 종이에 싼 후 휴지통에 버린다.
③ 출입문을 열고 들어갈 때 뒷사람이 오는 것을 보면 잠시 문을 잡아준다.
❹ 공중화장실과 같은 공공장소는 항상 깨끗하게 이용해야 한다.
⑤ 도서관에서 이동전화를 이용할 때에는 밖으로 나가서 받는다.

> **해설** 공중화장실과 같은 공공장소를 깨끗하게 이용해야 하는 것은 타인과의 생활에 있어 지켜야 하는 바람직한
> 사회적 약속이므로 '에티켓'에 해당한다. '매너'는 이러한 에티켓을 외적으로 표현한 것이다.

08 다음의 다양한 호칭과 경어매너 중 옳지 않은 것은?

① 상급자에게 자신을 칭할 때는 '저'라고 지칭한다.
② 동급자인 경우는 '○○ 과장님' 또는 '○○ 대리님' 등 '님'을 붙여 부른다.
③ 문서에는 상사의 존칭인 '님'을 생략하여 '사장 보고의 건'이라 표기한다.
④ 다른 회사를 지칭할 때는 '귀사'라고 지칭한다.
❺ 상대방을 높이기 위해, "사장님 말씀이 계시겠습니다."라고 표현했다.

> **해설** '말이 계시다'를 사용할 경우는 "말을 하시다"가 맞고, '계시다'는 틀린 표현이다. 따라서 "사장님께서 말(을)
> 하시겠습니다."라고 해야 한다.

09 다음 중 초대 에티켓에 관한 내용으로 옳지 않은 것은?

① 가정에 초대를 받은 경우는 선물을 준비하는 것이 좋다.
② 초대를 할 경우에는 참석자들 간의 관계나 친분을 고려하여 선정한다.
❸ 초대를 받은 당일 가능한 한 일찍 도착하여 초대자의 음식 준비를 돕는다.
④ 서양에서는 식당에 초대받는 것보다 가정에 초대받는 것을 가장 큰 대접으로 여긴다.
⑤ 해외 출장 시 현지인에게 초대를 받으면 한국전통의 물품을 선물하면 좋다.

> **해설** 초대를 받은 경우 약속시간 5분 전에 도착하는 것이 좋으며, 너무 일찍 도착하는 것은 오히려 실례가 된다.
> 그러나 도착 후 자신이 준비하거나 도울 일에 대해 묻는 정도는 무방하다.

10 다음 중 국가별 테이블 매너로 옳지 않은 것은?

① 일본 요리를 먹을 때는 가능한 한 젓가락만 사용한다.

② 일본은 식사 전, 중, 후에 항상 젓가락을 젓가락 받침에 올려놓는 것을 기본으로 한다.

③ 중국은 요리접시가 놓인 회전테이블을 오른쪽 방향으로 돌린다.

❹ 중국은 사용이 끝난 스푼과 포크를 접시 위에 놓아두어 다 먹었음을 알린다.

⑤ 한식을 먹을 때 숟가락이나 젓가락을 그릇에 걸치거나 얹어 놓지 않는다.

> **해설** 서양에서는 식사를 마치면 사용한 포크와 나이프를 접시 위에 오른쪽으로 비스듬히 나란히 놓아 식사완료 사인을 하지만, 중국은 사용이 끝난 스푼과 포크를 접시 오른쪽에 세로로 놓아둔다.

11 고객의 구매결정 프로세스 중 전통적 구매결정 프로세스 모델인 AIDMA에 대한 설명으로 옳지 않은 것은?

① 주의 – 고객의 주의를 끌어 제품을 인지하는 단계

② 관심 – 제품에 대해 관심을 가지고 장단점을 인지하는 단계

③ 욕구 – 판매촉진 활동 등으로 제품에 대한 구매욕구를 불러일으키는 단계

④ 기억 – 욕구의 단계를 넘어 제품에 대한 기억으로 구매의사를 결정짓는 단계

❺ 공유 – 구매한 제품에 대한 평가를 SNS를 통해 정보를 공유하는 단계

> **해설** 공유(Share)는 인터넷의 활성화로 인해 진화된 프로세스 모델인 AISAS(주의 – 관심 – 검색 – 행동 – 공유)에 해당하는 단계이다. AIDMA의 마지막 단계는 행동(Action)이다.

12 고객의 기대에 대한 영향요인 중 고객만족을 이루기 위한 기업요인에 해당하지 않는 것은?

① 기업의 로고

② 직원들의 유니폼

③ 점포의 외관 및 인테리어

④ 기업의 CI와 BI

❺ 경쟁사의 제품

> **해설** 경쟁사의 제품은 고객의 외적요인으로서 고객이 이용할 수 있는 경쟁적 대안들에 속한다.
> ① · ② · ③ · ④ 기업요인의 유형적 단서에 해당한다.

13 다음 계층구조의 유형에 대한 설명으로 옳은 것은?

① 폐쇄적 계층구조는 수평이동이 제한적이다.

❷ 개방적 계층구조는 근대 이후의 대표적 계층구조로 볼 수 있다.

③ 피라미드형 계층구조는 선진국형 계층구조이다.

④ 모래시계형 계층구조는 30 : 70 구조의 계층구조로서 비관론적이다.

⑤ 다이아몬드형 계층구조는 중층의 비율이 상층이나 하층보다 낮은 구조이다.

> **해설** ① 폐쇄적 계층구조는 수직이동이 제한적이다.
> ③ 피라미드형 계층구조는 후진국형 계층구조이다.
> ④ 모래시계형 계층구조는 20 : 80 구조의 계층구조로서, 20%의 부유층과 80%의 빈곤층으로 구성되어 비관론적이다.
> ⑤ 다이아몬드형 계층구조는 중층의 비율이 상층이나 하층보다 높은 구조이다.

14 다음은 '소비자'와 '고객'에 대한 용어의 정의를 설명한 내용이다. 이 중 가장 옳지 않은 것은?

① 고객은 흔히 '손님'이란 용어로 표현되기도 한다.

② 처음 기업과 거래를 시작하는 고객을 신규고객이라 한다.

③ 일반적으로 소비 활동을 하는 모든 주체를 소비자라 한다.

④ 소비자는 구매자, 사용자, 구매 결정자의 역할을 각각 다르게 하는 경우와 1인 2역, 3역을 수행하는 경우가 있다.

❺ 직접 제품이나 서비스를 반복적, 지속적으로 애용하고 있지만, 타인에게 추천할 정도의 충성도를 가지고 있지 않은 고객을 옹호고객이라 한다.

> **해설** 해당 설명에 알맞은 고객 분류는 단골고객이다.

15 다음 중 고객의 성격유형 분석에 대한 설명으로 옳지 않은 것은?

① DISC는 서비스 접점에서 가장 보편적으로 고객을 성향을 알 수 있는 지표이다.

② TA 교류분석은 긍정심리이론이다.

③ TA 교류분석을 통해 여러 가지 '감정'들에 대한 이해를 높일 수 있다.

④ MBTI는 16가지의 고객의 성격유형별 구매행동의 특성을 알아볼 수 있다.

❺ TA 교류분석은 자기이해를 위한 기본적 사상이 담겨있다.

> **해설** TA 교류분석은 자기이해뿐만 아니라 타인이해까지도 기본적 사상으로 한다.

16 **다음 중 선물의전에 관한 내용으로 옳지 않은 것은?**

① 상당수의 국가에서는 공무원의 직무관련 선물수수를 제한하고 있다.

② 국가의전에 있어서 선물은 해당 국가의 문화를 교환한다는 의미를 포함한다.

③ 선물을 할 때는 선물 전달 시기가 적절한지 고려해야 한다.

❹ 선물의 전시국가 또는 비즈니스의 명성을 대신할 최고급 상품으로 한다.

⑤ 최근 한국의 선물은 최첨단 IT제품을 선호하는 추세이다.

> 해설 선물은 가격이 적절한지, 받는 사람의 문화에 적합한지 등을 고려해야 하며, 무조건 최고급이나 고가의 선물
> 보다는 상징적인 선물을 마련하는 것이 좋다.

17 **다음 중 올바른 매너에 대한 구성으로 옳지 않은 것은?**

① 고객에게 믿음과 신뢰성을 줄 수 있는 바른 자세

② 고객의 상황을 이해하고 공감하는 능력

❸ 본인의 매력을 잘 나타내는 개성 있는 옷차림

④ 역지사지(易地思之)를 기반으로 한 마음가짐

⑤ 호감을 줄 수 있는 상황에 따른 표정

> 해설 본인의 개인적 매력을 부각시키기보다는, 직무에 어울리는 옷차림과 매무새를 하여 고객으로부터 신뢰감을
> 얻도록 한다.

18 **다음 비즈니스 네티켓에 대한 설명 중 옳은 것은?**

① 글의 제목은 웃음을 유발할 수 있는 내용이 좋다.

② 영어는 대소문자 구분 없이 자유롭게 작성한다.

③ 긴 내용이라도 메일 내용의 본문 란을 이용하고 압축파일은 지양한다.

④ 수신한 메일은 12시간 이내에 빠르게 답변한다.

❺ 인터넷 태그의 사용은 자제한다.

> 해설 ① 제목은 글의 내용을 나타내는 간단한 제목을 쓴다.
> ② 영어는 대소문자를 구분하여 올바르게 사용한다.
> ③ 용량이 큰 파일은 압축파일을 이용하여 최소화된 크기로 발송한다.
> ④ 수신한 메일은 24시간 이내에 빠르게 답신한다.

19 전화 응대 시 그 특징에 따른 유의사항과 거리가 먼 것은?

❶ 보이지 않는 커뮤니케이션이므로 표정, 태도, 자세는 영향을 미치지 않는다.

② 고객에 대한 정보를 빨리 파악할 수 있도록 다양한 노하우를 축적한다.

③ 용건을 반드시 복창하고, 재진술하여 내용을 확인한다.

④ 당황한 상황에서도 의연함을 잃지 않도록 감정조절을 한다.

⑤ 음색과 음성의 크기, 톤, 속도, 말투, 억양 등의 청각적 요인을 잘 활용한다.

> **해설** 시각적 요소 없이 내용을 전달해야 하므로, 오히려 청각적 요소가 두드러질 수밖에 없다. 그러므로 표정이나 자세, 태도는 고객이 앞에 있는 것처럼 신경을 써야 한다(표정, 자세, 태도는 음색의 톤, 억양, 뉘앙스 등에 영향을 미치기 때문이다).

20 다음 중 레스토랑 이용 매너에 대한 설명으로 옳지 않은 것은?

① 식사 중 대화의 주제는 모두가 공감할 만한 것으로 하며, 어렵고 민감한 주제는 피한다.

❷ 안내받은 자리가 마음에 들지 않을 시, 주문한 메뉴가 나오기 전 상황이라면 주변을 둘러보고 적당한 자리로 옮겨 앉아 조용히 기다린다.

③ 착석 후 화장실을 가는 것은 실례이므로 입장 전에 다녀오도록 한다.

④ 여성의 경우 핸드백은 자신의 등과 의자 등받이 사이에 두고 앉는다.

⑤ 식사 중에는 트림이나 씹는 소리와 같은 불쾌한 소리는 금물이다.

> **해설** 안내받은 자리가 마음에 들지 않을 경우에는 방문자가 임의대로 둘러보고 움직이지 않도록 하며, 음식을 주문하기 전 담당직원을 불러 정중히 다른 자리를 부탁한다.

21 다음 중 비즈니스 이미지 연출법 중 여성의 용모복장과 가장 거리가 먼 것은?

❶ 긴 머리의 경우 청순함이 잘 나타나도록 빗질을 여러 번 하고 풀어서 연출한다.

② 지나치게 디자인이 두드러지거나 화려한 액세서리는 삼간다.

③ 향수는 아래에서 위로, 안쪽에서 바깥쪽으로 퍼지는 특성을 고려하여 분사한다.

④ 립스틱이나 매니큐어의 색은 빨간색과 어두운 색은 피한다.

⑤ 여성의 복장은 일하기 편하고 세련미를 나타낼 수 있는 것이 핵심이다.

> **해설** 긴 머리를 풀어서 연출할 시 치렁치렁해 보여 좋지 않은 이미지를 줄 뿐만 아니라 업무에 지장을 줄 수 있으므로, 단정하게 묶는 것이 바람직하다.

22 다음 중 보이스 이미지 연출에 관한 설명으로 적절하지 않은 것은?

① 타고난 음성의 질은 바꿀 수 없으나, 음성의 분위기는 훈련을 통해 바꿀 수 있으므로 꾸준한 트레이닝이 요구된다.

② 정확한 발음을 위해 혀와 입 주위 근육을 원활하게 풀어주어 턱의 움직임을 부드럽게 해준다.

③ 발음 연습을 할 때 가능한 한 입을 크게 벌려 연습한다.

❹ 콧소리는 감정표현이 서툴러 차가운 인상을 줄 수 있으므로, 턱은 움직이지 않고 입술과 혀만 움직여서 반복 연습한다.

⑤ 흉식호흡보다는 복식호흡방법을 통해 더욱 편안한 소리, 안정된 호흡을 가질 수 있다.

> **해설** 콧소리가 아니라 딱딱한 목소리에 관한 특징과 극복 방법의 설명이며, 그 외 개선방법은 젓가락을 양 입의 옆쪽으로 몰아넣고 발음하기와 턱을 움직이지 않고 발음하는 트레이닝이 있다.

23 다음 중 고객의 주요 특징에 대한 설명으로 옳지 않은 것은?

❶ 고객은 비즉흥적이며 미리 예견할 수 있는 단서를 노출시킨다.

② 많이 구매한 고객일수록 바라는 것이 더 많고 요구사항이 빈번하다.

③ 고객은 월급을 주는 사람이다.

④ 불만족한 고객이 그 이유를 말하지 않는 것이 더 무섭다.

⑤ 고객은 자신만을 알아봐주고 관심가져 주기를 원한다.

> **해설** 고객은 매사에 즉흥적이라 미리 준비를 할 수 없으므로, 능숙한 임기응변과 상황에 따른 센스 있는 대처가 필요하다.

24 매슬로우(Maslow)의 욕구 위계론에 대한 설명이 아닌 것은?

① 인간의 동기가 나타나는 것을 설명하기 위해 욕구를 5가지 단계로 나누었다.

② 하위 계층인 생리적 욕구부터 충족되어야만 상위 계층의 욕구가 나타난다.

❸ 가장 상위에 위치한 욕구는 존경의 욕구로서, 서비스 욕구의 관점에서 보면 '종업원이 나를 존중해주는가'의 기준이 된다.

④ 욕구를 충족시키고 만족이 증가하게 되면 해당 욕구의 중요성이 낮아질 수 있다.

⑤ 때때로 각 욕구가 상호작용하거나 한 번에 두 개 이상의 욕구가 동시에 나타나기도 하는데, 각 욕구 간의 상호 연관성을 설명하지 못한다는 한계점을 지닌다.

> **해설** 가장 상위에 위치한 욕구는 자아실현의 욕구로서 능력발휘, 자아성취, 자기완성의 의미를 가지며, 서비스 욕구의 관점에서 보면 '종업원이 나를 알아봐주는가'의 기준이 된다.

25 인사의 종류 중 가장 일반적인 상황에 많이 하는 인사법으로서, 허리를 약 30도 정도 숙이고 허리를 세울 때에는 좀 더 천천히 움직이는 인사법은 정중례이다.

(① O **❷** X)

> 해설 일반적인 상황에 30도 정도 허리를 숙이며 인사말을 곁들이는 인사법은 보통례이다.

26 소개를 받을 때 모두 일어나는 것이 원칙이지만, 국가원수나 왕족, 성직자의 경우에는 일어나지 않아도 된다.

(① O **❷** X)

> 해설 소개 시에 받는 사람이나 소개되는 사람 모두 일어나는 것이 원칙이지만, 환자나 노령자는 예외이며, 국가원수나 왕족, 성직자가 예외가 되는 경우는 악수순서에 대한 상황이다.

27 안내 시 출입문을 지나는 경우, 당기는 문이나 밀고 들어가는 문이나 관계없이 고객을 먼저 통과시키고 나중에 안내자가 따라 이동하도록 한다.

(① O **❷** X)

> 해설 당기는 문일 때에는 문을 당겨 열고 서서 고객을 먼저 통과시키고, 밀고 들어가는 문인 경우에는 안내자가 먼저 통과한 후에 문을 잡고 고객을 통과시키도록 한다.

28 가까운 친구가 상을 당했을 시에는 가급적 빨리 가서 장례 준비를 돕도록 하며, 장례 절차 등에 대해서도 빠른 판단을 할 수 있도록 나서서 개입한다.

(① O ❷ X)

해설 가까운 친구가 상을 당했을 시에는 가급적 빨리 가서 장례준비를 돕고 궂은 일을 도모하는 것은 옳으나, 장례절차 등에 대해서 간섭하는 것은 실례이다.

29 이미지는 개인의 지각적 · 정서적 · 감정적 요소가 결합되어 주관적으로 인식되며, 특정 대상에 대해 직접적인 경험을 한 다음에 형성된다.

(① O ❷ X)

해설 이미지는 직접적 경험이 없이도 형성될 수 있다.

30 고객의 기대에 대한 영향요인 중 고객이 갖는 내적요인으로서는 개인적 욕구, 관여도, 과거의 서비스 경험, 고객이 이용가능한 경쟁적 대안 등이 있다.

(① O ❷ X)

해설 • 내적요인 : 개인적 욕구, 관여도, 과거의 서비스 경험
• 외적요인 : 고객이 이용가능한 경쟁적 대안, 타인과의 상호관계로 인한 사회적 상황, 구전 등이 있다.

[31~35] 다음 설명에 알맞은 단어를 보기에서 각각 골라 넣으시오.

① 포트럭 디너 ② 심리적 거리 ③ 후광효과 ④ 개인적 거리 ⑤ 한계고객

31 손을 뻗으면 닿을 수 있는 정도의 공간으로 친구모임, 동아리 모임 등과 같이 제한적 관계의 사람들에게 허락되는 거리이다.

(   )

해설   ④ 공간적 커뮤니케이션에서 '개인적 거리'에 대한 설명이다.

32 언제 어디서 무엇을 하고 있느냐에 상관없이 전파가 닿는 곳이라면 거리를 만들어 낸다.

(   )

해설   ② 공간적 커뮤니케이션에서 '심리적 거리'에 대한 설명이다.

33 파티의 한 종류로서, 참석자들이 요리를 한 가지씩 준비해 와서 음식을 나누며 담소하는 형식으로 아주 친한 사이에서 열리는 디너파티이다.

(   )

해설   ① '포트럭 디너'에 대한 설명이다.

34 어떤 대상이나 사람에 대한 일반적인 견해가 그 대상이나 사람의 구체적인 특성을 평가하는 데 영향을 미치는 현상으로서, 한 사람이 가진 장점이나 매력으로 인해 다른 특성들도 좋게 평가되는 효과이다.

(   )

해설   ③ '후광효과'에 대한 설명이다.

35 기업 이익실현에 방해가 되며 마케팅 활동 등 여러 요소에 방해작용을 하는 고객으로서, 고객 명단에서 제외하거나 해약을 유도하여 고객의 활동을 중지시키기도 한다.

( )

해설 ⑤ '한계고객'에 대한 설명이다.

사례형 9문항

36 다음은 의료기관 예약팀과 고객과의 대화이다. 대화에 관한 내용 중 가장 옳은 것은?

> • 의료기관 : 정성을 다하는 KPC 병원입니다. 무엇을 도와드릴까요?
> • 고   객 : 어머님이 예약이 되어 있는데요. 메르스 때문에 예약을 변경하고 싶습니다.
> • 의료기관 : 메르스 때문에 많이 불안하시죠. 고객님~ 병원에 오시면 마스크를 나누어 드리고 있기 때문에 예약된 일정대로 내원하셔도 됩니다.
> • 고   객 : 저는 괜찮다고 생각하는데, 어머니께서 변경하시라고 하십니다.
> • 의료기관 : 예약변경은 어려운 일이 아닙니다. 다만, 추후에 메르스 사태가 진정되면 고객 쏠림 현상이 발생하여, 내원하셨을 때 대기시간이 길어지실까 염려되어 제가 권하게 되었습니다.
> • 고   객 : 그냥 변경해주세요.
>   '변경하기 참 어렵네. 내가 아니라 어머니께서 변경을 원하는 걸 어떻게 하라고… (휴~)'

① 의료기관 상담사는 고객의 요구를 파악하지 못하였다.
② 고객은 요구 사항을 정확하게 표현하지 않았다.
❸ 의료기관 상담사는 부정확한 피드백으로 고객과의 커뮤니케이션에 실패하였다.
④ 고객은 미숙하게 메시지를 전달하였다.
⑤ 의료기관 상담사는 경청을 잘 하였다.

해설 의료기관 상담사는 고객의 요구는 파악하였으나, 부정확한 피드백으로 고객에게 거부감을 주었다.

37 다음 보기의 사례를 보고 최고야 대표가 한 행동 중 옳은 것을 모두 고른 것은?

> 신생 벤처기업 최고야 대표는 20대 후반의 청년 사업가이다. 사업상 인맥을 넓히라는 지인의 권유로 CEO 조찬모임에 참석하게 되었고, 같은 테이블에 자리 잡은 다른 참석자들과 인사를 나누고 명함을 주고받았다.
> A. 상대방이 명함을 건넬 때 두 손으로 공손히 받고 내용을 확인했다.
> B. 명함을 받고 잃어버리지 않게 곧바로 명함집에 넣었다.
> C. 명함을 건넬 때 한손으로 명함집을 들고 한 손으로 정중히 건넸다.
> D. 명함을 상대의 기준에서 읽기 쉽도록 돌려서 전달했다.
> E. 명함을 주고받은 사람이 여러 명이라 받은 명함을 테이블에 올려놓고, 명함 빈칸에 상대의 특징에 대해 메모했다.

❶ A, D
② A, B, E
③ B, C, D
④ C, D, E
⑤ A, B, C, D

해설 B. 명함을 곧바로 집어넣는 것은 실례이다.
C. 명함을 건넬 때는 두 손으로 빈 여백을 잡고 건넨다.
E. 명함을 테이블에 올려놓은 것은 실례가 아니나, 메모는 별도의 수첩에 하는 것이 예의이다.

38 ○○ 그룹 비서실의 오승진 대리는 거래처 사장님과 수행비서 그리고 자사의 전무님을 모시고 서울 본사에서 인천의 공장으로 현장 답사 임무를 맡게 되었다. 오대리가 직접 운전을 한다고 가정했을 때 좌석 배치로 올바른 것은?

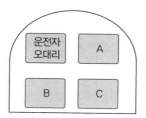

① A – 자사 전무님, B – 거래처 사장님, C – 거래처 수행비서
② A – 자사 전무님, B – 거래처 수행비서, C – 거래처 사장님
③ A – 거래처 사장님, B – 거래처 수행비서, C – 자사 전무님
④ A – 거래처 수행비서, B – 거래처 사장님, C – 자사 전무님
❺ A – 거래처 수행비서, B – 자사 전무님, C – 거래처 사장님

해설 운전자가 서열상 가장 아래일 경우, 상석은 운전석 대각선 뒷자리, 차석은 운전자 뒷자리, 말석은 운전석 옆자리이다.

39 다음 보기의 사례를 통해 최미소 대리의 행동에 대한 설명으로 옳은 것은?

> 국내 자동차 판매법인의 해외영업부에 발령받은 최미소 대리는 2018년도 출시한 신차의 아시아 시장 홍보 / 판매차 중국에 출장을 갔다. 출장 둘째 날 중국 굴지의 자동차 수입법인의 판매 총괄을 담당하는 리연제 본부장의 저녁식사 초대를 받았다. 다음은 두 사람의 대화 내용이다.
>
> • 리본부장 : 중국은 아시아 최고 시장이지요. 아무래도 한국 같은 작은 나라보다 시장규모가 훨씬 큰 우리 중국을 공략하기로 한 것은 잘한 선택입니다.
> • 최 대 리 : 무슨 소리시죠! 한국은 땅이 작아서 그렇지 중국만큼이나 오래된 역사와 문화를 자랑하고, 세계적인 기술을 보유한 강대국입니다. 중국은 시장 빼고는 아직 기술력이 한국이나 일본을 따라오기엔 멀었습니다.
> • 리본부장 : 하하~ 기술만으로는 넘어야 할 산이 많습니다. 중국은 세계 최고의 강대국으로 한국은 물론 일본을 포함한 아시아 시장 및 남미 및 유럽 시장까지 영향력을 미치고 있습니다. 그중 최고의 유통망을 가지고 있는 우리 ○○기업과의 파트너는 곧 최고의 유통망을 확보한다는 뜻이지요. 우리 회장님도 그렇지만 저 또한 기업 간의 거래에 있어 믿음과 신뢰를 가장 중요시합니다. 따라서 오늘 이 자리 우리의 인연이 앞으로 서로를 이해하는 좋은 친구관계가 되는 것이 중요하다고 생각합니다.
> • 최 대 리 : 저도 기업 간 신뢰와 믿음이란 말에 공감합니다. 하지만 한국에서는 공과 사는 철저히 분리되어야 한다는 말이 있죠. 기업의 믿음과 신뢰는 제품의 질과 서비스 질에서 나오는 것이겠죠. 저희 ○○회사는 귀사의 이미지가 더욱 빛날 수 있는 품질을 보증하겠습니다. 귀사와 우리 회사의 오랜 인연이 되길 기대하며, 장수를 의미하는 거북이 조각상을 선물로 준비했습니다. 그럼 제가 건배를 제의하겠습니다. "앞으로 서로의 성공을 위하여~"

① 리본부장의 말에 반론하며 중국의 기술을 언급한 것은 잘한 일이다.
② 비즈니스 테이블에서 공사를 구분해야 한다는 주장은 합리적이다.
❸ 최미소 대리는 상대국의 비즈니스 정서적인 부분에 대한 대응이 미흡했다.
④ 거북이상을 선물로 준비한 것은 매우 현명한 선택이다.
⑤ 주도적으로 먼저 건배 제의를 한 것은 호스트의 자존심을 살리는 잘한 행동이다.

해설 ① 비즈니스 자리에서 자국에 대한 자부심이 큰 중국의 자존심을 건드린 것은 적절치 못한 행동이다.
② 중국은 비즈니스에서 개인 간의 우정과 신뢰를 매우 중요시한다.
④ 거북이의 발음이 욕설과 비슷하기에 선물로는 적합하지 않다.
⑤ 중국에서 건배 제의는 호스트가 먼저 청하기 전에 하지 않는다.

40 다음 두 사람의 대화를 읽고 적절하지 않은 내용을 고른 것은?

- 이대리 : 서○○씨~ 내일 미팅 준비는 다 됐어?
- 서사원 : 아직 복장을 결정 못했어요. 우리 부서에 여자밖에 없어서 남자복장을 물어볼 사람이 없어서요.
- 이대리 : 내가 도와줄게. 정장은 무슨 색을 가지고 있는데?
- 서사원 : 검정색과 남색이 있습니다.
- 이대리 : 둘 다 상관은 없지만, 이왕이면 무거운 검정색보다는 남색이 나을 것 같아. 셔츠는 흰색 셔츠에 목깃과 소매가 정장 밖으로 1~1.5cm 정도 보이면 적당한 길이고. 그런데 지금 입고 있는 바지는 너무 긴 것 같은데, 혹시 내일 입을 정장바지도 비슷한 길이야?
- 서사원 : 아니요. 얼마 전에 요즘 유행하는 발목이 보이는 9부로 수선했어요.
- 이대리 : 잘했네~ 정장은 그쯤하면 되었고, 양말은 정장과 색을 맞추되 잘 모르겠으면 정장보다 어두운 색을 신고 와. 참 넥타이 길이도 너무 짧지 않게 매는 거 알지?
- 서사원 : 네~ 그럼요! 저번에 과장님이 지적해 주셔서 새로 배웠잖아요.
- 이대리 : 아 맞다. 그랬었지. 마지막으로 머리 손질도 잘하고~
- 서사원 : 감사합니다. 오늘 준비 잘해서 내일 멋지게 하고 오겠습니다.

---

① 정장색으로는 신뢰감 있는 남색이 적절한 선택이다.
❷ 정장바지는 깔끔하게 발목 길이로 맞춘다.
③ 넥타이는 벨트 버클에 닿을 정도가 적당한 길이다.
④ 양말은 발목양말이 아닌, 발목을 완전히 덮는 클래식 양말을 신는다.
⑤ 헤어는 이마와 뒷목이 보이도록 단정하게 정돈한다.

해설 비즈니스용 정장바지는 구두 등을 살짝 덮고, 한 번 접히는 정도가 적당하다.

41 다음은 국제 행사장에서 외국고객을 대하는 상황이다. 직원의 행동으로 적절하지 않은 것은?

- 외국 고객 : Excuse me, Can you help me?
- 직 원 : (밝은 표정과 친절한 음성으로) Of course, What can I do for you?
- 외국 고객 : I am looking for the entrance of this conference center. How can I get to there?
- 직 원 : (정중한 자세로) I think it is not easy foy you to find the entrance. So if you are ok, I would like to guide you personally.
- 외국 고객 : Oh, really? Yes, I'd appreciate that. Thank you very much.
- 직 원 : It 's a pleasure. (방향을 가리키며) This way, please.

---

① 외국고객이 당황하지 않게 친절하고 상냥하게 응대한다.

② 설명하기가 어려워 직접 안내할 경우, 먼저 정중히 양해를 구한다.

③ 방향을 지시할 때는 '삼점법'을 이용해 '고객의 눈 → 안내하는 손 → 고객의 눈'을 차례로 바라보며 안내한다.

❹ 고객과 나란히 서서 눈을 마주치며 안내한다.

⑤ 고객의 감사표현에 미소와 함께 인사를 하고 배웅한다.

> **해설** 고객보다 2~3걸음 앞서서 사선방향으로 걸으며 안내한다.

42 다음은 휴대폰 구매를 위해 나눈 친구 간의 대화이다. 두 친구가 최종적으로 신뢰한 정보의 원천은 무엇인가?

- 정현 : 나 스마트폰 바꾸려고 하는데, 동생이 S사의 G모델이 좋다고 추천해주더라. 현경이 넌 스마트폰에 대해 잘 아니까 조언 좀 해줘~
- 현경 : 물론 G모델이 좋다고 하지만, 그래도 쓰던 브랜드가 좋을 것 같아. 네가 쓰던 A사의 I모델이 마음에 들지 않니?
- 정현 : 그런 것은 아닌데 이번 G휴대폰이 기능이 워낙 좋다고 그래서…
- 현경 : 내가 듣기론 곧 나올 I휴대폰의 성능이 G휴대폰과 비슷하다고 하던데, 조금만 기다렸다가 이왕이면 디자인도 예쁜 I휴대폰을 구매하는 것이 어때?
- 정현 : 그래? 정말 고민된다… 어떻게 하지?
- 현경 : 그럼 얼마 전에 미국에서 발표한 '컨슈머 리포트'를 참고해 보자. G모델과 I모델뿐만 아니라 다양한 기업의 스마트폰 모델도 비교할 수 있고, 무엇보다 미국에서 최고의 공신력을 가지고 있으니 신뢰할 수 있으니까…
- 정현 : 아~ 맞다. 넌 역시 똑똑해. 난 왜 그 생각을 못했지? 우리 빨리 '컨슈머 리포트' 관련 기사를 찾아보자. 깐깐한 미국소비자들의 평가이니 나도 결정을 쉽게 내릴 수 있을 거야!

---

① 개인적 원천

② 경험적 원천

③ 기업정보 원천

❹ 중립적 원천

⑤ 상업적 원천

43 D기업 비서실의 김 과장은 곧 방한할 미국 바이어의 응대를 위해 고급 한식 전문 식당을 섭외해야 한다. 이에 다음 사례의 평가방식을 통해 식당을 선택하기로 했는데, 보기의 내용 중 옳은 내용은 무엇인가?

평가기준 (중요도)	맛 (40%)	청결 (30%)	서비스 (20%)	가격 (10%)	총 점
A식당	9	8	7	5	?
B식당	9	6	6	6	?
C식당	7	6	6	8	?

① 위의 평가방식을 '비보완적 평가방식'이라고 한다.
② 이 평가방식의 특징은 다른 기준들의 장점이 단점을 보완시키지 못한다.
❸ 김과장의 최종 선택식당은 A식당이다.
④ C식당이 가격이 가장 저렴하므로 무조건 선택해야 한다.
⑤ 평가총점의 순서는 B > A > C이다.

44 다음은 해외여행 상품을 예약하려는 고객과 여행사 직원의 상담 내용이다. 이 사례에서 발견할 수 있는 고객의 기본 심리는?

> 고객 : 12월 22일부터 5일간 1인당 100만 원 정도 예산으로 가족 4명이 싱가포르 해외여행을 가려고 하는데 좋은 상품을 추천해 주셨으면 합니다.
>
> 직원 : 저희 회사 싱가포르 상품 10가지 중에서 말레이시아, 인도네시아와 함께 여행하는 '실속형 3국 3색 패키지'가 좋을 것 같습니다.
>
> 고객 : 5일 동안에 어떻게 3개국이나 관광을 할 수 있나요?
>
> 직원 : 가능합니다. 다녀오신 분들이 대단히 만족하는 상품입니다.
>
> 고객 : 그래도 저는 쉽게 이해가 되지 않는데요?
>
> 직원 : 제가 동남아 관광 상품을 담당한 지 7년째인데 이 상품만큼 인기 있는 상품을 찾기가 쉽지 않습니다. 제가 자신 있게 추천해 드립니다.
>
> 고객 : 10가지 상품 중에서 가장 많이 팔리는 상품인가요?
>
> 직원 : 물론입니다. 이 상품 선택하시면 절대로 후회하지 않을 것입니다.
>
> 고객 : 다녀온 사람들이 그렇게 좋은 반응을 보이고 있다니 안심은 됩니다.
>
> 직원 : 직접 다녀온 분들의 반응이 가장 정확한 것이지요.
>
> 고객 : 그럼 그 상품으로 계약하겠습니다.
>
> 직원 : 잘 결정하셨습니다. 탁월한 선택이십니다!

❶ 고객은 다른 고객을 닮고 싶은 모방심리를 갖고 있다.

② 고객은 서비스 직원보다 우월하다는 심리를 가지고 있다.

③ 고객은 모든 서비스에 대하여 독점하고 싶은 심리가 있다.

④ 고객은 중요한 사람으로 인식되고, 기억해 주기를 바란다.

⑤ 고객은 언제나 환영받기를 원하는 환영기대심리를 가지고 있다.

해설 고객은 구매 리스크를 줄이고 심리적 안정을 찾기 위해. 구매 의사결정 시 다른 고객을 닮고 싶은 모방심리를 가지고 있다.

[45~46] 콜센터 상담원과 고객의 상황이다. 다음을 읽고 문제에 답하시오.

> 딸 한의사씨는 작년 가을에 어머니에게 선물해 주었던 백수오궁이 가짜 논란에 휩싸이자 홈쇼핑 콜센터에 상담을 하였다.
>
> • 한 의 사 : 제가 작년에 백수오를 구입했는데 확인 부탁드립니다.
> • 상담원 1-1 : (목소리 톤이 다운되면서) 작년 9월에 구매하셨습니다.
> • 한 의 사 : 지금 식품의약품안전처에서 가짜라고 논란이 있는데, 저도 환불받을 수 있을까요?
> • 상담원 1-2 : 고객님, 그건 그쪽에서 일방적으로 발표한 입장입니다. 저희도 따로 기관에 성분의뢰했고, 2주 후 결과가 나올 예정입니다. 결과가 나오는 대로 연락드리겠습니다.
> • 한 의 사 : 아~ 그럼 2주 뒤에 전화주신다는 말이시죠?
> • 상담원 1-3 : 네. 기다리시면 전화가 갈 겁니다. 좋은 하루 되십시오.
> • 한 의 사 : '내가 가짜 팔았냐고 컴플레인도 안했는데 왜 이렇게 쌀쌀맞지? 요즘 그런 전화를 많이 받아서 그런가 보구나.'
>
> 한 달 뒤에도 전화가 없어 한의사씨는 다시 홈쇼핑 콜센터에 상담하게 되었다.
>
> • 한 의 사 : 2주 후에 연락을 주신다고 하셨는데 전화를 못 받았습니다. 확인 부탁드립니다.
> • 상담원 2-1 : 그 많은 분들을 저희가 어떻게 일일이 전화드립니까. 홈페이지에 공지 못 보셨어요? 작년 제품은 환불이 안 됩니다.
> • 한 의 사 : 그럼 작년 제품도 성분의뢰 결과가 나왔습니까?
> • 상담원 2-2 : 그건 잘 모르겠고요. 저는 공지 내용대로 상담해드립니다.
> • 한 의 사 : 아~ 네 알겠습니다. '그럼 작년 제품은 성분도 모르고 복용했다는 건데 그게 더 큰 문제이지 않나? 불안한데…'

45 **상기 사례에서 상담원의 대화를 변경해 보았다. 가장 적절한 것은?**

① 상담원 1-1 : 작년 9월에 구매하셨습니다. 환불 때문에 그러세요, 고객님?

❷ 상담원 1-2 : 많이 놀라셨죠 고객님, 저희 회사에서도 공신력 있는 기관에 성분 의뢰하였습니다. 번거로우시겠지만, 2주 후 홈페이지 공지를 통해 결과 확인 부탁드립니다.

③ 상담원 1-3 : 네 전화가 갈 겁니다. 기다리세요.

④ 상담원 2-1 : 홈페이지 공지로 대체했습니다. 환불은 안 됩니다.

⑤ 상담원 2-2 : 잘 모르겠습니다. 확인해드릴까요?

> 해설 고객의 감정을 읽어주며, 쿠션화법을 사용하여 정확하게 안내한다.

46 상담원의 대화와 경청의 장애요인이 바르게 연결된 것은 무엇인가?

① 상담원 1-1 : 상담원이 신체적으로 아프거나 피곤한 컨디션 난조로 고객의 대화에 부정확한 청취를 하였다.

❷ 상담원 1-2 : 상담원은 고객의 환불 이야기에 편견이나 선입견을 갖고 고객을 판단하여 응대하였다.

③ 상담원 1-3 : 상담원은 고객이 착하다 / 악질이다 등을 평가하면서 청취하였다.

④ 상담원 2-1 : 고객이 환불받지 못하게 되어 동정심을 갖고 응대한 왜곡된 청취이다.

⑤ 상담원 2-2 : 고객의 이야기에 지나치게 민감하게 집착하여 응대한 부정확한 청취이다.

> **해설** 경청의 장애요인 중 부정확한 청취(편견이나 선입견)에 해당된다.

[47~48] 고객 조문 절차에 대한 컨설턴트 박사원의 사례이다. 다음을 읽고 문제에 답하시오.

> S생명사에서 보험 컨설턴트로 일하는 박사원(여)은 자신의 고객인 L씨의 모친상 소식을 듣게 되었다. L고객은 평소 자신도 박사원에게 다양한 상품을 가입했을 뿐 아니라 다른 고객들을 소개시켜 주는 충성고객으로서, 사적으로도 친하게 지내는 사이이다. 부고 소식을 들은 박사원은 부랴부랴 장례식장으로 발걸음을 옮겼다. 장례식장에 도착한 박사원은 지난 달 비즈니스 매너교육 시간에 배운 조문절차에 따라 고인과 상주에 대한 예를 다하고 돌아왔다.
> 박사원이 장례식에서 한 조문절차는 다음과 같다.
> 먼저 조문객 명부에 이름을 쓰고, 상주와 가볍게 목례를 한 후, 영정을 향해 가볍게 묵념을 했다. 그리고 분향을 하고 절을 올리며 고인의 명복을 빌었다. 마지막으로 상주와 맞절을 하고 위로의 말을 전하면서 상주에게 준비한 부의금을 전하고 지인들과 자리에 앉아 준비된 음식을 조용히 먹었다.

---

47 사례의 조문 절차 중 박사원이 한 행동으로 잘못된 것은?

① 상주와 인사를 하기 전에 조문객 명부에 이름을 남겼다.

② 절을 올리기 전에 분향을 하였다.

③ 영정에 절을 올린 후 상주에게 맞절을 하였다.

❹ 상주에게 위로의 말을 전한 후에 직접 부의금을 전했다.

⑤ 준비한 음식을 조용히 먹었다.

> **해설** 부의금을 상주에게 직접 주는 것은 실례이다. 호상소에 접수하거나 부의금 함에 넣는다.

48 박사원의 조문 절차에 따른 구체적 행동으로 옳은 설명은?

① 분향을 할 때 향초는 입으로 살짝 불어서 끈다.

② 향은 무조건 3개를 꼽아야 예의에 맞는다.

❸ 절을 올릴 때의 공수자세는 왼손이 오른손의 위로 가게 한다.

④ 절을 올릴 때 영정을 바라본 상태에서 남자가 왼쪽에 서고 여자가 오른쪽에 선다.

⑤ 종교적인 의식이 다르더라도 장례식장에선 무조건 절을 해야 한다.

> **해설** ③ 흉사시의 공수는 평상시와 반대로 한다.
> ① 향을 끌 때는 왼손을 살짝 흔들어서 끈다.
> ② 향은 3개가 기본(천신, 지신, 조상)이지만, 1개만 분향해도 된다.
> ④ 영정을 바라본 상태에서 남자가 오른쪽(동편), 여자가 왼쪽(서편)이다.
> ⑤ 종교적 의식에 따라 묵념 또는 기도로 대신한다.

[49~50] 다음 상황은 매니저가 응대한 화법으로 인해 고객에게 불쾌감을 준 사례이다. 다음 보기의 내용을 읽고 문제에 답하시오.

철수는 영희와의 결혼 1주년 기념으로 특별한 저녁식사를 위해 분위기 좋은 경양식 레스토랑을 예약했다. 가격적 부담이 있기에 적당한 가격대의 스테이크 정식코스와 평소 좋아하는 와인을 주문하고, 시간에 맞춰 식당에 도착해서 자리로 안내를 받았다. 영희는 평소 와보고 싶었지만 고가의 비용이 부담되어 오지 못한 이 레스토랑에 도착한 순간부터 떨리는 가슴을 진정할 수 없었고, 멋지게 차려입고 매너가 좋은 직원에게 자리를 안내받으며 철수에게 매우 행복한 표정을 지어보였다.

자리를 앉아 담소를 나누며 주문을 기다리는데, 한참이 되어도 직원이 나타나질 않는다. 철수가 직원을 불러 예약된 코스로 재차 주문을 하자, 직원은 사전 주문한 와인이 담당직원의 착오로 재고 파악을 잘못하여 제공할 수 없다는 말을 듣게 된다. 불쾌했지만 좋은 날인 만큼 다른 와인을 주문하고 식사를 시작했는데, 얼마 후 영희가 스테이크가 너무 질겨 식사하는 데 불편하다고 이야기한다. 철수는 종업원을 불러 정중히 고기가 너무 질기니 바꿔달라고 요구한다. 그러자 종업원은 'Medium Well done'으로 주문하셔서 육질의 탄력이 느껴져서 그렇다며 교체는 어렵다고 말한다. 다만, 약간의 추가 비용을 내면 고급 메뉴로 업그레이드해 줄 수는 있다는 설명을 했다. 순간 철수는 고급 코스를 주문하지 않아 이런 대우를 받는 것처럼 느껴져 자존심이 상했고, 감정이 격해져 언성을 높여 강력히 항의한다. 와인에 대한 불만부터 이런 고급 레스토랑에서 이렇게 특별한 날에 일 처리를 이렇게밖에 못하냐면서 불만을 한꺼번에 쏟아내고, 영희는 철수에게 나가자고 한다.

당황한 직원은 뒤늦게 상황이 나빠졌음을 깨닫고 사과를 하지만, 철수의 기분은 더욱 나빠지고, 매니저를 불러 이 문제를 해결하고자 한다.

49 철수가 기분이 상한 이유는 매슬로우의 욕구 중 어느 단계가 충족되지 못했기 때문인가?

① 생존의 욕구
② 안전의 욕구
③ 사회적 욕구
❹ 존경의 욕구
⑤ 자아실현의 욕구

해설 철수는 자신이 고급 메뉴를 주문하지 않아 존중받지 못했다고 생각하였다.

50 매니저가 직원의 서비스 실패를 만회하기 위한 방법 중 적합하지 않은 설명은?

① 고개 숙여 진심어린 사과를 하고, 만회의 기회를 달라고 진심으로 요청한다.
❷ 철수와 영희에게 다음에 이용할 수 있는 무료이용권을 건네고 일단은 그냥 보내준다.
③ 철수와 영희를 단독 VIP룸으로 자리를 이동시키고, 추가비용 없이 업그레이드된 메뉴와 와인, 그리고 서비스 메뉴를 제공한다.
④ 음식이 나올 때마다 직접 서빙하며 재차 사과를 한다.
⑤ 결제할 때 할인가격을 적용하고, 결혼기념 축하로 개인적 선물을 전한다.

해설 불만을 회복하지 못하고 떠난 고객은 이탈률이 높을 뿐 아니라 타인에 대한 부정적 구전과 행동을 할 확률이 높다. 반면, 불만처리에 만족한 고객은 브랜드에 대한 호감과 신뢰가 더욱 높아진다.

제3회 고득점 공략 행진 모의고사

🕐 응시시간 : 70분 📋 문항 수 : 50문항

📖 일반형 24문항

01 다음 중 기대불일치 이론에 대한 설명과 거리가 먼 것은?

① 일반적으로 고객은 과거 자신의 여러 경험에 의한 결과로 기대를 형성하고 실제 제품이나 서비스를 구매하거나 사용한 후 그 결과를 자신의 기대수준과 비교한다.

② 고객이 느끼는 서비스에 대한 만족, 또는 불만족은 고객이 제품이나 서비스를 경험하기 이전의 기대치와 이후 성과와의 차이에 의해 형성된다는 이론이다.

❸ 실제 성과가 기대보다 못하면 '부정적 일치'라고 하고, 성과가 기대보다 나았을 경우 '긍정적 일치', 기대했던 정보이면 '단순일치'라고 한다.

④ 고객은 자신의 기대수준 이상으로 보상받을 때 만족하므로, 기업은 서비스 실패에 대해 고객들이 기대하는 것 이상의 노력을 보여줄 때만 고객을 만족시킬 수 있다.

⑤ 최초 서비스보다 서비스 실패 후에 동반하는 서비스 회복에 대한 기대가 더 높게 나타난다.

> **해설** 실제 성과가 기대보다 못하면 '부정적 불일치'라 하고, 성과가 기대보다 나았을 경우 '긍정적 불일치', 기대했던 정보이면 '단순일치'라 한다.

02 다음 중 커뮤니케이션의 기본개념에 대한 설명으로 옳지 않은 것은?

① 커뮤니케이션의 어원은 라틴어 'Communis'로서 '공통, 공유하다' 라는 뜻을 가지고 있다.

② 커뮤니케이션은 개인의 사회적 생활을 위한 기본적 수단이나 도구가 된다.

③ 서비스 직원의 커뮤니케이션은 서비스 품질과 고객만족에 결정적 영향을 준다.

❹ 공통적으로 이해할 수 있는 의미와 이해를 만들어내기 위해 오로지 언어라는 수단을 통해서 상호간에 노력하는 과정을 말한다.

⑤ 인간의 모든 생각과 생활에 영향을 미치고 인간관계를 구성하는 근본요소이다.

> **해설** 공통적으로 이해할 수 있는 의미와 이해를 만들어내기 위해 언어뿐만 아니라 비언어적인 수단을 통해서 상호간에 노력하는 과정이다.

03 다음 중 커뮤니케이션 오류의 원인 중 수신자(듣는 이)의 문제에 해당하는 것은?

① 충분한 인간관계적 상호작용을 경험하지 못한 경우, 자신의 말만 반복하는 일방적 대화의 문제
② 불명확한 말투와 화술의 부족으로 인해 말하는 의도가 무엇인지 제대로 파악하지 못하게 되어 의사소통의 과정을 왜곡
③ 이중메시지 또는 혼합메시지의 문제로 인해 의사가 명확하지 않은 문제 발생
④ 주관적인 견해가 오해와 편견으로 인한 영향을 받아 메시지에 오류가 생김
❺ 과거 경험에 따른 오해와 왜곡된 인지 또는 그릇된 지각 때문에 잘못 이해하고 수용하는 문제

> **해설** 과거의 경험에 따른 오해와 왜곡된 인지 또는 그릇된 지각 때문에 잘못 이해하고 수용하는 문제는 수신자(듣는 이)의 문제이다.

04 다음 효과적인 커뮤니케이션 기본 중, '공감적 관계형성'의 요건과 관계가 먼 것은?

① 진정한 공감은 상대에게 그가 표현한 표면적 의미를 넘어서 내면적 의미까지 읽고 이해하고 있다는 것을 전달해 주는 것이다.
② 상대방과 호흡의 속도가 같도록 조절한다.
③ 상대방과 말하는 톤과 속도가 같도록 조절한다.
④ 상대방의 움직이는 리듬을 관찰해 그와 상응하는 리듬으로 움직여 준다.
❺ 숫자를 즐겨 사용하며, 발음을 분명히 자신감 있게 말한다.

> **해설** 말끝을 흐리지 말고 자신감 있게 말하며, 숫자를 즐겨 사용하고 발음을 분명하게 하는 것은 '부드럽고 명확한 전달하기'에 관한 요건이다.

05 다음 중 감성지능과 조직성과에 관한 설명으로 옳은 것은?

① 직장에서 느끼는 사랑, 감정이입, 열정 등 개인의 긍정적 감성은 업무향상과는 별개이므로, 조직성과에 미치는 부분은 다소 미미하다.
② 긍정적 감성은 구성원의 자발적인 이타 행동을 감소시키고 구성원들에 대한 리더십을 제한하게 한다.
③ 감성은 동료와 상사 간의 신뢰형성에 큰 영향을 미치지만, 그것은 어디까지나 사적인 부분이므로 조직효율성을 움직이지는 않는다.
④ 감성은 업무수행에 대한 동기를 유발시키지만, 직무에 대한 몰입과는 관계가 적다.
❺ 조직 환경의 변화 및 상하 간 활발한 의사소통, 민주주의적 조직문화로의 변환 등이 구성원의 감정을 긍정적으로 바꿀 수 있다.

감성지능과 조직성과는 매우 접한 관계를 지니고, 조직 구성원의 긍정적 감성이 조직의 유효성을 높일 수 있으며 많은 영향을 끼친다. 따라서 조직 환경의 변화 및 상하 간 활발한 의사소통, 민주주의적 조직 문화로의 변환 등이 구성원의 감정을 긍정적으로 바꿀 수 있다.

06 효과적 경청을 위한 방법으로 옳지 않은 것은?

① 말하는 사람에게 동화되도록 노력한다.
❷ 질문은 금물이다.
③ 온몸으로 맞장구를 친다.
④ 인내심을 갖는다.
⑤ 메시지 내용 중 동의할 수 있는 부분을 찾는다.

효과적인 경청을 위한 방법으로는 본인의 말을 줄이고, 열심히 질문하고 산만해질 수 있는 요소를 제거하며, 전달하는 메시지의 요점에 관심을 둔다. 이외에 전달자의 메시지에 관심을 집중시키며, 진정으로 듣기 원하는 것을 보여주는 것이 중요하다.

07 다음 프레젠테이션 스킬 중 '발표단계'와 관계가 먼 것은?

① 프레젠테이션의 궁극적인 목적은 청중을 설득하여 원하는 바를 이끌어 내는 것이다.
② 발표자는 모습이 자신 있고 당당함이 있어야 하며, 전체적으로 신뢰감 가는 좋은 이미지를 줄 수 있어야 한다.
❸ 프레젠테이션 시 시선은 되도록 한 곳에 고정하여 안정된 느낌을 줄 수 있도록 노력한다.
④ 쉬운 어휘를 사용하고, 불필요한 단어는 제외하며, 단어의 선택을 신중하게 한다.
⑤ 목소리의 6요소는 빠르기, 크기, 높이, 쉬기, 길이, 힘주기이다.

발표자의 시선은 청중과 교감할 수 있는 중요한 요소이므로, 한 곳에 고정시키기보다는 분위기나 반응, 상황 등에 따라 적절히 골고루 시선을 나눠가며 자연스럽게 소통하도록 한다.

08 다음 보기의 설명은 협상의 단계 중, 어느 단계에 대한 설명인가?

> 각자 거래조건을 제시하고 자기 편에 필요한 사항을 최대한 확보하고, 거래 조건의 조율 시 협상이 결렬되지 않도록 주의하면서 자신의 주장을 정확하게 전달하는 단계

① 시작단계
② 탐색단계
③ 설득단계
❹ 진전단계
⑤ 합의단계

> 해설 '진전단계'에 대한 설명이다. 덧붙여 부득이 양보해야 할 때는 반드시 상대방에게 교환 조건을 제시하고, 상대가 양보했을 때에는 감사의 표현을 한다.

09 다음 중 컨벤션 산업의 효과에 대한 설명으로 옳지 않은 것은?

① 신종 관광산업으로서 고부가가치를 창출하는 분야로 부상하고 있어 경제적 효과가 큰 산업이다.
② 개최국의 국제지위를 향상시키고 문화 및 외교교류의 확대의 의미가 있다.
③ 각종 시설의 정비, 교통망 확충, 고용증대 등 산업 전반에 발전을 가져온다.
④ 대량 관광객 유치 및 양질의 관광객 유치 효과를 기대할 수 있다.
❺ 자국의 차별성이 중요하므로, 선진국의 기술이나 노하우의 수용은 지양해야 한다.

> 해설 선진국의 기술이나 노하우를 수용함으로써 국제경쟁력을 강화시켜야 한다.

10 컨벤션 행사 '기획단계'에서 취해야 할 행동이 아닌 것은?

① 행사유치 운영위원회 결성
② 행사유치 신청서 제작
③ 본격적인 행사유치 활동
④ 예상참가자 데이터베이스 관리
❺ 행사대비 추정예산안 작성

> 해설 행사대비 추정예산안 작성은 행사 '준비단계'에서 실행한다.

11 회의실 선정 시 고려사항이 아닌 것은?

① 회의실의 유형별 배치와 기능
② 회의실 임대료
③ 위치 및 접근성과 브랜드
④ 서비스종사원의 능력
❺ 회의실의 심미성

해설 회의실 선정 시 고려사항으로는 회의실의 심미적 기능보다는 활용성을 고려한다. 이외에 회의실의 규모와 수용능력, 제반규정 등이 있다.

12 의전 실무 수행 시 계급에 따른 호칭에 대한 설명으로 옳지 않은 것은?

① 상급자에게는 성과 직위 다음에 반드시 '님'이라는 존칭 사용
② 문서상에는 상사의 존칭 생략가능
❸ 상급자에게 최상급자 지칭 시 압존법 사용
④ 하급자나 동급자는 성과 직위 또는 이름 뒤에 '씨'자를 붙여 호칭
⑤ 상사에게 자신을 지칭할 때 '저'를 사용

해설 최상급자에게 상급자 지칭 시 압존법을 사용한다.

13 다음 중 비즈니스 이메일 네티켓에 대한 설명으로 옳지 않은 것은?

① 내용은 짧고 간단하게 작성한다.
② 수신한 메일의 답신은 일반적으로 24시간 내에 한다.
③ To(수신)와 cc(참조)의 용도를 구분하도록 한다.
❹ 받은 메일의 답장 시 회신(Reply)보다는 새 메일로 작성하는 것이 좋다.
⑤ 서두에 발신인의 이름을 밝혀 인사로 시작한다.

해설 받은 이메일에 대한 답신을 보낼 때에는 내용에 따라 회신(Reply)할 것인지, 새 메일을 보낼 것인지 신중히 판단한 후 보내야 한다.

14 다음 보기 중 바람직한 전화응대에 대한 설명으로 옳은 것은?

① 고객과 통화가 길어질 경우 고객에게 10분 후에 다시 전화달라고 부탁한다.

❷ 고객이 원하는 사항을 즉시 처리해주지 못하는 상황에는 차선책을 제시한다.

③ 고객들은 반복 체크하거나 복창하면 귀찮아하므로 다시 되묻지 않는다.

④ 통화대상자가 부재중일 때 부재 사유는 되도록 상세히 말해준다.

⑤ 전문성을 강조하기 위해 고객에게 전문용어를 활용하여 설명한다.

해설 고객의 욕구를 충족시키지 못했을 때는 반드시 차선책 또는 대안을 제시해야 한다.

15 다음 중 TA(교류분석)의 4가지 분석이론에 해당되지 않는 것은?

① 구조분석

② 게임분석

③ 교류패턴분석

④ 각본분석

❺ 자아상태분석

해설 TA(교류분석)는 '구조분석, 교류패턴분석, 게임분석, 각본분석'으로 구성되어 있다.

16 말하기 스킬 중 고객과 대화나 상담을 나눌 때 부정적인 내용과 긍정적인 내용을 혼합해야 하는 경우, 부정적인 내용을 먼저 말하고 긍정적인 내용으로 마감하는 화법은 무엇인가?

① 쿠션화법

② 레이어드화법

③ 맞장구화법

④ I – 메시지전달법

❺ 아론슨화법

해설 아론슨화법은 긍정적 내용과 부정적 내용을 함께 말해야 하는 경우, 부정적인 것을 먼저 말하고 긍정적인 것을 나중에 이야기하는 화법이다.

17 다음 중 바트나(BATNA)에 대한 설명으로 옳지 않은 것은?

① 바트나는 협상중단, 다른 협상 상대방으로의 전환 등이 포함된다.

② 바트나는 협상이 결렬되었을 때 취할 수 있는 차선의 행동계획이다.

③ 만약 바트나보다 못한 제안이 계속 제시되면 협상을 결렬시키는 것이 더 낫다.

❹ 자신의 바트나가 좋지 않을 때는 상대에게 가능한 솔직히 알려야 한다.

⑤ 바트나는 상대방에 대한 압박전술로 활용하기도 한다.

> 해설   자신의 바트나가 좋지 않을 때는, 최대한 자신의 바트나가 좋지 않음을 숨기는 것이 좋다.

18 다음 중 이미지에 대한 설명으로 적절하지 않은 것은?

① 이미지는 어떤 사물이나 사람을 봤을 때 떠오르는 단어, 감정, 생각, 느낌의 총체이다.

② 이미지는 라틴어 'Imago(모방하다)'에서 유래되었다.

❸ 이미지는 학습된 경험이나 정보에 의해 변용되지 않는다.

④ 이미지는 우리의 인식체계와 행동의 동기유인 측면에 있어 중요한 역할을 한다.

⑤ 이미지는 인간이 어떠한 대상에 대해 갖고 있는 준거체계이다.

> 해설   이미지는 객관적이라기보다 주관적인 것으로 학습된 경험이나 정보에 의해 변용된다.

19 서비스전문가의 이미지에 대한 설명으로 적절하지 않은 것은?

① 서비스인의 이미지는 직업의식을 표현하는 도구 중 하나이다.

② 서비스종사자의 좋은 이미지는 고객에게 서비스의 질을 판단하게 하고, 신뢰감과 긍정적인 메시지를 주게 된다.

③ 서비스종사자의 외적이미지는 곧 서비스 상품이므로, 자신을 기업의 가치관에 부합되도록 이미지를 연출하기 위해서 노력해야 한다.

④ 서비스종사자의 컬러이미지는 자신에게 어울리는 컬러와 직업이 요구하는 컬러와의 조화를 이루는 것이 필요하다.

❺ 서비스종사자에게 머리손질은 일의 능률과 관련은 없지만, 신뢰감 있는 이미지를 위해 항상 청결하고 단정해야 한다.

> 해설   서비스종사자의 머리는 항상 청결하고 단정해야 한다. 특히 일의 능률과도 관련이 있으므로, 업무 특성에 맞는 헤어스타일을 유지하는 것이 중요하다.

20 다음 중 서비스전문가의 용모복장에 대한 설명으로 적절하지 않은 것은?

① 네일(손톱)은 깨끗하고 정리된 상태를 유지하며, 지나친 네일아트는 피하도록 한다.

② 유니폼을 개인의 취향으로 변형하지 않도록 하며, 유니폼은 조직을 나타내는 상징임을 기억하고 규정에 맞게 착용한다.

③ 명찰은 정 위치에 부착하고 개인적인 액세서리는 가능한 피하도록 한다.

❹ 메이크업의 목적은 신체의 장점을 부각하고 단점은 수정 및 보완하는 미적 행위이므로, 항상 자신의 개성을 부각시켜 연출한다.

⑤ 헤어 연출은 가급적 이마를 드러내어 밝은 표정을 극대화하는 것이 좋다.

> **해설** 메이크업의 목적은 신체의 장점을 부각하고 단점은 수정 및 보완하는 미적 행위이며, 서비스종사자는 자신의 개성을 연출하기보다는 기업의 이미지와 부합되도록 연출한다.

21 다음 중 첫인상의 특징에 대한 설명으로 적절하지 않은 것은?

① 신속성

❷ 통합성

③ 연관성

④ 일회성

⑤ 일방성

> **해설** 첫인상은 신속성, 일회성, 일방성, 연관성의 특징을 갖는다.

22 다음 중 커뮤니케이션 과정의 기본요소에 대한 설명으로 적절하지 않은 것은?

① 메시지(Message)는 전달하고자 하는 내용을 언어, 문자, 몸짓 등의 기호로 바꾼 것이다.

❷ 피드백(Feedback)은 메시지를 수용한 전달자의 반응으로서, 이 과정을 계속 반복하고 순환하게 하는 요소이다.

③ 효과(Effect)는 커뮤니케이션의 결과이다.

④ 채널(Channel)은 메시지를 전달하는 통로나 매체이며, 매스컴의 경우는 TV나 라디오, 인터넷 등이 있다.

⑤ 커뮤니케이션 과정의 기본요소에는 전달자(Source)와 수신자(Receiver)가 포함된다.

> **해설** 피드백(Feedback)은 메시지를 수용한 수용자의 반응으로서, 이 과정을 계속 반복하고 순환하게 하는 요소이다.

23 다음 중 조직 커뮤니케이션의 장애요인으로 적절하지 않은 것은?

① 조직구조상 권한의 한계

② 잘못된 매체의 선택

③ 폐쇄된 커뮤니케이션의 분위기

❹ 경영진의 일관성 있는 태도

⑤ 정보의 과다와 신뢰의 부족

해설 경영진의 일관성 있는 태도는 조직 커뮤니케이션 활성화 방안이다.

24 다음 중 협상에서 협상자 간 관계 형성의 5대 구성요소로 적절하지 않은 것은?

① 신 뢰

❷ 이성적 감정

③ 공통점 발견

④ 존 경

⑤ 상호 관심

해설 협상자 간 관계형성의 5대 구성요소는 신뢰, 공통점 발견, 존경, 상호 관심, 호의적 감정이다.

25 감성 커뮤니케이션 스킬을 높이는 방법 중, '자기동기화' 단계는 힘들거나 어려운 일이 있을 때 다시 재정비할 수 있도록 자신의 목표나 꿈을 위해 현재의 충동을 참도록 스스로 동기부여하는 지능을 뜻하는 단계이다.

(❶ O   ② X)

해설 '자기동기화' 단계에 대한 설명이다.

26 미리 발생할 수 있는 상황에 대한 정보를 인지한 후에 자신의 감성이 부정적으로 가는 것을 방어하는 자기감정조절 방법을 '자기방어기제'라고 한다.

(① O   ❷ X)

해설 미리 발생할 수 있는 상황에 대한 정보를 인지한 후에 자신의 감성이 부정적으로 가는 것을 방어하는 자기감정조절 방법을 '심상법'이라 한다.

27 프레젠테이션의 3P가 뜻하는 것은 사람(People), 목적(Purpose), 시행(Performance)이다.

(① O   ❷ X)

해설 프레젠테이션의 3P가 뜻하는 것은 사람(People), 목적(Purpose), 장소(Place)이다.

28 상대방이 원하는 것을 들어 주지 못하거나 상대방에게 부탁을 해야 하는 경우, 상대의 기분이 나빠지는 것을 최소화시키는 언어표현을 '아론슨화법'이라 한다.

(① O ❷ X)

> 해설 상대방이 원하는 것을 들어주지 못하거나 상대방에게 부탁을 해야 하는 경우. 상대의 기분이 나빠지는 것을 최소화시키는 언어표현은 쿠션화법이다.

29 다른 의견을 가진 사람들과 함께 명확하고 공정한 의사소통을 통해 거래와 타협을 하고, 상호 수용가능한 결정에 도달하도록 조정하는 과정을 '설득'이라 한다.

(① O ❷ X)

> 해설 다른 의견을 가진 사람들과 함께 명확하고 공정한 의사소통을 통해 거래와 타협을 하고 상호 수용할 수 있는 결정에 도달하도록 조정하는 과정을 '협상'이라 한다.

30 당사자들이 원하는 것의 차이를 찾아내 양쪽 모두 최대한 만족할 수 있도록 하는 협상의 방법은 가치창조형 협상이다.

(① O ❷ X)

> 해설 당사자들이 원하는 것의 차이를 찾아내 양쪽 모두 최대한 만족할 수 있도록 하는 협상의 방법은 이익교환형 협상이다.

[31~35] 다음 설명에 알맞은 단어를 보기에서 각각 골라 넣으시오.

---
① 호손효과　② 감성지수　③ 커뮤니케이션　④ 편의적 고객　⑤ AREA 법칙
---

31 서비스 이용에 있어 자신의 편의성을 가장 우선으로 생각하는 고객으로 제품이나 서비스의 구매에 있어 편의를 위해서는 추가 비용을 지불할 의사가 있는 고객이다.

(   )

　해설　④ 편의적 고객(편의성추구 고객)에 대한 설명이다.

32 생산현장에서 자신이 실험(평가) 과정에 참여한 것을 인지하고, 누군가가 지켜보면 생산성이 더욱 올라가는 효과를 말한다.

(   )

　해설　① '호손효과'에 대한 설명이다.

33 '마음의 지능지수'라 하며, 대니얼 골먼(Daniel Goleman)에 의해 처음 제기된 이것은 무엇인가?

(   )

　해설　② '감성지수'에 대한 설명이다.

34 라틴어의 '나누다'라는 말에서 유래한 표현으로서, 어떤 사실을 타인에게 전하고 알리는 심리적 전달의 뜻을 의미하는 이것은 무엇인가?

(   )

해설   ③ '커뮤니케이션'에 대한 설명이다.

35 자신의 주장을 확고히 하는 효과적인 방법으로 '주장 – 이유 – 증거 – 주장'의 순서로 설득하는 법칙은?

(   )

해설   ⑤ 'AREA 법칙'에 대한 설명이다.

36 다음은 ○○기업 고객만족센터의 센터장으로 임명된 나친절 이사의 취임사이다. 취임사에 대한 설명으로 옳지 않은 것은?

> 만나서 반갑습니다. 여러분~
> 오늘날의 우리 기업이 있기까지 고객과의 최전선에서 핵심 업무를 성공적으로 수행해 온 고객만족센터에서 일할 수 있게 되어 무한한 자부심을 느낍니다. 그동안 여러분들은 회사의 가치를 담은 상품을 고객에게 정성스럽게 판매하고 질 높은 서비스를 제공하기 위해 최선의 노력을 다해왔습니다. 항상 다양한 고객들을 대하며 육체적·정신적인 스트레스 속에도 묵묵히 맡은 바 임무에 헌신적으로 임해 준 여러분께 감사의 말씀을 드립니다.
> 앞으로 저는 여러분과 마찬가지로 현장을 주 무대로 여러분이 느끼는 기쁨과 행복, 그리고 슬픔과 어려움까지도 함께 할 각오로 이 자리에 섰습니다. 더불어 여러분을 현장의 '감정 노동자'가 아닌 '고객만족전문가'로 불릴 수 있도록 제가 가진 모든 역량을 발휘해서 직원여러분의 활발한 업무참여와 환경 개선을 위해 최선을 다하겠습니다. 또한 다양한 '업무 보상제도'를 실시하여 여러분의 노력에 대한 성취감을 느낄 수 있게 하겠습니다.
> 올해 회사의 최대 목표는 한동안 놓쳤던 NCSI(국가고객만족평가) 1위 탈환입니다. 그리고 그 핵심에 우리의 역할이 가장 중요합니다. 단 한명의 낙오자 없이 우리가 해낼 수 있다는 것을 보여줍시다. 저는 우리가 반드시 해낼 수 있다고 믿습니다. 누가 뭐래도 여러분은 고객만족에 있어 최고의 프로이기 때문입니다. 마지막으로 여러분이 행복하게 일하고 즐거운 마음으로 고객을 맞이할 수 있도록 열심히 일하는 것이 저의 가장 큰 임무인 만큼 많은 에너지와 격려 부탁드립니다. 감사합니다.

① '우리'라는 공동체를 강조함으로써 동질감을 나타냈다.
② 직원들의 업무에 대한 노고를 이해한다는 표현으로 감성을 자극하려 하였다.
③ 전체적으로 긍정적인 화법은 발표자에 대한 호감을 더욱 높여준다.
④ '업무보상제도'를 통해 직원들의 동기를 더욱 강화하고자 한다.
❺ '할 수 있다'는 신뢰와 믿음의 강조는 '호손효과'를 위해서이다.

> **해설** 호손효과는 관심과 통제에 따른 생산성 향상과 관련이 있다. 해당 사례의 경우 피그말리온효과에 해당한다.

37 다음은 회사 내에서 이루어지는 비서와 내방객의 대화이다. 대화에 관한 내용으로 옳지 않은 것은?

- 비　서 : (하던 일을 멈추고 일어나 밝게 웃으며) 안녕하십니까?
- 내방객 : 네, 안녕하세요. 반갑습니다. (명함을 내며) 김만세 사장님과 오늘 2시에 만나기로 한 대한물산의 박민국 사장입니다. 제가 약속시간보다 조금 일찍 와버렸네요…
- 비　서 : 아! 네네, 괜찮습니다. 다만… 사장님께서 지금 외부일정 중이신데, 조금 전에 출발하셔서 지금 사무실로 들어오고 계십니다. 죄송합니다만, 잠시 기다리셔도 괜찮으시겠습니까?
- 내방객 : 네네. 그럼요. 괜찮습니다. 기다리겠습니다.
- 비　서 : 그럼 제가 회의실로 먼저 안내해 드리겠습니다. 이쪽으로 오십시오. (회의실 입구에서 가장 먼 곳인 상석으로 안내 후) 이쪽으로 앉으십시오. 그럼 사장님께서 도착하시는 대로 회의시작 하실 때 음료나 차를 준비해 드리겠습니다.
- 내방객 : (민망해 하며) 아… 네…알겠어요…
- 비　서 : 그럼 잠시 계십시오. (라고 하며 퇴장한다)
- 내방객 : …

---

① 내방객이 먼저 명함을 내며 자신을 소개한 것은 좋은 비즈니스 매너이다.

② 비서는 고객맞이 시 하던 일을 멈추고 즉시 일어나 인사하여 고객에게 긍정적인 첫인상을 주었다.

③ 비서는 내방객에게 기다려달라는 부탁을 하면서 쿠션언어를 사용하여 기분 나빠질 것을 최소화하였다.

④ 비서는 내방객을 회의실로 안내 후 상석에 앉도록 하여 올바른 고객응대를 하였다.

❺ 사장님이 오시면 회의 시 음료나 차를 준비해 드릴 예정이므로, 내방객이 대기하는 시간에는 음료나 차를 내지 않는 것이 좋다.

해설 고객이나 내방객이 5분 이상 대기하는 일이 없도록 해야 하지만, 부득이 발생할 경우는 음료를 대접하거나 무료하게 시간을 보내지 않도록 신문, 잡지 등 볼거리를 제공하는 것이 좋다.

38 다음은 백화점 안내데스크에서 이루어지는 대화 상황이다. 대화 내용에서 필요한 회의의 기능으로 옳은 것은?

> - 고 객 : 저기요. 문의 좀 할게요.
> - 직원 1 : 네, 고객님 말하십시오.
> - 고 객 : 오늘 지하 1층에서 수입청바지 특가세일을 한다고 해서 와봤는데, 행사를 안하네요? 제가 못 찾는 건가요?
> - 직원 1 : 아, 네~ 그러셨습니까? 제가 바로 확인해 보겠…
> - 직원 2 : (옆에서 처리중인 내용을 듣다가 놀라며) 어머! 말씀 중에 죄송합니다. (작은 말로) ○○ 매니저님, 오늘 행사 지하 2층으로 변경되었다고 연락 오고, 하필 오늘 3시까지 사내프로그램 점검이 있다고 했는데, 제가 전달사항을 못 드렸네요! 죄송합니다.
> - 직원 1 : (일단 짜증을 참으며…) 고객님, 죄송합니다. 오늘 행사는 지하 2층으로 변경되었다고 합니다. 번거로우시겠지만, 왼쪽 에스컬레이터 이용하여 내려가시면 됩니다.
> - 고 객 : 알겠어요.
> - 직원 1 : 왜 그런 사항을 이제야 말해주나요?
> - 직원 2 : 어제 매니저님 휴무셔서 안 계실 때 연락을 받았는데 제가 깜박하고 있었네요. 죄송합니다.
> - 직원 1 : 안 되겠네요. 내일부터는 오픈 전에 매일 회의합시다.

① 문제해결기능
❷ 의사소통기능
③ 교육기능
④ 훈련기능
⑤ 자문기능

해설 위의 상황에서는 내부적인 회의의 부재로 인해 의사소통이 결여되었다. 회의는 부서 간, 직위 간의 원활한 의사소통을 돕고, 직무의 활동 및 방침을 알리는 소통의 기능을 한다.

39 다음의 신분을 밝히지 않는 내방객에 응대상황 중 그 대응이 적절하지 못한 것은?

- 내 방 객 : 안녕하세요. 본부장님 뵈러 왔습니다.
- 안 내 원 : 안녕하십니까, 본부장님과 약속을 하고 오셨습니까?
- 내 방 객 : 네… 했습니다.
- 안 내 원 : 아, 그럼 성함을 여쭤어도 될까요?
- 내 방 객 : 시간 약속하고 왔으니, 그냥 손님이 왔다고 하면 아실 겁니다.
- 안내원 1 : 죄송합니다만, 방명록에 소속과 성명, 용건, 그리고 연락처를 기재바랍니다.
- 안내원 2 : 너무 죄송합니다. 언짢으시겠지만 직무상 꼭 여쭤어야 할 사항이라 그렇습니다. 성함 부탁드립니다.
- 안내원 3 : 이쪽으로 오십시오. 안내해드리겠습니다.
- 안내원 4 : (본부장에게 인터폰하며) 잠시 기다려주시겠습니까? 본부장님께 약속 여부를 확인해보겠습니다.
- 안내원 5 : 혹시 명함이 있으시면 한 장 부탁드립니다.

---

① 구두로 신분을 밝히지 않자 방명록 기재를 요청하여 방문절차임을 알렸다.
② 직무상 묻는다는 양해를 구하고 기분 나쁘지 않게 대응하였다.
❸ 약속하고 온 손님이 기분 나쁠 것을 대비해 신속히 상사의 집무실로 안내하였다.
④ 상사에게 내용을 전한 후 상사의 지시에 따른다.
⑤ 공식적인 명함을 요청하여 신분을 파악할 수 있도록 노력하였다.

> 해설 어떠한 경우에도 상사의 허락이 있기 전에는 신분을 밝히지 않는 내방객을 집무실로 안내해서는 안 된다.

40 다음 고객의 사례에서 고객이 느끼는 구매 의사결정과정 관련 이론은 무엇인가?

인터넷 쇼핑몰에서 스커트를 구입하여 배송을 받았다. 그런데 직접 수령해 입어보니 쇼핑몰 사이트에서 본 것과는 달라 보였다. 처음 사진에서 접했을 때는 나에게 정말 잘 어울릴 줄 알았는데, 피팅모델과 다른 느낌이 나서 조금 실망했다.

---

① 인지부조화 이론
② 귀인 이론
❸ 기대 불일치 이론 – 부정적 불일치
④ 기대 불일치 이론 – 긍정적 불일치
⑤ 구매 후 부조화 이론

> 해설 실제의 성과가 기대보다 못한 경우는 부정적 불일치라고 한다.

41 다음의 회의진행 상황에서 리더와 참석자에 대해 잘못 설명하고 있는 것은?

> • 리　　더 : 마케팅팀의 이번 회의 목적은 지난달에 실시한 고객 설문 조사 결과를 논의하고자 함입니다. 지난달 우리 마케팅팀에서는 개선이 필요한 부분을 구체적으로 확인할 수 있도록 고객 300명에게 설문지 조사를 실시하였습니다. 고객들의 대다수가 우리 제품의 가격과 디자인에 만족하고 있다는 결과를 얻었습니다. 또한 많은 고객들이 고객을 진심으로 응대하며 요구사항에 대해 신속하고 깔끔하게 처리해 주는 점을 매우 흡족해 하였습니다. 그럼에도…
> • 참석자1 : 자, 박수 한번 칩시다! (박수유도 후 박수가 끝나고) 뭐 회의할 것도 없겠네요~ 잘했는데 뭘~
> • 리　　더 : 네. 그럼에도 불구하고 우리는 개선할 부분들이 아직 남아 있습니다. 예를 들면, 음성메일 서비스의 안내 사항이 너무 이해하기 어렵다고 하는 등의 의견입니다.
> • 참석자2 : 그건 듣는 사람마다 좀 다른 것 아닌가요? (귀찮아하며) 내가 듣기엔 괜찮은 것 같은데요.
> • 리　　더 : 일단, 나누어 드린 결과보고서를 보시면서 각각의 사항을 하나씩 짚어보도록 합시다.
> • 참석자3 : (결과보고서를 보면서 손을 들고 리더에게) 진행자님, 내용이 조금 많을 것 같은데, 제가 회의록을 작성할까요?
> • 리　　더 : 아 네. 감사합니다. 회의록 작성을 도와주시면 내용 정리할 때 도움이 될 것 같습니다. 감사합니다.

① 리더는 회의 시작 시 회의안건에 관한 안내를 자세히 해줌으로써 참석자들을 집중시켰다.

❷ 참석자 1은 리더가 이야기하는 도중 좋은 소식을 접하자마자 박수유도를 하며 회의분위기를 좋게 하였다.

③ 참석자 2는 개인적인 감정에 치중하여 감정적인 말을 사용함으로써 회의참석자로서의 역할에 부합하지 못했다.

④ 참석자 3은 발언을 하기 위해 정중히 손을 들고 회의진행자를 향해 발언을 시작하여 의견을 말했다.

⑤ 참석자 3은 회의에 대한 책임감을 가지고 임했으며, 회의진행자를 도우려 회의록 작성에 대한 허락을 받았다.

> 해설　다른 사람이 발언 중일 때는 발언해서는 안 된다. 또한, 다른 사람의 말을 중도에 끊고 이야기함으로써 리더의 회의진행을 방해하였다.

42 다음 사례를 읽고 이미지 형성과 관련한 효과 중 가장 적절한 효과를 고른 것은?

> - 직원 : 고객님, 이번에 새로 들어온 향수인데 이 제품은 어떠십니까?
> - 고객 : (향수병을 유심히 보며 마음에 들지 않는 듯) 향수병 디자인도 별로이고 본 적이 없는 브랜드인데요.
> - 직원 : 이 제품은 프랑스 브랜드인데, 아직 국내에 수입이 많이 되지 않았습니다. 향기를 테스팅해보시면 좋을 듯합니다.
> - 고객 : (약간의 관심을 보이며) 그래요? 프랑스라… 테스팅해볼게요.
> - 직원 : (테스팅을 해드리며) 이 제품은 프랑스 현지에서 물량이 부족할 정도로 인기를 끌고 있는 제품입니다. 향기가 어떠신지요?
> - 고객 : 맡아보지 않은 향이지만, 그 정도로 인기가 있는 향수라니 한 번 써보죠. 이거 50ml로 구입할게요.

① 맥락효과
② 최근효과
③ 악마효과
❹ 후광효과
⑤ 초두효과

해설 후광효과란 어떤 대상(사람 / 사물)이 가지고 있는 한 가지 장점이나 매력 때문에 다른 특성들도 좋게 평가하는 효과로서, 고객의 제품 선택요소로서 국가이미지가 주는 후광효과가 중요한 선택기준이 되었다.

43 다음은 병원에서의 직원과 고객의 대화이다. 대화 내용 중 적절한 것은?

> - 직원 : 안녕하십니까? 어디가 불편하신가요?
> - 고객 : (직원의 지저분한 유니폼과 손톱을 바라보며) 왼쪽 아래 어금니에 충치가 생겨서요.
> - 직원 : (접수를 마치고 진료실로 안내하여 환자를 진료의자에 앉힌다.)
> - 고객 : 여기… 진료기구는 소독을 잘하나요?
> - 직원 : 그럼요. 저희 치과는 철저한 청결과 소독을 최우선으로 생각합니다.
> - 고객 : (직원을 관찰하며) 저기요… 저 다음에 올게요. (그 이후 고객은 나타나지 않았다.)

① 후광효과
② 악마효과
❸ 초두효과
④ 호손효과
⑤ 최근효과

해설 초두효과란 처음 제시된 정보가 나중에 제시된 정보보다 기억에 훨씬 더 큰 영향을 주는 현상을 의미한다. 첫인상이 나쁘면 아무리 잘해도 긍정적인 이미지로 바꾸기 어렵다는 것을 설명하는 효과이다. 직원의 지저분한 용모복장은 기업의 첫인상을 형성하여 신뢰감을 하락시키는 요소로 작용한다.

44 다음 중 효과적인 주장을 위한 AREA 법칙을 순서대로 올바르게 나타낸 것은 무엇인가?

(가) 귀사의 화이트 셔츠는 품질도 우수하고 시장의 평판도 좋습니다. 그래서 저희가 100개를 구매하고자 하는데, 100개에 100만원은 너무 비싸기 때문에 100개 80만원으로 해주셨으면 합니다.

(나) 예를 들어, 이월상품인 경우는 색이 바래질 수도 있기 때문에 최근 신제품과 차이가 있을 수 있습니다.

(다) 그러므로 이번 구매에 있어서 20% 할인 금액인 80만원으로 공급해 주셨으면 합니다. 어떠십니까?

(라) 왜냐하면 현재 물량이 부족하여 100개를 내일까지 맞춰 주시려면 창고의 작년 상품도 꺼내 주게 되어 이월상품을 받게 되는 것이니, 정중히 할인을 해주시길 요청합니다.

---

① (가) - (나) - (다) - (라)

② (나) - (라) - (다) - (가)

③ (라) - (다) - (가) - (나)

④ (다) - (가) - (라) - (나)

❺ (가) - (라) - (나) - (다)

해설 효과적인 주장을 위한 AREA 법칙은 Assertion(주장), Reasoning(이유), Evidence(증거), Assertion(주장)의 순서이다. 주장하고자 하는 결론을 먼저 말하고 그 이유를 설명한 후, 이유와 주장에 관한 증거와 실례를 제시하도록 하며, 다시 한 번 주장함으로써 자신의 주장을 확고히 한다.

📟 통합형 6문항

[45~46] 고객의 실수로 은행에 도움을 요청하는 상황이다. 다음을 읽고 문제에 답하시오.

K은행 ○○지점에서 근무하는 나대리를 향해 다급한 표정의 여성고객이 도움을 청했다.

- **나대리** : 안녕하십니까? 무엇을 도와 드릴까요!
- **고　객** : 큰일났어요. 제가 실수로 계좌번호를 잘못 입력해서 모르는 사람한테 입금했는데 어떻게 해야 하죠? 이번 학기 등록금인데…
- **나대리** : 진짜 큰일이네요. 어쩌자고 그런 실수를 하셨어요. 일단 경찰에 신고하시고 '부당이득반환' 소송을 하세요. 보통은 이럴 경우 계좌주인을 찾기 쉽지 않거든요.
- **고　객** : 은행에서 좀 도와주세요… 그분 연락처라도 알 수 없을까요?
- **나대리** : 상대방 계좌가 우리 K은행이 아닌 S은행이고, 그 쪽에서도 개인정보보호법 때문에 고객의 정보는 수사 기관의 영장 없이는 공개를 안 할 겁니다.
- **고　객** : 너무하시네요. 이렇게 사정하는데… 제발 좀 어떻게 해주세요…

마침 그때 로비에서 고객응대를 하던 김과장이 고객이 울먹이며 언성을 높이는 상황을 목격하고 대화에 끼어들었다.

- **김과장** : 나대리님, 고객님께 무슨 문제라도 있으신가요?
- **나대리** : 고객님 실수로 타행계좌로 잘못 입금을 하셨답니다.
- **고　객** : 아저씨 제발 저 좀 도와주세요.
- **김과장** : 많이 놀라셨죠? 고객님~ 제가 돕겠습니다. 진정하시고 절 따라오세요. 나대리님은 업무 계속하세요.

김과장은 고객을 자신의 자리로 안내했다.

---

45 나대리의 소통방법에 대해 올바르게 설명한 것은?

① 고객의 입장에서 경청을 하고 해결법을 제시하였다.

② 고객의 마음이 상하지 않게 적절한 쿠션어를 사용하여 다독였다.

③ 맞장구화법을 통해 고객의 행동에 긍정적 공감을 표했다.

❹ 나대리는 2인칭 전달법을 사용함으로써 고객의 실수를 비난하였다.

⑤ 나대리는 고객의 사실 그대로를 인정하고, 해결책을 제시했기에 의사소통에 최선을 다했다고 봐야한다.

> **해설**　① 고객의 입장이 아닌, 자신의 입장에서 듣고 해결책을 제시하였다.
> ② 쿠션어를 사용하지 않았다.
> ③ 나대리의 맞장구화법은 상대방으로 하여금 더 불안한 마음을 키우게 했다.
> ⑤ 서비스 커뮤니케이션은 고객의 마음을 달래주고 고객의 문제를 진심으로 해결해주려는 의지의 표현이다.

46 김과장의 고객을 위한 다음 행동으로 바르지 못한 것은?

① 일인칭(I − Massage) 화법을 통해 나라도 놀랐을 거라며 고객의 마음을 어루만져준다.

② 종종 이런 일이 발생하고, 큰 문제 없이 해결되는 경우가 많다며 고객을 진정시킨다.

❸ 시원한 물 한잔을 제공하면서 차분하게 나대리의 방법을 재차 권유한다.

④ 상대 고객과 연락이 닿을 수 있게 입금 계좌은행에 연락을 해서 직접 협조요청을 청하고, 잘못 이체된 사실을 확인해 고객을 안심시킨다.

⑤ 현장에서 바로 해결이 안 되고 시간이 걸릴 경우, 이후 과정에 대해 자세한 설명과 함께 담당자 (김과장) 연락처를 주면서 귀가조치시킨다.

> 해설 따뜻한 음료를 통해 정서적으로 안정을 시키고, 고객을 위해 은행이 할 수 있는 조치부터 바로 진행하겠다 고 믿음을 준다.

[47~48] 다음은 무기명 회원권 인상과 관련해 양자의 협상이 필요한 상황이다. 다음을 읽고 문제에 답하시오.

다음은 대형 피트니스 클럽에서 회원권을 판매하는 영업총괄 김부장이 ○○패션기업 재무담당인 박이사와 무기명 회원권 재계약에 관해 협상한 내용이다.

- 김부장 : 이사님, 귀사가 이용 중인 ○○피트니스의 무기명 회원권을 기존 1억원에서 10% 인상한 1억 1천만원 으로 재계약을 해주셨으면 합니다.
- 박이사 : 김부장님, 그게 무슨 말입니까? 회사 사정도 안 좋아서 내부적으로는 오히려 복지 지출을 줄이자는 말 도 있는데…
- 김부장 : 물론 귀사의 사정은 이해는 합니다. 하지만 작년의 계약금액은 1일 이용 직원 100명에 대한 기준이었 고, 최근 3개월 데이터를 보시면 귀사의 이용 직원이 1일 기준 20명을 초과해서 입장한 일자가 많습니 다. 그렇다고 기명회원권처럼 입장을 제한할 수는 없지 않겠습니까?
- 박이사 : 그 사람들이 조금 더 이용한다고 얼마나 차이가 난다고…
- 김부장 : 이 데이터를 봐주십시오. 1일 이용 직원이 20명 추가되었을 때 수도비, 세탁비, 직원인건비 등의 운영 비 총합이 기존 대비 15% 증가했다는 사실을 확인할 수 있습니다. 또한 늘어난 회원에 불만을 가진 개 인회원의 재계약 실패로 인한 손실(Loss) 비용까지 감안한다면, 제시한 10% 인상률은 최소 운영비에 근거한 정말 저렴한 금액입니다. 따라서 올해 귀사의 무기명 회원권의 재계약 금액을 1억 1천만원으로 인상을 진심으로 요청드리는 바입니다.
- 박이사 : 그럼 반반 양보해서 1억 500만원으로 합시다.
- 김부장 : 이사님! 이사님과 제가 가격 협상을 할 것 같았으면, 처음부터 15% 인상된 금액 그대로를 제시했을 것 입니다. 더군다나 저의 클럽 바로 옆에 L전자가 들어온 것을 아시죠? 이미 연간 90명 이용 금액으로 1 억원의 회원권 계약 의뢰가 들어왔는데, 일단 기존 법인에 대한 우선 협상권이 있기에 이사님께 먼저 양해를 드리는 것입니다.
- 박이사 : 알겠습니다. 인상된 가격으로 계약하시죠. 대신 저도 부탁이 하나 있습니다. 저도 체면이 있으니 상무급 이상 10명의 임원들에 대한 골프락커를 개별적으로 무료배정해주시고, 1일 GUEST 이용권을 서비스로 넉넉히 챙겨주세요.
- 김부장 : 네~ 알겠습니다. 이사님께서 가격 인상을 양해해 주셨는데 그 정도는 업장 매니저에게 준비해놓으라 고 바로 전하겠습니다. 여기 계약서 확인하시고 사인 부탁드립니다. 다시 한 번 귀사와의 관계를 계속 유지할 수 있어서 기쁘게 생각합니다. 감사합니다.

47 상기 사례에 대한 내용으로 옳지 않은 설명은?

① 김부장은 AREA 법칙을 적절히 사용하여 자신의 입장을 효과적으로 주장했다.

② 박이사는 빈약한 근거로 자기주장을 효과적으로 하지 못했다.

③ 이 협상의 주목적은 무기명 회원권 재계약 시 가격의 조정이다.

④ 김부장은 BATNA를 적절히 노출함으로써 박이사를 압박했다.

❺ 이 협상은 서로에게 모두 마이너스가 난 Negative Sum Game이었다.

> **해설** 이 협상에서 김부장은 인상된 가격으로 계약을 했고, 박이사는 골프락커 10개를 확보했다(= Positive Sum Game).

48 박이사가 원하는 가격으로 계약하기 위해 취할 수 있었던 협상방법으로 부적절한 것은?

① 대표의 승인을 이유로 계약을 조금 미루고, L사의 제안이 사실인지 알아본다.

② 김부장이 제시한 데이터를 면밀히 확인 후, 반대로 1일 방문직원이 100명 미만인 날을 찾아 10% 인상액이 과도하다고 논리적으로 반박한다.

❸ 돈을 내는 입장이 갑이니 무조건 강경한 입장으로 김부장의 주장을 무시한다.

④ 기존 조건으로 계약 시 마케팅 제휴를 맺겠다고 옵션조항을 제시한다.

⑤ 100명에 1억을 기본으로 하고, 매달 추가 인원이 10명 이상 발생할 때마다 매월 정산 후 추가 금을 지급하겠다고 또 다른 제안(BATNA)을 한다.

> **해설** 김부장이 BATNA를 가지고 있는 상황에서 일방적인 강경대응은 협상의 경직을 불러온다.

[49~50] 호텔수영장을 방문한 고객의 상황이다. 다음을 읽고 문제에 답하시오.

신혼부부가 올해 여름휴가는 국내 유명호텔의 수영장을 가기로 결정하고, 호텔수영장 입구에 도착한 상황이다.

- 여자 : 와! 오늘 사람 엄청왔나봐! 들어가지도 못하고 다들 줄 서있네!

  (A) 이게 뭐야. 입구에서부터 안내도 없고…
- 남편 : 그러게. 근데 하긴 우리가 너무 여름 성수기에 맞춰왔나봐. 어쩌지? 돌아갈까?
- 여자 : 글쎄…
- 남편 : (B) (사람들이 기다리는 것을 보고) 일단 우리도 기다려보자.
- 여자 : 근데 줄이 두 줄이네!? 가서 내가 살짝 물어보고 올게. (직원에게) 이 줄은 뭐고, 이 줄은 뭐예요?
- 직원 : 아 네, 저희 오늘 입장객이 많아서 입장 후 선베드 이용하실 고객과 입장 후 선베드 없이 수영만 하실 고객을 구분하고 있습니다. 이쪽이 선베드 이용 고객분들입니다. 고객님.
- 여자 : 아 그래요? (C) (객실키를 보여주며) 저희는 패키지로 와서 투숙객인데도 혜택 없이 기다려야 하나요?
- 직원 : 네, 죄송합니다. 저희도 해드리고 싶지만, 지금은 예외가 없습니다.
- 여자 : (D) 아니, 비용을 더 지불하고 이 호텔을 이용하는데 그런 서비스도 없나요?
- 직원 : 일단, 줄 서 계시다가 순서가 되시면 좀 더 자세히 도와드리겠습니다. 지금 뒤에 먼저 오신 분들이 있으셔서 죄송합니다. 고객님.
- 여자 : (E) (남편에게) 나는 다른 것보다 이 호텔의 대응이 마음에 안 든다. 근데 어쩜 다른 사람들은 이렇게 차분히 기다리고 있을 수 있지?

49 위 대화 중 여자와 남편이 보인 고객심리로 연결이 옳지 않은 것은?

① (A) – 환영기대 심리

② (B) – 모방심리

③ (C) – 보상심리

❹ (D) – 우월심리

⑤ (E) – 자기본위적 심리

> **해설** (D) 보상심리에 대한 설명이다. 고객은 비용을 들인 만큼 서비스를 기대하며, 다른 고객과 비교하여 손해를 보고 싶지 않은 심리를 가지고 있다.

50 위 대화 중 밑줄에 해당하는 직원의 말과 행동을 다음과 같이 변경했을 때, DISC의 주도형 고객에게 가장 옳은 대응 방법은?

① 네, 지금은 도와드릴 방법이 없습니다. 다만, 다음에 다시 이러한 문제없이 이용하실 수 있게 고객사항에 메모해 두겠습니다.

❷ 아, 그러십니까? 그럼 지금 바로 입장하시도록 도와드리고, 선베드가 나는 즉시 바로 말씀 드리도록 조치하겠습니다.

③ 고객님, 그러시다면 저희가 특별히 투숙기간 동안 호텔라운지에서 팥빙수를 무료로 드실 수 있는 쿠폰을 제공해드리겠습니다.

④ 고객님, 죄송합니다. 오늘은 저희도 예상을 못했던지라 이해 부탁드립니다.

⑤ 고객님, 투숙객이시면 내일 다시 이용해주시는 것은 어떠신지요? 오늘보다는 내일이 훨씬 한산할 겁니다.

> 해설 DISC의 주도형 고객은 목적에 따른 결과를 빠르게 얻길 원하며, 즉시 깔끔한 업무처리와 해결을 필요로 한다.

참고도서

조계숙 · 최애경 공저, 〈비서실무론〉, 대영문화사, 2014

이기흥 · 이경미 공저, 〈글로벌 문화와 매너〉, 한올출판사, 2012

기호익 · 이의현 공저, 〈직장생활과 예절〉, 대진, 2012

한국관광대학 교재개발위원회, 〈매너와 에티켓〉, 새로미, 2007

박대환 외, 〈최신 서비스이론과 실무〉, 학문사, 2002

박정준 외, 〈관광과 서비스〉, 대왕사, 2000

오흥철 외, 〈현대 호텔경영의 이해〉, 대왕사, 2004

원석희, 〈서비스 운영관리〉, 형설출판사, 2001

이정학, 〈서비스경영〉, 기문사, 2001

주종대 편저, 〈현대인의 국제매너〉, 대왕사, 2001

최동열, 〈관광서비스론〉, 기문사, 2008

박혜정, 〈고객서비스실무〉, 백산출판사, 2011

김혜리 · 이정원 공저, 〈이미지경영론〉, 신아사, 2011

니콜라 게겐, 〈소비자는 무엇으로 사는가?〉, 지형, 2008

론 젬키 · 크리스틴 앤더슨, 〈서비스 달인의 비밀노트 1,2,3〉, 세종서적, 2002

J. W. 메리어트 2세, 캐시앤브라운, 〈메리어트의 서비스정신〉, 세종서적, 2002

기호익, 〈서비스경영론〉, 대진, 2008

장수용 · 김진태, 〈고객만족을 위한 친절서비스〉, 현대미디어, 1994

우혜영, 〈사회인의 직장예절〉, 학문사, 2000

국회사무처국제국, 〈국회의전편람〉, 국회사무처, 2004

정현규, 〈의전행사의 기획과 진행〉, 경기도인재개발원, 2008

이호철, 〈맥킨지식보고 대답기술 44〉, 어드북스, 2011

삼성에버랜드 서비스아카데미, 〈에버랜드 서비스리더십〉, 2005

Nakano Akio, 〈기획서 잘 쓰는 법〉, 21세기북스, 2003

황정선, 〈내 남자를 튜닝하라〉, 황금부엉이, 2010

작은 기회로부터 종종 위대한 업적이 시작된다.

– 데모스테네스 –

무언가를 위해 목숨을 버릴 각오가 되어 있지 않은 한
그것이 삶의 목표라는 어떤 확신도 가질 수 없다.

− 체 게바라 −

좋은 책을 만드는 길, 독자님과 함께 하겠습니다.

2024 유선배 SMAT Module A 비즈니스 커뮤니케이션 과외노트

개정8판1쇄 발행	2023년 10월 10일 (인쇄 2023년 08월 23일)
초 판 발 행	2015년 03월 05일 (인쇄 2015년 01월 14일)
발 행 인	박영일
책 임 편 집	이해욱
편 저	한국서비스경영연구소
편 집 진 행	김은영
표지디자인	김도연
편집디자인	하한우 · 채경신
발 행 처	(주)시대교육
공 급 처	(주)시대고시기획
출 판 등 록	제 10-1521호
주 소	서울시 마포구 큰우물로 75 [도화동 538 성지 B/D] 9F
전 화	1600-3600
홈 페 이 지	www.sdedu.co.kr

I S B N	979-11-383-5553-7 (13320)
정 가	16,000원

서비스 분야 자격 Master를 원한다면?

국가공인 CS리더스관리사

CS Leaders

CS리더스관리사
한권으로 끝내기

CS리더스관리사
적중모의고사 900제

Win-Q CS리더스관리사
단기합격

CS리더스관리사
총정리 문제집

MAT (경영능력시험) 전국 지역센터

구 분	지역센터	연락처	시험시행 담당지역	주 소
수도권 (11곳)	서울남부	02-2607-9402	강서구, 양천구, 구로구, 동작구, 금천구, 영등포구, 관악구, 서초구	서울시 양천구 오목로 189 남진빌딩 3층 302호
	서울동부	02-972-9402	도봉구, 강북구, 노원구, 중랑구, 성동구, 동대문구, 광진구	서울시 중랑구 동일로946 신도브래뉴오피스텔 4층 420호
	서울서부	02-719-9402	은평구, 종로구, 서대문구, 마포구, 중구, 용산구, 성북구	서울시 마포구 독막로331 마스터즈타워 2306호
	서울강남	02-2226-9402	강남구, 송파구, 강동구	서울시 송파구 백제고분로 509 대종빌딩 13층 1308호
	인 천	032-421-9402	인천시(강화군 제외)	인천광역시 남동구 남동대로935 리더스타워 A동 902호
	경기북부	031-853-9408	고양시, 의정부, 동두천, 파주, 연천, 포천, 남양주, 가평, 양주, 양평, 구리	경기도 의정부시 추동로 9 휴먼시티빌딩 509호
	경기동부	031-781-9401	성남시, 용인시, 하남시, 광주시, 이천시, 여주시	경기도 성남시 분당구 판교로 592번길 33, 1층
	경기남부	031-236-9402	수원시, 평택시, 오산시, 화성시, 안성시	경기도 수원시 영통구 영통로 217번길 11 명성빌딩 4층
	경기중부	031-429-9402	안양시, 과천시, 군포시, 의왕시, 안산시	경기도 군포시 군포로787-1 세화빌딩 3층
	경기서부	032-323-9402	인천광역시 강화군, 부천시, 김포시, 시흥시, 광명시	경기도 부천시 부흥로 339 (중동, 스타팰리움) 101동 스타오피스 센터 B101호
	강 원	033-731-9402	강원도 내 전지역	강원도 원주시 황금로 2, 센트렐파크1 404호
대전·충청 (3곳)	대 전	042-222-9402	대전시, 공주시, 청양군, 보령시, 부여군, 논산시, 계룡시, 서천군, 금산군, 세종시	대전광역시 중구 대흥로 20 선교빌딩 602호
	충청북부 (천안)	041-903-9402	천안시, 아산시, 당진시, 예산군, 서산시, 홍성군, 태안군	충남 천안시 서북구 오성2길 30 코스모빌딩 203호
	충 북	043-265-9402	진천군, 증평군, 청주시, 청원군, 보은군, 옥천군, 영동군 이상 7개 시군지역	충북 청주시 상당구 중고개로 216번길 4

구 분	지역센터	연락처	시험시행 담당지역	주 소
부산 · 경남 (4곳)	부산동부	051-313-9402	금정구, 동래구, 해운대구, 수영구, 남구, 기장군	부산광역시 해운대구 해운대로 143번길 32 3층
	부산서부	051-465-9402	부산진구, 북구, 사상구, 강서구, 동구, 서구, 중구, 사하구, 연제구, 영도구	부산광역시 연제구 명륜로 10, 한양타워빌 801호
	경 남	055-762-9402(진주) 055-287-9402(창원)	경상남도 내 전지역(밀양, 양산시 제외)	경남 진주시 범골로 54번길 30-9 드림IT밸리 B동 515호
	울 산	052-223-9402	울산시 전지역	울산광역시 남구 굴화4길 시그마빌딩 4층
대구 · 경북 (4곳)	대 구	053-622-9402	경산시(경북), 대구시(달서구, 동구, 남구, 중구, 수성구)	대구광역시 달서구 달구벌대로 301길 14 3층
	대구경북서부	054-451-9402	구미시, 김천시, 상주시, 칠곡군, 고령군, 대구시(북구), 대구시(서구), 성주군, 청도군	경북 구미시 신시로 14,진덕빌딩 6층
	경북북부	054-841-9402	대구광역시 군위군, 문경시, 봉화군, 안동시, 영양군, 영주시, 예천군, 의성군, 청송군	경북 안동시 경북대로 391
	경북동부	054-277-9402	경주시, 영덕군, 영천시, 울릉군, 울진군, 포항시	경북 포항시 북구 양학로 70-22 보성아파트 상가 2층
광주 · 호남 (6곳)	전 북	063-286-9402	전라북도 내 전지역	전북 전주시 완산구 우전로 334 노스페이스 신도시점 3층
	광 주	062-603-4403	광주광역시(남구, 동구, 북구, 서구)	광주광역시 서구 매월2로 53 광주 산업용재유통센터 29동 209호
	전남서부	061-283-9402	목포시, 무안군, 영암군, 장흥군, 강진군, 해남군, 완도군, 진도군, 신안군	전남 목포시 통일대로 37번길 38 2층
	전남동부	061-745-9402	순천시, 광양시, 보성군, 고흥군, 여수시	전남 광양시 광양읍 인덕로 993 2층
	광주전남북부	062-973-9402	광주광역시(광산구), 장성군, 담양군, 화순군, 영광군, 함평군, 곡성군, 구례군, 나주시	광주광역시 북구 첨단과기로208번길 43-22, 와이어스파크B동 1901호
	제 주	064-726-9402	제주도 내 전지역	제주특별자치도 서광로 289-1 하나빌딩 1층

전국 총 **28**개 **MAT** 지역센터 (상기 지역 외 거주자는 가까운 지역센터를 통해서 시험문의 가능)

※ 주소 및 연락처는 변경될 수 있습니다.

나는 이렇게 합격했다

여러분의 힘든 노력이 기억될 수 있도록
당신의 합격 스토리를 들려주세요.

합격생 인터뷰
상품권 증정

추첨을 통해
선물 증정

베스트 리뷰자 1등
갤럭시탭 S8 증정

베스트 리뷰자 2등
갤럭시 버즈2 증정

SD에듀 합격생이 전하는 합격 노하우

**"기초 없는 저도 합격했어요
여러분도 가능해요."**
검정고시 합격생 이*주

**"불안하시다고요?
시대에듀와 나 자신을 믿으세요."**
소방직 합격생 이*화

**"강의를 듣다 보니
자연스럽게 합격했어요."**
사회복지직 합격생 곽*수

**"선생님 감사합니다.
제 인생의 최고의 선생님입니다."**
G-TELP 합격생 김*진

**"시험에 꼭 필요한 것만 딱딱!
시대에듀 인강 추천합니다."**
물류관리사 합격생 이*환

**"시작과 끝은 시대에듀와 함께!
시대에듀를 선택한 건 최고의 선택"**
경비지도사 합격생 박*익

합격을 진심으로 축하드립니다!
합격수기 작성 / 인터뷰 신청

QR코드 스캔하고 ▷ ▷ ▷ ▶
이벤트 참여하여 푸짐한 경품받자!

합격의 공식
SD에듀